U0526421

本研究得到以下基金项目资助：

山东省社会科学规划研究项目（项目批号：16CZWJ26）
教育部人文社会科学研究规划项目（项目批号：17YZA740019）
鲁东大学引进人才科研启动基金项目（2016）

中国当代
语言本体规划
发展研究
——从语言规划形成机制的角度

李海英 ◎ 著

中国社会科学出版社

图书在版编目(CIP)数据

中国当代语言本体规划发展研究：从语言规划形成机制的角度 / 李海英著.
—北京：中国社会科学出版社，2020.11
ISBN 978-7-5203-7501-6

Ⅰ.①中… Ⅱ.①李… Ⅲ.①语言规划—研究—中国—现代 Ⅳ.①H002

中国版本图书馆 CIP 数据核字(2020)第 229258 号

出 版 人	赵剑英
责任编辑	周怡冰　任　明
责任校对	赵雪姣
责任印制	郝美娜

出　　版	中国社会科学出版社
社　　址	北京鼓楼西大街甲 158 号
邮　　编	100720
网　　址	http://www.csspw.cn
发 行 部	010-84083685
门 市 部	010-84029450
经　　销	新华书店及其他书店

印刷装订	北京君升印刷有限公司
版　　次	2020 年 11 月第 1 版
印　　次	2020 年 11 月第 1 次印刷

开　　本	710×1000　1/16
印　　张	23.25
插　　页	2
字　　数	395 千字
定　　价	128.00 元

凡购买中国社会科学出版社图书，如有质量问题请与本社营销中心联系调换
电话：010-84083683
版权所有　侵权必究

序

徐大明

展现在读者面前的这部专著是作者李海英在她2015年完成的博士论文基础上不断修订补充之后的学术成果。五年来，该博士论文已在学界流传，受到引用和好评。作为专著出版之后，相信会产生更大的影响，成为语言规划学界不容忽视的一项成果。

这项研究成果的一个重要特点是它广泛的研究范围。通过"中国当代语言本体规划"的视窗，作者系统地分析了20世纪中叶以来我国语言文字工作的有关政策文件和媒体报道材料，应用了语言规划研究的经典理论和多项新理论，不仅建立了一个跨世纪的"中国语言规划信息库"，而且在定性和定量研究的基础上探讨了语言规划形成机制的理论问题。

关于20世纪以来我国的语言规划实践的历史回顾研究已有一些重要成果，李海英在这方面的建树是应用了国内外研究的许多新视角，包括语言管理理论，语言生活理论，言语社区理论等视角，并且将许多经典研究中的内容，如地位规划和本体规划，语言规范化，语言纯洁主义等，进行了有机的整合。此外，作者区分出语言本体规划的"形式目标"和"功能目标"，对信息库中数万条信息进行了"语言规范化""副语言规范化"和"领域语言规范化"的分类标记，以及"语言净化""语言现代化"和"语言国际化"的分类标记，在此基础上开展定量分析；分析的结果充实了作者区分的"语言规范化建设阶段""语言标准化、信息化建设阶段"和"柔性语言规范建设阶段"三个历史阶段的叙述内容。作者同时讨论了语言规划"理论板块""管理板块"和"实践板块"的相互作用问题，论证了语言规划由"问题观"向"资源观"和"服务观"转变的大趋势，总结了"语言规范的三级体系"。因此，对于语言规划研究了解不多的读者可以通过本书比较全面地了解该领域的主要内容，发展脉络和研究热点；已进入该研究领域的学者则可以评估和商榷作者立意创新的内容，相信都可以找到许多不同的兴趣点。

21世纪以来中国学界在"语言战略研究"的旗帜下开展了一系列创新性的研究，具有跨学科和超学科研究的性质，其研究目标和研究问题都受到社会大环境的直接带动，研究对象也逐步扩展。李海英的这一项研究也可以列入其中，因为就其研究的内容看，已经开始超越原有的学科视角。例如，"语言舆情"近年来成为一个新的研究对象，在李海英的研究中，更是创新性地将其作为研究手段来梳理语言规划史，而且从内容上做出了进一步的分析，区分了语言规划活动和活动产生的效果。除了舆情分析的语言规划效应研究，李海英还开展了对应近期语言规划活动的社区调查，调查内容包括了"语言能力""语言服务"等在传统理论中尚未纳入"本体规划"的内容。

这部专著涉及的内容十分丰富，以至于以"语言本体规划"作为界定，似乎比较保守，但反映了作者严谨的治学态度。作者在研究背景和研究意义的章节中，较多地论述了研究的社会意义和现实意义，体现了上述"语言战略研究"的精神和立意。然而，在研究成果和创新内容的评价上则基本上采取了语言规划理论方面比较传统的框架。这应该是妥帖的做法，因为"语言战略研究"的新框架还有待建立。

李海英2012年到南京大学读博士的时候，已经有副教授的职称，具有独立完成社科研究项目和指导硕士研究生的经验。因此，本人作为论文指导教师，对她的研究的帮助比较有限，在研究问题和研究设计方面提出了一些建议和意见，但在研究的具体过程和论文的细节方面，李海英则充分表现出成熟学者独立研究和写作的能力，难以批评指摘；有关研究难点的几次讨论，师生之间相得益彰。

李海英不仅是一位语言学学者，还是一位诗人，近年来又获得了语言治疗师的资质。我对李海英的了解还很不够，但已经发现她谦虚好学、乐于助人等许多好品质；虽然经历不少坎坷，她仍然积极向上，努力工作，热爱生活；同时还做出这一项优秀的研究成果，难能可贵。

徐大明

2020年10月12日于南京

目　　录

序 ………………………………………………………………… (1)

绪论 ……………………………………………………………… (1)

 第一节　研究背景与意义 ………………………………… (1)

  一　主要研究背景 …………………………………… (1)

  二　主要研究价值与意义 …………………………… (5)

 第二节　研究材料、内容与思路 ………………………… (7)

  一　主要研究材料说明 ……………………………… (7)

  二　研究内容 ………………………………………… (9)

  三　研究思路 ………………………………………… (10)

 第三节　理论与研究方法 ………………………………… (11)

  一　主要理论 ………………………………………… (11)

  二　研究方法 ………………………………………… (13)

第一章　语言本体规划理论范畴与研究综述 ………………… (15)

 第一节　语言本体规划基本理论范畴 …………………… (15)

  一　语言规划及其基本分类 ………………………… (15)

  二　本体规划的定义、范围与构成 ………………… (23)

  三　本体规划的功能与地位 ………………………… (26)

  四　中国当代语言本体规划的分期 ………………… (29)

 第二节　语言规划研究综观 ……………………………… (30)

  一　国外研究 ………………………………………… (30)

  二　国内研究 ………………………………………… (42)

 第三节　语言本体规划研究现状分析 …………………… (48)

  一　国外研究 ………………………………………… (48)

  二　国内研究 ………………………………………… (52)

三　语言本体规划研究的不足 …………………………………… (56)

第二章　语言规划的形成机制 …………………………………… (59)
第一节　语言规划形成机制的组成因素 ………………………… (60)
一　语言规划系统的构成 ………………………………………… (60)
二　语言实践 ……………………………………………………… (64)
三　语言意识 ……………………………………………………… (65)
四　语言规划（语言管理）……………………………………… (67)

第二节　语言意识与语言规划 …………………………………… (69)
一　语言意识影响语言规划的路径 ……………………………… (69)
二　语言规划观 …………………………………………………… (69)

第三节　语言规划观的类型 ……………………………………… (73)
一　语言规划是对语言的规划 …………………………………… (73)
二　语言规划是对语言相关因素的规划 ………………………… (78)
三　语言规划观的其他视角 ……………………………………… (84)

第四节　语言舆情与语言规划 …………………………………… (90)
一　什么是语言舆情 ……………………………………………… (90)
二　语言舆情的分类 ……………………………………………… (93)
三　语言舆情是语言规划的实践基础 …………………………… (96)
四　语言舆情是对语言规划的反馈和评估 ……………………… (99)

第三章　本体规划的语言规范化建设阶段（1949—1985）……… (103)
第一节　语言本体规范初建时期（1949—1965）………………… (104)
一　语言舆情分析 ………………………………………………… (104)
二　主要的政策规划 ……………………………………………… (110)
三　主要的培育规划 ……………………………………………… (118)

第二节　语言本体规范停建时期（1966—1976）………………… (120)
一　语言舆情分析 ………………………………………………… (120)
二　本体规划进程 ………………………………………………… (123)

第三节　语言本体规范重建时期（1977—1985）………………… (126)
一　语言舆情分析 ………………………………………………… (126)
二　本体规划内容 ………………………………………………… (130)
三　本体规划主要活动 …………………………………………… (134)

第四章 本体规划的语言标准化、信息化建设阶段（1986—2005）……（138）
第一节 标准化、信息化建设阶段前期……（138）
  一 语言舆情分析……（139）
  二 本体规划内容……（147）
  三 本体规划主要活动……（156）
第二节 标准化、信息化建设阶段后期……（159）
  一 语言舆情分析……（159）
  二 本体规划内容……（169）
  三 本体规划主要活动……（180）

第五章 本体规划的柔性语言规范建设阶段（2006年至今）……（182）
第一节 语言舆情分析……（183）
  一 宏观舆情……（183）
  二 中观和微观舆情……（188）
第二节 本体规划内容……（193）
  一 语言规范化（标准化、信息化）……（194）
  二 领域语言规范化……（199）
  三 培育规划……（204）
第三节 本体规划主要活动……（209）
  一 主要活动、事件……（210）
  二 特点分析……（211）

第六章 当代语言本体规划的发展趋势与理论创新……（213）
第一节 语言规划观的嬗变……（213）
  一 "语言问题规划观"主导……（214）
  二 语言规划的第一次转向：从"问题观"到"资源观"……（218）
  三 语言规划的第二次转向：从"资源观"到"服务观"……（223）
第二节 本体规划内容的变化趋势……（227）
  一 政策规划……（227）
  二 语言培育规划……（238）
第三节 当代语言本体规划的理论创新……（252）
  一 语言学理论的创新运用……（252）

二　语言规划域的理论创建 …………………………………… (255)
　　三　理论创新中的"服务观" …………………………………… (258)

第七章　本体规划调查及当代本体规划的缺弊 ………………… (259)
　第一节　本体规划调查 …………………………………………… (259)
　　一　调查范围和方法 …………………………………………… (259)
　　二　调查问卷的构成 …………………………………………… (261)
　　三　被调查对象信息 …………………………………………… (263)
　　四　调查数据与分析 …………………………………………… (268)
　第二节　当代本体规划的缺环与问题 …………………………… (287)
　　一　本体规划的内外缺环 ……………………………………… (288)
　　二　本体规划内容的失衡 ……………………………………… (294)
　　三　本体规划施行效果不足 …………………………………… (297)

第八章　基于语言规划形成机制对本体规划发展的思考 ……… (304)
　第一节　自媒体语境下的公共话语特征 ………………………… (305)
　　一　自媒体语境的形成 ………………………………………… (305)
　　二　当代公共话语的主要特征 ………………………………… (306)
　第二节　明确新的语言规划观 …………………………………… (309)
　　一　确立母语规划观 …………………………………………… (309)
　　二　进一步明确语言规划服务观 ……………………………… (314)
　第三节　优化本体规划系统 ……………………………………… (317)
　　一　遵循科学的本体规划原则 ………………………………… (317)
　　二　设计均衡的政策规划内容 ………………………………… (320)
　　三　提高本体规划效应 ………………………………………… (326)

结语 ………………………………………………………………… (331)

主要参考文献 ……………………………………………………… (338)

附录　本体规划调查问卷［卷一/卷二］ ………………………… (355)

后记 ………………………………………………………………… (360)

图表目录

表 1.1	本体规划目标框架	(24)
表 1.2	中国当代语言本体规划模型构拟	(25)
表 2.1	语言规划的对象	(71)
表 3.1	《人民日报》语言舆情信息（1949—1965）	(104)
表 3.2	领域舆情统计（1949—1965）	(107)
表 3.3	地域舆情统计（1949—1965）	(108)
表 3.4	初建时期（1949—1965）语言本体规范	(111)
表 3.5	初建时期（1949—1965）副语言规范	(114)
表 3.6	初建时期（1949—1965）主要领域语言规范	(115)
表 3.7	初建时期（1949—1965）本体规划活动	(116)
表 3.8	《人民日报》语言舆情信息（1966—1976）	(121)
表 3.9	领域舆情统计（1966—1976）	(121)
表 3.10	地域舆情统计（1966—1976）	(121)
表 3.11	本体规划主要内容（1966—1976）	(123)
表 3.12	《人民日报》语言舆情信息（1977—1985）	(126)
表 3.13	领域舆情统计（1977—1985）	(128)
表 3.14	地域舆情统计（1977—1985）	(128)
表 3.15	重建时期（1975—1985）主要规范	(130)
表 3.16	重建时期（1976—1985）的本体规划活动、事件	(135)
表 4.1	《人民日报》语言舆情信息（1986—1996）	(139)
表 4.2	领域舆情统计（1986—1996）	(142)
表 4.3	地域舆情统计（1986—1996）	(142)
表 4.4	标准化、信息化建设前期（1986—1996）主要规范	(147)

表 4.5	标准化、信息化建设前期（1986—1996）本体规划活动、事件	(156)
表 4.6	《人民日报》语言舆情统计（1997—2005）	(160)
表 4.7	领域舆情统计（1997—2003，2005）	(163)
表 4.8	地域舆情统计（1997—2003，2005）	(163)
表 4.9	标准化、信息化建设后期（1997—2005）主要规范	(170)
表 4.10	标准化、信息化建设后期（1997—2005）本体规划活动、事件	(180)
表 5.1	《人民日报》语言舆情信息（2006—2013）	(183)
表 5.2	不同阶段宏观舆情对比	(184)
表 5.3	领域舆情统计（2006—2013）	(188)
表 5.4	地域舆情统计（2006—2013）	(189)
表 5.5	主要舆情热点	(191)
表 5.6	柔性规范建设阶段（2006—2013）语言规范和标准	(194)
表 5.7	柔性规范建设阶段（2006—2013）领域语言规范	(200)
表 5.8	柔性规范建设阶段（2006—2013）培育规划	(204)
表 5.9	2006—2013 年新词语（教育部发布）	(205)
表 5.10	柔性规范建设时期（2006—2013）本体规划活动、事件	(210)
表 6.1	语言文字本体规范统计	(228)
表 6.2	同项规范的修订或升级	(230)
表 6.3	副语言规范统计	(231)
表 6.4	领域语言规范统计	(233)
表 6.5	本体规划活动、事件统计	(237)
表 6.6	培育规划综合统计	(240)
表 6.7	《现代汉语词典》各版收入新词语数量	(246)
表 6.8	科技名词审定综合统计	(249)
表 7.1	学生群体性别分布	(263)
表 7.2	学生群体年龄分布	(263)

表 7.3	学生群体学历分布	(264)
表 7.4	学生群体居住地分布	(264)
表 7.5	学生群体所在中学分布	(264)
表 7.6	学生群体所学专业分布	(264)
表 7.7	社会群体性别分布	(265)
表 7.8	社会群体年龄分布	(265)
表 7.9	社会群体学历分布	(266)
表 7.10	社会群体居住地分布	(266)
表 7.11	社会群体所在中学分布	(267)
表 7.12	社会群体职业分布	(267)
表 7.13	对"语文"的含义理解	(268)
表 7.14	对"语文教育"的理解	(269)
表 7.15	语文课教学内容	(270)
表 7.16	语文在中学教育中的地位	(271)
表 7.17	外语水平	(272)
表 7.18	汉语和外语学习时间	(273)
表 7.19	汉语和外语学习消费	(273)
表 7.20	对英语教学效率的评价	(274)
表 7.21	外语在生活中的用处	(275)
表 7.22	学生群体在不同语域所使用的语言变体	(276)
表 7.23	社会群体在不同语域所使用的语言变体	(277)
表 7.24	两类调查对象的普通话和方言水平	(277)
表 7.25	对繁体字的熟悉程度	(279)
表 7.26	对"识繁写简"的态度	(279)
表 7.27	汉语拼音在生活中的用处	(280)
表 7.28	汉语拼音与英语使用是否混淆	(281)
表 7.29	是否了解"推广普通话宣传周"	(282)
表 7.30	是否了解《中华人民共和国国家通用语言文字法》	(282)
表 7.31	是否需要保护方言	(284)
表 7.32	是否需要保护濒危语言	(285)
表 7.33	消费时语言服务是否重要	(286)

表 7.34　是否愿意为语言服务多付费 ……………………………（286）
表 7.35　语言服务做得最好的行业 ………………………………（287）
表 7.36　2015 年网络低俗词语排行榜 ……………………………（300）
表 7.37　异读词在生活中的读音调查 ……………………………（302）
表 8.1　网络词语词频统计 ………………………………………（324）

图 0.1　语言规划形成机制示意图 ………………………………（10）
图 1.1　语言规划系统结构关系 …………………………………（27）
图 2.1　语言规划系统成分关系 …………………………………（63）
图 2.2　语言意识影响语言规划的路径 …………………………（69）
图 2.3　本体规划舆情要素关系 …………………………………（93）
图 2.4　Baldauf 和 Kaplan 基本语言规划模式 …………………（99）
图 5.1　不同时期宏观舆情对比 …………………………………（184）
图 6.1　语言文字本体规范变化趋势 ……………………………（229）
图 6.2　副语言规范变化趋势 ……………………………………（232）
图 6.3　领域语言规范变化趋势 …………………………………（234）
图 6.4　领域语言规范和语言文字本体规范趋势对比……………（235）
图 6.5　本体规划活动、事件数量变化趋势 ……………………（238）
图 6.6　培育规划各部分变化趋势 ………………………………（241）
图 6.7　各时期培育规划总量变化趋势 …………………………（241）
图 6.8　本体规划新建三级规范模型 ……………………………（255）

绪　　论

本书是基于语言规划断代史的中国当代语言本体规划专题研究，研究对象为当代中国社区①本体规划的具体实践与理论体系，其中理论部分的研究呈现了边分析梳理边建构的特点。为了准确勾勒与阐释60多年来（1949—2015）语言本体规划的发展脉络和规律，首次在该领域选择从语言规划形成机制的角度切入，以期达到描写充分和解释充分的研究目的。

第一节　研究背景与意义

对中国当代语言本体规划的系统研究，是在充分分析了当代汉语社区的社会、语言生态和相关学术研究三方面综合背景的前提下进行的，主要研究目标是廓清本体规划发展的主要脉络和演进规律，其在理论与实践两方面均具有多层面的研究意义。

一　主要研究背景

语言规划是国家社会发展规划的组成部分，本书的研究主题是基于社会发展实际所需、言语社区语言生活诉求和研究领域的学术理论构建需要确定的。

（一）社会背景

20世纪末开始，全球化（globalization）和信息化（informatization）成为主要的社会时代特征，进入21世纪，随着全球经济一体化程度的加深，

---

① 为了明确本书的研究范围和满足研究需要，我们采用了言语社区（speech community）这个概念及相关理论，关于该理论的说明和本书对中国言语社区所做的具体划分请见本章第三节；本书的研究对象不包括中国当代关于少数民族语言的本体规划。

尤其2013年"一带一路"倡议的提出，中国与世界互通的途径和领域进一步拓宽、扩展，全球化在中国社区非常具体地发展成为全球在地化（glocalization），信息化社会演进为"升级版"——智能化社会；同时，世界经济全面向服务经济转型。这些因素构成了影响语言生活和语言规划研究的主要社会背景，研究者更充分地认识到语言的多元化社会功能和语言规划的战略意义。

首先语言成为构成国家实力的指标，"语言是软实力，也是硬实力"[①]。全球化背景下，不仅语言推广和文化传播所带动的经济效应日益彰显，其构成的文化影响力也在国际政治中发挥越来越重要的作用，是谓语言的"软实力"；信息化发展进程中，语言及其知识系统成为核心要素，语言科技已经成为当代科技创新的重要基础和引擎[②]，这无疑是语言作为国家"硬实力"的表现。再者，世界经济向服务经济转型，语言作为基础工具的地位愈加凸显出来：除语言经济本身的价值外，"随着全球进入服务经济时代，服务业占世界经济比重超过3/5"[③]，在商业服务、金融服务以及教育、卫生、社会服务等领域语言服务的附加值同样是关键因素。

其次是语言问题安全化，语言规划成为维护、拓展国家利益的战略组成部分。全球化、信息化有两个直接影响结果，一是世界范围内的人口流动成为常态；二是新的社会形态——虚拟社会的形成，这两个结果作为外部因素进而在很大程度上作用于语言社会：

人口跨国境、跨区域的自然流动打破了原有主要以地理疆域为界的言语社区（speech community）地缘分区，使言语社区日益复杂化；与此同时世界性强势语言英语随着经济通道渗入各民族社区，不同程度地对民族语言构成了使用和认同压力，造成语言濒危、语言转用等一系列语言安全问题。虚拟社会在语言上则投射为完整的虚拟言语社区，提供了完全模糊时空界限的语言交流平台，不仅语言使用难以控制，更带来信息安全问题。同时，语言兼有工具属性和文化属性，是交流的工具，也是文化的载

---

① 李宇明：《语言也是"硬实力"》，《华中师范大学学报》2011年第5期。
② 赵世举主编：《语言与国家》，商务印书馆2015年版，第104页。
③ 张祥：《全球视野下的中国服务经济战略（上）》，《人民论坛·学术前沿》2012年第12期。

体和民族的标志,语言和信息安全之上,还会产生文化安全隐忧。在这种语境下,加之美国遭遇"9·11"事件后,引发对国家语言能力的反思,制定"关键语言"战略,2006年由总统布什正式签发"国家安全语言启动计划"①,从而把语言问题安全化,引发了各国对语言发展战略的关注。语言规划因此不仅事关非传统国家安全,与国家安全传统领域的关系也日益引发关注。

语言规划在国家建设和社会发展中的战略地位需有与之相匹配的多领域研究,本体规划是战略性语言规划系统的底座和核心,具有"固本强体"的功能,首先应有更充分、全面的系统研究。

(二) 社区语言生态背景

从当下言语社区语言生态角度着眼,语言生活可以用"丰富"和"混乱"这两个语义色彩基本相反的词语来概括。

首先,随着中国逐渐融入世界经济体系,人口流动和技术流转促使语言传入和传播的空间和速度加大、加快,人们对待语言多样性的态度发生本质变化,社区语库的语码多样化,多言多语的社区正在形成,语言生活丰富化;但同时,方言超域使用和盲目的全民外语学习等现象,又对通用语推广产生了负向作用,出现了社区成员母语语文能力下降等问题。

其次,城市化进程带来新的语言变化和问题。2011年中国内地城镇化率首次突破50%,达到了51.3%,2019年首次超过60%。② 城镇化进程加快,大量的农民工全境化流动,从农村进入城市,促进了城市社区和农村社区在语言上的加速变化;进入城市务工的新成员面临语言交际困境和语言认同困惑,成为语言规划要解决的新问题,也为语言规范化带来新的难点。

再次,自媒体时代开启了"语言的狂欢"模式,公共话语呈现出与传统媒体占主流时代全然不同的创造性和个性化;因为缺少语言规划和管理,同时也造成了社区语言使用的持续混乱,这种混乱状态从虚拟社区逐渐向现实社区过渡,语言粗鄙化、低俗化倾向明显,语言污染、语言暴力现象充斥网络,时见于现实生活的各个语域。种种新的芜杂的语言现象亟

---

① 王建勤:《美国"关键语言"战略与我国国家安全语言战略》,《云南师范大学学报》2010年第4期。

② 数据见国家统计局"国家数据",网址:http://data.stats.gov.cn/。

须在语言调查和语言舆情监测的基础上展开语言规划相关研究。

最后，社区内的语言服务诉求也日益提高，语言经济蓄势待发；多种社会因素作用下的语言热点和冲突不间断发生。在这种复杂性与开放性并存、丰富与混乱同出的情势下，迫切需要展开语言本体规划的开创性研究，以利于国家语言政策和语言规划的顺利出台和施行，建设和谐、健康的语言生活。

（三）学术背景

将本体规划作为研究对象更为具体的驱动力是基于为国家语言文字发展战略目标的实现提供支持。2012年教育部、国家语委印发《国家中长期语言文字事业改革和发展规划纲要（2012—2020年）》（以下简称《规划纲要》），确立了语言文字发展规划目标，即至2020年"国家语言实力显著增强，国民语言能力明显提高，社会语言生活和谐发展"。其中一方面是可量化的语言综合国力目标——发展语言能力，另一方面是非可量化的语言资源和语言生态管理目标——构建和谐的语言生活。[①] 这两种目标是当前国家语言地位规划的具体化，其实现很大程度上依赖于完善的本体规划设计和实施。

科学的语言规划须建立在坚实的理论和实践研究基础之上，但目前语言本体规划研究尚未形成真正的理论框架，对已有的规划实践缺乏系统、全面的梳理和分析，也因此难以为后续规划提供完整的理论借鉴和实证数据支持；从研究内容上看，多集中于对具体的语言规范化实践的分析，通常将语言规范化等同于本体规划，以偏概全，致使研究范围界域不清；从理论和方法应用上看，已有研究对本体规划理论主要在介绍国外语言规划和探索语言规划基本概念时有所涉及，理论建构告缺。简而言之，目前，语言本体规划的共时研究系统性不足，历时研究缺少理论深度，同时缺乏共时与历时的结合研究和对规划形成机制等的阐释性纵深研究。

综上所述，源于对各种背景因素的全面分析，我们选择以当代中国语言本体规划作为研究对象，尝试在阐述语言规划形成机制的基础上，以构成该机制的要素为框架线索对当代语言本体规划展开趋势研究，并在分析

[①] 李海英、方小兵、葛燕红：《论母语和母语规划》，《云南师范大学学报》2013年第6期。

发展、更迭规律的基础上，做出优化当代语言本体规划的新思考。

二　主要研究价值与意义

本书以当代中国语言本体规划实践内容和理论体系为主要研究对象，基于语言规划信息库，从语言规划形成机制的角度，以当代语言规划断代史为基础，对各个时期的本体规划进行共时、历时描写和爬梳、钩沉，既有理论建构，又兼有对语言舆情、语言实践的实证研究，因而在学术理论和社会实践两方面，都具有较大的意义和价值。

（一）学术理论层面

从学术价值来看，大体包括以下几个方面：

（1）对本体规划基础理论的完善

首先，本书综合研究者的观点，结合语言规划实践，充分论述了语言本体规划的定义、性质、功能和系统地位，厘清了本体规划的研究范围，弥补了以往研究论述零散、概念模糊、研究边界不清的不足；更为关键的是，构建了本体规划完整的内容框架，以政策规划和培育规划为主线，廓清各部分主要的规划问题，并将从前地位规划和本体规划都忽略的"三不管地带"——领域语言规范化纳入了体系，使语言使用问题各有归属、本体规划有了完整研究视域。

其次，详尽论述了语言规划系统中地位规划、本体规划、习得规划和声望规划四种基本类型各自的特征和主要功能，借此准确定位本体规划在语言规划系统中的核心地位及其与其他规划类型之间的关系，将本体规划置于整个系统中展开研究。

最后，总结或提出了多种具体的应用理论，前者如对"语言规范化三级体系"的概括。后者如将语音规范问题类型化、抽象理论化；提出在语言规范化中借鉴"信噪比"理论等。

（2）对语言规划理论的丰富和拓展

本书将本体规划置于语言规划大系统中加以研究，因此使当代语言规划理论得以拓展、深入。

首先，发展 Spolsky（2011）的理论，进一步阐释了语言规划的形成机制，并充分展开论述语言规划形成机制各组成成分的性质、类型和表现形式等方面内容；分别将语言意识和语言实践具体化为语言规划观与语言舆情，使之真正在语言规划研究中落地，得到切实应用，成为可操作性内容，能够辨识、比较或者量化。

其次，对语言规划观进行了系统、全面的研究。区分了"语言观"和"语言规划观"概念，通过逻辑论证纠正了将二者混为一谈的观点，更进一步结合语言规划观在国际上和国内的发展历程，详细解析了语言规划观的各种类型。

(3) 对语言本体规划研究模型的更新

本研究既有实证又重视理论，形成了新的语言本体规划研究模型：

首先，在研究向度上，本书采用历时与共时研究相结合的方式，对中国语言本体规划的纵向梳理与进行共时调查、分析相结合，确保所得结论与所作思考的可信度和覆盖面。

其次，在分析框架上，采用语言规划形成机制组成因素与规划内容"网格状"交叉的结构，即把语言规划观、语言舆情分析与本体规划各部分内容相互对应，上层考察语言意识的影响，底层考察规范和标准形成的实践基础，以此把握本体规划的发展规律和走向。

(二) 社会实践层面

本书是针对中国汉语社区语言本体规划实践的研究，其社会实际意义因而更大：

(1) 为国家出台语言政策和制定语言规划提供数据与理论参考

本书全面探究了当代各阶段本体规划的内容、方向和成因，阐述了几十年来的发展趋势和当下所存在的具体问题，多层面分析，多角度采集数据，兼有理论解析，因此可以为相关部门提供语言政策咨询和规划参考，在实证理据和理论基础方面提供一定的支持。

另外，本书具体沿着语言规划观、语言舆情和语言本体规划实践内容三条线索、从理论到实际状况的系列研究结论，对进行语言规划评估有一定的参考价值。

(2) 有助于国际社会了解中国的语言规划进程

国际研究者对中国语言规划进程认知不足、缺少认同，研究范围受限，很大程度上是因为缺少了解。本体规划是语言规划的核心部分，本研究对汉语社区本体规划的充分描写和阐述，为世界范围内关注此领域的学习者和研究者提供了较为全面的信息，有助于国际社会进一步了解中国所开展的具体规划实践和理论探索。

（3）有助于地方语委开展语言规划工作

研究所提供的阶段性规划的数据统计和多角度分析，有助于地方语委提高对语言规范、标准形成过程的认知；本书大量相关观点，或有助于地方语言文字工作者更好地理解语言规划理念，重视语言舆情发展，提高语言规划的理论修养；再者，所概括、总结的本体规划各板块的具体理论和方法有助于本体规划政策、规范和标准的推广落实。

（4）有利于提高社区成员的语言规范与语言规划意识

当前社区语言规范和语言规划意识尚嫌淡薄，通过我们的语言规划调查可知，这与语言规范、标准的声望不足有很大关系，因此本书研究成果将有助于当代本体规划的形象塑造，有利于消除规划主体与规划客体之间的隔阂，使社区成员了解语言生活各个领域目前已有的规范或要求，提高语言规范意识，自觉约束不当的语言行为；同时意识到从国家、团体组织到家庭和个人都需要进行语言规划，尝试将个人语言规划与社区、国家语言规划结合起来，关注语言问题和语言生态，培育个人语言能力的同时，合力提高国家的语言实力，建设和谐、优质的语言生活。

第二节　研究材料、内容与思路

研究材料是一项课题的"物质"基础，本书在充分分析当代语言规划实践及舆情信息的基础上确定了主要研究内容思路。

一　主要研究材料说明

首先，我们的研究对象为中国当代汉语社区（限大陆）的语言本体规划，主要研究材料为面向汉语社区的本体规划实践，包括规划内容、理念、成果和主要规划活动；同时言语社区的本体规划由于规划主体不同有不同的层次，本书的研究范围限定为国家层面的本体规划。

对主要研究材料的收集采用建立语料库的方式。语料库研究方法是当代语言定量研究经常采用的方法，由于本书研究对象非为完全同质的语言单位，而是形式、内容和功能各异的语言规划，提供的是具体的语言本体规划信息，因此参照语料库结构建立的实为"信息库"，主题为"当代本体规划信息库"。

"当代本体规划信息库"由三类信息构成：①已发布的本体规划相关法规、政策文件（1949—2013）；②已公布语言文字规范、标准（1949—2013）；③其他类国家层面的本体规划信息（包括规划活动、学术成果等）。库内信息标注最初包括：时间、发布单位和标题等。在展开具体研究工作、确定了本体规划的内容框架后，对信息库进行二次标注，标注信息包括"规划形式"和"规划类别"，其中规划形式选项为：政策规划/培育规划/规划活动；规划类别选项为：语言规范化/副语言规范化/领域语言规范化；语音/词汇/语法/文字；语言净化/语言现代化/语言国际化等，详见后文统计图表，如"领域语言规范化"下再按照"商业""测评"等标注下位类别信息。

其次，本文研究视角为"从语言规划形成机制的角度"，语言舆情分析是重要内容，所以此处扼要说明语言舆情信息来源，具体包括：

①"《人民日报》图文数据全文检索系统"（1946—2013）。《人民日报》是党报，是中国官方三大传媒机构之一，反映了国家和政府的语言态度和语言政策倾向，时间跨度覆盖了研究的所有时段；②费锦昌主编《中国语文现代化百年记事（1892—1995）》；费锦昌主编的《新时期语言文字工作记事（1978—2003）》。这两部是语言规划编年记事，两本文献体例基本相同，时间上相互衔接，全面记录了各领域、各地域的语言事件；③国家语委语用司和语信司编辑的《语言文字工作简报》（2002—2013）和由国家语言文字工作委员会发布，由课题组或教育部语言文字信息管理司组编的"中国语言生活绿皮书"《中国语言生活状况报告》（2005—2014）（商务印书馆）中的相关舆情信息。在时间上与②相续，含有国家、地方及各个领域的多种语言舆情信息；④《文字改革》（更名后为《语文建设》）《中国语文》等语言类杂志，前者作为与中国语言规划相伴而生的杂志，刊载了大量各个层面的舆情信息，后者早期内容也多与语言规划相关。

以上为本书语言舆情信息的主要来源，此外，中国语言文字网"语言文字网络信息聚合系统"① 虽然产生晚，但基本呈现的是"社会语文"和"网络语文"，主要代表的是普通社区成员的观点，因此作为补充来源。该系统从网络上抓取了 2010 年以来（包括少量 2010 年前的条目）的语情信息，截止到 2013 年 12 月 16 日共有 10063 条信息。主要来自门户网站、平媒、论坛和博客等。

每种舆情信息源的性质和时间分布不同，对本体规划因而有不同的影响和制约作用，详细分析见后文各章节。

二 研究内容

本书主要的研究目的是通过对当代本体规划的横向与纵向的梳理与解析，研究、发现本体规划发展的方向和缺弊，进而结合当下背景分析，探讨优化本体规划的设计、施行方案和提高规划效果的有效途径。因此，具体研究内容包括以下方面：

（1）完善本体规划的基础理论。即确定和阐释本体规划的基本理论范畴，主要包括本体规划的定义、范围和系统地位。通过界定本体规划概念、厘清范围，重新构建本体规划内容框架，并以此框架作为梳理不同时期规划成果的主要线索；同时论述本体规划在语言规划系统中的地位，以将之置于整体系统中进行研究。

（2）探讨语言规划的形成机制。了解语言规划的内在机制，掌握制约本体规划形成的主要因素才能从新颖、合理的角度切入，全面分析本体规划实践，才能进一步鉴往谏今。发展 Spolsky 语言规划理论，展开论述语言意识、语言舆情等概念及其与语言规划的关系。语言意识对语言规划的作用鲜有系统研究，尝试通过语言规划观对此做初步探索，并重点研究语言规划观的类型及其更迭过程。

（3）系统、全面地研究 1949—2013 年的本体规划实践。此部分为本书核心内容，因此所占篇幅最多。将当代本体规划分为三个阶段，分阶段进行语言舆情分析、本体规划成果分类描写和规划特点的概括与阐发，现象描写与成因分析相结合，务求详尽，达到"描写的充分性"。

---

① 中国语言文字网"语言文字网络信息聚合系统"网址：http://124.207.106.29：8080/mediaview/newslist.jsp。

(4)进一步探讨当代本体规划发展、变化的总体规律、趋势以及所存主要缺弊。通过对语言规划观发展脉络的梳理,研究语言意识对本体规划理念、目标和内容的实际影响,力求达到"解释的充分性";通过分类统计考察不同阶段的各类规划量的变化,探讨分析各部分规划内容和修订情况的变迁,并尝试进行理论模塑和提升;结合本体规划舆情背景调查,研究当前本体规划及其实施的主要缺环和问题。

(5)探讨优化本体规划系统,提高规划效果的有效途径。此部分内容为本研究最终的目标。分析本体规划舆情背景和自媒体时代公共话语特征,针对研究所发现的本体规划系统现存问题,在更新规划理念,改进、优化系统内容等方面,提出有价值的观点和具有可操作性的规范模式,尝试借鉴新的理论。

三 研究思路

本书从语言规划形成机制的角度切入研究当代语言本体规划,因此研究路径的起点即为探讨语言规划的形成机制。通过发展 Spolsky 的观点进行理论建构,继而以此为框架对 1949—2013 年的本体规划实践分三个阶段进行详尽描写和分析,此部分着重结合语言舆情(语言实践的具体化)展开论述;在此基础上对当代本体规划发展规律和趋势进行综合考察,统计分析各类成果的变化曲线,透视其演进特点,并重点结合语言规划观(语言意识的具体化)的变化,论述其对本体规划的作用;继而结合本体规划的舆情背景调查,分析本体规划系统的主要缺弊,并基于此思考本体规划的发展问题,提出具体改进方案和理论观点。

语言规划的形成机制见下图:

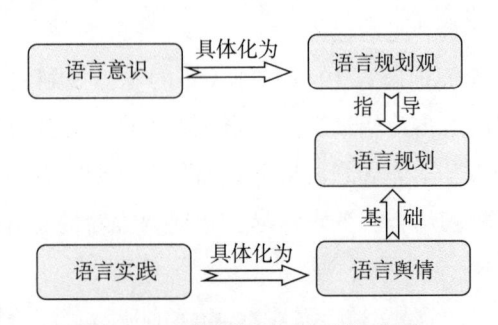

图 0.1 语言规划形成机制示意图

第三节 理论与研究方法

语言规划为学科交叉领域，涉及语言学、社会语言学、社会学、公共政策学等多个学科，为语言本体规划研究提供了不同研究视角及相关理论和研究方法。

一 主要理论

本书所用主要理论概述如下：

（1）语言规划理论

首先本书采用了包括 Kloss（1969）、Cooper（1989）、Haarmann（1990）等的关于语言规划类型理论，以利于把本体规划置放于整个系统背景中展开研究；其次是 Spolsky 的语言政策（广义的语言规划，笔者注）系统构成理论，在本书中我们对该理论进行了重新解释和发展，用以论述语言意识、语言实践和语言规划三个部分的互动构成的语言规划的形成机制；再者是 Kaplan 和 Baldauf（2014）目标框架理论，本书中该理论经过研究整合，发展为新的本体规划模型，在研究中作为分析本体规划的内容框架。以上的理论借鉴中后面两种是本书主要的理论基础。

（2）社会语言学理论

本文所采用的社会语言学理论主要包括言语社区（speech community）理论和语言意识理论。

言语社区理论。"言语社区，即某种人类聚合体，它通过一系列共同的言语符号进行日常而频繁的交往并以此为特色，并依据语言运用中那些有实义的分歧而区别于其他相似的集合体。大多数持久的集团，无论是小到面对面交往的伙伴，还是大到还可分为地区的现代国家，或是同业协会、地段团伙，只要表现出值得研究的语言特色，都可视为一个言语社区。"[①] 言语社区目前已成为社会语言学常用的重要理论之一，在社会语

---

① Gumperz, J. J, "The speech community", in D. L. Sills, ed. *International Encyclopedia of the Socail Sciences*, London: Macmillan, 1968, pp. 383–386.

言调查、语言接触等研究中得到广泛应用。本书运用言语社区理论主要目的一是确立研究范围。当代中国是一个大的言语社区，根据社区的设施和工具——主要交际语言的差异，我们将当代中国言语社区分为大陆汉语社区、大陆少数民族语言社区、特别行政区言语社区和台湾言语社区。本书以大陆汉语社区的本体规划为基本研究域；目的之二是给本体规划发展提出未来应遵循的社区性原则，即按照不同的言语社区进行本体规划设计和评估。

语言意识理论。汉语话语体系中的"语言意识"，对应于英语中的两个概念 Language Awareness 和 Language Ideology，本书所采用的是后一个，即 Kroskrity et al.（2000）区分的两个层面"微观的语言意识"（language awareness）和"宏观的语言意识"（language ideology）中的后一个，通常译为"语言意识形态"，与语言观、语言规划观及语言承载的政治、经济和文化的价值密切相关。将语言意识形态与语言政策、语言规划结合研究，自20世纪90年代后期以来渐成趋势，发展成为一种研究模式，但对中国当代本体规划的研究中还鲜少见到语言意识的分析。本书把语言意识作为语言规划形成机制的主要因素，具体化为语言规划观，研究其对本体规划的实际影响。

(3) 社会学理论

应用的社会学理论包括舆情理论和社会形态理论及其他理论观点，这里着重说明前面两种。

舆情理论。舆情理论是公共社会学中的重要概念，社会性是语言的基本属性之一，因而语言规划又是社会规划的组成部分，社会属性更为显著，其制定无疑会受到舆情的制约，只不过最直接的基础是"语言舆情"。运用舆情理论，我们将语言舆情界定为"在一定的时空内，公众对语言文字相关政策法规、规范标准或语言现象的意愿、态度和反应行为"，并作为"语言实践"的具体表现用于语言规划机制分析，成为内容的主线之一。

社会形态理论。社会形态影响语言意识，从而间接影响语言规划观。因此本书运用社会形态理论说明：本体规划第三阶段，中国社区随着世界经济潮流发展，逐渐进入后工业社会，是语言规划服务观产生的原因之一。引用丹尼尔·贝尔等的观点用以说明社会形态带来社会矛盾关系的变化，而矛盾关系的变化决定人类的思维方式和价值观念的变化，这种变化也作用于语言规划观。将社会形态理论应用于本体规划的成因阐释，希冀有利于本体规划研究的深入。

另外，本书还广泛运用了语言学的其他相关理论和自然科学中的信噪比理论等，试图通过运用理论的丰富性增加研究深度。

二 研究方法

总的研究方法为历时研究与共时研究相结合，定量研究与定性研究相结合。

对当代本体规划各发展阶段的描写与分析以及舆情背景调查等为共时研究；同时，不同阶段的对比考察以及对当代本体规划的发展态势的总结、概括，又体现为历时研究。历时与共时研究相结合既形成了对研究对象的整体观照，又有对横切面的透视，为最终达到研究目标、提出优化本体规划系统的方案和建议提供了实证支持。

描写和分析当代本体规划的实践及理论成果，本书基本采用封闭域的定量研究，主要体现在政策规划中的语言规范化、副语言规范化和领域语言规范化三部分。因为政策规划从形式上可以判定，是可以穷尽的本体规划成果，研究材料与定量研究范式相契合。定量研究形成的统计数据增加了本体规划描写的精确性和可信度。但在对各个时期各类规划成果的规律阐释，则是定量与定性的结合，体现了语言学研究"描写的充分性"与"解释充分性"相辅相成的基本原则。

所采用的具体研究方法如下：

（1）文献法。本书是以语言规划断代史为基础展开具体研究的，因此文献法是所采用的主要方法之一。论文主体研究的第一步即通过多种渠道调查、收集和整理所有的政策规划成果，建成信息库，形成成果合集，作为主要的研究材料。另外，论文研究综述部分，通过对国际上和国内的语言规划和语言本体规划相关文献的全面检索、整理和加工，力求掌握相关领域的全貌，以便提出研究问题，展开研究，此亦为文献法的集中运用。

（2）语料库研究法。语料库方法用建立语料集合的方式，汇集符合研究主题的语料，为语言定量研究提供相对的研究封闭域，以增加研究结论的可靠性，是目前语言本体研究中经常采用的方法，但在语言规划研究中的运用相对较少。本文研究对象虽与语言本体相关，但非为完全同质的语言单位，而是形式、内容和功能各异的规划信息，因此采用语料库结构模式和方法建立了"当代本体规划信息库"，尝试使语言规划研究走向实证化，避免主观认定式研究。

（3）语言调查法。语言调查有多种具体的调查方法，本书为了获取相对的大样本数据主要采用的是问卷调查法。

主体结构中的第三部分即为"本体规划调查"，调查目的是了解当下本体规划的舆情背景状况，为构设新的体系提供参考。本次调查共分为"基本情况""关于语文教育""关于外语教育""语言规划效果""语言规划的发展"五个部分，除第一部分基本情况外，每部分各有 10 个问题。本次调查的目标包括了解社区成员对本体规划的认知程度、社区成员对语言规划焦点问题的态度、语言规划主要方面的实施效果、社区成员对语言规划发展的看法，等等。

在论述本体规划的实施效果时，本文还进行了小型问卷调查，即对异读字、词发音的问卷调查，采用的是电子问卷，通过问卷网设计问卷进行 on-line 调查，有方便、节时的优势。调查目的是了解、佐证"对语言规范的规律性违反"现象。

在具体研究过程中，上述各种方法实际是综合在一起的，如定量研究依靠的是语料库研究法和文献法。

第一章 语言本体规划理论范畴与研究综述

第一节 语言本体规划基本理论范畴

本书研究对象为中国汉语社区当代语言规划中的本体规划,在时间上为中国语言规划的断代研究,在内容上是当代语言规划系统中的一部分。

一 语言规划及其基本分类

传统意义上的语言规划主要在国家层面,指国家权威机构对语言及其使用的计划和管理。近些年随着语言规划理论的发展,语言规划的内涵和外延均有所扩大,宏观语言规划和微观语言规划的区分,使语言规划的主体不限于国家,还包括社会组织、团体以及家庭等社会单元终端。本书主要以当代中国宏观语言规划为研究范围。

(一) 语言规划概念界定

首先进行术语分析。语言规划(language planning)在国际上还常用"语言政策"(language policy)和"语言管理"(language government)这两个概念。语言规划和语言政策从现有文献来看基本通用,张治国认为"在国外,'语言规划'与'语言政策'的含义基本上是一致的。它们只是代表了一种不同的时尚,并没有本质上的差别。若要说它们之间有差别,那就在于它们的兴起时间稍有不同,社会语言学家使用它们的感情色彩稍有差异。"[①] 两个概念分别主要用于国际语言规划发展的前期和中后

---

① 张治国:《关于语言政策和语言规划学科中四个术语的辨析》,《语言政策与规划研究》2014年第1期。

期，研究发现分界点是 20 世纪 80 年代末 90 年代初。之所以发生这个转变，Spolsky 认为后来的研究者"更喜欢使用具有中性色彩的'语言政策'一词"①，因此他系统论述语言规划的著作也命名为"语言政策"（Spolsky，2011）。语言管理主要是由 Jernudd 和 Neustupny（1986）、Jernudd（1991）、Neustupný（2003）等人塑述的，与前两个概念的区别主要体现为语言规划观不同，研究侧重点因而不同，如王辉认为语言管理虽然可作为语言规划的同义术语，但是作为一个概念，它强调的是一种自下而上的语言规划，管理的中心在于个人和社区，而传统意义上的语言规划则是一种自上而下的语言管理方法，管理的中心是政府或权威机构。②另外，语言规划概念本身是多义的，语言政策突出了其体系中战略、政策和观念的部分；语言管理则重点强调其规划行为和活动的部分。

在国内研究中与"语言规划"相当的概念除了"语言政策"外，还包括"文字改革""语文建设""语文现代化"和"语言规范化"。其中语言政策多用于介绍外国或境外语言规划相关内容的文献；语文建设富有 20 个世纪五六十年代的用语色彩，用以概括所有与语言文字相关的工作，与语言规划的内涵基本相当，如其时负责语言文字工作的机构"中国文字改革委员会"的会刊《文字改革》后来即更名为"语文建设"。其他几个概念与语言规划的关系详见本章"研究现状综述" 1.2.2 一节中的说明。

本书中对语言规划和语言政策不作区分。

其次进行概念界定。语言规划归属社会语言学或应用语言学范畴，但同时与社会学、公共政策、政治学、文化学、教育学等众多人文社会科学相关，因此殊难定义。不同的语言观和语言规划观下对语言规划的定义迥然不同，从最初单纯为解决语言社会问题尝试规划语言至今，语言规划观念不断变化发展，语言规划定义也在持续更新，总计已达几十种。

早期语言规划初创者如 Haugen（1966a）解释为：对语言变化的评价，即为一个言语社区建立目标、政策和过程的活动，还只是一种评价性的定义；Rubin 和 Jernudd（1971）认为语言规划是一种有意识的语言改

---

① Spolsky, B., *Sociolinguistics*. Shanghai: Shanghai Foreign Language Education Press, 2000, p.66.

② 王辉：《语言规划研究 50 年》，《北华大学学报》2013 年第 6 期。

变，对语言系统本身或语言应用以及兼有二者的改变，由专门负责或授权负责的组织制定。① Fishman 指出，语言规划意指有组织地寻求解决语言问题的方法，通常在国家层面。② 分别强调了语言规划的主观性和社会目的。Neustupný（1983）的定义为"语言规划意指对于语言问题系统的、基于理论的、理性的和有组织的社会关注"③ 和 Cooper 的定义"语言规划指的是有意识去影响他人语言行为的努力，关于他们的语言符号的习得、结构和功能分配等方面"④ 既在内涵上有差别——分别概括了语言规划的主要特征和内容，对规划对象的认知也发生变化，从"语言问题系统"转到"语言行为"。到后来的 Mühlhäusler，认为按照生态学的观点，语言规划已不再是一种简单机械的作业过程，而是一种目的在于保持人类交际系统多样性最大可能的活动⑤；Spolsky 把语言政策看作一个由语言实践、语言意识和语言规划三个部分组成的系统，通过任何语言干预、规划或管理的方法来修改和影响这种语言实践的所有努力。⑥ 显示了语言规划研究视野的巨大突破。

　　国内学者基于本土语言规划实践的定义也呈现出显著的变化趋势。冯志伟的定义"语言规划（language planning）就是政府或社会团体为了解决在语言交际中出现的问题有计划有组织地对语言文字进行的各种工作和活动的统称"⑦。反映了较早时期的代表性观点，即语言规划是对"语言"的规划；经过几十年语言规范化工作的检验，人们对"语言"是否能够被"规划"产生了疑问，经过讨论，于根元提出"所谓语言规划，是指

---

　　① Cooper, R. L., *Language planning and social change*, Cambridge：Cambridge University Press, 1989, p. 30.

　　② Fishman, J. A., "Language modernization and planning in comparison with other types of national modernization and planning", in Fishman, J. A., ed. *Advances in Language Planning*, The Hague：Mouton, 1974, p. 79.

　　③ Neustupný, J. V., "towards a paradigm for language planning", *Language Planning Newsletter*, Vol. 9, No. 4, July 1983, pp. 1–4.

　　④ Cooper, R. L., *Language planning and social change*, Cambridge：Cambridge University Press, 1989, p. 45.

　　⑤ Mühlhäusler, Pr., *Language of Environment – Environment of Language：A course in Ecolinguistics*, London：Battlebridge, 2003, p. 35.

　　⑥ Spolsky, B., *Language policy*. Cambridge：Cambridge University press, 2004.

　　⑦ 冯志伟：《论语言文字的地位规划和本体规划》，《中国语文》2000 年第 4 期。

国家或社会为了管理社会语言生活而进行的各项工作。它是作用于语言的社会活动"①。把"社会语言生活"视作语言规划的对象；李宇明近年明确提出"语言生活"概念，认为"'语言规划'（language planning）是指政府、社会组织或学术部门等对语言生活（language situations）所做的干预、管理及相关计划，其中包含语言政策的制定及其实施等内容。"②

综合上述观点，结合当代语言生活特点和言语社区成员语言生活需求我们尝试对语言规划作如下定义：语言规划是政府、社会组织或学术机构等为合理分配语言资源，优化现实及虚拟社区语言生活并对其进行调节和管理的设计和行为。

（二）语言规划的类型

语言规划的不同组成部分往往也属于不同的类型。

语言规划的主要类型包括地位规划（status planning）、本体规划（corpus planning）、习得规划（acquisition planning）和声望规划（prestige planning）。按照 Kaplan 和 Baldauf 的语言规划模型③，每类规划都包括政策规划（形式）和培育规划（功能）两个组成部分。目前对前两类规划的研究较为充分，每类中被重点关注的则是政策规划部分。

当代中国的语言规划也包括以上四类。国内研究者近年来还提出了其他的观点，主要有功能规划（李宇明，2008a）、华语规划（郭熙，2009）和传播规划（郭龙生，2007），这几种规划类型的塑述显示了语言规划研究领域的理论自觉，具有很大的创新意义。但通过分析可见，"华语规划"虽然拓宽了汉语规划的覆盖幅度，但是应视为另外的视角，属于语种规划，不具有理论的普遍性。"功能规划"和"传播规划"则基本可以视为原有分类体系的下位类型，因为功能规划实际上相当于地位规划的细化与本体规划中应用、施行部分的综合，研究者将这部分独立出来，对我们研究本体规划有启示作用；传播规划的内容已包含在习得规划和声望规划中，如汉语传播既属于习得规划中的汉语作为第二语言习得规划，同时也需要声望规划的辅助。

---

① 于根元主编：《应用语言学概论》，商务印书馆 2003 年版，第 41 页。
② 李宇明：《关于中国语言生活的若干思考》，《北华大学学报》第 2 期。
③ ［美］罗伯特·卡普兰、［澳］小理查德·巴尔道夫：《太平洋地区的语言规划和语言教育规划》，梁道华译，顾利程审订，外语教学与研究出版社 2014 年版。

因此本书对语言规划的基本分类仍沿袭四分法，即分为地位规划、本体规划、习得规划和声望规划四类，本节主要介绍地位规划、习得规划和声望规划。

1. 地位规划

地位规划通常认为是确定言语社区中语言、文字及其变体的地位或改变其功能的语言规划活动。如柯平认为"语言地位规划是使一种语言或语言变体的功能发生变化，因而也使说这种语言或语言变体的人的权利发生变化"[1]。语言地位规划的具体内容按规划过程划分为两部分：形式上的选择或创制（政策规划）和功能上的推广或施行（培育规划）。

语言规划最初的基本分类框架源自 Haugen（1966a）和 Kloss（1969），分为地位规划和本体规划两类。Haugen（1983）修改后的四重模型包括选择（selection）、编纂（codification）、实施（implementation）和细化（elaboration）四步，第一、三步为社会维度，用以平衡语言外部；第二、四为语言维度，用以平衡语言内部。在此基础上，Kloss 正式明确了地位规划和本体规划概念。Haugen 解释说"当我模型中的四步呈现某种逻辑序列，它们不是临时的必须接续的，而可以是同时和循环的"[2]。由此可知地位规划和本体规划同时也是语言规划过程的两个环节。

中国当代地位规划主要包括三部分，即汉语社区（大陆）地位规划、少数民族社区（大陆）语言地位规划和特别行政区语言地位规划[3]。语言地位规划与本体规划的关系最为密切，本书所论语言本体规划的内容主要是与第一部分的地位规划相承接的：

（1）汉语社区语言地位规划

主要内容为确立不同的语言变体和文字变体的地位与使用功能，其中关于通用语言、文字的规划是最核心的内容。

有关通用语言的地位规划经历了三个阶段，即确定民族共同语——将普通话确立为国家共用语、族际交际语——确定普通话为中华人民共和国

---

[1] 柯平：《语言规划（二）》，《语文建设》1991 年第 8 期。

[2] Haugen, E., "The implementation of corpus planning: theory and practice", in Cobarrubias, J and Fishman, J. A., eds. *Progress in Language Planning: international perspectives*, Berlin: Mouton. 1983, pp. 269-289.

[3] 因目前台湾社区语言规划的主体与中国其他三个言语社区不同，此处暂略。

通用语言。

1955年10月15—23日召开的"全国文字改革会议"上正式确认"这种事实上已经逐渐形成的汉民族共同语"[①]，并将之命名为"普通话"，同时明确了普通话的语音和词汇标准。1956年2月6日国务院发布《关于推广普通话的指示》，在其中完善了普通话的标准，即"以北京语音为标准音，以北方话为基础方言，以典范的现代白话文著作为语法规范"，至此完成了第一阶段"确定民族共同语"；第二阶段以1982年《中华人民共和国宪法》第十九条第五款规定"国家推广全国通用的普通话"为标志，确定了普通话作为国家共用语和族际交际语的地位；2001年1月1日开始施行的《中华人民共和国通用语言文字法》标志着地位规划发展到第三阶段，该法第二条规定"本法所称的国家通用语言文字是普通话和规范汉字"，确定了普通话的国家通用语地位。

文字的地位规划包括确认汉字为主体文字、汉语拼音为辅助形式（主要为注音工具）和确定通用文字。1956年1月28日国务院全体会议第23次会议通过了《汉字简化方案》及关于公布《汉字简化方案》的决议；1958年2月11日第一届全国人民代表大会第五次会议正式批准了《汉语拼音方案》，至此中国当代语言地位规划确立了主辅文字，完成初步目标，"即历史传承字和经过简化的字是国家在全国范围内推广使用的文字"[②]。2001年1月1日《中华人民共和国通用语言文字法》开始施行，规定规范汉字为国家通用文字，赋予其国家通用文字的地位，并划定了服务于整个中国言语社区的社会功能。

（2）少数民族社区语言地位规划

除了有关国家通用语言文字的地位规划外，中国当代少数民族社区的语言地位规划集中体现为"坚持民族平等和语言平等，各民族都有使用和发展自己的语言文字自由"的民族语言政策，并以立法的形式，从1949年形成的《中国人民政治协商会议共同纲领》开始即将这一规划、政策写入其中。同时《宪法》《民族区域自治法》及其他相关领域法律法规都对民族语言文字的使用域加以明确，以在少数民族社区确立通用语言

[①] 张奚若：《大力推广以北京语音为标准音的普通话》，载全国文字改革会议秘书处编《全国文字改革会议文件汇编》，文字改革出版社1955年版，第20—36页。

[②] 郭龙生：《中国当代语言规划的理论与实践》，广东教育出版社2008年版，第43页。

文字和民族语言文字的社会地位和功能，如"各民族都有使用和发展自己的语言文字的自由，都有保持或者改革自己的风俗习惯的自由"①。

（3）特别行政区语言地位规划

特别行政区语言地位规划包括香港和澳门。其地位规划分别见之于两地"基本法"，《中华人民共和国香港特别行政区基本法》第九条明确规定："香港特别行政区的行政机关、立法机关和司法机关，除使用中文外，还可以使用英文，英文也是正式语文。"《中华人民共和国澳门特别行政区基本法》第九条明确规定："澳门特别行政区的行政机关、立法机关和司法机关，除使用中文外，还可以使用葡文，葡文也是正式语文。"

以上三个言语社区的语言地位规划在每个历史时期都伴随着一系列的实施和推广策略。

2. 习得规划

习得规划又称为"语言教育规划"，是为了培养和维护言语社区成员个体或群体的语言熟练程度、获得语言能力所采取的语言规划活动。由 Cooper（1989）提出，他将 Haugen 语言规划模型的"实施"部分独立出来，概括为一种新的语言规划类型，使原有模型中模糊、不确定的内容凸显出来。习得规划同样可以分为政策规划和培育规划两部分，主要涉及领域包括第二语言习得或外语习得、语言再习得和语言维护；Cooper 认为习得规划建立在两个条件的基础上：公开的语言规划目标和为达目标所采用的方式。"因此习得规划能被划分的一个初步的框架衍生了由两个变量交叉形成的九个组成部分：公开的目标（习得、重新习得和维护）和为达到目标而运用的重点方式（学习机会、学习动力、学习机会和动力）。"②

中国当代语言习得规划在不同言语社区是不同的，主要规划内容包括母语习得、第二语言习得或外语习得和汉语或少数民族语言作为第二语言习得三个方面的内容。语言习得规划是语言规划与教育规划重合的部分，只有这两种规划合理分工、相互衔接和配套才能改变中国语言教育当前种种失衡状况，提高国民语言能力和国家的整体语言实力。同时，教育规划

---

① 《中华人民共和国宪法》第四条第四款。

② Cooper, R. L., *Language planning and social change*, Cambridge: Cambridge University Press, 1989, p. 160.

也是落实、施行语言地位和本体规划的途径。

3. 声望规划

声望规划又称为"声望政策规划"（Kaplan & Baldauf, 2014），是为提高语言文字及其变体的声誉或形象，从而促进语言规划实施进程和效果的语言规划活动。声望规划由 Haarmann（1990）提出，后经英国社会语言学家 Ager 等的研究和发展逐渐得到认同。声望规划的基本观点是"语言规划也是一种产品"，为了获得最大的接受度，达到最终规划目标，应同时对规划对象、规划设计者及推行者进行声誉和形象的维护，进行声望的全面提升。因为，一种语言或语言变体形象的提高，关键是将规划语言提高到高声誉领域（high prestige domains），即实现 Haarmann 所谓的"雅化"。①

声望规划虽然也可分为政策规划和培育规划两部分，但实质为一种伴随性跟进的规划活动，即伴随其他语言规划政策、标准、方案出台和施行的整个过程，其目标实现的直接表现为语言的"普及化""知识化""雅化"等属性特征，最终表现则为一种受众心理接受度，难以评估和测量，也因此一度被忽略。但随着语言规划理论的发展，相比从前语言规划被视为自上而下的政府管理行为，语言规划的引导性特征日趋显著，语言规划的接受不再是"理所当然的"，因此需要进行声望塑造。研究者赵守辉认为 Haarmann 的贡献在于：针对以往语言政策的单向行为的理论缺陷，强调政策实施的双向性，看到成功的概率更取决于接受者；强调语言规划产品实施者的多样性和推广者或部门以及推广过程的声誉。②

中国当代语言声望规划还处在初步被了解阶段，语言规划具体工作中涉及语言、文字的声望相关方面往往给出的都是比较宽泛、抽象和随意的说明，缺乏系统性和延续性。声望规划的缺失往往会影响地位规划、本体规划和习得规划效果。

---

① Ager, D. E. "Prestige and image planning", in E. Hinkle, ed. *Handbook of Research in Second Language Teaching and Learning*. Mahwah：Lawrence Erlbaum Associates, 2005, p. 1038.

② 赵守辉：《语言规划国际研究新进展———以非主流语言教学为例》，《当代语言学》2008 年第 2 期。

二 本体规划的定义、范围与构成

本节我们将讨论语言本体规划基本理论范畴中的定义、范围和内容构成等方面，廓清原有内容。

(一) 本体规划的界定

国内原有对本体规划的认识大体停留在是对"语言文字本体的规范"层面，如"语言本体规划，指对语言文字形式本身进行调整的活动，目的是使语言文字形式规范化、标准化，以便社会成员正确使用，社会语言生活健康发展。对语言形式进行调整的规划活动如：(1) 为语言的语音、词汇、语法等制定规范标准；(2) 修改现有的语音、词汇、语法等规范标准；(3) 为无文字的民族创制文字；(4) 文字改革；(5) 文字的规范化和标准化。"[①] 即本体规划是对语言结构系统本身的规划，这是自 Haugen (1966) 开始的共识，也是大部分论述者所给出的本体规划定义的主要内涵，一般在其后会列出语言规范化、标准化、术语、新词语等一些具体规划内容，如"语言文字的本体规划，则是对语言文字本身的改造和完善，也就是语言文字的规范化和标准化问题"[②]。冯志伟提出：语言文字的本体规划 (language noumenal planning or language-in-self-planning)，就是语言文字本体的改造和完善，是我们通常所说的语言的规范化和标准化。主要包括三方面的内容：共同语的推广和规范化；文字规范和标准的制定；科学技术术语的标准化。[③] 但分析语言规划实践我们发现，这类定义不足以概括本体规划内容和所涉及的领域。

因此我们在 Kaplan 和 Baldauf (2014：237) 定义基础上把本体规划界定为：

本体规划指的是为优化语言 (文字) 结构系统和维护社区语言生活而进行的，对语言 (文字) 进行定型或规范化，修改或完善必须设定的内在语言目标等的语言规划活动。

本体规划的政策规划部分主要关涉语言形态方面，涉及制定语言、文

[①] 陈章太主编：《语言规划概论》，商务印书馆2015年版，第11页。
[②] 侯敏：《有关我国语言地位规划的一些思考》，《语言文字应用》2005年第4期。
[③] 冯志伟：《论语言文字的地位规划和本体规划》，《中国语文》2000年第4期。

字多种多样用途的政策和规范标准；培育规划部分主要关涉语言使用（功能）及其发展方向，涉及政策、规范和标准的施行以及开发、更新支持语言发展的理论工具等。

中国当代语言本体规划与地位规划一样，涉及大陆汉语社区、少数民族言语社区和特别行政区言语社区三个部分，本研究主要以第一部分，即"中国大陆汉语社区"的本体规划为研究对象。

（二）本体规划的范围与构成

Kloss（1969）认为，本体规划主要包括文字化、标准化和现代化；Haugen 在《本体规划的实施》（1983）中对本体规划做了明确的阐释：本体规划包括"典化"（即规范化、标准化）和"细化"（即功能拓展）两个过程，典化又分为文字、语法和词汇三个方面；细化主要指术语现代化和风格发展。Kaplan 和 Baldauf 在此基础上构建了如下本体规划目标框架：

表 1.1　　　　　　　　　　　本体规划目标框架①

	1. 政策规划（形式）目标	2. 培育规划（功能）目标
本体规划	语言规范化 　　（Corpus Standardization） 　　文字化（Graphisation） 　　语法化（Grammatication） 　　词汇化（Lexication） 副语言规范化 　　（Auxiliary Code Standard） 　　文字化 Graphisation 　　语法化 Grammatication 　　词汇化 Lexication	词汇现代化 　　（Lexical Modernisation） 语体现代化 　　（Stylistic Modernisation） 革新（Renovation） 语言净化（Purification） 语言改革（Reform） 语体简化 　　（Stylistic simplification） 术语统一 　　（Terminological unification） 国际化（Internationalisation）

注：表中的英文为笔者对照英文原版添加。

根据本体规划的这个最新框架，结合中国社区语情和规划实践我们构拟了中国当代语言本体规划模型，见下表：

---

① ［美］罗伯特·卡普兰、［澳］小理查德·巴尔道夫：《太平洋地区的语言规划和语言教育规划》，梁道华译，顾利程审订，外语教学与研究出版社 2014 年版，第 228 页。

表 1.2　　　　　　　　中国当代语言本体规划模型构拟

	1. 政策规划（形态）	2. 培育规划（功能）
本体规划内容	语言规范化、标准化、信息化 　　文字 　　语音 　　语法 　　词汇 副语言规范化 　　文字 　　语音 　　语法 　　词汇 领域语言规范化 　　行业语言规范	语言净化 语言现代化 　　词汇现代化（新词语等） 　　语体现代化（文风等） 　　术语统一 语言国际化

上表 1.2 中我们在"语言规范化"并列位置增设了"语言标准化"和"语言信息化"，语言标准化是语言规范化的进一步"规范化"，即某项语言文字规范上升为或同时具备国家或国际标准，如当代带 GB 标志的语言文字相关标准；"语言信息化"实为适合计算机处理语言信息而进行的语言文字标准化。之所以在本体规划模型中将语言信息化与语言规范化、标准化并列，而不作为"领域语言规范化"的内容，基于三点：一是周有光认为文字、国家共同语、传声技术、电子计算机和国际共同语是人类语言生活里先后出现的五件大事，其中的文字、传声技术和电子计算机提高了语言的传播功能。[①] 计算机进入日常生活，信息化时代开启后，记录语言文字的主要媒介发生变化，增加了计算机及其网络，不同的媒介需匹配不同的语言文字规范；二是语言信息化规范面向所有语言使用者，具有普适性，与其他领域规范的辖域专门化不同；三是语言信息化越来越成为言语交际方式的依托，涉及生产、生活各个领域。

对比表 1.1，在"语言规范化"和"副语言规范化"中加入了"语音"。这是因为汉字与汉语不同于字母文字与其所记录语言之间的关系，语音在中国本体规划中有特殊意义，与文字、词汇规范及其使用的关系密切，因此单列为一类。另外，在"政策规范"中加入"领域语言规范化"，这部分内容区别于副语言规范化：副语言规范化在本模型中指辅助

[①] 范炎培：《周有光年谱》，群言出版社 2012 年版，第 243 页。

语言表达和文字记录功能的符号及其组合方式，如海上、航空等专门领域辅助交际的，与语言文字有类似功能的符号；领域语言规范化则指医疗、金融等不同行业的语言文字规范和要求。

新模型将 Kaplan 和 Baldauf 培育规划部分进行了整体整合，把涉及语言本体使用的规划方向总括为语言净化、语言现代化和语言国际化三个方面，代表本体规划的三个培育方向：语言净化为共时的系统内向方向，国际化为共时的系统外向方向；语言现代化为动态变化的历时方向。这其中把原框架中的"语体现代化"与"语体简化"归并为"语体现代化"，Kaplan 等自己也认为"语言改革和早期的语言规范化有些联系"，因此将这部分内容并入前面。

"语言净化"实际上又包括不同标准的净化，具体概括为内外标准、时代标准和健康标准。"语言现代化"规划活动主要有以吸收、整理新词语为标志的词汇现代化、语体现代化和术语规划；语体现代化在当代主要体现为文风的不断改进；术语规划与语言规范化中的词汇以及"语言国际化"都有关系，但鉴于术语问题的专业性和研究、整理的专门化，单列一类。"语言国际化"致力于使语言或语言变体更易于国际通用或与国际接轨、易于二语习得者学习，与中文国际地位确立、汉语国际传播和汉语国际教育的关系密切。

综上，本研究将以此模型作为内容框架考查当代中国的语言本体规划现象，梳理 1949 年以来至 2013 年各个时期主要的语言本体规划成果，总结语言规划观和规划内容的发展变化规律，讨论缺失与弊利，进而提出适合国情、语情的规划策略和思路，完善语言本体规划系统。

三 本体规划的功能与地位

此处主要指本体规划在语言规划系统中的地位，语言本体规划在语言规划系统中的功能和地位可以用"固本强体"来概括，"本"是指语言、文字本体，"固本"就是巩固所规划的语言文字变体的规范；"体"即"用"，"强体"则是指强化所规划的语言、文字变体的使用。

（一）四种规划类型的关系

上述语言地位规划、本体规划、习得规划和声望规划作为主要的语言规划类型，同时也是一个言语社区语言规划系统的四个组成部分，只有理清各组成成分之间的关系才能具体确认语言本体规划的功能,才能更有效地运行语言规划系统。四种语言规划类型关系如下图所示。

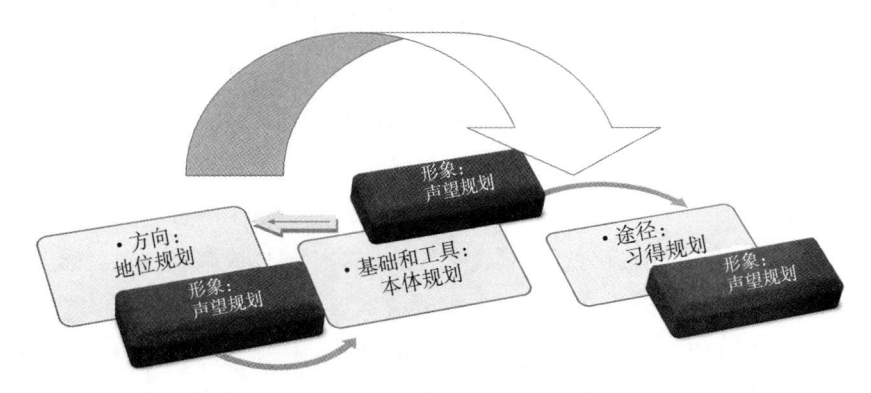

图 1.1　语言规划系统结构关系

上图所示四种语言规划之间的关系可以从以下两个方面加以说明:

(1) 语言规划内容上的分域与依存

成熟言语社区的语言规划是一个由地位规划、本体规划、习得规划和声望规划四个分域构成的完整系统。在这个系统中各个分域的规划任务和目标各有不同,在系统中的作用因此也不同:

地位规划要确立语言规划的主要对象和语言关系,进行语言资源分配和语言功能分工,决定了系统的发展方向;本体规划是整个系统和其他语言规划的基础与工具,既受制于地位规划,也作为地位规划的重要条件;习得规划以地位规划和本体规划为指导和依据,同时是地位、本体规划实现的主要途径,没有教育力量的支持所有的规划设计都只能停留于理论层面,无法真正落实;声望规划某种程度上决定了整套规划设计的形象和声誉,在实质内容上与前面三类没有链接或承接关系,但如研究者提出的语言本体和地位规划是一种能产性的活动,而声望规划是一种接受性功能(或价值),它会影响本体和地位规划是如何被规划者执行的,又是如何被受众接受的①。

---

① 赵守辉:《语言规划国际研究新进展———以非主流语言教学为例》,《当代语言学》2008 年第 2 期。

(2) 语言规划过程上的接续、循环与伴随

Haugen 在建立语言规划初始模型时即表明了地位规划和本体规划在程序上的逻辑接续关系，在上图我们也试图说明从地位规划—本体规划—习得规划通常具有一定的接续性。例如一般确定民族共同语之后即会展开该共同语的规范化以利推广；而确定了国语或官方语言后，语言本体有了规范、标准才能进行语言教育规划——确定教学对象及教学媒介语言。整个过程呈现出一种逻辑顺序。但同时，这种接续关系不一定是单向的鱼贯递接，而是可以同时进行或循环，如完善的本体规划成果反过来会推进地位规划的下一阶段进程，如图 1.1 所示。

与前三种规划类型不同，声望规划虽然是一种独立的规划类型，有独立的规划内容和目标，但规划过程很难与其他三种规划完全分割，我们认为是一种"伴随"状态，理想的声望规划应伴随于地位、本体和习得规划的各个阶段和环节，大到语言变体的选择，小到具体项目的语言形式的确认都应伴有声望规划，才能获得最大接受度。

(二) 本体规划的地位

简而言之，语言本体规划是语言规划系统的核心。从图 1.1 可见本体规划位于地位、习得规划之间，作为二者的基础和工具，处在整个语言规划系统的核心地位。向习得规划输出规范和标准，成果反馈成为巩固和推动地位规划的动力和依据，同时是声望规划施行的有形根据——一言以蔽之，本体规划的主要功能为"固本强体"，既维护语言结构系统的稳定和规范，同时又强化其功能，满足语言应用。其规划效果是言语社区语言规划系统成败的关键。

对语言本体规划地位的科学认知对本体规划研究具有相当的启示作用。

首先，本体规划在语言规划系统中的核心地位决定了其在语言规划研究中的首要地位。当代的本体规划虽然在语言规范化领域的研究成果较多，但缺乏系统性和理论性，偏重重复性描写，阐释与理论生发方面较为欠缺。

其次，本体规划在体系中举足轻重、"牵一发动全身"的地位启发我们应在整个语言规划系统中展开当代语言本体规划研究，打破原有框架，在大的背景中思考本体规划现象、总结规律，重视与其他分域的关联性思

考，而不局限于本体规划本身，全面分析问题、提出观点。

语言规划（language planning）从 20 世纪五六十年代成为语言学家们的关注对象至今 50 多年来，随着语言规划实践的发展和调查、研究的跟进，世界上主要国家的语言规划现象和问题相继成为讨论、研究对象，语言规划的研究范式和理论都在不断地更新，并逐渐从作为社会语言学研究的主要内容与学科方向向"语言规划学"独立学科过渡。在这个过程中，需要我们对语言规划过程中的每个环节，对语言规划系统中的每个类型进行专题性深入研究，尤其对在实践比重和功能、地位方面都更大、更重要的本体规划来说，更应成为研究重点。

四 中国当代语言本体规划的分期

进行当代语言本体规划的历时考察首先面临的是分期问题。语言本体规划属于语言规划系统的一部分，在发展的阶段性上与语言规划整体有一致性，但同时又有自身的规律、特点。目前对语言规划分期多有论及，本体规划尚少讨论。

李宇明把 50 多年来的语言文字工作分为三大阶段：第一阶段是 1949 年 10 月至 1985 年，主要是根据新中国当年的实际解决历史提出的语言文字问题；第二阶段是 1986 年至 2005 年，主要任务概括为语言文字的规范化、标准化和信息化，是在第一阶段工作任务的基础上的新发展，其工作目标是服务于中国的工业化和现代化；第三阶段是从 2006 年开始，这一年发生的可写入语言文字工作史册的重要事件，使政府和学者认识到语言文字工作的目标就是促进语言生活的和谐。[①] 马庆株的观点，第一阶段（1949—1985）以规范化为主；第二阶段（1986—2005）以信息化为主，当然还要继续做规范化工作；第三阶段（2006—2009）以汉语国际化为主，因为 2006 年召开世界汉语大会，汉语国际推广成为国策，孔子学院大量建立，《中国语言生活状况报告》开始每年出版。[②] 苏培成（2010）把当代中国语文工作分为三个时期：以语文改革为主的时期（1949—1976）；以语文规范为主的时期（1977—2000）；实施国家语文发

[①] 李宇明：《中国语言规划续论》，商务印书馆 2010 年版，第 34—35 页。
[②] 马庆株："序"，载资中勇主编《语言规划》，上海大学出版社 2008 年版。

展战略时期（2001—2007）。

上述对语言规划的分期各有所持，结合各家观点及本体规划本身的内容和特点，我们把中国当代语言本体规划初步分为三个阶段，即第一阶段为语言规范化建设阶段（1949—1985）；第二阶段为语言标准化、信息化建设阶段（1986—2005）；第三阶段为柔性语言规范建设阶段（2006年至今）。1949年至1954年虽然无正式语言规划成果，但语言文字工作和舆情准备都是开启正式规划进程所必需的。

第二节　语言规划研究综观

语言规划是在一定的社会发展和思想背景下制定施行的，涉及社会政治、经济、文化、教育等各个领域，是语言学、社会学、教育学、文化人类学、历史学等各个学科研究关注的内容，随着社会语言学的兴起和发展，语言规划成为独立的研究领域，如李英姿所言"除了在理论上丰富了和扩展了语言研究的范围，社会语言学家的很多工作也对新国家的建立和民族统一起到了指导作用"[①]。

一　国外研究

自20世纪50年代后期，美国语言学家Weinreich于1957年最先提出使用"语言规划"这个术语、美国语言学家Haugen（1959）在语言学中引入"语言规划"概念后，语言规划研究经过了高峰、低谷交替的几个时期。

（一）早期

早期研究，20世纪50年代末至80年代初形成了所谓的"经典语言规划"时期，是语言规划发展的第一个高峰。这个阶段语言学家受经济学家、社会学家为国家独立、经济恢复等目标制订发展规划的经世致用行为所启发和鼓舞，希冀通过对语言的有效管理和规划做出贡献，因此语言规划活动在各国（主要是亚非国家）蓬勃开展起来。最初语言学家、社会学家参与的规划设计成为语言规划最早的研究内容，其后在实践分析基

[①] 李英姿：《美国语言政策研究》，博士学位论文，南开大学，2009年。

础上，Haugen（1966a、1966b）、Kloss（1969）、Fishman（1968a、1974a、1974b）、Jernudd 和 Gupta（1971）等的研究建立了语言规划基本理论概念系统和内容框架，分别从概念界定、分类、内容及功能等角度廓出了语言规划研究的基本范畴。如 Haugen 对语言规划的定义，Kloss 所做的十种分类中的第四组"status planning"（地位规划）和"corpus planning"（本体规划）的划分成为后续研究的基础；《语言能否被规划——发展中国家社会语言学理论与实践》[1] 则集中了当时活跃在该研究领域的研究者的18篇文章，其在语言规划的一般理论方法、语言规划评估、经济分析、目标、民族主义和工具主义等方面的讨论成为后面阶段持续探讨的主题线索，"书中提供的信息是整个发展中国家语言规划者的活动不可或缺的。可以相信，因为所有的社区有共同的社会语言学问题，这本书甚至对发达国家也是有相当作用的"[2]。另外，由于语言规划的特殊性，其伴随社会的演进过程本身同时也是语言规划研究的内容，而语言规划的最初目标就是解决实际的社会问题，所以虽然当时理解和意图上是对"语言"的规划，早期研究却已确立社会视角的传统，如《发展中国家的语言问题》（Fishman et al.，1968b）、《方言、语言和国家》（Haugen，1966c）等针对不同国家具体问题展开的研究，都带有明显的社会研究的视野印记。

这个时期的后半段，致力于理论初步总结的研究进一步为研究者勾勒出语言规划的局部或整体面貌，这其中以 Fishman 和 Haugen 的影响力和贡献最大。Fishman 是福特资金支持的"东西方先进项目中心机构"语言规划跨学科团队专项研究（1968—1969）的主要负责人，也是"语言规划的进程"项目的发起者。前一项目的成果集成了上述《语言能否被规划——发展中国家社会语言学理论与实践》，后一项成果主要辑为《语言规划进程》（Rubin et al.，1977）。费申曼其他代表成果还包括主编了《语言规划的推进》（Fishman，1974a）、《语言规划的进展：国际视角》

---

[1] Rubin, J. and Jernudd, B. H., *Can Language Be Planned? Sociolinguistic Theory and Practice for Developing Nations*. Honolulu: The University Press of Hawaii, 1971.

[2] Pietrzyk, A., "Review of Rubin, J. and Jernudd, B. 1971. Can Language Be Planned? Sociolinguistic Theory and Practice for Developing Nations", *The Modern Language Journal*, Vol. 57, No. 4, April 1973, pp. 37-39.

(Cobarrubias & Fishman, 1983) 和《语言现代化与语言规划和国家其他类型现代化与规划的对比》(Fishman, 1974b) 等。前两部相距十年,分别收录了当时较有影响的研究结论,基本以 Haugen 和 Kloss 的理论框架为主,汇集新的理论和实践研究成果,产生了较大的影响。如《语言规划的进展:国际视角》中除概论和北美专题部分外,主要内容包括规划决策、编纂、实施和评估几个部分,每个部分又由不同作者执笔的多角度论述文章组成;从结合具体社会形态的地域研究来看,北美专题中针对地位规划或兼及本体规划的讨论,涉及加拿大(另有魁北克专论)和美国(包括那瓦霍人和拉美裔),其他专题还覆盖包括美国、西班牙、中国和苏联等多个地域。其中 Jernudd 的《语言规划评估:上个十年完成了什么》和 Fishman 执笔的《语言规划中的进展:总结观点》,集中体现了尝试全貌反映语言规划发展历程和现状的意图。相较十年前的论集(Fishman, 1974a), Dada 指出,"在现在的这册中,被检视的包括更为发达的、最初似乎没有语言规划问题的一些国家,如标题的第二部分所标明的,有一个更为开阔的视野"[①],证明了语言规划十年间的"进展"。Haugen (1966, 1983) 的主要贡献在于语言规划体系的构建,其中《本体规划的实施:理论与实践》(Haugen, 1983) 建立了完整的语言规划模型(详见下文)。

(二) 质疑期

20 世纪 70 年代末开始直至 80 年代末,语言规划处于"质疑期",原有的经典、理性研究及其模式受到全面批评,相对而言形成了一个低谷。在研究领域内部进行经验总结和基本理论建构完善之时,参与语言规划的语言学家及其他社会科学领域的研究者同时对语言规划产生疑问,后者相继发出质疑。细究其原因有几个方面。

其一从对语言规划的评估结果来看,很大程度上被视为失败。因为语言规划是问题驱动的社会行为和活动,预设程式是:某个国家或社区存在语言问题——对问题进行调查分析——进行语言规划——解决问题,如 Recent 所言,"除了有益于语言理论之外,许多社会语言学家的行为都被

[①] Dada, A., "Review of Cobarrubias and Fishman, J. A. (1983) *Progress in Language Planning: international perspectives*", *Language in Society*, Vol. 15, No. 3, June 1986, p. 414.

理解为有助于国家建设和民族统一；哪种语言能最好地为这些利益服务的决策通常是基于哪种语言可以提供先进的，也即西方的科技和经济援助。"① 但是语言"规划"并未如预期设想那样"解决社会问题"，未能明显助力备受关注的发展中国家的社会进步。对此一直在语言规划研究前沿的 Rubin 坚持增加"评估"环节，他认为相当多的与语言规划相关的因素应包括在语言规划的进程中，而且在一个明确的社会语言规划系统中处理各种语言用法及它们之间的关系是非常必要的。② 这些观点部分指出语言规划失败的原因；其二是受社会背景变化的影响。80 年代后期随着社会主义国家计划经济体制的解体，"计划"一词失去了它的社会"效力"意味，如 Jernudd 和 Nekvapil 所论"在评判国家事件方面上，一种浮夸的改变是强调'市场经济'，'计划'作为概念逐渐被污化，苏联计划经济的终止彻底扫走了它"③。因此，与社会和经济规划相对应的语言规划也被批评和放弃；其三是受批评主义和后现代理论等思潮的影响。20 世纪八九十年代社会学者于关注语言在社会和经济不平等中的角色与作用过程中，发现已有的语言规划模式不具有意识形态中立性，"经典语言规划"的观念基础失于正确，导致语言规划不但没有解决语言问题，实际上增加了这种社会不平等。Tollefson 的《规划语言，规划不平等》(1991) 的书名比较能反映当时的认识倾向，书中主线是在国家语言政策的制约下个人面对语言选择的困难。

　　回顾所谓的批评和质疑，实际反映了语言规划原有理论模型本身的简单化问题，以及逐渐显露出的与社会语言生活发展不相适应的特征，因此从某种意义上说，"质疑"成为促动语言规划研究进一步发展的驱动。这些质疑使研究者逐步走出局限于具体问题的策略化研究思路，更多地顺应社会整体的发展趋势，充分分析语言规划过程的复杂性和与社会其他因素

---

① Ricento, T. ed, *An Introduction to Language Policy: theory and method*, Oxford, UK: Blackwell Publishing, 2006, p. 13.

② Rubin, J., "Evaluating status planning: what has the past decade accomplished?", in Juan Cobarrubias and Fishman, J. A., eds. *Progress in Language Planning: international perspectives*, Berlin: Mouton, 1983, pp. 329-343.

③ Jernudd, B. H. & Nekvapil, J., "History of the Field a Sketch", in Spolsky, B., ed, *the Cambridge Handbook of Language Policy*, Cambridge: Cambridge University Press, 2012, p. 27.

的互动关系。在具体研究中呈现出显著的理论反思和变革倾向,以 Cooper (1989) 的《语言规划和社会变化》为发端,这种研究趋势持续至今。Cooper 的《语言规划和社会变化》在现有语言规划综合性著作中处于承上启下的位置。不仅指发表时间,体系上于继承基础上的创新特色也强化了这种地位。Cooper 的贡献有二:首先从地位规划和本体规划中将"习得规划"(acquisition planning) 分离出来,独立为一种语言规划类型,使语言规划系统内部结构更加清晰,因为语言习得与地位规划、本体规划是各自联系的,分别形成相互影响关系;其次提出了新的语言规划分析框架,即以提取出的语言规划八要素(实施者是谁、接受者是谁、什么行为、什么目的、什么背景、什么手段、什么决策过程、什么效果)为基点解析语言规划影响因子,增强了可操作性,提高了语言规划的实践价值。这类分析框架实际应该对 Hymes 的话语分析模型有所借鉴,海姆斯是社会语言学的分支"言语民族志学"(ethnography of speaking) 的创立人,提出交际的情景组成部分包括环境、参与者、交际目的、交际行为、关键信息、交际形式、规范、风格等 13 个要素[1];也与我国语言学家陈望道"六何(何故、何事、何人、何时、何地、何如)"[2] 的语境理论有异曲同工之妙。三者基本思路均是将纷繁复杂的语言现象在同一个平面解析为不同的、可以明确和独立分析的因素,"语言规划""交际的情景""语境"有很大的共性,都因构成或影响因素的芜杂而难以把握,因此形成了相近的理论框架,这种现象一定程度上从侧面证明了 Cooper 这一理论的合理性。Cooper "八问"框架目前是较为常用的语言规划研究模型之一,影响很大。赵守辉指出,尽管 Cooper 对"通过什么决策过程"论述特别详细,寓意规划是自下而上的过程,而非自上而下的规定,突出社会的发展变化对语言规划的作用。但同时,他特别强调规划环节的系统性和实施过程的完整性,这对我们希望寻找一些各种语言规划经验中的共性,

---

[1] Hymes, D., "Models of the interaction of language an social life", in Gumperz, J. J. & Hymes, D., eds. *Directions in sociolinguistics*: *the ethnography of communication*, New York:Holt, Rinehart and Wiston, 1972, pp. 35-71.

[2] 陈望道:《修辞学发凡》,上海教育出版社 1997 年版,第 7—8 页。

具有相当的指导作用。①

(三) 复兴期

20世纪90年代开始,语言规划进入复兴期。在这个时期语言规划再度引起更为广泛的关注,形成了第二个高峰。即随着信息科技的发展、全球经济一体化进程的推进等后现代化社会特征和全球化语境的形成,带来一系列的社会变化:人口流动和迁徙逐渐常态化、信息处理技术成为经济发展的关键、主要传媒向网络转移、国家安全战略重点从传统向非传统安全领域转移等。这些变化带来了很多新的语言现象和问题:传统的单语社区逐渐被普遍的多语社区取代(大到国家,小到公司、团体各级言语社区均如此),社区成员日常语言生活在现实言语社区和虚拟言语社区之间交替变换,个体语言认同与文化认同的一致性有所缺失等,这些都使语言研究者重新开始考虑语言及其应用在社会、经济、文化等领域的地位和角色,因此语言规划研究也进入了一个新的时期,开始了对语言规划的多样化和整体性思考,主要概述如下:

1. 语言规划研究范围不断扩大

研究范围扩大所指有三:其一是语言规划从最初只关注发展中国家扩大到发达国家,这在广度上为语言规划研究的发展夯实了基础,如出现了《在英国和法国的语言政策:政策的过程》(Ager, 1996)、《社会政治视角下的美国语言政策和语言规划》(Huebner, Thom & Davis, 1999)等,尤其是美国,研究者对其特殊的隐性语言政策,影响全世界的语言教育政策和在"9·11事件"后出台的"关键语言计划"等都进行了充分的解读;其二是国别化研究成果覆盖越来越广,这个时期多从专论(单篇论文)丰富为专著形式,不停留于主要语言政策和语言规划过程的描写。更为深细的国别研究为语言规划的发展提供了深度基础;其三是指区域化、全球化研究趋势明显。集体展现后两方面的成果包括《英语为主导语言国家的语言政策:六个案例研究》(Herriman, Michael & Burnaby, 1996)《澳大利亚和南太平洋的语言规划和教育》(Baldauf & Luke, 1990)、《语言和全球化》(Fairclough & Norman, 2006)等。仅英国Mul-

---

① 赵守辉:《语言规划国际研究新进展——以非主流语言教学为例》,《当代语言学》2008年第2期。

tilingual Matters 出版社自 2004 年以来，就先后出版了语言规划和语言政策的非洲、欧洲、亚洲、拉丁美洲、南美洲国家系列以及太平洋地区系列专著，各个地域研究各有侧重，从政治学、社会学、历史文化学等多元视角对不同的语言规划和语言政策过程与实践做了深入探讨。

2. 研究主题多样化与焦点关注并现

主题多样化指语言规划从传统研究内容拓开去，包括了可能与此有关联的各种主题。如《语言政策和规划与社会历史环境》（Regler，2007）、《语言公平：国际法律和语言政策》（Mowbray，2012）、《语言政策和语言权利》（Christian，1997）和《语言文化和语言政策》（Schiffman，1998）分别关注语言政策、语言规划与社会历史环境、语言权利、语言文化的关系研究等，Ager 一个人就曾展开语言规划的程序（Ager，1996）、动机（Ager，2001）和语言规划"声望"（Ager，2005）等专题研究。另外，对语言规划与国家安全的研究也逐渐引起重视。众多主题中，基于维护语言多样性目的对濒危语言的规划思考、双语（包括多语）环境中的语言教育政策和英语全世界传播的研究形成了焦点：

首先，语言资源流失和资源集中利用分化趋势越来越明显，语言濒危化和有效保护各国母语及其文化成为焦点问题。根据联合国教科文组织的统计，世界上约96%的人口使用着约为4%的语言，7000 多种口头语言中超过96%的语言很可能在几代之内消失。因此，联合国教科文组织陆续发表了《世界语言权利宣言》（*the Universal Declaration of Linguistic Rights*）、《联合国教科文组织世界文化多样性宣言》（*UNESCO Declaration on Cultural Diversity*）和《语言活力与语言濒危》（*Language Vitality and Language endangerment*）等支持、维护语言多样性，对相关研究起到了倡导和支持作用。在这一方面 Fishman 做出了很大贡献：《反转语言更换：濒危语言援助的理论和经验基础》（Fishman，1991）和《濒危语言能够挽救吗?》（2001）根据提出的语言"国际破坏规模等级"标准评估了世界范围内的 20 种濒危语言。

其次，非单语社区的普遍化带来了前所未有的多语条件下的语言教育问题，而且双语教育也事关语言资源保护和语言多样化维护的实现，因而成为焦点之一。Hornberger 的研究较有代表性，《双文的持续：多语环境下的教育政策研究和实践生态框架》（2003）在语言生态观念基础上视多语制为一种资源,所提出的"持续双文"框架提供了一个广泛而灵活的模型,对从事双语教育、研究和教育政策制定的人员在针对双语(多语)学习者的教育方案设计、实施和评估等方面都有引导作用。虽然研究双语教育规划的成果日益丰富,但总体看来,各国实施双语教育真正成功的并不多,新加坡算一例,新加坡总统李光耀自言在教育中实施双语政策是他"一生中最艰巨的任务"①,足见其复杂艰难。这种情况也说明对双语教育规划的研究还远不够充分,尚不足以指导规划实践,无法适应普遍生成的多语社区发展的需要,是语言规划中需要加强的部分。

最后一个焦点是与英语相关的语言规划问题,一方面指世界范围内"语言帝国主义"与语言多样性发展目标的背向趋势,另一方面是各国语言规划中所面临的"英语困惑",包括如何定位作为第二语言习得的英语与本国语本体受到英语侵袭性影响等问题。近年来英语无疑是居于世界语言系统核心、具有实际意义的"世界语",英语作为文化载体和跨文化交际工具,逐渐渗入各民族言语社区,打破了各言语社区固有语言功能体系的内部平衡,也影响了各国的语言规划实施,因此受到关注。其中Phillipson的研究最为有价值,《语言帝国主义》(1992)、《语言帝国主义的现实与神话》(1997)以及《唯英语欧洲?语言政策挑战》(2003)等著述,对"英语帝国主义"的形成、对世界语言格局的作用以及对语言濒危的影响做了充分的实证研究和理论阐释,值得语言规划者参考。

3. 综合性研究和理论模型构建相互促进

前面两个时期的研究无论从实践案例还是从理论积累上都为更全面地把握、阐释语言规划现象、进行综合性研究准备了前提条件,为发展和创建更为完善、科学的语言规划理论模型提供了大量的实证和方法论基础。

综合性研究主要有《语言规划:从理论到实践》(Kaplan & Baldauf, 1997)、《语言规划从实践到理论的回顾》(Davies, 1999)、《语言政策导论》(Ricento, 2006)等。Ricento的《语言政策导论》② 最能体现"综合性"特征:全书分为"语言政策的理论视角""语言政策的方法论视角"和"语言政策的局部区域"三大部分,各部分均由几个不同的专题专论

---

① 李光耀:《李光耀回忆录——我一生的挑战:新加坡双语之路》,译林出版社2013年版。

② Ricento, T. ed, *An Introduction to Language Policy*: *theory and method*, Oxford, UK: Blackwell Publishing, 2006.

组成，分别由熟悉此领域的学者执笔，如"语言政策中的批评理论"的作者为 Tollefson，"语言政策和语言转变"的执笔人是 Fishman，所论皆从专题出发做综合性介绍并进行高度概括总结、做出评论，使初学者能全面了解一个专题领域，研究者也能得到启发。尤其第一部分，包括语言政策的理论和实践、框架和模型、批评理论、后现代主义、经济思考以及语言政策与政治理论、语言文化七个视角，既全面又简洁概括，多数章节后面还附有"带注释的书目"，使读者很受益。这类著述更为集大成者是百科全书式的《语言政策剑桥手册》（Spolsky，2012），以 738 页的篇幅按照"定义和原则""宏观语言政策""非政府语域""全球化和现代化""区域和主题问题"五个部分讨论了语言规划领域的主要问题，既综合了语言实践、语言意识、语言管理等方面内容，还充分论述了帝国主义、殖民主义、移民和全球化的影响，并对语言管理机构以及具体的规划效应进行了评估。

从语言规划的理论模型来看，首先 Cooper（1989）八个因素的语言规划行为分析模型（具体见上文）产生了深刻的影响，很多具体研究开始以此为依据进行语言政策和规划过程评估，Spolsky 甚至在《语言规划剑桥手册》的扉页上恭敬地注明"献给 Robert Cooper，他用对语言政策清晰的观点鼓舞我们"，可见一斑。

其次是 Spolsky 建立的语言政策（语言管理）分析框架。其主要理念在连续出版的《语言政策》（2004，2011 中文版），《语言管理》（2009）中提出并完善。他认为虽然六十年代把国家语言政策称为"语言规划"不是没有道理的，但是"在对这一过程本质的新的理解中，更好的一个词可能是'语言管理'，而结果似乎不是'规划'而是'战略'——一些投入了价值和方向但承认是为了适应特殊和变化形势的调整需要"①，因此把语言规划系统整体命名为"语言政策"，由三个内在相互联系但又各自独立的成分组成，即社区成员实际的语言实践、语言信仰（或语言意识）和语言管理（语言规划）。由这三个方面构成的理论结构实际上体现了语言规划（语言政策）的形成机制，即具体的语言规划行

---

① Spolsky, B., ed., the Cambridge Handbook of Language Policy. Cambridge: Cambridge University Press. 2012, p. 5.

为一方面来自对规划对象语言实践的观察和经验总结,以最大限度契合规划对象的需求;另一方面语言规划所涉及的决策、实施、典化和精化等过程都是在一定的语言规划观制约下完成的,语言规划观的形成则来自对语言及其使用的态度和评价,即语言意识和信仰等。按照这种分析模型,Spolsky 在《语言政策》中探讨了规范语言与语言污染、双语多语制、语言濒危与消亡、语言人权和语言选择以及教育中的语言政策;而在《语言管理》中则对家庭、学校、工作场、宗教、军队、健康与法律机构、公众场合等各个语域和社区、地方、国家及超国家机构组织的语言管理分别进行了论述。《语言规划剑桥手册》也贯穿了语言管理的思想。

最后是 Kaplan 和 Baldauf 共同创建和不断完善的语言规划生态模型。此模型的基本思想是进行语言规划首先要对所涉语言的"生态环境"进行充分分析,明确构成语言生态的变量及其现状。正如作者宣称的那样"这个框架及其术语是多位语言规划者共同努力的结果(Ferguson,1968;Nustupný,1974;Fishman,1974;Haugen,1983;Harrmman,1990)"①,由 Kaplan 和 Baldauf 最早于《语言规划:从实践到理论》(1997)中提出,书中尝试进行语言规划的生态分析,其中第四部分是核心内容,对提出的语言消亡、语言生存、语言变化、语言复生、语言变化和语言扩散、语言融合、语言接触与皮钦/克里奥尔语的发展、语言能力的发展等语言规划变量进行了讨论,即作为对语言生态系统的分析。除此之外,此书对语言规划所涉的几乎所有问题都有所论述,刘海涛认为"较之以前的理论而言,它具有更好的适应性和解释力。但是我们也应该看到,本质上本书强调的仍然是语言规划的社会(语言)学特征。对于本体规划方面的问题,其讨论仍然是过于简单"②。所论非常中肯。两人后续合作的《太平洋地区的语言规划和语言教育规划》(2003)中对语言规划生态模型的目标系统作了全面的阐述:书中第十二章,作者在前面各章分析过十几个政府的语言规划实践后,进行了理论阐发,结合 Haugen 的模式,又融入 Cooper 的"习得规划"和 Harrmman 的"声望规划",详细列出了"语言

---

① [美]罗伯特·卡普兰、[澳]小理查德·巴尔道夫:《太平洋地区的语言规划和语言教育规划》,梁道华译,顾利程审订,外语教学与研究出版社 2014 年版,第 227 页。

② 刘海涛:《语言规划的生态观——兼评〈语言规划:从实践到理论〉》,《北华大学学报》2007 年第 6 期。

规划目标框架"，即把地位规划（有关社会）、本体规划（有关语言）、习得规划（有关语言）和声望规划（有关形象）四类各分为"政策规划（形式）目标"和"培育规划（功能）目标"，再细化交叉后的具体目标。如此，就把语言规划涉及的各种变量都落到了实处。

总之，Kaplan 和 Baldauf 的贡献在于顺应当代主要的语言观——语言生态观，提出了最新的语言规划模型——生态模型，进一步整合了原有的语言规划模型，为语言规划分析提供了更为开阔和具有实践意义的分析框架，促进了语言规划及其研究的发展。但无论是 Cooper "八要素"模型、Spolsky 的语言管理模型还是 Kaplan 和 Baldauf 等的生态模型，都是建立在 Haugen "经典语言规划模型"基础之上并以之为核心内容的，几个模型之间也非对立而实为互补关系：Cooper 模型重视的是语言规划的行为构成，Spolsky 实质上关注的是语言规划的形成机制，而 Kaplan 和 Baldauf 生态模型则更强调语言规划的背景分析。因此，在研究中应综合运用几种模型理论，结合具体的言语社区语情加以借鉴，以提高语言规划研究的解释力。

（四）对中国语言规划的研究

综上可见，国外的语言规划研究是一个不断扩大研究背景、研究范围和拓宽研究领域的过程，但对中国语言规划的关注还相对较少，尤其是语言规划研究早期，由于社会封闭、缺少交流等社会历史原因，中国大陆的语言规划实践鲜为国际学界了解和系统描写，相对而言台湾被关注和研究得更多；后期由于学术交流的频繁，中国 20 世纪八九十年代以前的语言政策和规划过程逐渐被国际研究者所熟悉，但 21 世纪以来的语言政策调整从实践到理论都少有深入探查。

综观现有文献，虽然对与中国语言规划相关的语言、文字各个方面均有所涉猎，但基本上可以归入三大方面：中国文字改革和汉字书写系统的变化、普通话的推广和少数民族语言文字改革与发展问题。从研究方式来看，专题论文占多数，全面的综合性研究很少，因此文献中少见著作和编著，这正印证了对这个领域的研究尚待深入的印象。

从研究者来看，在国际上发表这个领域成果的作者有三类：外国学者、本国学者和华裔国际学者或留学生。三类学者的背景决定了对中国语言规划问题研究的特色，即外国学者掌握较为前沿的语言规划理论，但由于没有亲身经历或调查，只能是理论加举例的泛泛而论，在论述某一语言规划问题时将中国作为一个例证；本国学者本着"让世界了解中国"的观念，同时囿于学术现状无法与国际理论对接，多半做普及性的介绍或者概论，如 Sun Hongkai（1988a、1988b）对中国少数民族语言规划的介绍和 Zhou Qingsheng（1992a、1992b）对中国"民族社会语言学"发展的介绍等；兼具两种经历和学术背景的第三类学者因而拥有了从事这个领域研究的优势。

外国学者中做集中、持续研究的主要有 Barnes 和 DeFrancis 等。Barnes 系列论文涉及中国的共同语（普通话）运动、语言接触与语言规划等多个主题，其中《中国大陆的语言规划——标准化》（1974a）、《中国语言规划的实施》（1983）分别被收入了前文所述 Fishman 参与主编的两部重要论文集，对中国语言规划研究具有标志意义；Barnes 更多的论点见于其博士论文《中国大陆的语言规划：关于普通话和拼音的社会语言学研究》（1974b）；比较而言，在三个主要研究方向中，国际上关于中国的文字改革和书写系统的成果最为丰富，Spolsky 指出在西方人当中，德范克（DeFrancis）是这一领域的研究先驱。[1]

海外华人学者成就较大的是周明朗和赵守辉。周明朗的相关研究，一方面是对中国少数民族语言政策的政治分析，主要观点集中于《多语制在中国：从 1949—2002 的少数民族书写改革政治》一书中，关注在近一个世纪以来不断全球化过程中语言多样性的保护问题，认为在中国及世界经济发展的压力下，主流语言压制了少数民族语言及方言的使用[2]；另一方面力图通过编著《中华人民共和国的语言政策：1949 年以来的理论与实践》（2004）对中国 50 年来语言政策的理论和实践进行梳理，其主题与我们所概括的国际对中国语言规划的关注焦点基本一致，联合作者会集了海内外相关主题研究有影响力的学者，因此基本代表了当时的水平。正如我们所分析的，周明朗的研究能够将中国语言规划与世界范围的宏观背景联系起来，是一个很大的突破。这得益于作者所处的国际语境，同时对

---

[1] ［以］博纳德·斯博斯基：《语言政策——社会语言学中的重要论题》，张治国译，赵守辉审订，商务印书馆 2011 年版，第 I 页。

[2] Zhou, Minglang, *Mulitilingualism in China*: *The Politics of Writing Reforms for Minority Languages 1949-2002*, Berlin·New York：Mouton de Gruyter, 2003.

中国语言规划的得失各有检讨，这对中国语言生活进入国外研究者视野很有价值，但也正因为作者的身份特征使研究一定程度上对语言舆情重视不足，同时未能对所发现的弊端提出有效政策建议也是一个缺憾。

赵守辉近年的研究一定程度上弥补了这类缺憾。尤其是赵与其导师澳大利亚学者小 Baldauf 合作的《改革汉字：革命还是反革命》（2008）①，被评为"这是迄今为止所看到的有关中国语言规划最好的一本书"②。全书历时梳理和共时分析、对比研究相结合，运用新的语言规划理论，分七章讨论了汉字简化简史、对汉字简化的反思、汉字在数字化时代所面临的新挑战、汉字标准化、汉字未来发展等问题，同时运用 Cooper 分析模型对中国一段时期（1986 年以来）内的文字规划实践进行了析解，构拟了汉字标准化多中心模型。研究方法上理论与实践相结合，重视调查、数据整理和模型建立，文本分析兼重语言结构学理和语言真实语料，摆脱了以往语言规划研究理论帽大、语料身小的弊端，是语言规划领域理论与实证结合较好的综合性著作。

综上讨论可见，国际上对中国语言规划研究内容分布上尚不全面，语言规划的几个基本大类，如地位规划、本体规划都还没有形成研究专题；从时段上看，成熟的研究集中于针对中国语言规划的早期阶段，近期研究还只是吉光片羽，未成体系。

二　国内研究

介绍国内语言规划研究，首先需对文献中的系列概念加以说明：

中国语言政策和语言规划相关研究内容实际常分别被冠以"文字改革""语文现代化""语言规范化""语言规划""语言政策"等不同名称，在具体的使用中，不同时期既有侧重又有交叉。首先是"文字改革"，在 20 世纪 50 年代所谓的文字改革是包括语言改革在内的广义的文字改革③，是当时语言规划的主要内容；"语文现代化"指的是 1978 年十

---

① Zhao, Shouhui and Richard, B. Jr. Baldauf, *Planning Chinese Characters*: *Reaction, Evolution or Revolution?* Dordrecht: Springer, 2008.
② 刘海涛：《语言规划理论视域下的汉字改革——〈改革汉字：革命还是反革命〉评介》，《北华大学学报》2008 年第 6 期。
③ 苏培成：《当代中国的语文改革和语文规范》，商务印书馆 2010 年版，第 14 页。

一届三中全会后,语文界在新形势下逐渐用这个概念替代了"文字改革",用来指现代化时期伴随着现代化进程而进行的语言改革,主要是指语文生活的现代化(苏培成,2010:14)。所以"文字改革""语文现代化""语言规划"在实际运用中的内涵基本重合,同时又有时段性,显示了当时语言规划的主要目标和特点,时下"文字改革"已不常见,而另外两个术语常常交叉使用,某种程度上反映了本土理论和引介理论两种研究范式的差异。从研究内容来看这三个概念都涵盖了地位规划和本体规划两大分野的内容,而"语言规范化"则主要属于本体规划范畴。

国内对语言规划相关内容的研究可以大致分为两个时期,即语言规划理论引介之前和引介之后时期。

(一)语言规划理论引介之前

这一时期的相关研究是随着语文工作的具体进程不断发展的。突出特点是社会全员参与和实效性强,这两个特点又相互关联。因为所有的语文工作者几乎都是语言政策制定和语言标准确立的研究者,其他社会成员也予以极大的关注,所以文字改革和规范化与言语社区成员息息相关,上行下效,目标的达成具有很强的实效性。这一时期以"推广普通话""汉字简化、规范化、标准化"和"推行《汉语拼音方案》"为文字改革与语言规范化的主要目标,研究成果汇聚了语言文字工作者的集体智慧。周有光(2002)、吴玉章(1978)、王力(1982)、胡明扬(1981,1995,2005)等大家的观点影响很大,并带动了大量具体的讨论,形成了丰硕的著述成果。这种一脉相传、重视事实描述的学术传统和研究主题在后一时期仍在延续,代表成果有王均《当代中国文字改革》(1995)、费锦昌主编《中国语言现代化百年记事(1982—1995)》(1997)、《新时期语言文字工作记事(1978—2003)》(2005)、戴庆厦等《中国少数民族语言文字应用研究》(1999)以及苏培成《当代中国的语文改革和语文规范》(2010)等。综合起来看,除了前述的两个特点外,这一时期方法上侧重实践研究,在自觉的理论建构方面较为薄弱。

(二)语言规划理论引介之后

国内语言规划作为独立领域研究始自20世纪70年代末,随着应用语言学及社会语言学的引介及在中国的发展,语言规划理论逐步被介绍进来,用以解释以往的语文工作和探讨当时的语文任务。

从早期概念使用情况来看，文章中较早出现"语言规划"概念的是黄长（1978）在《国外语言学》上发表的《非洲语言概况》一文，文中一个关键词是"语言规划"，说明是作为独立的名词术语使用的。"语言政策"在语言研究中较早见于季羡林《佛教的语言问题》（1957）和祝敏彻《党的语言政策》（1960），但后者所使用的概念内涵似乎与"党"的其他政策一样，"语言"和"政策"两个词之间基本是一种临时组合，不是严格意义的学科概念。另外，"语言规划"和"语言政策"两个概念虽然至今尚未界定清晰，但在文献整理过程中，我们可以看到两者在使用域上的差异，"语言政策"多半用于介绍外国的语言生活或政策，对于中国语言文字工作的研究则较多使用的是"语言规划"这个术语。我们在中国知网（CNKI）（1915年—2013年12月20日）以"语言政策"为搜索项进行"篇名"搜索，共得到的191篇文献中，有130篇是以其他国家为研究对象的，占总数的68%，这其中还不包括港澳台地区，用于境内研究的多数为针对少数民族语言文字的研究；以"语言规划"为篇名关键词进行搜索共有164篇，其中只有24篇用于国外相关研究，占总数的15%不到。这说明这两个概念在国内语言规划相关领域研究中虽有交叉，但使用域区分明显。

1. 主要研究范围和内容

20世纪80年代开始有零星介绍国外语言规划理论的文章，至90年代后期逐渐形成研究规模，从时间维度来看，研究倾向经历了从翻译介绍——结合国外理论研究梳理语文历史经历或结合时代语文生活特征进行模式化分析——尝试进行理论探索几个阶段；从内容来看，目前国内对语言规划和语言政策的研究主要包括以下几个方面。

①结合具体实践或语言及语言生活调查对中国的语言律法、政策和规划的分析研究；②对语言规划的理论探讨；③对外国理论和成果的译介和各国语言政策的国别化研究；④基于对政策目标或借鉴目标的中外语言政策、语言规划的对比研究。

各方面研究内容具体分析如下：

（1）结合具体调查的语言律法、语言规划研究成果丰富

上述第一个方面的第一个领域研究成果比较而言较为丰富。研究者从规划地域、规划对象（共同语、方言、少数民族语言文字）、规划主体

（国家、省区、地方社区）等角度，对语言规划两大分野（地位规划和本体规划）中的具体内容展开讨论。如《当代中国语言规划研究——侧重于区域学的视角》（薄守生、赖慧玲，2009）、《新疆区情与语言规划》（张梅，2012）和《内蒙古少数民族语言资源及多语言规划研究》（房建军，2013）；《我国语言的功能分类和语言政策》（王均，1988）、《治理理论视角下的语言规划——对"和谐语言生活"建设中政府作为的思考》（张日培，2009）和《中国的语言国情及民族语文政策》（戴庆厦，2010b）；《中国的语言政策和语言规划》（道布，1998）以及高天如（1993）、仲哲明（1994）和孙宏开（2005）等的成果都是结合调查所进行的针对性具体研究。

从研究理论基础和方法来看，近几年来随着语言资源观的形成，语言经济属性、语言作为国家安全要素等方面逐渐被人们所认识，国内语言规划研究的理论视角逐渐多元化。如赵江民《语言接触影响下的新疆语言规划调适》（2012）、李宇明《领域语言规划试论》（2013）、徐大明《语言资源管理规划》（2008）、《有关语言经济的七个问题》（2010b）、《母语平等政策的政治经济效益》（2013a）、李海英《论母语和母语规划》（2013）、张卫国《语言政策与语言规划：经济学与语言学比较的视角》（2011）和戴曼纯《国家语言能力、语言规划与国家安全》（2011），以及薄守生（2008）、邓晓华（1997）等分别从语言接触、领域语言、语言资源管理、经济学、母语平等、国家安全、符号与信息传播以及多元文化等视域对应语言规划的多属性和多边性展开了研究，使语言规划在新的历史时期的重要性愈加凸显。这些研究存在的问题是每个视角基本都处于探索阶段，尚需进一步展开更深入的探讨。

（2）语言规划理论研究最为薄弱

第二个方面，即理论研究是目前国内研究最为薄弱的部分。这种现状的形成一方面可能受国内语言学其他分支学科不够重视理论创新的影响，更主要的，我们认为国内的语言规划研究是一种"跟踪研究""补充说明式"研究，即我们已经做了很多语文工作，也一直持续，但在具体实践之前往往缺少调查和基本的理论论证过程，理论指导性不强，现有关于语言规划的理论多半从国外借鉴而来，成为缀在语文实践后的说明性解说。

上述情况近年来有所转变。首先研究者对语言规划的定义、动机、方式等基本命题多有讨论：定义方面，多数著述都会从定义谈起，其中最为全面的是刘海涛的《语言规划和语言政策．从定义变迁看学科发展》（2006），详列了国外研究者几十种定义并展开讨论，从而使我们对语言规划的不同性质有了全面的认识；郭熙《语言规划的动因与效果——基于近百年中国语言规划实践的认识》（2013）、刘海涛《语言规划的动机分析》（2007）以及郭龙生（2008）、左秀兰（2007）和李明琳（2007）分别讨论了语言规划的动因、原则、方法、类型、必要性与局限性以及目标等内容，反映了研究的深化，但这部分内容相对来说成果较少，也缺少结合具体实例的阐发和剖析。

  对理论的集中研究体现于基本以中国语言规划为研究对象的专著，如陈章太《语言规划研究》（2005）涉及了语言规划的原则、双语制、语言立法、语言生活调查方法等问题；姚亚平《当代中国语言规划》（2006）理论部分讨论了语言规划的对象、行为主体、基本内容、规划难点等基本范畴，重点论述了语言规划与语言集团的关系，认为处理语言集团之间的关系是语言规划的关键所在；郭龙生《中国当代语言规划的理论与实践》（2008）的研究目标即为中国当代语言规划的理论构设，分章节讨论了语言规划的定义、目标、意义、任务、内容、类型及构成要素等方面，并针对规划过程、方法和原则以及实施条件提出自己的见解，作为第一本比较全面探讨我国规划体系构成的著作，虽有缺少实证和新意等不足，但对勾勒当代语言规划整体面貌有一定价值；薄守生（2009）从区域视角的研究也在理论上有所贡献。另外，在语言规划核心理论——规划理念方面，李宇明（2008a）提出的"功能规划"理论和郭熙（2006）倡导的"华语规划"最富于创新性，前者划分出语言使用的八个功能域，同时列出5个主要的语言、文字变体，着重强调语言规划的执行效力和语言生活的有序；后者强调的是语言规划的范围和语言的声望价值，都值得进一步深入研究和完善。

  在前两个方面的研究中，李宇明的研究成果相对集中和有影响力，既有对中国语言规划实践的深刻剖析，又有前瞻性的理论建设，所论涉及语言规划的各种热点问题。《中国语言规划论》（李宇明，2010a）、《中国语言规划续论》（李宇明，2010b）等系列专著包括了语言规划理论研究、语言实践研究、语言传播和规划史等诸多方面，讨论了母语、语言功能规划、人类语言三大话题等与地位规划相关的问题，或廓清概念或提出新理念；有对术语、辞书规范、信息时代语言规范等本体规划内容的精辟分析，也有时间上追远、空间上达远的语言规划思考，即对语言规划史中"切音字运动"和清代语言改革的研究。这些成果同时兼具学术性和可读性，的确如专著介绍所言提高了语言规划的学术品位。另外，近几年发表的系列论文，如《语言功能规划刍议》（2008）、《中国外语规划的若干思考》（2010c）、《提升国家语言能力的若干思考》（2011a）、《语言也是"硬实力"》（2011b）、《论语言生活的层级》（2012a）、《中国语言生活的时代特征》（2012b）、《领域语言规划试论》（2013）等都在不同领域提出了新的学术观点或者新的理论框架，对当代语言规划研究必将产生深远影响。

（3）对他国语言规划、政策研究发展较快

第三、第四方面即对他国语言规划、政策的研究，近年有快速发展的趋势。2007年以来教育部与高校合作成立了"中国语言战略研究中心"和"中国外语战略研究中心"等研究机构，加强了研究者之间的合作，促进了语言战略和语言规划研究，直接影响就包括语言规划译介和国别研究的发展，这二者之间又形成了彼此促进关系。由徐大明主编的"语言规划经典译丛"于2011年开始由商务印书馆陆续出版，"译丛"包括《语言政策——社会语言学中的重要论题》（Bernard Spolsky，张治国译，2011）和《语言政策与语言规划——从民族主义到全球化》（Sue Wright，陈新仁译，2012）等；另一套由徐大明、吴志杰主编的"语言资源与语言规划丛书"也已经出版了《语言规划与语言政策的驱动过程》（Dennis Ager，吴志杰译，2012）、《语言教育政策：关键问题（第二版）》（James Tollefson，俞玮奇译，2014）和《太平洋地区的语言规划和语言教育规划》（Kaplan & Baldauf，梁道华译，2014）等。国内目前对国外语言规划实践经验的介绍，涉及欧、美、亚、拉美、非几大洲的主要国家，专著如《国外语言政策与语言规划进程》（周庆生，2001）、《世界主要国家语言推广政策概览》（张西平等，2008）、《国家、民族与语言——语言政策国别研究》（中国社会科学院民族研究所等，2003）、《语言规划与语言政策：理论与国别研究》（周玉忠、王辉，2004）和《语言规划与语言教育》（徐杰，2007）等均是对多国政策的介绍和概论；《美国语言政策研究》（周玉忠，2011）等国别研究近年随着"海龟"学者的回归和国际交流的频繁陆续出版；张治国《中美语言教育政策比较研究——以全球化时代为背景》（2012）则是对比研究的代表。从论文来看，通过我们对中国知网"语言政策"的篇名搜索统计可见，研究者所论涉及二十几个国家和地区。例如《新加坡的语言教育与语言规划》（周清海，1996）、《马来西亚：多语言多文化背景下官方语言的推行与华语的拼争》（郭熙，2005）、《从民族身份看欧盟多元化的语言政策》（李兴华，2006）、《语言规划国际研究新进展——以非主流语言教学为例》（赵守辉，2008）和《美国语言政策研究》（李英姿，2009）等均为此类研究成果。

海外介引和对比研究在给国内学者开拓研究视野之外，对他国语言政策方向和模式的绍介能直观地提供得失的经验，更为重要的是给予我们在研究上的多重启示，其中最为重要的是：只有在更广阔的社会背景上开展语言政策和语言规划研究，才能使语言规划真正落地生效，实现其社会功能。

第三节　语言本体规划研究现状分析

语言规划活动既涉及语言地位、语言关系，又包括语言结构系统本身和语言使用，因此语言规划最初被分为地位规划（status planning）和本体规划（corpus planning）两大类。尽管这种划分从产生至今始终是语言规划基本分析框架，但国外和国内的语言规划研究多数并未做明确切分，从而导致本体规划虽作为语言规划的基本类型之一，其对象和范围并不十分清晰，主要的规划观念和支持理论也未得到很好的概括和阐释。

一　国外研究

Haugen 在《语言学和语言规划》（1966）中构建的模型，最早把语言规划区分为"社会"（society）和"语言"（language）两个维度，两个维度又分别包括"形式"（form）和"功能"（function）两个方面：社会维度包括"选择"（selection）（形式）和"实施"（implementation）（功能）；

语言维度包括"典化"（codification）（形式）和"细化"（elaboration）（功能）。① 可见模型中隐含了对语言规划区分语言内外因素的分类思想，但并未明确。

首次明确提出本体规划和地位规划两种类型的是 Kloss，他把本体规划看作是对语言本身的规划，主要包括文字化、标准化和现代化；地位规划是与语言的外部社会环境相关的规划，包括语言的选择（如官方语言、国语等）和某些语言传播活动等。② 其后在《语言规划类型》（1977）中，Kloss 从五个角度给"建设性的语言规划"（相当于本文所指的"语言规划"，笔者注）进行全面分类，其中第四个从"特性"角度的分类结果即为"语言本体规划"和"语言地位规划"，文中 Kloss 通过举例论述了二者之间的关系，认为语言地位规划和语言本体规划是相互依存的，地位规划常会引出本体规划。③

Haugen 的《本体规划的实施》是对本体规划的专项研究，在前面的理论部分，Haugen 综合了 Neustupný、Rubin 等人的观点对自己早期的"经典模型"进行了修改和完善，原有的"社会"和"语言"两个维度及其"形式"与"功能"分析角度不变，保证维持最初的基本框架；但社会和语言维度分别被明确标注为"status planning"（地位规划）和"corpus planning"（本体规划），对二者形式和功能所指也进一步加以说明和展开。其中代表语言维度的本体规划包括"典化"（即规范化、标准化）和"细化"（即功能拓展）两个过程，典化又分为文字、语法和词汇三个方面；细化主要指术语现代化和风格发展。在实践部分，Haugen 详细介绍了三个不同性质的本体规划的案例：美国科技人员由于使用不同于国际度量公制标准而面临随之而来的拼写问题，最终实际上促使美国"牺牲民族的统一去实现国际统一"；因男女平等主义者在英语等语言中发现的语言性别歧视因素而带来的语言形式选择问题；挪威语言改革中，

---

① Haugen, E., "Linguistics and language planning", in Bright, W. ed. *Sociolinguistics*: *Proceedings of the UCLA Sociolinguistics Conference*, 1964, The Hague: Mouton, 1966, pp. 50–71.

② Kloss, H., *Research Possibilities on Group Bilingualism*. Quebec: International Center for Research on Bilingualism, 1969.

③ [加] 海因茨·克洛斯：《语言规划的十种类型》，载中国社会科学院民族研究所等、周庆生主编《国外语言政策与语言规划进程》，语文出版社 2001 年版，第 393—397 页。

新旧变体区别特征后缀"-a"在不同时期和不同阶层、群体中的取舍变化。① 这些不同的案例显示了本体规划与地位规划密不可分的关系，以及本体规划的施行如何受制于社会、政治因素，案例分析强调的共性问题是如何平衡语言统一与语言多样性之间的关系。

至此，Kloss 和 Haugen 等的理论确立了本体规划、地位规划作为语言规划研究基本范畴的地位，国际语言规划研究形成了所谓"经典语言规划"模型，20 世纪六七十年代和 80 年代初期也因此被称为"经典语言规划时期"。"在 20 世纪六七十年代的语言规划理论是在明确的政治和社会语境中形成的，它的一些特征在语言规划学科其后的深入发展中都受到批评。但是，在这个期间，一般而言与语言规划相关的一些变体以及它们之间的关系都得到确认，一些基本术语如本体规划、地位规划都得到普及……"② 因此，这个阶段是语言规划于世界范围内边实践边进行理论总结的时期，尤其针对非洲和亚洲新独立或新建的民族国家，形成了语言规划研究第一个高峰。除上述研究中的国家案例外，美国福特基金支持的"东西方中心机构高级项目"(East-West Center's Institute of Advanced Projects) 跨学科研究团队成果《语言能被规划吗？发展中国家社会语言学理论与实践》(Rubin & Jernudd, 1971) 和《语言规划进程》(Rubin et al., 1977) 出现了大量基于不同社会背景的语言本体规划国别研究，后续研究基本在此基础上展开。

如 Cooper 接受了上述分类，但把习得规划独立为语言规划的一类。在《语言规划和社会变化》(Cooper, 1989) 中，结合希伯来语等语言的规划过程，Cooper 讨论了本体规划过程中形式选取与功能之间的关系，认为形式服从功能，比如语料库规划师（即语言本体规划者，笔者注）是在一个假设给定的功能上设计或选择结构的 (Cooper, 1989: 123)。同时，语言地位规划的实施决定了本体规划，一种实现交际功能或非交际功能的诉求都能带来本体规划需求。对于本体规划的下位分类，除了传统的

---

① Haugen, E., "The implementation of corpus planning: theory and practice", in Cobarrubias, J and Fishman, J. A., eds. *Progress in Language Planning: international perspectives*. Berlin: Mouton, 1983, pp. 269–289.

② Spolsky, B. ed., *the Cambridge Handbook of Language Policy*, Cambridge: Cambridge University Press, 2012, p. 26.

主要类别文字化、标准化和现代化外，Cooper另外提出"改造"，而对常常提到的"典化"和"细化"，则认为可以包含在标准化和现代化之中。

Baldauf的持续关注对本体规划研究起到了承上启下的作用。他提出本体规划可以被定义为语言规划中主要语言的，而且是语言内部的那些方面，和语言相关的主要包括拼写法的创新、发音、语言结构中的变化、词汇量的扩展、简化注册、风格和语言材料的准备等内容。在《语言规划：本体规划》中，Baldauf以Haugen（1983）模型结构为线索，对一段时间以来的本体规划研究进行了全面回顾，着重于显示本体规划进程的历史的或社会语言学的研究。对"典化"中的文字化、语法化和词汇化以及"细化"中的术语现代化和语言风格分别结合具体研究案例和个人观点做了研究梳理，进行成果评价并提出怀疑，最终得出结论：首先，许多情况下很难在一项研究中区分本体规划和地位规划问题，以使它们整齐地适应Haugen的模型，最终本体规划要在与社会、历史、文化和政治力量相连的真实世界语境中运行；其次，尽管术语仍然是焦点，英语的传播日益成为本体规划关注的领域，而所有这些领域的发展都是以信息访问和传播为中心的；最后，计算机开始在本体规划发挥作用，尤其是在词典开发领域。[①]

事实证明，上述Baldauf所总结的趋势在本体规划其后的发展中已经逐一演变为现实，因为时代的发展和语言环境的变迁，具体说是全球化和网络化社会背景的形成，本体规划的内容和实现途径都发生了变化，规划重心也发生偏移。

Kaplan和Baldauf把语言规划分为地位、本体、习得和声望规划四类，每类按照政策规划（形式）和培育规划（功能）确定了不同维度的目标，本体规划的政策规划目标为语言规范化（分为文字、语法、词汇）和副语言规范化（包括文字、语法、词汇）；培育规划目标为词汇现代化、语体现代化、革新（分为语言净化、语言改革、语体简化、术语统一）和国际化。[②] 这个目标系统把目标与本体规划内容相结合，显示了

[①] Baldauf Jr, R. B., "Language Planning: Corpus Planning", *Annual Review of Applied Linguistics*, Vol. 10, 1989, pp. 3-12.

[②] ［美］罗伯特·卡普兰、［澳］小理查德·巴尔道夫：《太平洋地区的语言规划和语言教育规划》，梁道华译，顾利程审订，外语教学与研究出版社2014年版，第228—229页。

较强的实践意义,具有可操作性,进一步完善了本体规划的理论。因此本书在此基础上重新整合、确定了本体规划的内容框架。

国际上对中国本体规划的研究见前文"对中国语言规划的研究"部分,从中可见,相关文献并未将本体规划作为研究专题,但其中对少数民族文字改革、汉字简化等的研究均属于本体规划范畴。

二 国内研究

本体规划由于是语言规划公认的两大分野之一,在语言规划理论被引入中国时即开始引起研究者的关注,主要研究成果可分为三类:对本体规划理论的译介、说明;本体规划的理论阐释;本体规划具体内容的相关研究。

(一) 国外理论介绍

介绍本体规划概念是论述语言规划发展的基本内容,主要分布在译介著述、理论综述类文章以及现代语言学和社会语言学著作、教材中。译介如戴昭铭译(1995)尼日利亚学者 Bamgboselbadan 的《论语言规范》,文中论述语言规范有代码、特征和行为规范三种类型,周庆生(2001)编译的《语言规划的十种类型》中 Kloss(1977)对地位和本体规划的详尽阐述,《国家、民族与语言——语言政策国别研究》(中科院民族研究所"少数民族语言政策比较研究"课题组等,2003)对各国具体的本体规划实践的介绍等;综述如王辉(2013)、郐美丽(2008、2013)、赵守辉(2008)等都在对国外语言规划研究历程的论述中对本体规划的理念和内容发展进行了概述;王远新《语言学教程》(2009)、冯志伟《现代语言学流派》(增订本)(2013)、祝畹瑾《社会语言学概论》(1992)、徐大明等《当代社会语言学》(1997)等均于专列章节"语言规划"中介绍了本体规划,通常会相对于地位规划说明对本体规划的界定。如"语言本体规划是对语言文字本身所进行的规范化、标准化工作,目的在于改善和增强语言文字的社会功能,便于人们的交际"[①]。"语言本体规划的目的在于使一种语言或方言标准化,就是为它提供一切必要的手段,使它能够

[①] 夏中华:《现代语言学引论》(修订版),高等教育出版社 2013 年版,第 79—80 页。

充分履行它的各种社会职能。"① 我们注意到，在这类文献中几乎没有专门针对本体规划的，如 Cobarrubias 和 Fishman 主编的《语言规划的进展：国际视角》(1983) 中 Haugen 和 Fishman 的两篇关于本体规划的专论至今都无人译介。

(二) 本体规划理论研究

国内学者对本体规划的理论研究成果不多，且多为概论式，较少深入和创新研究。主要为对定义的阐释和本体规划范围的讨论：

较早时期对本体规划有不同的称代名词，但对概念含义的解释差别不大。如柯平在《语言规划（二）》(1991) 中介绍本体规划"是一种语言或语言变体自身结构或内部状况"②；游汝杰、邹嘉彦 (1992) 称为"语言本体计划"，认为是对语言结构本身所进行的计划活动；胡壮麟 (1993) 则按照 corpus planning 的表义译为"语言材料规划"，认为是对语言材料的加工改造和完善；徐大明等 (1997) 对应地位规划提出"语型规划"，指对语言本身的改造。

冯志伟《论语言文字的地位规划和本体规划》是不多的专论，文中提出语言文字的本体规划 (language noumenal planning or language-in-self-planning) 就是语言文字本体的改造和完善，是我们通常所说的语言的规范化和标准化。并进一步解释为"在某一语言或文字内部其自身的普及推广以及标准化和规范化的问题，这是语言文字本体内部的关系问题"③。同时指出语言文字的本体规划范围，主要包括共同语的推广和规范化、文字规范和标准的制定、科学技术术语的标准化三方面的内容。

一些研究者尝试结合地位规划厘定本体规划的范围：戴庆厦 (2004) 划定语言本体规划包括全民共同语与民族标准语的推广与规范、文字规范标准的制定与推行、科学技术术语的标准化和新词语的整理与规范。周庆生 (2005) 也认为语言本体规划的核心是建立统一的语言标准和规范，实现语言标准化；指出不同种类的语言标准化进程各不相同，并列举出了语言标准化的五个不同阶段也即不同类型。李宇明 (2008a) 认

---

① 祝畹瑾：《社会语言学概论》，湖南教育出版社 1992 年版，第 234 页。
② 柯平：《语言规划（二）》，《语文建设》1991 年第 8 期。
③ 冯志伟：《论语言文字的地位规划和本体规划》，《中国语文》2000 年第 4 期。

为本体规划的任务是对语言及其文字进行改革、规范和完善等，也包括为没有文字的语言创制文字，为文字设计注音方案等。郭龙生（2007）论述语言规划的类型，认为语言的本体规划就是指针对语言文字本身的结构方面的一些规划活动，主要包括：全民共同语与民族标准语的规范的确立、文字规范标准的制定、科技术语的规范化、新词语的整理与规范和工具书的编纂等。

我们看到以上对本体规划的定义多为解释性的，基本没有超出Haugen和Kloss的界定；对本体规划内容和范围的确认多为列举，缺少整体框架的构设和思考。然而列举是无法穷尽和带有随机性的，因此导致我们至今对本体规划的认识模糊、不全面，本体规划形成了具体内容研究丰富而理论薄弱的特点。

（三）本体规划具体内容研究

对中国本体规划具体内容的研究成果最为丰富，如郭熙（2013）即指出，以往语言规划的目标主要是对语言进行管理，所以非常关注本体规划，希望通过本体规划为地位规划提供各种标准和依据，在教学、传播和维护方面做出了自己的贡献。这些研究多半不是直接在本体规划的框架下进行，而是以"文字改革"和"汉语规范化"等语言学理论为指导进行的，但实际属于本体规划。如陈章太认为当代语言规划分为前后两个阶段，从20世纪50年代初至70年代末以语言地位规划为主，是以实行语言平等，保障民族语言权利，选择、推广全民共同语，实行文字改革，加强现代汉语规范化为主要任务的前一阶段；从80年代初以后以语言本体规划为主，是以加强语言文字规范化、标准化和普及普通话，以及加强语言文字信息处理管理的后一阶段。[①]

这方面文献的丰富程度从CNKI中的搜索数据可见一斑。2014年11月13日我们分别以"汉语规范化""汉字规范化"为主题关键词进行搜索，前者共2906篇，后者为3061篇。虽然占有多数的具体语言文字成分的规范研究为理论研究奠定了一定的基础，但总体看来，由于模式化、类型化研究的限制，理论成就不高。1955年10月相继召开了"全国文字改革会议""现代汉语规范问题学术会议"，开启了本体规划的历程，罗常

---

① 陈章太：《语言规划研究》，商务印书馆2005年版，第126页。

培、吕叔湘的报告《现代汉语规范问题》讨论了为什么提出现代汉语规范问题，现代汉语规范化需要解决的原则性问题和怎样进行规范化工作三个主题，实际上也框定了后续研究的基本模式，其后的几十年间汉语规范化研究都基于此。20世纪50年代《文字改革》及其更名后的《语文建设》在20世纪末以前发表了大量此类研究成果。王均《当代中国文字改革》（1995）、苏培成《当代中国的语文改革和语文规范》（2010）是规范史类的代表研究；戴昭明《规范语言学探索》（2003）尝试建立理论体系。

理论性论文从汉语规范化的范围、标准、原则和方法等方面，汉字规范化涉及的整理、简化和繁简应用等方面展开研究。如吕叔湘《汉字改革问题》（1982）是早期探讨汉字能否满足使用交际的文章；陈原《关于现代汉语正词法的若干理论问题》（1983）进行汉语正词法的理论建构；傅永和《巩固整理和简化汉字工作的成果促进汉字使用的规范化》（1984）、马庆株《抓住机遇，扎实推进语文改革——规范汉字及其拼写工具的完善》（2003）及赵守辉、尚国文《全球语境下文字改革与规范化的经验：变与不变之间》（2014）分别是不同时期结合当时语境的汉字规范代表性研究。胡明扬《语言规范化的重大社会意义》（1981）阐释了语言规范化的社会作用；王希杰（1995）提出只有拥有正确的语言观，才能找到解决语言规范化问题的合理可行的具体办法；沈怀兴（1998）是对词汇规范化的具体研究；彭泽润（1996）指出：柔性原则只适合规范化，不适合标准化；语法和语义只能进行规范化，但是语音和文字必须进行标准化。郭熙（1998）在分析语文生活中的问题后，重点讨论了如何认识语文规范和语文现代化；李宇明（2001）论述了语言文字是最基本的信息载体，分析了提高语言文字规范化水平对推进国民经济信息化的意义和作用；《略论语言规范及其层次性》（欧阳俊鹏，2004）、《语言规范化的基本原则及策略》（施春宏，2009）分别讨论语言规范的层次性和基本原则，后者主张"以理性原则为主导原则"，而把"习性原则"作为下层策略。尚国文、赵守辉《华语规范化的标准与路向——以新加坡华语为例》（2013）则进一步扩大了汉语规范化的范围。

虽然汉语规范化是本体规划的一部分，但二者不能等同，研究者有时对此不加区别地模糊认同是不正确的。首先，语言规范化的方向是确定、一贯的，本体规划的方向不是确定的，是在语言规划形成机制的制约下随着语言生活不断向前发展的，在当代本体规划发展历程中，第一阶段"规范化"是全部目标，在第二阶段是部分目标（如至少还有语言标准化和信息化），在第三阶段，"规范化"的定位和阐释都有所更新；其次汉语规范化或者语言规范化无法涵盖本体规划的所有内容，对此本章将展开充分论述。

三 语言本体规划研究的不足

上述研究成果为本文提供了理论和实践研究基础。但通过本体规划研究现状分析可见，目前国外学界对中国语言规划体系的认知有限，本体规划针对性研究比例很小，部分原因在于国外对我们的规划实践和研究了解不足。国内学者的研究，从内容和方法、观念上分析，呈两极分化状态，即内容上是完全"接地气"的选择，对语言、文字各要素的各种成分都有所讨论，但缺乏整体性研究；研究方法和理论上则多为笼统的抽象论述，复制性特点明显。综合考察，当代本体规划研究尚存以下问题：

（1）缺少全面的系统性研究。文献梳理可见，现有研究尚未形成统一的研究领域或范畴，对本体规划的研究多半停留在对国外理论及其发展的简单介绍上。基本概念内涵模糊不清，研究范围不确定，论述零散化、表面化和案例性特征明显。

也就是说本体规划，具体到当代中国本体规划到底应该包括哪些方面的内容？语言规范化或者汉语规范化能否等同于本体规划？几十年规划历程中，本体规划的成就体现在哪些方面？有多少项成果？这些问题的答案都尚未见诸文献。而一项研究如果没有明确的研究疆域很难有进一步的深入发展，也难以产生相应领域的系统性理论。

（2）基础研究缺乏理论牵引。汉语规范化作为本体规划的基础部分，目标是减少现代汉语的分歧，建立统一、明确的标准体系，为此，前文综述可见，研究者对语言现象亦步亦趋式跟踪研究，面面俱到，但仍长期陷于被动。究其原因是这种研究范式受结构主义等语言学理论的影响，倾力于语言现象的精细描摹和与现有规则、规范的比对，不重视理论概括和提升，从而无法使研究具有发展性，所得结论的解释作用也因此而受限。

本体规划研究既可以选择归纳研究,从现象到规律、理论体系,也可以是演绎研究,从理论观念到具体观点再到现象解释。但前提是两种研究思路都不能、离不开理论的先导作用,理论先行才能使语言现象得到真正的解释,本体规划达到目标。

(3) 缺少语言规划系统内的关联研究。现有研究一般只在解释概念时,将本体规划与地位规划并列说明,对本体规划的形成和发展的研究鲜少联系语言规划系统内的其他部分,基本在语言结构系统内讨论本体规划问题,就本体论本体,思路受限,影响语言规范和标准的施行效果。

语言规划是一个有机的整体,地位规划、本体规划、习得规划和声望规划各司其职又紧密相关:地位规划确定规划的总体方向;本体规划则是系统的"底座"和核心,是地位和习得规划的前提和工具;习得规划是规划途径和施行通道,与声望规划同为总体目标实现的保障;声望规划则伴随在语言规划进程的每个环节中。因此,应在语言规划大的系统中考察本体规划问题,重视与语言规划其他类型的关联性研究。

(4) 研究视野不够,缺少综合各种背景因素的成因研究。语言规划是国家社会发展规划的一个组成部分,本体规划在各种背景因素的作用下出台和施行,有其完整的形成机制。不能了解和掌握这个机制就无法做出具有前瞻性的规划。

首先目前研究中多抽象论述,少语言舆情分析。语言舆情既是语言规划实施效果的检验,也是新的语言规划政策出台的基础,缺少对语言舆情的持续关注和有效监测,我们认为这也是导致具体研究对本体规划实践的直接参与少、缺少贡献度的原因之一。

其次是不能在更大的背景中展开研究。语言规划的多属性与多功能性要求其研究视角和方法的多元与多样化,现有成果对本体规划多就规划事实进行分析,既缺少由外到内,也缺少由内到外的研究。研究视野狭窄,表现在两个方面,一是对全球化、信息化和自媒体化等社会时代特征对本体规划的影响认识不足;二是研究中忽略了结合语言意识形态、社会思潮等因素的作用。

总之,现有成果无论著作还是单篇专论对语言本体规划历程的回溯性研究占比不少,但作为历时研究,止于回溯,缺少前瞻,在史鉴基础上的前瞻性研究较少;方法单一,单纯运用文献法,不做量化分析,一定程度上影响成果的信度和实际应用价值；多停留在简单的建议层面，缺少系统性发展趋势研究。

综上，该领域需要在更广阔的理论和实践背景下透视 60 年来的本体规划实践。本书因此将尝试针对上述问题展开探索性基础研究。

第二章　语言规划的形成机制

科学地管理语言生活，制订合理的语言规划，首先要了解语言规划形成和运行的机制，这与进行任何其他社会管理行为一样，只有掌握对象内在的结构、构成因素之间相互作用的关系才能对之有效地加以改进。因此，随着语言规划进程的推进，近年的语言规划研究中，除对语言规划内容和过程的描写与说明外，对语言规划的目标和动机（Ager，2001）等成因研究逐渐增多，形成了从静态描写到动态阐释的发展趋势。"语言规划同时关注规划的形成和实施"[①]，Ricento 指出，对语言规划机制缺少关注的一个原因是大多数社会语言学家和应用语言学家缺少政策科学方面的素养（training）。[②] 可见，关于语言规划如何形成的具体机制的研究十分关键。

语言规划是怎么形成的？回答这个问题的基本思路是首先提取影响语言规划形成的主要因素，再分析每个因素作用于语言规划的路径和方式。Cooper（1989）确定了语言规划八要素：实施者是谁、接受者是谁、什么行为、什么目的、什么背景、什么手段、什么决策过程和什么效果，表面看很具体、操作性很强，但如前文所述，这个分析框架与言语交际的话语分析模式基本一致，适合微观的语言现象，对语言规划这类宏观的问题是否适合值得商榷；再者，把八个因素置于同一个层面的平面分析模式也使其功能很受限，即只适合对既有规划的解析，难以用于前瞻性规划设计。而 Kaplan 和 Baldauf 生态模型更强调语言规划的背景分析，过于笼统，难以程序化，尚停留在概念化讨论阶段。目前，我们认为只有 Spolsky 的语

[①] Spolsky, B. ed., *the Cambridge Handbook of Language Policy*, Cambridge：Cambridge University Press, 2012, p. 3.

[②] Ricento, T. ed, *An Introduction to Language Policy：theory and method*, Oxford, UK：Blackwell Publishing, 2006, p. 18.

言政策（实为广义的语言规划）三分（语言意识、语言实践和语言规划）理论反映了一种动态关系，兼有层次性和实践操作性，显示了语言规划形成的过程和路径。因此，本文基于 Spolsky（2011）理论论证、阐述语言规划的形成机制，并以此作为本书的理论基础之一。

第一节　语言规划形成机制的组成因素

如前所述，Spolsky（2004、2011）的语言规划理论实际揭示了语言规划的形成机制。本节结合对 Spolsky 理论的介绍，详细论述构成语言规划形成机制的三种因素。

一　语言规划系统的构成

语言规划系统，是一个有机整体，了解其构成是研究其中任何内容的前提。通过前面一章的讨论，我们能够发现，语言规划在理解上有狭义与广义之分。也即语言规划，英文对应词是 Language Planning，无论从中文还是英文来看，这个概念都有狭义和广义两种理解。而在狭义理解中，又包括动词性和名词性两种含义：作为动词义，语言规划是指对语言或语言使用进行影响、改变、干预或管理的一种活动或行为。如以下学者的定义：Haugen 早期定义为"一种准备规范的正字法、语法和词典的活动，旨在指导非同质言语社区中的书面和口头语言应用"[1]，后期修订为"为一个言语社区，建立目标、政策和过程的活动"[2]；Jernudd 和 Gupta 指出，"我们认为规划不是一种理想主义和完全属于语言学的活动，而是为了解决社会语言问题的政治和管理活动"[3]；Cooper 认为"语言规划指的是有

---

[1] Haugen, E., "Planning for a standard language in Norway", *Anthropological Linguistics*. Vol.1, No. 3, 1959, pp.8-21.

[2] Haugen, E., *Ecology of Language*, Standford, CA: Standford University Press, 1972, p. 287.

[3] Jernudd, B. H. and Gupta, J. D., "towards a Theory of Language Planning", in J. Ruben and Jernudd, B., eds. *Can Language be Planned*? Honolulu: East-West Center Press, 1971, pp. 195-215.

意识去影响他人语言行为的努力，包括习得、结构和功能分配等方面"[①]；李宇明认为"语言规划（language planning）是政府或学术权威部门为特定目的对社会语言生活（language situation）和语言本身所进行的干预、调整和管理"[②]，等等。名词义通常指在一定的目标下针对语言问题所出台的计划方案、法律法规或路线策略等，基本同狭义的语言政策（language policy）。广义的语言规划，在我们看来，是指整个语言规划系统，不仅仅指规划活动及其影响下的有形的"成果"（上述名词义包含的内容），而是综合了 Spolsky（2011）所提出的下述三个组成部分的所有方面。

（一）语言规划系统三个组成部分

语言规划系统，Spolsky 统称为"语言政策"。Spolsky 在《语言政策——社会语言学中的重要论题》（2011）一书中明确提出言语社区（speech community）中的语言政策有三个组成部分，如果要弄清言语社区中复杂的、有意识或无意识的语言规划行为，必须首先要区分这三个组成部分：

语言实践，是对语言库（linguistic repertoire）中各种语言变体（variety）所做的习惯性的选择模式；

语言信仰或语言意识形态（language beliefs or ideology），指对语言本身和语言使用的信念；

语言规划或语言管理，指通过各种语言干预、规划或管理的方法来改变或影响语言实践的具体行为（Spolsky，2011：7）。

显然从 Spolsky 的描述中可以看到，三个组成部分中的语言规划（或称语言管理）即为通常一般意义的语言规划，狭义的语言规划。

（二）语言规划"三分"框架提出的意义

Spolsky 所廓出来的体系反映了随着语言规划学科的发展，研究者对这一现象的新的认识，至少有以下三方面的意义：

（1）形成对语言规划系统化认知

这个体系扩充了语言规划概念的内涵，发展了从 Haugen 开始一脉相

[①] Cooper, R. L., *Language planning and social change*, Cambridge: Cambridge University Press, 1989, p. 45.

[②] 李宇明：《语言功能规划刍议》，《语言文字应用》2008 年第 1 期。

承下来对语言规划范围的认识，认为语言规划不局限于原有的、专门辟出的一个领域内的有意识影响语言的行为，言语社区成员态度上对语言变体的倾向性，交际中对语言变体、变项的选择都是一种语言规划行为，因此语言意识和语言实践也属于语言规划范畴。这种观点将从前我们在感性上似是而非感觉到的、存在于语言规划非典型域中的众多现象联系起来，从语言规划的主要特征"对语言或语言使用有所选择"上找到与传统语言规划的共性，从而使得对语言规划这种行为的认识更加完整，系统化。正如 Spolsky（2011：48）所概括的，这个理论"第一大特点是语言政策成分的三位一体性，即语言实践、语言信仰或语言意识形态、显性的语言政策或语言规划"。

（2）将隐性语言规划纳入系统

这一点与前项相关。在以往的讨论中，研究者一方面强调语言规划是"有意识的、有目的的、有计划的"活动或行为，另一方面在具体讨论某个国家或言语社区的语言规划时又做"显性规划"和"隐性规划"的区分，例如 Schiffman（1996）认为所谓显性政策是指政府法令以及条例规则等明文规定的政策；隐性政策则是指包括语言态度、立场、观念等在内的和语言相关的意识形态，也可以叫"语言文化"[①]，显然会形成观点上的矛盾。Spolsky 则通过把这部分蕴含在观念或言语行为中的规划内容理论化，明确地把隐性规划纳入了语言规划系统，更有利于发现和研究这些隐匿的现象。如美国从未通过任何法规或正式文件规定英语是官方语言，但是支持英语作为主要语言的立场和以之为途径进行文化传播与扩张的意图都是明显的，因此 Schiffman 认为美国的语言政策发挥威力的部分正是在于微妙的隐性政策。[②] 这种政策带来的影响也是显著的，如 Palozzi（2006）在对美国双语教育和科罗拉多州选民（2002）意图的实验研究中，通过语言政策态度量表（LPAS）调查了选民对美国语言政策的态度和投票倾向，数据结果表明大多数被调查者支持英语作为国家语言和实行英语+语言政策。

---

① Schiffman, H. F. *Linguistic Culture and Language Policy*, London: Routledge, 1996.
② 李英姿：《美国语言政策研究》，博士学位论文，南开大学，2009 年。

第二章　语言规划的形成机制　　　63

（3）描述了语言规划形成的基本机制

此为最重要的一点。Spolsky 在廓清语言规划的三个成分后，进一步阐述了三者之间的关系，对我们认识语言规划形成机制具有启发作用。他认为：同一言语社区的成员对于什么是得体的语言实践具有大致相同的一套信仰；有时他们会形成一种公认的语言意识形态，把语言的价值和声望应用于他们所使用的各种语言变体的各个方面；这些信仰均来自语言实践，同时，它们又影响着语言实践；语言信仰可以成为语言规划（语言管理）的基础，或者说，语言管理政策可以用来确保或修改语言信仰。[①] 这些论述把语言意识与语言实践的关系、语言意识与语言规划（语言管理）的关系分别解释得很清楚。"当某些外界的权威人物把这些语言实践陈述出来时，或者当教师把这些语言实践作为教学内容清楚地讲授出来时，就成为一个语言管理的例子"[②]。又把语言实践与语言规划（语言管理）在规划过程中的关系做了形象化描述。至此，我们可以看到语言规划的形成的基本机制：

即典型的语言规划（语言管理）是基于言语社区的语言实践，在渗透于语言实践中的语言意识的影响下形成的，包括理论板块、实践板块和政策—管理板块。可用下图表示：

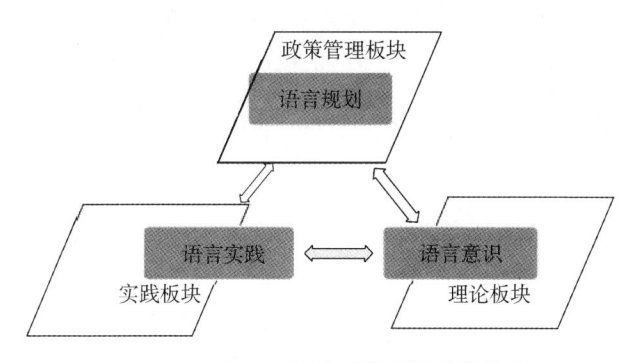

图 2.1　语言规划系统成分关系

此为基于 Spolsky 理论体系对语言规划机制的思考，是否确如上述所

---

① ［以］博纳德·斯博斯基：《语言政策——社会语言学中的重要论题》，张治国译，赵守辉审订，商务印书馆 2011 年版，第 17 页。

② 同上书，第 12 页。

分析和诠释，我们将在本书后面的研究中，结合中国的本体规划实践加以验证。

二 语言实践

语言实践在实践板块，居于语言规划系统下层。

（一）语言实践的范围

语言实践从字面上可以理解为所有与语言有关的社会活动。在语言规划系统中，Spolsky用"对语言变体的选择"统摄了所有这些活动，把语言实践抽象为对语言库中各种语言变体所做的习惯性的选择模式。实际上借用了社会语言学变异学派的观点，认为语言的基本特征就是"变异性"，把不同语言及大于或小于语言的、能够规则化描写的单位都看作不同层级的变项。由于"一个变项由一组变式构成，两个以上变式才能构成一个变项"①，因此语言实践实际表现为每个个体说话者对语音、词汇、语法和文字所做出的选择，有意识的或无意识的。同时，"语言实践不仅仅指语言的语音、词汇和语法，还包括言语形式的层次和其他公认的语言规则之间的习惯差异，这些规则告诉人们在什么样的场合下使用什么样的语言变体是得体的"②。"在多语社会，语言实践还包括了为了某种语言的规范化而制定的规则。"③ 可见，语言实践包括了言语社区成员语言活动的各个方面。尽管有了统一的理念——从变项选择的角度理解语言规划，但面对如此繁复的语言实践在具体进行语言规划实践时应如何操作是一个问题，因此该理论需要进一步发展。

（二）语言实践的分析途径

李宇明把言语社区成员的语言实践概括为语言生活，认为"语言生活的治理，本质上就是规划语言的社会职能，使各种语言及其变体能够各得其所，各尽其能，减少冲突，和谐相处"④。他结合中国的语言生活状况和管理体制把语言生活划分为宏观、中观和微观三个层面，宏观层面是

---

① 徐大明主编：《语言变异与变化》，上海教育出版社2006年版，第4页。
② [以] 博纳德·斯博斯基：《语言政策——社会语言学中的重要论题》，张治国译，赵守辉审订，商务印书馆2011年版，第12页。
③ 同上。
④ 李宇明：《语言的文化职能的规划》，《民族翻译》2014年第3期。

国家及超国家组织的语言生活；中观包括领域和地域语言生活；微观指个人和社会终端组织的语言生活。① 有了这种层面切分，增强、增大了对语言生活实践的把控能力和可能性。

但是，在制订具体的语言规划和出台语言政策时，我们依然不可能全面获取每个层面对具体的语音、词汇、语法及其他语言变项的选择标准和结果，要想将理论落实，找到语言规范、标准的依据，只有两个途径：其一是通过典型抽样，以样本统计结果作为全及总体的实践根据；其二是通过语言舆情获取语言生活的集中反映，即言语社区成员选择的最大值，因为语言舆情代表了共性选择倾向。

因此本书从语言规划形成机制角度考查中国本体规划时，语言实践部分以语言舆情调查作为分析和论证依据，并尝试通过具体的实证在实践中运用和发展 Spolsky 理论。

三 语言意识

语言意识在理论板块，居于语言规划系统上层。

（一）语言意识的界定

汉语话语体系中的"语言意识"和英语话语系统对应是一对二的关系，"Language Awareness"和"Language Ideology"习惯性地都翻译为"语言意识"。Spolsky 体系中的语言意识为 Language Ideology，意指对语言本身和语言使用的信念。②

因为不同的语言应用范畴使用这一概念，语言意识被赋予了不同的内涵：Language Awareness 关注的主要是语言使用者具体的思维状态、特征和语言系统的本体特征；Language Ideology 则关注语言规划者的语言观、语言规划观，语言规划的主题和语言变体所传承的政治、经济与文化的价值等。Kroskrity 认为语言意识实际含义有两个层面：一个是微观的语言意识（language awareness）；另一个是宏观的语言意识（language ideology）。③ 后者也

---

① 李宇明：《论语言生活的层级》，《语言教学与研究》2012 年第 5 期。

② [以] 博纳德·斯博斯基：《语言政策——社会语言学中的重要论题》，张治国译，赵守辉审订，商务印书馆 2011 年版，第 7 页。

③ Kroskrity, P. V., Schieffelin, B. B. and Woolard, K. A., *Regimes of Language: Ideologies, politics, and identities*, Santa Fe/ New Mexico: School of American Research Press, 2000.

常被称为"语言意识形态",在汉语语感上这个术语更容易被接受。Crystal 的《现代语言词典》解释为"语言意识(language awareness):主要用于语言教育学,指对自己或他人使用的语言做出明达的、敏感的、批判性的反应,包括意识到相关的术语('元语言意识')。20 世纪 90 年代初好几个国家在学校的语言教学中开始采纳新的观点,促进语言意识的工作得到很大的推进。"[①] 而在对宏观语言意识形态的定义中,广为人知的是 Schieffelin (1998) 的做出的解释,认为语言意识形态(language ideology)是"关于语言(本质、结构和使用)的文化观念",这个界定较好地把握了这个有虚幻感的概念的核心特征,较易理解,与 Spolsky 的诠释基本吻合,因此本节中对语言意识的一般定义即采用此说。

(二)语言意识的产生

从理论来源看,据研究(Schieffelin, 1998)语言意识的理论基础为萨丕尔—沃尔夫假说,从以上定义中我们也不难发现这一点。虽然沃尔夫假说有很大的漏洞,但语言相对论中语言与思维的关系是被广泛认同的。语言是文化的载体,在多语社区内,每一种语言及其变体都会承载着不同的文化,文化的历史内涵和相互之间的差异性,以及与其拥有人群之间的关联,必然带来文化认同差异,进而带来语言变体在言语社区中的主观评价差异和地位差异,这些构成了不同语言意识的内容。如杨荣华认为在言语交际中,讲话人对该种语言/方言与其他语言/方言本体特征及其所承载的政治、经济和文化价值的认知,即语言意识。[②]

从产生过程来看,在语言选择或者其他具体言语活动中,人们总是对某一语言结构整体或者一种语言变体中的可选择成分持有某种持续的理解、态度或者评价,其评判标准涉及与评价其他社会、自然现象平行的范畴,如地位、价值、声望、归属等方面,生活于固定社会评价体系中的语言使用者被这些范畴引导,又将这种选择反馈到群体中去。"所以,语言交际过程实际也是意识形态的建构过程。"[③] 语言意识形态因其存现和生成

[①] [英]戴维·克里斯特尔:《现代语言学词典》,沈家煊译,商务印书馆 2004 年版,第 198 页。

[②] 杨荣华:《语言认同与方言濒危:以辰州话方言岛为例》,《语言科学》2010 年第 4 期。

[③] 赵春燕:《语言意识形态与中国汉语拼音运动》,博士学位论文,新加坡国立大学,2012 年。

的过程涉及语言、认知、心理、文化、历史、经济、政治等各个领域的因素，因此凡与其有交接点的人文、社会学科都会有所关注，如话语语言学、语言习得研究、心理学、人类文化学、人文历史、社会学和文学等。例如社会语言学语言变异研究中对不同变体声望的区别，事实上"高阶语言变体"和"低阶语言变体"的判别主要是语言意识形态在起作用，因为语言意识形态实际是以个体的话语态度体现社区群体的集体意志。

（三）语言意识的分析视角

言语社区社会历史背景的诸多因素都会影响语言意识。主要有以下方面：从社会政治角度分析，有某种社会政治意识形态所影响衍生的语言意识形态，如社会主义语言意识和资本主义语言意识；有国家、民族意识下的语言意识，如语言民族主义意识形态、语言帝国主义意识形态等；从思想文化思潮影响的角度，有新自由主义语言意识和后现代主义语言意识等；从语言管理目标角度分析，有单语和多语意识形态之分，等等。

这些不同来源的语言意识在不同时期对中国当代语言规划有不同程度的影响，本书拟从语言意识的一般定义"关于语言本质、结构和使用的文化观念"出发，分别考察语言本体规划不同阶段形成背景中的语言意识形态，通过语言规划制定参与者对语言（本质和结构）和语言使用做出的各种观念判断，具体研究这些观念判断对本体规划的制订和执行所产生的直接与间接影响。

四　语言规划（语言管理）

语言规划在政策—管理板块，居于上层语言意识和下层语言实践之间。

（一）语言规划（语言管理）的界定

第三个组成成分语言管理（语言规划）显然是指狭义的语言规划，即一般意义上的显性的语言规划活动。Spolsky 定义：所谓显性的语言政策或语言规划是指为了试图修改某一言语社区的语言实践和语言意识形态而进行的语言管理或语言规划活动。[①] 对此他的解释是，"语言管理，就

[①] ［以］博纳德·斯博斯基：《语言政策——社会语言学中的重要论题》，张治国译，赵守辉审订，商务印书馆2011年版，第48页。

是针对语言的使用问题制订出一个显性的语言计划或语言政策并做出声明，而且通常是以正式的文件出现，有时也有例外。"① 在这些表述中的"语言政策"是确指的，与其书名"语言政策"的范围大不一样，同样是狭义的；同时也可见，作为书名的"语言政策"在本体系中既是广义的语言政策也是广义的语言规划，因此我们需要在这里加以明确和区分，以免混淆。

研究者对此所做的定义林林总总，Cooper（1989）总结了12种，最后自己做了第十三种界定；刘海涛（2006）上溯45年摘取了33种不同的观点，从中可见，因观察与分析视角不同，所提取的概念内涵多寡、侧重都不同；另外发现以20世纪80年代中后期为界，对语言规划本质的认识和特征的提取也有很大变化，这些都对我们的研究有所启发。但本书的研究对象为具体言语社区中语言规划的当代形态——中国当代语言本体规划，因此在收集和梳理各个时期语言规划的语料与文献时，本章采用综合各方面因素自拟的如下定义：

语言规划是政府、社会组织或学术机构等合理分配语言资源、优化现实及虚拟社区的语言生活，对语言生活进行调节和管理的设计与行为。

（二）语言规划的形式

无论地位规划、本体规划、习得规划还是声望规划，语言规划的具体内容一定会通过相应的形式予以公布或表达。语言规划的内容包括一系列的政策规定、策略和计划、部署等，这些内容可以用非常正式（显性）的语言规划文件和公告（如宪法、立法、政策声明、教育命令）来实现，象征性的或是具体的，还可以用非正式的社会化意向表达（即语言、政治和社会的话语）来实现；或者用不明说（隐性）的形式来实现（周庆生，2010）。

语言规划的形式又会因语言规划的主体不同而不同，个人、家庭、公司、组织和政府都可能是语言政策和规划的主体（戴曼纯，2014）。Haarmann（1990）认为规划者主要包括四个层次：官方的（政府行为）、机构的（授权组织，即国家语言规划部门行为）、团体的（群体行为）和个人

---

① ［以］博纳德·斯博斯基：《语言政策——社会语言学中的重要论题》，张治国译，赵守辉审订，商务印书馆2011年版，第14页。

的（个体行为）。中国当代语言规划官方政府行为（包括授权组织机构），是主要的语言规划主体，语言规划形式主要有法规、政策和规范、标准两大类：前者又包括正式的法律、国务院行政法规、中共中央和国务院文件、国务院部门规章、地方性法规和地方规章，非正式的有工作计划、会议纪要、领导讲话等；后者规范、标准又包括强制执行的刚性规范，如《简化字总表》和倡导执行的柔性规范，如《中国语言生活状况报告》A类等。

第二节 语言意识与语言规划

语言意识从理论观念上间接影响语言规划的出台和实施。在语言规划形成过程中，理论板块的语言意识在上层作用于语言规划，体现为观念导引。

一 语言意识影响语言规划的路径

语言规划在语言意识的影响下生成和动态发展，但现实中这种影响不是直接发生的，不是一种直接影响路径，而是间接影响，即在语言意识的基础上首先形成一定的语言规划观，语言规划观直接作为规划行为的导引，成为语言规划的理论基础。因此理论板块的核心内容实质是语言规划观。这种作用路径如下图所示：

语言意识 →具体化→ 语言规划观 →影响→ 语言规划

图 2.2 语言意识影响语言规划的路径

二 语言规划观

语言规划观是语言意识在语言规划领域的具体化，是语言规划形成机制的构成要素之一。

至此，简而言之，语言规划的形成机制可以概括为：上层语言意识具体化为语言规划观作为理论导引，下层语言实践具体化为语言舆情作为形成基础，语言规划在此双重制约下产生。

（一）语言规划观及其与语言观的混淆

语言观是人们对整个语言体系的基本看法和认识。[①] 按照这样的定义模式，"语言规划观"就是对语言规划总的看法和观点，关涉对语言规划性质的基本判断和定性。语言规划观与语言观有密切的关联，但并不等同，现有研究基本把"语言规划观"混同于"语言观"，未加以区分，首先应予纠正。如王辉（2009）在论述西方语言规划观的演变时，认为人们对语言或语言多样性的看法不同会形成不同的语言规划观，文中直接把Ruíz提出的三种影响语言规划的语言观——语言作为问题、资源和权利当作语言规划观概念来运用和解读。这种换用或是混用的概念使用状态在语言规划发展的早期不易察觉，因为当时对语言规划的基本看法就是对"语言"本身的干预和规划，目标是解决现实存在的语言问题，"语言"是规划的对象，而语言尤其语言的多样性存在是一种影响社会进程的"问题"，对语言属性的看法和对语言规划概念中"规划"与"语言"支配语义关系的确认，使语言观和语言规划观的概念内涵基本重合，因此被合二为一。但随着人们对语言规划的认识逐渐发生变化，"规划"与"语言"的语义不一定是动宾支配关系，这两个概念的差异便显示出来。

（二）语言规划观与语言观的区分

无论从语义范畴还是学科范畴来看，"语言"均是"语言规划"的上位概念，但在语言规划观问题上，语言观是次一级层次需要考虑的问题。区分语言规划观和语言观的关键在于对语言规划性质的认知。

研究者表述语言规划性质的语义结构模式可简略描写为：

A式：目的［介词短语］+处置动作或行为［动词性词语］+对象［名词词语］+的+事物名称［名词性词语］

B式：目的［介词短语］+介引［介词］+对象［名词词语］+处置动作或行为［动词性词语］+的+动作、行为［动词性词语］

如Tauli（1968）的定义"语言规划是调节和改善现有语言，或创造新的区域性、全国性和国际性语言的活动"。其中涉及的两种表达都是A

[①] 童之侠：《当代应用语言学》，中国传媒大学出版社2016年版，第9页。

式；李宇明的界定"语言规划（language planning）是政府或学术权威部门为特定目的对社会语言生活（language situation）和语言本身所进行的干预、调整和管理。其中包含语言政策的制定及其实施等内容"① 则是典型的 B 式表述。从上述语义结构模式我们不难看出，表"对象"的名词和表"处置动作、行为"的动词性词语所指是概念含义的核心，能够反映出对语言规划性质认识的差异，因此我们在前人的定义②中提取了对语言规划对象的说明部分，见下表 2.1：

表 2.1　　　　　　　　　　语言规划的对象

序号	学者	定义所涉的语言规划对象	备注
1	Haugen（1959、1972）	语言形式；语言变化；言语社区	得自三次不同定义
2	Tauli（1968）	现有语言	
3	Rubin & Jernudd（1971）	语言系统本身或语言应用	
4	Thorburn（1971）	一组人的语言行为	
5	Jernudd & Gupta（1971）	社会语言问题	
6	Gorman（1973）	语言的正字法、语法、词汇以及语义方面	
7	Das Gupta（1973）	社会的语言资源	
8	Fishman（1974）	语言问题的解决方法	
9	Karam（1974）	语言本身或语言应用	
10	Weinstein（1980）	语言本体或语言社会功能	
11	Neustupný（1983）	语言问题	
12	Eastman（1983）	作为一种社会资源的语言	
13	Christian（1988）	语言使用	
14	Cooper（1989）	他人语言行为，包括习得、结构和功能分配	
15	Halliday（1990）	语言与其使用者之间的关系	
16	Jernudd（1991）	语言	
17	Tollefson（1991）	语言变体的结构或功能	

---

① 李宇明：《语言功能规划刍议》，《语言文字应用》2008 年第 1 期。
② 说明：第二章第二节所列定义，除于根元、姚亚平、郭龙生和李宇明的定义另注明出处外，其余均转引自或参见刘海涛《语言规划和语言政策——从定义变迁看学科发展》，载教育部语用所社会语言学与媒体语言研究室编《语言规划的理论和实践》，语文出版社 2006 年版，第 55—60 页，不再另作注释。本书在原文所列出的定义中提取了定义所涉的"语言规划对象"。

续表

序号	学者	定义所涉的语言规划对象	备注
18	Bugarski（1992）	社区语言交际	
19	胡壮麟（1993）	交际问题：语言学和非语言学的	
20	Gottlieb（1994）	语言	
21	Mackey（1991）	语言多样性	
22	Kaplan & Baldauf Jr.（1997）	社区语言行为；语言生态系统	来自定义和理论
23	Tonkin（1999）	语言选择过程	
24	Grin（1999）	语言多样性	
25	冯志伟（1999）	语言文字	
26	许嘉璐（1999）	语言：包括语言的选择和规范化、文字的创制和改革	
27	Gottlieb & Chen（2001）	语言代码习得、结构或功能分配	
28	Lo ianco（2001）	语言	
29	Phillipson（2003）	语言地位、语言本体和语言习得	分类定义；类别
30	Mühlhäusler（2003）	人类交际系统最大多样性	
31	于根元（2003）①	社会语言生活	
32	Baldauf（2004）	语言代码及其语言使用系统	
33	Spolsky（2004）	语言意识、语言实践、语言管理	
34	陈章太（2005）	语言文字及其使用	
35	姚亚平（2006）②	语言与社会组织对应；语言关系；语言问题	
36	郭龙生（2008）③	语言文字；主流语言	分别来自定义、语言规划对象
37	李宇明（2008a）	语言生活	

分析上表各家观点可见，37（组）研究者对语言规划对象的认知有较大差异，其中认为是"语言"（包括文字）的共有17位，约占总数的45.9%，还不到一半，这很好地证明了：对语言规划的总体观点与对语言

---

① 于根元主编：《应用语言学概论》，商务印书馆2003年版，第41页。
② 姚亚平：《中国语言规划研究》，商务印书馆2006年版，第2—38页。
③ 郭龙生：《中国当代语言规划的理论与实践》，广东教育出版社2008年版。

的总体看法大部分不重合,语言观不等于语言规划观。

(三) 语言规划观的多样性

语言规划观的多样性在共时和历时状态中都存在。共时表现在于,一个时期内语言规划观往往是多元并存的,在中国社区尤其体现在语言规划发展的后两个阶段;多样性的历时表现在于,对同一个语言规划对象不同时期有不同的认识,如同样把"语言"作为规划对象,产生了几种不同的规划观。

语言规划观的多样性还表现在认识语言规划的角度不同。根本决定语言规划性质的是对规划"对象"的判定,根据对定义的分析梳理,基本可将已有语言规划观分为"对语言的规划"和对"语言相关因素的规划"两大类,同时,还可以从语言规划的功能、目标、动机等角度划分出不同类型的语言规划观。

了解语言规划观的多样性有助于理解当代语言规划的内容和标准,便于我们对语言规划进行调整和成因分析。

第三节 语言规划观的类型

本节尝试对当代出现的主要语言规划观进行分类梳理和理论概括,这些规划观的成熟程度和接受程度都不同,但都或多或少地影响着当代中国现有语言本体规划。

一 语言规划是对语言的规划

把语言规划视为"对语言及其使用的规划"是一种最普遍的看法,表2.1中的各家观点虽然具体表述不尽相同,但这一类语言规划观占多数。这种以语言为对象的语言规划观又会因为受到语言观的差异和变化影响而有不同的内涵与发展。

(一) 语言问题规划观

语言问题规划观是语言现象作为社会问题的语言观带来的语言规划观。语言规划概念被诉述的最初,从社会角度来看,语言主要被视为社会交际工具,因此语言不利于发挥交际功能和作用的相关方面都被看作问题,尤其语言的多样性分布,这就是语言问题规划观的由来。至今这种问题观仍然是主流,"解决语言和语言使用过程中的问题"仍然是许多国家制订语言规划、出台语言政策的本原动力。重新分析上述 37 个定义我们会发现，其中有 13 个定义把解决语言问题作为语言规划的目的或者对象，如 Rubin 和 Jernudd（1971）认为语言规划的主要任务是解决问题，Weinstein（1980）则界定语言规划为"为了解决交际问题，而在政府授权下所进行的长期的、连续的有意识改变语言本体或改变语言社会功能的努力"①。这些都是从阐明语言规划目的角度彰显出的"问题观"；"语言规划指对于语言问题系统的、基于理论的、理性的和有组织的社会关注"②则把语言问题直接看作语言规划的对象。上表 2.2 中的中国学者胡壮麟、冯志伟和陈章太等都持问题观，证明语言规划问题观在中国语言规划实践中占有相当的地位。语言规划问题观的核心是把语言多样性看作一种问题，影响语言交际、经济文化发展和政治团结，理应加以控制，因而减少语言多样性带来的社群矛盾成为早期语言规划最重要的目标。如果说这种规划观导引下的地位规划是通过确定国语、国家官方语言的方式消除语言多样性，本体规划则是通过致力于减少同一语言系统的变异性使用来规范语言、避免语言多样性发展的。如 Haugen《本体规划的实施》(1983) 在例证结论中所论：正如在每例中我所指出的那样，语言规划是对一个被一些特殊社会群体强烈感受到的社会问题的回答。这些例子所有的共性为一个根本问题，即如何去平衡统一和多样性的呼声。

（二）语言资源规划观

语言资源规划观是语言作为资源的语言观带来的语言规划观。Jernudd 和 Gupta 较早将语言视为资源，不仅提出语言是一种资源，而且认为使用语言的成本与收益能够按照普通资源或商品的成本—收益方法来衡量。③ 但直至 20 世纪 80 年代中后期，受后现代主义等思潮和经济全球化的影响，语言的资源属性才进一步得到确认，语言规划开始正向对待语

---

① 转引自刘海涛《语言规划和语言政策——从定义变迁看学科发展》，载教育部语用所社会语言学与媒体语言研究室编《语言规划的理论和实践》，语文出版社 2006 年版，第 56 页。

② Neustupný, J. V., "towards a paradigm for language planning", *Language Planning Newsletter*, Vol. 9, No. 4, 1983, pp. 1-4.

③ Jernudd, B. H. and Gupta, J. D., "Towards a Theory of Language Planning", in J. Ruben and Jernudd, B., eds. *Can Language be Planned*? Honolulu: East-West Center Press, 1971, pp. 195-215.

言的多样性,关注语言濒危和语言消亡,并因语言信息处理和信息科技发展的需要,逐渐认识到语言是一种多属性资源。同时关注语言权利问题,在以往语言规划规定性语言使用带来的问题和弊端中反省,倡导尊重语言选择权和使用权,尤其是母语的使用和教育权利。Ruíz(1984)提出的影响语言规划的三种取向(orientation)[①]:语言作为问题(language as problem)、语言作为权利(language as right)、语言作为资源(language as resource)即清晰地阐明了语言资源观和语言权利观对新的语言规划观形成的直接影响。20世纪80年代中国也有学者明确提出语言资源的开发,但语言作为资源的经济特性却没有在学界引起应有的反响,"直到邱质朴再次系统论述语言作为资源的概念"[②];90年代语言的资源属性得到认同,进而提出语言资源观。无独有偶,进入新世纪李宇明基于各国的语言规划实践,提出了"当今人类三大语言话题",认为了解语言问题、语言资源和语言权利三大问题是科学语言规划的前提[③],实际上反映了语言规划资源观和权利观在中国的理论发展。

语言资源规划观已发展为与问题观并驱的一种成熟的语言规划观,并有发展成为主流规划观的趋势。徐大明(2008)认为语言规划理论正在从"问题导向"向"资源导向"的规划观转变。[④] 语言资源包括自然语言资源、衍生语言资源和语言能力三大类[⑤],兼具文化资源、经济资源和人力资源属性,因此成为近年来语言规划发展的生长点;研究者认为语言资源理念是语言经济研究的新视角,语言经济研究也成为近年来语言资源理念引导下的语言研究新内容。[⑥] 可见语言资源规划观是发展语言经济和建立语言经济学的基础;这种规划观也是维护语言多样性生态、挽救濒危语言、科学保护少小民族语言等语言规划思想的理论前提——有了语言作

---

① Ruíz, R., "Orientations in language planning", *NABE Journal*, Vol. 8, No. 2, 1984, pp. 15-34.

② 刘英:《语言观的历史演变和新中国的语言规划》,《南京社会科学》2006年第6期。

③ 李宇明:《当今人类三大语言话题》,《云南师范大学学报》2008年第4期。

④ 徐大明:《语言资源管理规划》,《郑州大学学报》2008年第1期。

⑤ 李宇明:《保护和开发语言资源——序〈中国语言生活状况报告2008〉》,《中国语言生活状况报告2008》,商务印书馆2009年版。

⑥ 李现乐:《语言服务与服务语言——语言经济视角下的语言应用研究》,博士学位论文,南京大学,2011年。

为资源这个判断，语言的文化价值、经济价值和国家安全价值才逐渐彰显出来。国家教育部2004—2005年与多所大学共建成立了5个"国家语言资源监测与研究中心"的分中心；2008年12月29日，教育部语言文字信息管理司指导、商务印书馆主办的中国语言资源开发应用中心成立。

我们认为更为重要的是，视语言为一种资源，提供了语言规划以语言为对象的基本依据，在以往语言规划受到的诟病中，最大的质疑是"语言可以规划吗？"持否定态度者认为语言文字是一种自发的渐变的系统，它能够自行调整，适应社会发展的需求，不允许也不必要对它加以人为的干预（仲哲明，1994）。而如果把语言作为资源，成为国家资源的组成部分，语言不仅能够而且必须得到很好的规划。

（三）语言权利规划观

语言权利规划观是语言作为权利的语言观带来的语言规划观。在对语言的三种主要取向中，语言作为问题和语言作为资源的语言观价值判断截然相反，既在对语言工具性和资源性的认识上对立，也反映了所持语言态度的消极与积极差异，但都会涉及语言权利问题：解决所谓的社会语言问题，具体如在多语国家确定官方语言，首先遇到的就是维护其他语言群体的语言权利问题。再如选择教学语言是习得规划的主要内容，也先要解决母语平等问题。徐大明认为少数民族面临着学习主体民族语言的额外负担，怎样适当地调节这些负担，尽可能地创造公平竞争的机会，是重要的议题。[①] 语言资源规划观主张维护语言的多样化生态，科学保护各民族语言，合理配置、开发语言资源，实施这种语言规划第一步就应是明确语言资源的归属。社会个体和民族、国家等各个层次的言语社区所拥有的语言能力是语言资源的主要所指，而某种语言能力的拥有者同时也拥有该种语言资源的支配权利。可见，语言作为权利的意识贯穿于两种语言观中。

这种贯穿性从另一个侧面看便是语言作为权利观念的依附性，依附性影响导致该种取向的语言规划观——权利观尚不属于独立、成熟的语言规划观。如Tove Skutnabb-Kangas认为现在语言因素仍然在人权联合声明中被忽略，现有人权声明中绑定教育的条款比其他方面有更多的退出方式，

---

① 徐大明：《母语平等政策的政治经济效益》，《云南师范大学学报》2013年第6期。

更多的可修改和选择机会等。① 尽管至今未见有从语言权利角度所下的语言规划定义,但随着对"语言帝国主义"和语言经济特征的认识深入,语言权利越来越受到重视。目前语言规划权利观主要观点集中在尊重少数族群的语言权利、承认母语权和母语教育权是重要的权利等方面。这可以从一些世界组织和国家发布的宣言、文件中得到证明,如《世界语言权宣言》(联合国教科文组织、国际笔会的翻译及语言权委员会和埃斯卡雷国际少数民族中心拟定,1996年)② 提出个人不可割让的语言权利;联合国教科文组织发布的《世界基本语言权宪章》(1992)提出保障"人的母语权利"。目前在全世界150个对语言相关问题加以规定的国家宪法中,有俄罗斯、匈牙利、阿富汗等28个国家的宪法中出现了"母语"这个概念,约占将近五分之一的比例。有的直接规定母语的地位和公民的母语权,如俄罗斯宪法第二十六条第二项规定:人人皆有使用母语的权利,并可以自由选择沟通、教育、训练及创作的语言;第六十八条第三项规定:俄罗斯联邦保障其所有人民维护母语及为其研究与发展创造条件的权利。③

中华人民共和国成立以来一直通过法律法规和出台政策等形式体现对少数民族语言权利的尊重,如《宪法》规定了"各民族都有使用和发展自己的语言文字的自由"(第三条);《中华人民共和国民族区域自治法》规定"民族自治地方的自治机关保障本地方各民族都有使用和发展自己的语言文字的自由,都有保持或者改革自己的风俗习惯的自由"(第十条)等。2006年开始的语言规划新阶段明确提出建设"和谐语言生活",研究者认为倡导语言和谐实际体现了语言多样性的思想逐渐被社会和规划者所接受,建议以多元文化和语言人权为基础倡导语言和谐。④

---

① Tove Skutnabb-Kangas, "Lganguage Policy and Linguistic Human Rights", in Ricento, T., ed. *An Introduction to Language Policy: theory and method.* Oxford, UK: Blackwell Publishing Ltd, 2006, p. 275.

② 《世界语言权利宣言》(the Universal Declaration of Linguistic Rights),又称《巴塞罗那宣言》(the Barcelona Declaration),是1996年6月6日至9日于西班牙巴塞罗那举行的"世界语言权利会议"(the World Conference on Linguistic Rights)结束时通过的宣言。

③ 李海英等:《论母语与母语规划》,《云南师范大学学报》2013年第6期。

④ 赵燕:《从推普宣传口号看我国语言规划的特点》,《楚雄师范学院学报》2013年第2期。

二 语言规划是对语言相关因素的规划

在表2.1语言规划定义中,涉及的语言规划对象除了"语言"外,还有半数以上提出与语言相关的其他对象,大体可以归为语言使用者和语言使用环境,反映了不同的语言规划观。

(一) 对语言使用者的规划

无论以什么为对象的语言规划其实最终都要落实到语言使用者,郭熙指出"事实上,一直存在规划语言和规划使用者语言生活的问题"①。因为拥有语言是人的本质特征,语言现象不可能离开人而存在。语言规划的三要素规划主体、规划客体中的规划对象与受益者②,都与具体的人、人群相关。这里我们要讨论的是把语言使用者作为对象而形成的语言规划观,从定义分析,主要包括语言行为规划观和语言关系规划观,这两种观念虽然影响不及上述几种,也代表了一种看法。

1. 语言行为规划观③

语言行为是社会个体发出的社会行为的一类,语言规划行为观认为语言规划主要规定和管理社会生活中不同人群的语言选择和使用等行为,因此事实上是主张对语言使用者进行规划。此种观点持有者在定义中把规划对象通常表述为"语言行为""语言使用"或"语言交际",但其间又有差异。如Thorburn认为如果人们试图通过各种语言知识来改变<u>一组人的语言行为</u>时,就出现了语言规划④;Cooper的定义指出:"语言规划指的是有意识去影响<u>他人语言行为</u>的努力,包括习得、结构和功能分配等方

---

① 郭熙:《语言规划的动因与效果——基于近百年中国语言规划实践的认识》,《新疆师范大学学报》2013年第1期。

② 郭龙生:《中国当代语言规划的理论与实践》,广东教育出版社2008年版,第185—195页。

③ 说明:本小节词句下面的下划线均为笔者所加,目的是突出显示所要论述的内容,下同。

④ Thorburn, T., "Cost-benefit analysis in language planning",转引自刘海涛《语言规划和语言政策——从定义变迁看学科发展》,教育部语用所社会语言学与媒体语言研究室编《语言规划的理论和实践》,语文出版社2006年版,第55—60页。

面。"① Kaplan 和 Baldauf Jr. 则说明"语言规划是某些人由于某种理由试图改变某个社区语言行为的活动"②。虽则三组定义都强调以语言行为规划对象，但有的强调个体或群体，有的则认定为社区行为。

"语言使用（应用）"和"语言交际"指语言使用者具体的语言活动，因此归入到语言行为类。主要以语言为对象界定语言规划的概念解释往往也兼及语言使用，如 Rubin 和 Jernudd 概括说"语言规划是一种有意识的语言改变，即：对语言系统本身或语言应用以及对二者的改变。"③ 陈章太（2005）总结语言规划是"政府或社会团体为了解决语言在社会交际中出现的问题，有目的、有计划、有组织地对语言文字及其使用进行干预与管理，使语言文字更好地为社会服务"④；有的则单独突出语言使用，如 Christian（1988）认为"语言规划……通过机构组织对语言使用的干预来达到相应的目标"⑤，但这种情况相对较少。"语言交际"进一步把语言行为明确化，界定范围也进一步缩小，如 Bugarski（1992）的观点，语言规划一般被认为是在语言政策框架内所采取的一系列作用于社区语言交际上的具体措施。这反映了与结构主义等形式主义语言学相反的功能主义在语言规划领域的影响。

语言行为规划观相对于其他规划观的自下到上的语言规划理念，着眼于微观和社会个体。

2. 语言关系规划观

语言关系反映语言群体相互之间或与语言的关系，规划语言关系也就是管理语言使用者。语言关系规划观的含义有两种：其一，语言关系是指语言群体之间的关系，把各种语言使用者的关系作为规划对象；其二，语言关系指的是语言与其使用者之间的关系。此种规划观认为语言关系涉及

---

① Cooper, R. L., *Language planning and social change*, Cambridge: Cambridge University Press, 1989, p. 45.

② Kaplan, R. B. & Baldauf Jr, R. B., *Language Planning from Practice to Theory*. Clevedon: Multilingual Matters Ltd, 1997, p. 3.

③ Rubin, J. & Jernudd, B. H., *Can Language Be Planned? Sociolinguistic Theory and Practice for Developing Nations*, Honolulu: The University Press of Hawaii, 1971.

④ 陈章太：《语言规划研究》，商务印书馆 2005 年版，第 2 页。

⑤ 转引自刘海涛《语言规划和语言政策——从定义变迁看学科发展》，教育部语用所社会语言学与媒体语言研究室编《语言规划的理论和实践》，语文出版社 2006 年版，第 56 页。

各种语言的地位和价值,是语言问题产生的源点。戴庆厦(2010a)即指出,语言关系涉及语言地位、语言功能的差异,不同语言的协调、互补、竞争、矛盾等;和谐的语言关系是国家安全的重要保障。① 姚亚平(2001)支持前一种观点,明确主张:"语言规划就是研究社会共同体中语言集团的这种语言关系问题,并在理论引导或政策制定与实施上采取相应的措施。"② 具体包括:一个社会共同体中的语言集团的组成情况;各语言集团的语言关系、语言态度;语言政策的制定与实施等。从中可见既涵盖语言集团之间的关系,也包括集团内部的语言问题及相应的政策,并不像他所概括的概念意义那么简单。Halliday 则是后一观点的代表,认为语言规划活动的重点在制度,它规划的不是语言的形式,而是语言与其使用者之间的关系,强调语言规划的复杂性在于在一个自然发展的系统(即语言)中引入设计过程和设计特征,在这过程中,一种语言与语言使用者之间的关系要么得到强化(针对母语人),要么得到确认(针对二语者)。③

我们认为两种观点融合在一起所构成的语言关系规划观才是完整的,才能够基本概括语言规划的内容,实现其导引语言规划实践的功能。

(二) 对语言使用环境的规划

"规划语言便是规划社会"④,足见语言规划系统的复杂性,任何调整、管理或者促进、促退语言的行为都是在一定的语境下进行的,语言规划不可能在真空中实践,因此有研究者着眼于语言及其使用的背景、区域或环境界定语言规划,形成了以下几种语言规划观:

1. 言语社区规划观

言语社区规划观主张以言语社区(speech community)为规划目标,但其中观点又有差别,一种观点真正把言语社区作为语言规划的对象,目标是规划整个社区的语言秩序,包括确定官方语言、制定语言标准和使用

---

① 戴庆厦:《语言关系与国家安全》,《云南师范大学学报》2010 年第 2 期。

② 姚亚平:《中国语言规划研究》,商务印书馆 2006 年版,第 73 页。

③ Halliday, M. A. K., "New Ways of Meaning: the challenge to applied linguistics", in Alwin Fill and Peter Mühlhäusler, eds. *The Ecolinguistics reader*. Continuum, 2001, p. 177.

④ Cooper, R. L., *Language planning and social change*, Cambridge: Cambridge University Press, 1989, p. 182.

规范等。如 Haugen 在 1972 年曾对语言规划解释为一个言语社区,建立目标、政策和过程的活动。① 这种理念虽然对具体规划内容影响不大,但视野已从语言本身扩大到使用语言的背景,将影响语言的因素同时纳入语言规划设计之中,语言生态规划思想初露端倪。

另一种观点是徐大明提出的"社区规划"。徐大明(2004)发展了言语社区理论,并在此基础上提出并倡导外语的"社区规划"。这种规划观的实质是以言语社区作为语言规划的基本单位和规划域,反映了新的社会特征给语言生活带来的巨大改变:语言使用逐渐突破国家、民族界域,但"社区化"趋势日趋显著。"语言规划开始从单一的以语言代码为中心的理论过渡到综合考虑语言应用和各种社会和政治因素的关联问题了。语言政策和语言规划的对象也从过去的'语言'变为'语言社区'。"② 徐大明结合中国语言使用状况和言语社区的分布,以及语言教育现状,提出对外语教育重新认识,认为包括所谓外语在内的各种语言及其变体都是"社区语言",应把传统的"外语教育"置换为"社区语言教育"的一部分。③ 这不仅仅是学术术语的更换,而是适应语言生活的变化对英语等非母语的重新定位思考。在语言生活社区化特征日益显著的当代,语言使用不再完全受约于国家疆域分隔,语言内外的划分理据不再充分,因此社区规划更适合外语规划。

2. 语言生活规划观

在语言规划理论从单一的以语码为中心向综合考虑语言应用各种影响因素发展的过程中,国外和国内形成了两条平行的线索,国际上基于生物生态理论,逐渐衍生了"语言生态观";国内则基于本土的语情和术语表达习惯,发展形成了"语言生活观"。

语言生活观认为语言有自己的发展规律,无法进行规划,作为语言规划的主体——政府的使命是对语言生活的调适和管理。语言生活涵盖了社会生活中与语言有关的各个方面,陈章太认为语言生活"是指人们对语

---

① Haugen, E., *Ecology of Language* Stanford: Stanford University Press, 1972.
② 刘海涛:《语言规划和语言政策——从定义变迁看学科发展》,载教育部语用所社会语言学与媒体语言研究室编《语言规划的理论和实践》,语文出版社 2006 年版,第 55—60 页。
③ 徐大明:"取消外语教育 开展社区语言教育",见"语言与未来"首届高峰论坛。网址:http://learning.sohu.com/s2013/language/index.shtml。

言文字的学习、掌握和使用情况"①。明确持语言生活规划观的是李宇明，他多次界定"语言生活"，较新的定义认为语言生活又叫语文生活，"是指运用、学习、研究语言文字的各种社会活动，以及运用语言文字知识、语言文字产品的各种社会活动"②。李宇明还将语言生活分为宏观、中观和微观三个层级③，认为语文生活有不同的领域，语言生活应区分一般语言生活和特殊语言生活④，语言生活随着社会发展而变化，因而应特别关注语言生活中的热点问题，为语言政策和语言规划提供依据，建设和谐的语言生活。

由于李宇明曾任职国家语委副主任，长期担任教育部语言文字信息管理司司长，因此其主张也在一定时期内代表了语言规划主管部门的理念。2005年以后，国家语委明确提出"建设和谐的语言生活"的语言文字管理目标，语言生活的关注度迅速提升。教育部语信司从2006年开始发布《中国语言生活绿皮书系列》（分为A、B两个系列），提倡"语言服务"的理念，旨在积极引导社会语言生活的和谐发展，其中《中国语言生活状况报告》从2006年（发布2005年的内容）截至2019年已经连续出版14年，记录现实的语言生活，展现语言生活的实态；由国家语言资源开发应用中心和商务印书馆主办的《中国语言生活》电子期刊于2010年5月10日正式创刊；同一时段教育部语言文字应用研究所等单位还出版了多份内刊，分别从语文信息、语言舆情、语言资源、外语战略、世界语文动态等角度关注国内外语言生活⑤。

总之，从官方语言规划的主导思想到舆情反馈，从学术界到民间，语言生活规划观日渐明晰，李宇明明确指明"过去，国家语言文字工作没有明确是管语言还是管什么，后来我们逐渐明确了，国家语委的主要工作是管'语言生活'，也就是管语言的应用问题，不是一般的、个人的语言应用，而是国家和社会层面的语言应用。事实上，人类生活的80%是语

---

① 陈章太：《〈语言文字规划纲要〉与国家语言生活》，《语言文字》2013年第1期。
② 李宇明：《语文教育的七个维度》，《语文教学与研究》2013年第34期。
③ 李宇明：《论语言生活的层级》，《语言教学与研究》2012年第5期。
④ 李宇明：《语文生活与语言教育》，《语文建设》2014年第2期。
⑤ 教育部语言文字信息管理司组编：《中国语言生活状况报告2011》，商务印书馆2012年版，第159—168页。

言生活。因此语言生活的和谐对整个社会的和谐非常重要"①。从最初有人认为"语言生活"这个短语不好理解,怀疑是生造出来的②到如今发展成为主要的成熟的语言规划理念,足见几十年间社区语言生活和人们对语言生活的认知都发生了深刻的变化。

3. 语言生态规划观

语言生态规划观来自语言生态观,Haugen 最先提出"语言生态"概念,经 Haugen(1987)及其后的研究者阐发,此概念已经不再是一种隐喻,逐渐衍化、生成为一种语言观,如梅德明即认为语言生态观"是指以生态学的视角和方法来看待和研究语言系统、语系及语族成员之间的关系以及语言与其所处环境之间的关系"③。通过概念推理可知,语言生态规划观即是从生态学的视角和方法看待和进行语言规划,其核心观点是语言生态应像自然生态一样保持多样性;人们在规划中应将多种因素考虑进来,对语言生态系统进行整体规划,以保持人类种群的多样化和种族文化的平衡。

语言生态规划观起自 20 世纪七八十年代,世界范围内环境污染加剧,自然生态和文化生态横遭破坏,引发了人类对自身因此导致的生存危机的深刻思考。在反思的潮流中,语言学家们循着"自然生态—文化生态—语言生态"的关联线索,先是把生物环境的多样性与语言的多样性进行相似联想,以隐喻的方式说明语言濒危、文化消亡等现象;进而考察研究生物种类多寡与语种分布的关系,认为人类是自然的组成部分,人类文化源自固有生物环境,必然彼此相因,并尝试实证这种规律,如研究者发现在赤道附近植物种类最丰富的地区语种也非常繁复。这是因为自然生态的多样性促成了人类种群的多样化,进而生发多样异质的社会和文化,而语言既是文化的组成也是文化最重要的载体,其兴衰必然随同其所在的自然、人文环境。因此,民族文化只有借助语言构成知识体系才能得到完整的保存和流传;Baldauf 和 Kaplan(2003)、Hornberge(2003)等又将语言生态观延伸到语言规划领域,建立了以语言生态观为基础的语言规划体系。

---

① 李宇明:《关于中国语言生活的若干思考》,《北华大学学报》2011 年第 2 期。
② 《语文短评》,《中国语文》1960 年第 6 期。
③ 梅德明:《大数据时代语言生态研究》,《外语电化教学》2014 年第 1 期。

语言规划生态观的践行者首推为 Baldauf 和 Kaplan，在 1997 年出版的合著《语言规划》中首先提出了语言规划生态模型，书中前面基本采用基于语言生态的理论结构分析具体语言规划、政策案例，第四部分再次提出语言规划生态模型，将"语言消亡""语言生存""语言变化""语言复生""语言变化和语言扩散""语言融合""语言接触与皮钦语""克里奥尔语的发展""语言能力的发展"等作为语言生态系统也即语言规划的变量。[1] 作者的主要观点是语言规划者只有在充分分析语言生态系统的基础上才能做好语言规划。刘海涛认为"本书提出的语言规划的生态模型更多的还是一种修辞性的说法，还不是一种严格意义的生态学模型，但本书所强调的用多因素来分析语言（规划）问题，还是值得肯定和提倡的"[2]。这是很中肯的评价。其后又在他们 2003 年的合著《太平洋地区的语言规划和语言教育规划》（Kaplan & Baldauf，2003）[3] 中进一步充实、细化了这种规划思想。书中第十二章"语言规划的总体回顾——多元化的不同趋势"中结合 Hornberger 的目标框架，详细阐述了语言生态观下的语言规划的主要内容。

对比分析国外和国内综合考虑各种因素的语言规划观可见，目前国外的所谓"语言生态规划"中的"语言生态"既是语言规划的对象，也是规划目标，在现有理论构架中未加以区分，因此这种规划体系的构成要素难以厘清，其价值因此表现为理论大于实际；而国内的理论阐述实际已将"目标"和"对象"分离，分别对应"语言生态"和"语言生活"，把保持语言生态平衡、稳定、和谐作为一种语言意识和最终目标，更易于理解和实践操作。

三 语言规划观的其他视角

前文结合各类定义从语言规划对象角度梳理了各类语言规划观，但因为语言规划的跨学科、多边极、多属性特征，以及多功能性，从不同角度

---

[1] Kaplan, R. B. & Baldauf Jr, R. B., *Language Planning from Practice to Theory*. Clevedon: Multilingual Matters Ltd, 1997.

[2] 刘海涛：《语言规划的生态观——兼评〈语言规划：从实践到理论〉》，《北华大学学报》2007 年第 6 期。

[3] 中文版由梁道华译，顾利程审订，外语教学与研究出版社 2014 年版。

定位语言规划会有不同类的语言规划观,这里也做简要理论论述,后文结合当代本体规划考查其应用。

(一) 语言规划及其推行性质角度

从语言规划及其推行的性质角度区分语言规划,可以得到两种语言规划观:刚性和柔性。判断刚性和柔性的依据包括两方面:一是语言政策或规范本身是否具有唯一性;二是语言政策或语言规范、标准的施行是绝对性的规定还是推荐性的倡导。在语言规划发展的早期,各国实施的语言政策基本为刚性规划,因为源自解决社会语言问题的语言规划方案如果不做硬性规定,势必形同虚设。但由于支持语言规划的政策和策略不同,语言规划社会效果能够反映出各国语言规划施行的刚、柔性质具有程度上的差别。法国的法语政策及其实施都是刚性的典型。法国政府的法语政策都是非常明确的,宪法规定法语是法兰西共和国的语言,法语是法兰西品格及遗产的基本要素。1994 年颁布的《法语使用法》明确规定法语是教育、劳动、交流及公共服务各部门使用的语言。1994 年 4 月总理巴拉迪尔发布总理通报,要求各部官员"应确保有关使用法语的法律、法令、决定得以严格实施。负责实施这些法规的公务员应有决心清除在这方面发现的违法行为"[①]。

刚、柔性质在本体规划上的表现也分为两个层次:针对语言项的规定选择或优选推荐主要为语言学等学术层面的刚或柔,如《普通话异读词审音表》审定的读音,明确地标明"统读"或具体词中的实读音,采用刚性原则;涉及规划主体出台的语言规范是作为强制性标准要求社区内所有成员必须遵守,还是作为非强制性标准引导语言使用者逐渐认同和接受、遵守,前者为刚性规范,后者为柔性规范。如《普通话异读词审音表》自 1985 年生效之日起就要求教育、新闻、出版等各个领域严格执行这个语音规范,而《第一批异形词整理表》(2001) 用"推荐性标准",每组异形词破折号后面的词形为照顾到文化的传承和海外使用等因素不立即废除,主张在语文教学中逐步贯彻异形词规范标准,第一次采用柔性原

---

① 中国社会科学院民族研究所、"少数民族语言政策比较研究"课题组和国家语言文字工作委员会政策法规室编:《国家、民族与语言——语言政策国别研究》,语文出版社 2003 年版,第 103 页。

则推出的柔性规范。

语言规划的刚柔性质差异是我们划分当代中国本体规划的主要参数之一,将以推行软性、柔性规范为主的第三个阶段(2006年至今)确定为本体规划的柔性规范建设阶段。

(二)语言规划目标角度

一个国家不同时期的语言规划目标往往会发生变化,与不同目标伴生的语言规划观,反映了对语言规划作用与功能的基本认识,也就是对"语言规划是做什么用的"这个基本问题的不同回答。语言规划初期,视语言为"问题",因此不论地位规划对语言统一的企划还是本体规划进行语言规范化的努力,都反映了一种追求语言"纯化"的取向。在中国当代语言规划体系中具体表现为语言规划纯洁观——语言规划的目标是"正确地使用祖国的语言,为语言的纯洁和健康而斗争!"①,语言纯洁观在这篇社论中得到写实,是20世纪五六十年代语言规划的主导。这种纯洁观虽然在规划理论体系中的地位有所变化,不再是主导,但至今仍然存在,许嘉璐1995年发表《新时期说老话题:继续为祖国语言的纯洁健康而斗争》②,对语言结构系统及其使用的基本观点没变;50年后,作为党报的《人民日报》再次发表同主题社论"为祖国语言的纯洁和健康继续奋斗"③,重申语言规划的目标,足见这种规划观的影响。

20世纪八九十年代,包括陈章太、于根元在内的一些学者,提出语言生活的"健康观",从纯洁观到健康观,这是一个很大的发展。④ 语言健康在1951年的社论中也是一个关键词,至20世纪八九十年代又有了新的内涵,不局限于没有杂质的语言生活。按照这个思路,同时适应新的时期国家"建设和谐生活"的总体发展目标,2005年国家语委提出了"构建和谐语言生活"的理念,作为新的语言规划目标,因而形成了"和谐观"。因而当代中国语言规划目标方向的规划观发展脉络如下:

---

① 社论《正确地使用祖国的语言,为语言的纯洁和健康而斗争!》,《人民日报》1951年6月6日第1版。
② 许嘉璐:《新时期说老话题:继续为祖国语言的纯洁健康而斗争》,《求是》1995年第18期。
③ 社论《为祖国语言的纯洁和健康继续奋斗》,《人民日报》2001年6月6日第4版。
④ 李宇明:《关于中国语言生活的若干思考》,《北华大学学报》第2期。

语言规划观：　　　纯洁观——→　　　健康观——→　　　和谐观
通行时间：20世纪五六十年代至今　20世纪八九十年代　2005年以来

（三）语言规划动机与目的角度

在当代，对语言的性质和功能不断有开掘性认识，语言不仅是信息和文化的载体、交际的工具，更被视为无形的战略武器、巨大的资源宝库、新兴的科技引擎和治国的重要工具[①]，既是国家的软实力也是硬实力，语言服务观念逐渐兴起，同时语言已成为影响国家安全和经济的主要因子，因此语言规划的动机和目的更为多样和直接。语言规划不局限于通过管理语言生活间接影响社会生活，还成为制约国家政治、经济、科技和安全等各领域发展的要素，直接创造社会和经济价值，相应地对这些价值的追求带来了新的语言规划观，比较显著的有语言规划服务观、经济观和安全观。[②]

1. 语言规划服务观

语言规划服务观主张从更好地为接受人群服务的目的出发进行语言规划设计。这种观念由来已久，但"服务"的内涵以及与语言规划关系的密切程度不断发生变化：

20世纪五六十年代"为人民服务"是社会核心价值观，所有公器行为都是一种"服务"，所以语言规划的"服务"指的是一般意义上的"语言文字工作"；20世纪90年代初于根元借鉴管理学提出"规范就是服务"的观念[③]，语言规范化是语言本体规划的内容，规范的服务观显示了语言规划的"服务倾向"；"服务型政府"的提出成为语言规划服务观真正形成的契机。在西方，德国行政法学者厄斯特·福斯多夫首先提出"服务

[①] 赵世举：《语言与国家》，商务印书馆2015年版，封四。

[②] 注：由于分析语言规划观的角度不同，对不同类别的命名也不同，在短语的语序上有差异。如"语言问题规划观""语言资源规划观"等是从语言规划对象的角度分析，且为以"语言"为规划对象的一类，因此"语言"和"问题""资源"分别先组合，语序置前；此处的"语言规划服务观""语言规划经济观""语言规划安全观"中，"服务、经济、安全"分别是语言规划的目的或动机，与"语言规划"结构整体发生语义关系，因此置后。

[③] 于根元主编：《应用语言学概论》，商务印书馆2003年版，第159页。

型政府"理念；中国在党的十六届三中全会《中共中央关于完善社会主义市场经济体制若干问题的决定》中提出从"全能型"政府向"服务型"转变，目前中国的语言规划主体主要是国家，主管机构作为政府的职能部门受总的行政观念的影响，《国家中长期语言文字事业改革和发展规划纲要（2012—2020）》（以下简称《纲要》）提出的总体目标的一项即为"语言文字社会管理服务能力全面提升，社会管理服务体系基本建成。"（下划线为笔者所加）全文有 61 处使用了"服务"概念，可视为语言规划的服务转向。

2. 语言规划经济观

以发展语言经济、重视语言因素对经济发展作用为目的而形成的是语言规划经济观。随着经济全球化深入发展，综合国力的竞争延伸到各个领域，语言作为与经济发展紧密联系的资源越来越受到重视，近些年基于对语言经济属性的判断，在 Coulmas（1992）、Grin（1996）等的理论基础上又兴起语言经济学，研究者因此提出"语言经济规划"的概念[1]，旨在通过语言规划密切语言与经济的关系，达到相互促进的目的。

语言规划的经济内容涉及两个方面：语言经济和其他经济形式中语言的作用。首先语言具有"价值""效用""成本"和"效益"等经济特征（Marschak，1965），语言是一种公共商品[2]，因此围绕语言商品形成了语言经济，这部分应在语言规划体系中作为独立的部分，即经济规划；其次，语言的工具属性决定了语言在其他经济活动中不可或缺的功能，既可能由于语言管理和导向的不合理成为社区经济发展的阻力，也有可能因为科学的语言规划而出现新的经济增长点，从而促进社区经济的新发展。如多语社区内强势语言和弱势语言功能上的对比反差，不仅反映了语言存续的事实状况、社区成员的语言认同和语言社会地位落差，往往也意味着语言使用者语言学习、升学和就业机会的不平等，进而导致经济收入、地位上的较大差异，语言规划因此在进行语言地位、本体、教育和声望规划过程中应对其政策指向的经济效应有所预设。

---

[1] 李现乐：《语言服务与服务语言——语言经济视角下的语言应用研究》，博士学位论文，南京大学，2011 年。

[2] 见于 Coulmas, F.，扬州大学"第五届国际经济语言学论坛"大会报告，2014 年 10 月 30 日。

3. 语言规划安全观

以加强国家安全为动机形成了语言规划安全观。"国家安全就是一个国家处于没有危险的客观状态,也就是国家既没有外部的威胁和侵害又没有内部的混乱和失序的客观状态"①,为了使语言文字有助于防御国家外部的破坏和维持内部的稳定、和谐,语言规划需要增加国家安全视角的考量。美国政府在"9·11"事件后提出的"国家安全语言法案""国家安全语言计划"等,就是看到了美国国家安全保障体系中语言系统的缺陷,以及语言能力对当前美国国家安全的迫切性和重要性。王建勤指出,"美国政府通过宣布美国'国家安全语言计划'这一'言语—行为'启动了语言安全化程序。语言问题被安全化与美国语言战略目标密切相关,其'关键语言'战略的实施是导致语言问题安全化的必然结果"②。同时也促动了其他地域和国家类似语言战略的启动,如澳大利亚、韩国等国。对于语言规划和国家安全关系,国际上主要有两个研究倾向:一是以欧洲国家为主的侧重于母语安全的语言规划研究,如 Phillipson(1992、2003)揭露了语言帝国主义对一些国家可能带来的殖民化危害;二是以美国为主的侧重于政治、军事、经济和国防安全的语言战略,以及提升国民语言能力的规划研究。

随着信息时代的到来和非传统安全理念的提出,语言在国家安全中的作用更加显著与多样。首先语言文字在传统国家安全域提高了地位:国土安全、军事安全、主权安全等领域中语言人力资源成为外御能力的重要组成部分,语言升级为一种"硬实力",《纲要》首次提出了"国民语言能力""国家语言实力"概念,就是对这种趋势的一种回应;在政治安全、国民和社会安全领域,语言规划事关合理解决语言问题、避免语言矛盾,进而维护语言族群关系、促进社会和谐稳定发展,许多国家之间或内部因语言问题而起的争端或分裂都提供了这方面的典例。其次后冷战时期以来,"非传统国家安全"得到各国的重视。即当代国家安全的概念已经超越传统的认识,语言文字在非传统安全域的意义越来越大:语言文字对于科技安全是"关键技术",对信息安全具有"海关"的意义,因为信息时

---

① 刘跃进:《论国家安全的基本含义及其产生和发展》,《华北电力大学学报》2001 年第 4 期。

② 王建勤:《语言问题安全化与国家安全对策研究》,《语言教学与研究》2011 年第 6 期。

代的国家安全的要素已呈现出综合化、跨国化的发展趋势,维护信息疆域安全成为维护国家主权完整的核心内容之一。① 语言资源及其开发能力是信息处理技术的关键,而目前中国缺少核心技术的自主知识产权,已然遇到安全问题;在这个领域中,语言安全本身还是文化安全的组成部分,语言规划既要在内部致力于"科学保护各民族语言"(《纲要》主要任务之一),还应对防止外来文化的目的性渗透和本国文化的对外传播有所作为,以达到文化安全;另外,语言及其规划对地区和国家经济安全也有一定作用。

第四节　语言舆情与语言规划

如前所述,本研究所采用的 Spolsky "语言意识—语言规划—语言实践"理论框架中,"语言实践"基本与中国现有语言规划理论体系中的"语言生活"重合,因此将该框架进一步修订为"语言意识—语言规划—语言生活"。语言生活纷繁复杂,交织在社会生活的各个领域,理论上研究语言生活与语言规划的关系首先要做全面的语言生活调查,实践上却难以践行,因此我们确定从语言舆情入手,语言舆情集中反映了各层面语言生活。

一　什么是语言舆情

舆情的词义在《词源》中的解释是"民众的意愿"②,《辞海》为"众人的意愿和态度"③。作为一个概念,"语言舆情"近些年才开始使用。

(一) 舆情

舆情是指"在一定的社会空间内,围绕中介性社会事项的发生、发展和变化,民众对国家管理者产生和持有的社会政治态度"④。在这个定

---

① 靳光瑾:《语言文字信息化与国家安全》,《云南师范大学学报》2010年第3期。
② 商务印书馆编辑部编:《词源》(修订本),商务印书馆2009年版,第3309页。
③ 夏征农、陈至立主编:《辞海》(第六版,彩图本),上海辞书出版社2009年版,第2791页。
④ 王来华:《舆情研究概论》,天津设计科学出版社2003年版,第2页。

义中,"民众的意愿"被限定在"社会政治态度"上,突出了民众和国家管理者之间对立与依存的利益关系,内涵和外延缩小很多。舆情的构成因素主要包括:舆情主体、舆情客体、中介性社会事项和舆情空间。一般认为舆情的主体是指由各类社会群体构成的民众;舆情的客体指在党政军等国家机器中工作的"国家管理者";舆情空间是指民众的意愿、态度的形成、变化和发生作用的情境或环境;中介性社会事项包括国家管理者制定和推行的法律法规制度、各类方针政策、工作措施,影响民众利益及主客体利益关系变化的事件、人物,以及国家管理者的工作成就和存在的各种问题等,它是国家管理者的权力运行结果,是舆情的直接刺激物。[①]

(二) 语言舆情的界定

语言文字舆情,一般简称为"语言舆情",是舆情的一类,即"舆情"前面的限定语表明"语言文字"是舆情产生、发酵的信源或原因。目前语言舆情研究尚不充分,明确做出界定得不多,基本都参照上述王来华的定义内容。杨江、侯敏把语言舆情界定为"在一定的时间和社会空间内,民众对与语言生活相关的政策和事件所产生和持有的社会政治态度。简言之,就是民众对语言文字政策和事件的意见和态度"[②]。孙曼均进一步细化,认为语言舆情是指公众对语言文字方针政策、制度法规、规范标准或语言现象与热点问题等所表现出来的意见、态度、情绪或愿望,也是公众社会政治态度的体现。这两个定义大同小异,基本是一般舆情的释义模式,尚需要进一步讨论。[③]

综合现有定义,针对语言生活的特点和我们研究的需要,尝试做出如下界定:

语言舆情是在一定的时空内,公众对语言文字相关政策法规、规范标准或语言现象的意愿、态度和反应行为。即公众社会政治态度和社会文化态度的呈现。

首先,我们的定义根据预调查和现有研究成果创新地把对语言法规等的"反应行为"放入定义中,因为语言生活的意愿和态度除了从可查的

[①] 王来华:《舆情研究概论》,天津设计科学出版社2003年版,第41—42页。

[②] 杨江、侯敏:《语言文字舆情论略》,载中国传媒大学研究生院《中国传媒大学第四届全国新闻学与传播学博士生学术研讨会论文集》,中国传媒大学研究生院2010年。

[③] 孙曼均:《当前语言文字舆情特点与走势分析》,《云南师范大学学报》2011年第1期。

舆论中了解，还有相当的部分是见诸具体的语言选择、遵守、创新等语言行为之中的；另外，有时表达支持或者反对的意见是一系列活动，不限于发表言论，言论之外的行为反映了公众意愿和态度的表达方式与强弱程度，是判断语言舆情热度的重要依据，因此要进行调查和分析。如 2010 年广州的"撑粤语行动"，不仅有公众、网民通过各种媒介表达支持或反对的意向，在广州和香港等地还发生了聚集、组织集会等活动进行所谓的"支持粤语"事件，促使舆情一度高涨，波及港台和海外地区；其他的反应还有如 2010 年 7 月 27 日香港书展结束，有书商反馈因近期"撑粤语"议题使粤语相关书籍的销量大升。① 显然，这些情况都是这一事件舆情的重要组成部分。

其次，定义中其他两个关键部分的用语选择和概括反映了我们的舆情调查范围与对研究对象的认识。其一，舆情的主体采用"公众"而不用"民众"。这两个词的基本理性义相同，都指"众人"，但在附加义、语用义上有差异，从《现代汉语词典》（第六版）中的释义"公众：社会上大多数的人，大众"②"民众：人民大众"③ 可见，两者所指范围的参照是不同的，"公众"所指的"大多数人"基于全社会，包括各个阶层和群体；"民众"则是有相对人群的，"民"对"官"，所以"民众"是相对于政府而言，没有覆盖全社会。本节中的舆情分析包括各个层面的语言生活，所以采用前者。其二，用"语言政策法规、标准规范和语言现象"概括当代语言规划系统的主要内容和语言生活中的其他事件性、热点类实践，既全面又清楚，概括性较强。

最后，语言舆情与一般舆情不同，除了反映了社会政治态度外，我们认为更是一种社会文化态度的体现。

（三）语言舆情的构成要素

通过舆情预调查分析和定义析解，我们认为语言舆情的表层结构可以提取出五个构成要素：语言舆情主体、语言舆情客体（对象）、舆情时间、舆情空间和社会政治态度与社会文化态度；在语言舆情的深层还有一

---

① 《书展闭幕人流微升 书商叹生意跌两成》，《明报》2010 年 7 月 28 日第 7 版。

② 中国社会科学院语言研究所词典编辑室编：《现代汉语词典》（第 6 版），商务印书馆 2013 年版，第 452 页。

③ 同上书，第 904 页。

个要素"语言规划者",主要是国家政府,也可能是社会团体或组织。因为虽然从施受关系来看,语言舆情的核心——社会政治态度和社会文化态度的拥有者(施事)是"公众",对象(受事)是"语言政策法规、标准规范和语言现象",但在舆情中还有一个"与事",即"语言规划者",既与舆情客体相关,又是舆情信息最终要送达的"舆情接受者"。

语言舆情主体即占社会大多数的"公众",由各类社会群体构成;语言舆情客体是语言文字相关的政策、法律法规、规范标准、各类语言热点和问题等,是国家管理者(主要是语言规划职能部门)或其他团体、组织权力运行的结果,是激发语言舆情的直接因素;语言舆情时间是指民众表达意愿、态度或做出反应行为至最终形成集中的社会政治、文化态度的时段,这个时段中一般会形成一个或多个舆情高峰时点;语言舆情空间指民众表达意愿、态度或做出反应行为至最终形成集中的社会政治、文化态度的情境或背景,既实指媒体等实际环境,也包括时代等大的背景;社会政治态度与社会文化态度是指在公众对语言政策法规、规范标准及各类现象的意愿和态度中透露出的对社会政治和社会文化的取向与倾向。各要素之间存在着多种关系,本节研究的语言本体规划舆情要素之间的关系如下图所示:

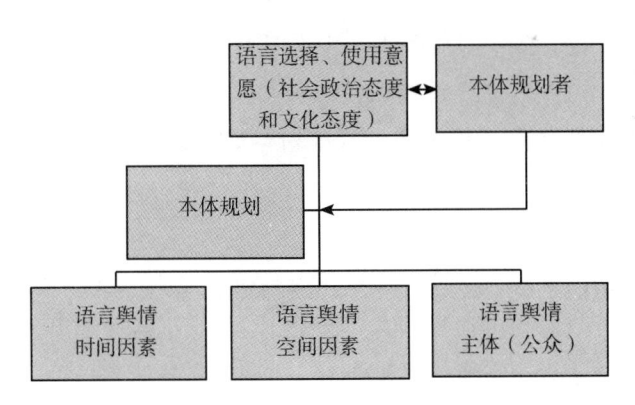

图 2.3 本体规划舆情要素关系

二 语言舆情的分类

从现有对语言舆情的分类来看,杨江、侯敏(2010)根据内容分为语言文字标准化舆情、语言文字状况舆情、语言文字应用舆情、语言教育与传播舆情、少数民族语言文字舆情和其他六类；张挺、刘靖文（2012）依据"对构建和谐语言生活影响程度"分为关键舆情、非关键舆情和虚假舆情。从内容划分语言舆情有利于与语言规划的对应研究，但不易穷尽，在进行语言规划的某项专题研究时可作参考，如本书将进一步细分对应本体规划内容的各类语言舆情，对之展开研究；第二种所谓"关键"与否的划分有针对性，但如何定义"关键"，尚须进一步讨论。除了以上分类外，结合本研究，我们认为还应对语言舆情做多角度分类。

（一）按语言生活层面划分

语言舆情是现实语言生活状态的写实，不同层面语言生活的舆情反映也就不同。语言生活分为宏观、中观和微观三个层面，语言舆情相应地分为三类。

1. 宏观层面语言舆情

宏观层面语言舆情反映"国家及超国家组织的语言生活"。这个层面的语言舆情除了表现在国家或超国家组织为实施语言政策、标准采取相应的措施和推广策略外，还包括透过国家和国际平台传达对于语言及其使用的态度和支持取向。如中国不同时期党报《人民日报》《光明日报》等国家媒体发表社论，表明对规范语言、语言服务、语言能力等国家语言规划任务的主要观点；超国家机构联合国教科文组织发表"关于保护语言与文化多样性文件"等。具体到语言规划舆情，宏观层面还需重点关注其他职能部门的观点和反馈意见等。

2. 中观层面语言舆情

中观层面语言舆情反映"领域和地域语言生活"。这个层面的语言舆情包括各地方政府和各领域团体、组织针对国家语言规划出台适用于地方或专门领域的法规、实施条例和措施、方案等；各地和各领域对各类语言现象的观点、支持取向和反应。我们调查这部分舆情时，将按照地域和领域分析语言舆情分布，另外通过网络媒体进行泛地域和泛领域舆情抓取、发掘，在此基础上考察中观舆情对本体规划的影响。

3. 微观层面语言舆情

微观层面语言舆情反映"个人和社会终端组织的语言生活"。这个层面的语言舆情主要包括行业终端、村落、家庭和个人对国家语言规划和地方语言法规及其他语言现象的意愿、态度和反馈行为。与中观层面的语言舆情往往交织在一起,因此在进行语言规划舆情调查时,我们一方面通过网络等媒体获得了一部分数据,另一方面通过"本体规划调查"掌握丰富的反馈信息。

(二) 按舆情生成时间划分

舆情生成有时间性,因此按生成时间分为"前舆情"和"后舆情",这种划分对一般语言现象和问题而言,前舆情通常不显著,影响较小;后舆情往往更突出、影响力大。如"《现代汉语词典》第6版收入239个字母词条目"事件,舆情分析会发现《现代汉语词典》此项修订信息公布之前一直有其收词的研究,多年来在学术界和民间语文界都有对"字母词"的讨论,但直到2012年8月27日首都百余位学者联名举报"商务印书馆第6版《现代汉语词典》正文所谓'西文字母开头的词语'内容违法"之后才真正形成"事件",以此为界之前可称为"前舆情",之后为"后舆情"。利用百度搜索引擎的高级搜索平台以"《现代汉语词典》字母词"为关键词分别在2012年1月1日—7月31日和2012年8月27日—12月31日两个时段进行标题搜索,前一时段为0篇,后一时段为106篇,对比可见前后舆情的差异。

但是对于语言规划舆情而言,前舆情和后舆情都很重要,各自作用不同:前舆情提供出台语言政策、进行语言规划设计的基础;后舆情提供反馈,作为检验和评估语言政策和规划内容,进一步调整、修订政策和规划的依据。

(三) 按舆情影响力划分

一项语言政策法规或规范标准出台,一个语言现象或语言问题的出现都会有反馈信息形成语言舆情,但由于覆盖面和关注度大小不同,其影响力有较大差异,对舆情最终抵达目标的作用力因此迥异。据此将语言舆情分为"一般语言舆情"和"焦点语言舆情"。

一般舆情是在一定时间内,正常范围内公众对语言规划、语言现象问题的态度反映,多半局限于直接相关人群,主要特征是持续时间较短、随机性大、舆情展开过程平缓缺乏高点标志,影响力较小。如对网络不规范表达,每出现一种新的"体式",淘宝体、咆哮体……且行且珍惜体等都会带来一些讨论,但是很快就会平息,没有结论也没有改变什么,影响不大。

焦点舆情是在一定时间内，公众对语言规划、语言热点问题态度的集中反映，多半覆盖全社会各个语言群体，舆情信息密集地见诸各类媒体，其特征是持续时间长、舆情展开逐渐升级，有突出事件或人物作为舆情高点标志，影响直接达及舆情最终抵达目标，甚至促使其改变态度或观点。值得说明的是现有语言舆情研究，常把这类"焦点舆情"等同于全部语言舆情，这是对语言舆情的狭义理解。如研究者多做分析的"繁简之争""汉字整形""屏蔽外语缩略语""普粤之争""网络语言进高考作文""中高考外语降分"等语言事件都属于焦点舆情。

三 语言舆情是语言规划的实践基础

语言舆情与语言规划的关系实际是语言生活（即 Spolsky 体系中的"语言实践"）与语言规划的关系：语言规划是基于言语社区的语言生活，在语言规划观导引下形成的，共同构成理论板块、实践板块和政策—管理板块，其中如上文所述语言规划观是理论基础，而实践板块的语言生活在语言舆情中有集中的反映，因此语言舆情是语言规划形成的实践基础。

一项语言政策的出台或者一套规划方案的实施之前都要进行语言舆情调查，只有全面、准确地把握言语社区在一定时期的语情才能科学地进行语言管理活动。

（一）语言舆情为地位规划提供语情基础

地位规划确定言语社区的主要语言、文字要基于社区大部分成员的选择和认同基础。如新疆言语社区的语言立法，新疆少数民族人口占总人口的 61.5%，其中维吾尔族占人口的 47.0%（截至 2011 年年底）[1]，因此新疆地委在自治区建立初期即规定"新疆维吾尔自治区各级人民委员会和各级工作部门在执行职务的时候，使用维吾尔、汉语言文字"[2]，但尽管自治区政府在不同时期多次发文要求各级单位严格执行两种文字行文的制

---

[1] 参见新疆统计局"2013 年统计数据"，网址：http://www.xjtj.gov.cn/sjcx/zgxj_3740/。
[2] 《新疆维吾尔自治区各级人民代表大会和各级人民委员会组织条例》第四十九条，新疆维吾尔自治区地方志编纂委员会、《新疆通志·语言文字志》编纂委员会编《新疆通志·语言文字志》，新疆人民出版社 2000 年版。

度,仍有许多单位不能坚持这种制度,许多会议不安排翻译,导致广大民族干部不能正确上传下达,从而削弱了干群之间的联系,诸多相关问题引起很多民族群众的不满。① 基于这种舆情,新疆开始加强语言立法,最终于 1993 年出台《新疆维吾尔自治区语言文字工作条例》,明确了语言文字各民族平等的原则和各种公共语域语言使用采用双语(包括多语)的政策,维护了新疆社会生活的有序、稳定。相反马来西亚不顾语言舆情,除了马来语之外的语言都不被允许作为官方语言,最终导致国家分裂,新加坡于 1969 年脱离马联邦独立。

(二) 语言舆情是本体规划的重要参考

这既涉及选择或繁或简字形体系一类的确立规范、标准系统的问题,也包括每个语言变项(音、形、义)标准的选择和确认。如 20 世纪 50 年代中国为没有文字的 10 个少数民族创制了 14 种文字,为原有文字不完备的 3 个少数民族改进了 4 种文字,并在有关民族地区进行推行或试验推行。为了总结和评估这项工作,1991 年 6 月,"国务院批转国家民委关于进一步做好少数民族语言文字工作报告的通知"(国发〔1991〕32 号)中做出了明确的指示:对五十年代创制和改进的民族文字,试行效果好,受多数群众欢迎的,按规定程序上报批准推行;效果不够理想的,要认真总结,改进完善;效果不好,多数群众不欢迎的,应尊重群众的意愿,不要勉强试行。② 这其中所遵循的原则之一就是参照舆情,即所谓"群众欢迎"与否。另外,实际上语言规范化的"习性原则"就是对语言舆情的顺应,遵从言语社区大部分人的习惯,从俗从众。如将"癌"(原读 yán)字音改为 ái 音,就是充分尊重公众的选择。当年丁声树受命担任《现代汉语词典》的主编,他注意到医生口中的"胃 ái"(胃癌)和"胃 yán"(胃炎)是有区别的,而词典中两者却是同音词,"癌"从"嵒(yán)"得声,历来如此。为此,他特意走访了多家医院,发现医生们早已约定俗成地将"胃癌"读作"胃 ái"。本着从语言实际出发原则,丁声树果断地将"癌(yán)"音改标为"癌(ái)",从而在词典中将

---

① 周庆生:《新疆的语言立法》,《语言文字应用》2005 年第 4 期。
② 黄行:《我国新创与改进少数民族文字试验推行工作的成就与经验》,《民族语文》1996 年第 4 期。

"胃癌（ái）""胃炎"严格区别开来。① 这一变更，顺应了舆情，便于一般人口头表达，很快为社会广泛接受。

（三）语言舆情是语言习得规划的主要依托

语言习得规划的目的在于培养和提高言语社区成员的语言能力，如果不考虑公众的意愿、态度和现有条件，所出台的政策、措施势必事倍功半，其结果大打折扣。因为语言习得和学习有其自身规律，尤其是二语习得，学习者的动机、态度是关键要素。例如为了提高大学生外语能力，培养专业和外语均达到国际水平的人才，教育部在 2001 年制定的《关于加强高等学校本科教学工作，提高教学质量的若干意见》中，明确要求各高校积极开展双语教学，并且建议本科教育要创造条件使用英语等外语进行公共课和专业课教学；提出一些高新技术领域专业及适应国际化急需的专业要先行一步，力争三年内，外语教学课程达到所开课程的 5%—10% 等要求。随着具体教学计划的展开，高校中各个专业无论是否急需都开始启动使用外语（英语占大多数）原版教材开展"双语教学"，而且采取提高课时系数、课时费等方式激励教师开设这类双语课，在当时的大学教师和学生外语平均水平不高的情况下，这种"跃进"方式的教学，效果可想而知，很多课程变成了"翻译课"，专业本身的难度加上外语的阻力，很大程度上影响了教学效果。舆论反应强烈，有的专家（马庆株，2006）还从违法语言法的角度反思这项规划。显然，这是一个习得规划政策因忽视"前语言舆情"受挫的例子。

（四）语言舆情是语言声望规划的路径

Ager 把声望规划称为"声望和形象规划"（prestige and image planning），并将其划分为三个独立的活动：语言推广、利用形象实施语言政策以及形象与语言规划者自身的动机。② 可见在公众中塑造语言的形象和语言规划者动机的形象，进而达成语言传播的目标，几乎就是声望规划的全部内容，因此舆情是声望规划的"规划源"也是"规划宿"——是起

---

① 庄建：《追赶太阳的人们——记〈现代汉语词典〉的编辑者》，《光明日报》2012 年 10 月 8 日第 1 版。

② Ager, D. E., " Prestige and image planning", in E. Hinkle, ed. *Handbook of Research in Second Language Teaching and Learning*, Mahwah：Lawrence Erlbaum Associates, pp. 1035-1054.

点也是目标，充分利用这个通道是规划的关键。研究者认为"汉语的国际传播是中国语言声望规划的重要内容"①，孔子学院十多年来在全球有了很大的发展，同时也一直受到质疑，2015年初欧洲第一家孔子学院，瑞典斯德哥尔摩大学宣布将关闭孔子学院。② 据报道北欧也常年出资在中国开设类似孔子学院的机构，在瑞典孔子学院也并非唯一的外国文化交流机构，为什么孔子学院被拒绝，西方媒体对此指责"孔子学院宣传政府意识形态"。种种错位和误解，我们认为都源自缺少先于汉语国际推广的声望规划环节，对汉语汉字的形态（如是否真的那么难学？）、汉语言文化和孔子学院的动机都缺少能够被西方接受的、具有普适价值的形象塑造和设计，自然易引起戒备甚至误读，造成语言舆情支持不利。我们发现声望规划的缺失也是当代中国语言规划系统的大问题。

四 语言舆情是对语言规划的反馈和评估

Kaplan和Baldauf针对"语言规划的进程"提出了"基本语言规划模式"，并用图示③说明。

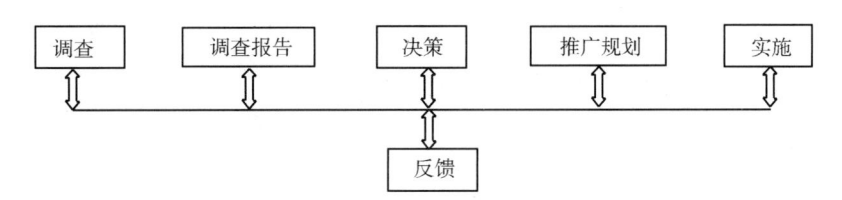

```
┌──────┐  ┌──────┐  ┌──────┐  ┌──────┐  ┌──────┐
│ 调查 │⇔│调查报告│⇔│ 决策 │⇔│推广规划│⇔│ 实施 │
└──────┘  └──────┘  └──┬───┘  └──────┘  └──────┘
                       ⇕
                    ┌──────┐
                    │ 反馈 │
                    └──────┘
```

图 2.4　Baldauf 和 Kaplan 基本语言规划模式④

从这个流程模式可见，反馈是贯穿语言规划进程的一个环节，而语言规划者主要从舆情中获得反馈信息，"语言规划具有惯性规律，存在着后效应现象"⑤，后舆情实际上不仅是对语言规划的反馈，也是对施行效果

---

① 魏芳、马庆株：《语言教育规划视角中的外语教育》，《南开语言学刊》2010年第1期。

② 陈雪菲、曲翔宇：《瑞典要关欧首所孔子学院 专家：西方对华仍有偏见》，《环球时报》，2015年1月12日。

③ Kaplan, R. B. & Baldauf Jr, R. B., *Language Planning from Practice to Theory*. Clevedon: Multilingual Matters Ltd, 1997, p.106.

④ 注：本图为按照原书 Figure 4.2 翻译版本。

⑤ 郭龙生：《中国当代语言规划的理论与实践》，广东教育出版社2008年版，第217页。

的评估。

(一) 语言舆情是语言规划的反馈

语言舆情即时反馈语言规划的实施状况，反映公众对语言文字政策、现象、事件的意见和态度，提供语言规划调整依据。共时舆情分析能够及时了解新的政策、规划和规范标准的接受度；长期的语言热点等舆情追踪是了解公众语言态度、语言审美等语言使用趋势的基础，还有助于了解语言变化的过程和成因。前者从国家语委"44个汉字微整形"方案施行过程可见一斑：2009年8月12日，教育部就刚刚研制出的《通用规范汉字表》（征求意见稿）拟对44个汉字"动刀整形"、调整其写法的方案面向社会公开征求意见，瞬间争议四起，舆情沸腾，社会各界都积极参与到讨论中，发表看法和意见，大部分人持反对意见，新浪网调查证实了这一舆情倾向。新浪调查就"你是否支持调整44个汉字写法"展开了网络调查，在参与调查的64.5万多人中接近92%的人反对这个方案。①

舆情反馈认为，已经广为人们接受并广泛使用的常用字要不要改、怎么改，恐怕不能光考虑专家们所说的汉字"字理"问题，更重要的要看应用是否方便。此次推行新字表的一个主要原因是为方便信息储存和管理，但是一些字在"整形"后反而不规律、不统一，给应用徒添麻烦。有鉴于此，经过研究讨论，2013年8月27日教育部在新闻发布会上公开宣布，在对《通用规范汉字表》公开征求意见后发现，对44个汉字字形的调整存在不同意见。因这些字形微调目前未得到社会的普遍认同，加上这一问题的彻底解决涉及宋体、仿宋体、楷体、黑体等多种常用印刷字体字形的规范，暂时不做调整，字表仍沿用这44个汉字的原有字形规范。② 这个案例说明了语言舆情对语言规划的反馈功能。

(二) 语言舆情是语言规划的评估

语言舆情聚焦语言生活，语言文字政策是否契合语言生活的需要，对语言生活是否有积极的影响，语言文字规范和标准在各语言群体中的遵守和执行情况等都会从语言舆情中透射出来，科学调查、分析、整合这些舆

---

① 见新浪调查："你是否支持调整44个汉字写法"，网址：http://survey.news.sina.com.cn/survey.php?id=36666。

② 郭少峰：《国家取消44个汉字字形调整》，《新京报》2013年8月27日。

情信息可以实现对语言规划的评估。Haugen 提出语言规划评价标准可以有三方面：效率、适合性和可接受性①，如何使用这些标准对具体的语言规划内容进行效果检验和评测，是一个问题。如适合性和可接受性的测度，需要大量来自真实语言生活的调查数据。所幸的是进入大数据时代，信息科技发达，信息处理技术和网络媒体为数据搜集与处理带来了极大便利。

语言舆情监测及研究因此近十多年在全球逐渐兴起，为语言规划研究提供了更真实、有效的实证支持。国际上，最有影响力的是"全球语言监测机构"（Global Language Monitor，简写为"GLM"），由 Payack 于 2003 年建立，总部位于美国得克萨斯州。其宗旨是基于一定的科学技术手段，对当今语言不断发展变化的大数据时代进行监测和关注，并从全球的视角揭示英语变化。该机构利用其专有的计算法则——Predictive Quantities Indicator（预测性数量指示器）编纂数据，追踪媒体及互联网上的单词和短语，计算出单词的人气度。通过统计互联网、博客等社交媒体以及 5 万家顶尖纸质和电子媒体引用的内容，编纂出过去 10 年间最受关注的新闻话题榜单。②

国内最早提出语言"语言舆情"概念的是教育部语用所。2009 年语言文字应用研究所成立"语言舆情研究中心"，同时创办了《语言文字舆情与动态》内部电子期刊，开发了中国语言文字网"语言文字舆情聚合系统"，《语言文字舆情与动态》2010 改为《语言文字·舆情月月读》，其封面语"透过语言舆情了解语言生活 透过语言生活思考语言政策"揭示了语言舆情及其监测与语言规划的关系——促进语言生活、语言规划和语言规划者之间更深层次的互动。

更广泛意义的语言舆情监测始自 2004 年 6 月 30 日"国家语言资源监测与研究中心"成立，开启了语言监测系统工程。目前该中心已有六个分支机构：平面媒体语言分中心（教育部语信司与北京语言大学共建）；网络媒体分中心（教育部语信司与华中师范大学共建）；海外华语研究中心（教育部语信司与暨南大学共建）；教育教材语言分中心（教育部语信

---

① [美] Haugen, E.、林书武（译）：《语言学与语言规划》，《国外语言学》1984 年第 3 期。

② 见百度百科"全球语言监测机构"条目。

司与厦门大学共建）；有声媒体语言分中心（教育部语信司、国家广播电影电视总局总编室、中国传媒大学共建）；中国语情监测与研究中心（武汉大学）。这些中心在分领域对语言资源的分布和使用进行跟踪监测，结合不同课题展开研究，通过不同的载体形式向社会公布监测数据和分析结果，提供了全面的语言舆情及其产生的背景信息。其中武汉大学的"中国语情监测与研究中心"经过几年发展后，顺应国家发展战略的需要，在原中心基础上建立了"中国语情与社会发展研究中心"，其宗旨是对中国语言生活进行实时监测和调查研究，及时分析语言生活中的重大问题、热点问题和突发事件，为国家政府提供决策参考，为经济社会发展提供服务。①

当前最为系统化的语言舆情监测结果发布是由国家语委发布的《中国语言生活绿皮书》，包括作为语言规划"软性规范"的 A 系列和"实态"性质的 B 系列《中国语言生活状况报告》。尤其是《中国语言生活状况报告》"是中国语言生活的状况与分析，主要发布语言生活的各种调查报告和实态数据"②。2004 年，国家语委成立"中国语言生活状况报告"课题组，自 2005 年起，分年度收集、报告中国语言生活的基本状况并定期发布《中国语言规划报告》，至 2019 年已连续发布出版 14 年，"为国家相关部门的决策提供参考，为语言文字研究者、产品开发者和社会其他应用者提供语言服务"③，有效地推动了社会语言生活、语言舆情监测和语言规划研究之间的联系。

这些机构的工作、研究成果和积累的语料、资源为本书提供了调查和研究的基础，为采用新的语言规划研究分析框架提供了条件。

---

① 参见中国高校人文社会科学信息网，网址：http://www.sinoss.net/2014/0925/51611.html。

② 李宇明：《关于〈中国语言生活绿皮书〉》，《语言文字应用》2007 年第 1 期。

③ 同上。

第三章　本体规划的语言规范化建设阶段（1949—1985）

本章及第四、第五章对当代语言本体规划的主要内容进行分阶段描写、分析。

本体规划指的是为优化语言（文字）结构系统和维护语言环境而进行的、对语言（文字）进行定型或规范化、修改或完善必须设定的内在语言目标等的语言规划活动。包括政策规划和培育规划两部分，在这三章中我们将按照所构拟的"当代语言本体规划模型"内容分类框架，分别讨论从1949年至2013年本体规划发展历程三个阶段的规划实践，梳理各类规划成果，理性探讨其特点和发展规律。

新中国成立初期，百业待兴，提高国家政治经济能力和全国人民的科学文化水平是当时社会管理的主要综合目标。前者扩大了社会交际，大范围交际日益频繁，后者则极大地促进了教育的发展，而这两方面的变化、发展诉求进而首先对语言文字规范提出了迫切的要求。与国际上同一时期摆脱殖民统治独立的新兴国家一样，新中国为解决所面临的一系列语言问题开始了语言规划进程。这个阶段又可分为三个时期，初期本体规划呈现出与地位规划、习得规划齐头并进的特点，中后期则成为语言规划系统推进最主要的部分。这个阶段本体规划高度契合社会发展所需，形成了本体规划的基本理论和内容框架，是语言规划效果最为显著的一个阶段。印证了wright（苏·赖特）观点，"在当前情况下，由于语言政策和语言规划认同并支持主流意识形态，因此目标一般都能实现"[①]。

本部分结合语言舆情描写语言本体规划的各部分内容，以宏观和中观

[①] ［英］苏·赖特：《语言政策与语言规划——从民族主义到全球化》，陈新仁译，商务印书馆2012年版，第47页。

舆情为主。《人民日报》是党报，是中国官方三大传媒机构之一，反映了国家和政府的语言态度和语言政策倾向，因而以此作为宏观语言舆情分析的依据；中观语言舆情反映中观语言生活，反映各地域和各领域对语言问题的关注、态度和反应行为。受限于时间久远、语料搜集不便等原因，兼顾语料的典型性，我们以费锦昌主编的《中国语文现代化百年记事（1892—1995）》[①]（以下简称为《百年记事》）为据，分领域、地域统计历年舆情事件，这些被写入语言规划历程史的事件属于语言"关键舆情"或称为"焦点舆情"，对本体规划分析具有典型意义。

第一节 语言本体规范初建时期（1949—1965）

这个时期随着地位规划的完成，在由上而下全面高涨的语言规划舆情推动下，随之展开的规划工作基本覆盖了本体规划的主要方面。

一 语言舆情分析

这个时期的语言舆情在宏观、中观和微观三个层面都为语言规划的制定和实施提供了良好的基础，迄今为止，可以说是在中国规划史上绝无仅有的"黄金时代"，成为在建国十年内即构建由"推广普通话""推行简化字""制定和推行《汉语拼音方案》"三项任务构成的地位规划框架和以"进行汉语规范化"为核心的本体规划体系的重要条件。

（一）宏观舆情

宏观舆情采取信息量统计与重点信息分析相结合的方式：

（1）历年舆情信息量统计

表 3.1　　　《人民日报》语言舆情信息（1949—1965）

时间（年）关键词	1949	1950	1951	1952	1953	1954	1955	1956	1957	1958	1959	1960	1961	1962	1963	1964	1965
语言	1	4	9	2	4	5	3	18	10	10	4	5	8	9	2	5	1
汉字	0	0	0	0	0	0	12	5	4	3	1	0	3	1	1	4	0

---

① 费锦昌主编：《中国语文现代化百年记事（1892—1995）》，语文出版社 1997 年版。

续表

时间（年）关键词	1949	1950	1951	1952	1953	1954	1955	1956	1957	1958	1959	1960	1961	1962	1963	1964	1965
汉字改革等	0	0	0	0	0	0	4	1	1	3	2	1	0	6	1	6	0
普通话	0	0	0	0	0	0	8	13	12	19	11	10	0	1	0	2	0
汉语拼音	0	0	0	0	0	0	12	19	21	4	3	1	1	0	1	0	1
汉语规范化	0	0	0	0	0	0	6	0	0	1	0	0	0	0	0	0	0
年度总舆情	1	4	9	2	4	5	33	49	41	56	23	19	12	18	4	18	2
信息关键词	语言						汉字				汉字改革等				普通话		汉语拼音	汉语规范化
总信息量	75						34				25				71		63	7
年均信息量	6.8						3				2.3				6.5		5.7	0.6

注：因主要的语言规划内容是1955年、1956年提出的，因此从1955年开始统计舆情年均信息量。

上表为在"人民日报图文数据库"[①] 中的统计数据：分别用"语言""汉字""汉字改革 汉字整理 简化字 简化汉字""普通话"和"汉语拼音""汉语规范化"为关键词进行标题搜索，再经过人工甄别去除与语言规划没有直接关系的条目，搜集了1949—1965年17年间《人民日报》所登载的语言规划主题文章。从舆情信息总量可见当时国家对语言问题和语言工作的重视以及全国上下形成的共同关注语言使用和规范的良好氛围；从信息构成来看，这些舆情信息在《人民日报》的各个版面均有分布，既包括《正确地使用祖国的语言，为语言的纯洁和健康而斗争！》[②]《为促进汉字改革、推广普通话、实现汉语规范化而努力》[③] 这类反映国家语言规划观和语言规划核心内容的社论，还包括语言文字工作各类机构成立的消息、语言规划工作如各地推广普通话运动的进展、少数民族语言调查、苏联及第三世界国家的语言使用状况和语言政策、专题学术论文等，涉及本体规划的各个方面；从时间来看，舆情信息出现较密集的时段是1955—1964年，与地位规划集中出台政策、规划和本体规划全面开始的

---

① "人民日报图文数据库"，网址：http://data.people.com.cn。
② 社论《正确地使用祖国的语言，为语言的纯洁和健康而斗争！》，《人民日报》1951年6月6日第1版。
③ 社论《为促进汉字改革、推广普通话、实现汉语规范化而努力》，《人民日报》1955年10月26日第1版。

时间一致。

(2) 短评《请大家注意文法》和社论《正确地使用祖国的语言,为语言的纯洁和健康而斗争!》

《请大家注意文法》是《人民日报》1950年5月21日(第3版)刊登的一篇短评,也是向全国读者发出的一个号召,因《人民日报》独一无二的影响力,对当时聚焦语言使用、重视语言表达和文法的社会风气的形成起到了引擎的作用,对当代本体规划的影响在于把文风纳入了规划范围。文中号召编辑、记者、投稿者和读者以及一切机关、团体的负责同志,都来注意文法。"应当努力用正确无误的语言文字来表达正确无误的思想;应当把文法上的一切错误,从我们所有发表的文字中逐步地,最后是彻底地,消灭掉。"把文法和人的思想表达紧密联系在一起,无形中加强了文法在语言规划中的重要性。

《人民日报》1951年6月6日(第1版)发表的社论《正确地使用祖国的语言,为语言的纯洁和健康而斗争!》,在当代语言规划发展历程中有着特殊意义,影响达及现今。社论题目本身即包含了很多信息:语言之于国家的意义——祖国的语言;语言使用的态度——正确地使用;语言观和语言规划目标——语言纯洁观和为了纯洁、健康的规划目的。

社论强调语言混乱现象的继续存在,在政治上是对于人民利益的损害,对于祖国的语言也是一种不可容忍的破坏。每一个人都有责任纠正这种现象,以建立正确地运用语言的严肃的文风。正确地运用语言表达思想,"在共产党所领导的各项工作中具有重大的政治意义"把语言问题进一步上升到了政治高度,上升到了与国家、民族和人民利益保护相关的层面。袁晖、宗廷虎指出"一个国家的执政党建国之初,在其党的中央机关报纸上用这么大的篇幅,大张旗鼓地号召人们学会正确地使用语言,把语言运用提高到了政治高度来认识,是世界上绝无仅有的"[1],显示了国家对语言规划传统的承继和对本体规划价值的认识。社论发表当日《人民日报》开始连载吕叔湘、朱德熙的《语法修辞讲话》,两相借势掀起了语法、修辞学习的热潮,带来了语法修辞知识的大普及,为接下来的地位规划和本体规划的确立和完善准备了良好的环境。

---

[1] 袁晖、宗廷虎:《汉语修辞学史》,山西人民出版社1995年版,第389页。

(二) 中观舆情

中观舆情分析采用分别考察领域和地域舆情信息量及信息内容的方式：

（1）领域舆情

我们对《百年记事》按照政治、经济、文化艺术、科教、学术出版、军事外交几个社会领域进行了分类统计，数据见下表 3.2。

表 3.2　　　　　　　　领域舆情统计（1949—1965）

领域	政治、法律	经济	文化、艺术	科教	学术、出版	军事	外交
信息量（条）	15	35	96	84	359	6	8

上表统计了 1949—1965 年这个时间段内各领域与语言规划密切相关的舆情信息，这些信息记录了不同领域与语言规划进程相关的内容。其中"政治、法律"中的政治类一方面包括语言工作职能部门及其人员变动、对公务员等政府部分工作人员的语言培训、测试等，另一方面为关涉政治的语言现象和行为等；法律类主要为立法、执法过程中的语言现象及法律界与语言规划相关的言论、行为；在语言规划研究中，"经济"领域现在我们通常关注的是语言经济和语言服务等方面，但这里统计的为工农业生产和交通、商业、通信及其他服务行业语言使用状况及其对语言规划的反馈；"文化艺术"主要包括广播、报纸等传媒和各类艺术领域影响、推动语言规划的活动，其中前一类占大部分比例；"科教"综合了科学技术和教育领域，教育类信息量占大多数；"学术出版"领域主要包括学术活动和学术成果发表信息等；"政治""军事""外交"领域主要包括各系统对语言规划的影响和反馈。[①]

从表中可见，社会生活的主要领域都发生了作为"关键舆情"的"大事"，尤其是学术出版领域，在短时间内《中国语文》《新文字周

---

① 说明：在《百年记事》中信息量最大的是以国家语言规划职能机构或组织如中国文字改革研究委员会、中国文字改革委员会等为主体的事件，但这部分是"语言规划"系统本身的组成部分，不能作为舆情分析，因此未予统计。另外，台湾部分未作统计。

刊》①《新语文》②《新建设》等学术杂志上集中刊载了大量讨论新文字、普通话、汉字改革和汉语拼音等方面的论文，还有大量专著应时应事出版。

（2）地域舆情

地域舆情是对各地语言事件的统计。见下表3.3。

表3.3　　　　　　　　地域舆情统计（1949—1965）

地域	北京	上海	天津	东北	浙江	福建	江苏	广东	新疆	湖南	湖北	山西	陕西	河南
信息量（条）	76	52	8	29	7	8	5	14	5	3	3	4	16	1
地域	河北	广西	内蒙古	江西	安徽	贵州	山东	云南	青海	甘肃	香港	台湾	外国	
信息量（条）	3	7	4	2	2	1	5	4	3	1	6	85	15	

分析上表可见，除了语言文字工作者在学术、文化和教育等领域的全国性参与外，各地都对语言规划进行了关注并投入行动之中，尤其北京、上海和广州等中心城市，对国家文字改革、语言规范化等语言文字举措及时响应，力促其成；其中我们也看到舆情信息分布的不均衡，偏远地区相对而言带动迟缓，反映了语言规划还处在初级阶段。

（三）微观舆情

微观舆情反映言语社区个人及社会组织末端家庭、单位等的语言生活。主要表现如下：

（1）言语社区成员平均文化水平低，接受基础教育的诉求极为迫切

中华人民共和国成立初始，中国80%以上的人口是文盲，适龄儿童小学入学率不到20%，初中入学率仅为6%。面对新社会开启的充满新知的新生活，社区成员接受教育的诉求空前高涨，迫切需要提高自身文化知识水平，投入国家建设中，因此开展基础教育，扫除文盲是这一时期的首要任务。这种舆论诉求对本体规划的影响即是从速简化教育工具——语言和文字，从数量和规则两方面进行简化。

（2）语言学家外，社会各界知名人士支持语言规划

综观中国当代语言规划史，这一时期是社区各群体知名人士参与语言

---

① 《新文字周刊》，上海新文字工作者协会编辑，后改为半月刊后更名为《语文知识》。
② 《新语文》，当时为《光明日报》副刊。

规划讨论最普遍的时期，除语言学家几乎全员加入外，作家等文化界人士、学者、科学家都积极参与语言规划问题的讨论，发表自己的观点。如《文字改革》1957年第8期开始组织了一次笔谈，邀请各方面人士就文字改革问题表示一些客观的意见，并在约稿时拟定了"你认为汉字要不要改革？为什么？""你认为拼音方案在确定以后可以首先在哪些方面应用？"等十个问题供参考，先后有严文井、老舍、周立波、叶圣陶等作家，郭沫若、周建人、竺可桢、汤用彤等学者，许广平、周新武等文化人士都发表了文章提出对文字改革等问题的看法，而且绝大多数都支持改革汉字，受中央文字拼音化导向的影响，支持汉字改革为拼音文字。[①] 这种力量使得语言规划进展得极为顺利，因为作家等不但发出主张还身体力行，以作品本身作为规范引导社会语言使用。事实证明这是极为有效的途径，如挪威语推行过程中，挪威人伊瓦·奥森不仅使规则法典化，同时亲身实践用挪威语书写诗歌和散文，这就具象化了使用这些法规和规范的可能性，并起到了引导的作用。

(3) 普通社会团体和个人积极参与语言规划讨论

罗常培、吕叔湘在《现在汉语规范问题》报告中说："我们必须使语言规范化变成一个社会运动，群策群力地来进行，才能早日完成这个光荣的任务。"[②] 事实也应和了这个号召，与国际上新独立的国家一样，中华人民共和国成立初期的语言规划均是一种"举国"行为，从表现形式上看既不是仅仅从上至下，也不完全是从下至上的，而是上下齐心互动的运动形态。社会团体和社区成员个体均极端重视、积极参与语言文字问题的讨论。例如，从1956年2月12日《汉语拼音方案（草案）》发表到7月1日，文改会一共收到了人民团体和个人来信4002封信，其中个人来信3932封，代表4237位同志，团体来信70封。[③] 这些信件多半从专业或实用的角度对《汉语拼音方案》提出了修改意见。

---

① 笔谈观点集中发表于《文字改革》1957年第8—10期。

② 罗常培、吕叔湘：《现代汉语规范问题》，载现代汉语规范问题学术会议秘书处编《现代汉语规范问题学术会议文件汇编》，科学出版社1956年版。

③ 中国文字改革文员会：《1956中国人民政治协商会议全国委员会和各地委员、各人民团体和各界人士对〈汉语拼音方案（草案）〉所提主要意见的整理》，《拼音》（1957年更名为《文字改革》）1956年第1期。

（四）舆情影响

宏观语言舆情对语言规划的影响是直接的；中观和微观舆情对语言规划的影响虽相对间接，但更能说明语言舆情与本体规划互动互促的特征。

(1) 本体规划的主体——政府及代表政府的职能部门重视前舆情信息

如1950年12月5日中央人民政府教育部社会教育司编印了《群众识字问题调查表》（甲、乙），以教育部名义发往国内的77个省、市、地区教育厅、局广泛征求对识字运动和中国文字改革问题的意见；在制定《汉字简化方案》的过程中不但发300份《对〈汉字简化方案〉的修改意见》书给政协全国委员、140份给各省市自治区相关部分门负责人，召开针对中央机关负责同志的座谈会听取意见，中国文字改革委员会还多次召开分别针对语文教师、人民公社社员、商店和誊印社服务人员、警卫团文化教员等群众阶层的座谈会，征询修改意见。

(2) 本体规划的执行者重视后舆情信息

例如《人民日报》1962年11月17日发表《反对滥用滥造简化字》一文，编者按说明近期收到了270封有关简化汉字的读者来信，绝大多数反对滥用简化字，主张根据国务院公布的《汉字简化方案》统一简化字的用法，以消除混乱。党报及时根据舆情信息发表表明态度的文章，足见对后舆情的重视。

(3) 舆情反馈直接影响了语言规范标准的确定

这一时期从我们梳理的本体规范内容和具体活动可见，每一项语言规范或领域语言规范都是经过多层级的讨论，合理吸收舆情反馈后推出的。如上述针对《汉语拼音方案（草案）》舆情，文改会把从1956年2月12日至7月1日期间所收到的反馈意见制成了两个表（手写）"政协全国委员会和各地委员会的反馈意见"和"人民团体和个人的意见"，详尽地分项统计了修改意见内容、人数等数据，发表在《文字改革》创刊号上（其时杂志名为《拼音》），足见其重视。不仅如此，最终的方案还采纳了其中的一些意见，如复韵母"ao"，草案中原形为"au"，在来信中有76人、1个团体建议改为"ao"，被采纳。

二　主要的政策规划

按照本文所构拟的语言本体规划的内容模型，政策规划包括语言规范化、标准化、信息化，副语言规范化和领域语言规范化三部分。

（一）语言规范化

这个时期本体规划形成的规范标准主要有：

表 3.4　　　　　　初建时期（1949—1965）语言本体规范

时间	规范名称	发布单位	规范类别
1952 年 6 月 5 日	《常用字表》	教育部	文字
1955 年 12 月 22 日	《第一批异体字整理表》	文化部、文改会①	文字
1957 年	《新华字典》（第一版）②	商务印书馆	文字
1964 年 3 月 7 日	《简化字总表》	国务院	文字
1965 年 1 月 30 日	《印刷通用汉字字形表》	文化部、文改会	文字
1965 年 10 月 13 日	《关于试行几种汉字查字法的意见》	国务院文教办公室	文字
1958 年 2 月 11 日	《汉语拼音方案》	全国人大	辅助文字
1951 年 6 月 6 日	《语法修辞讲话》	新闻总署	语法
1956 年	暂拟汉语教学语法系统	人民教育出版社	语法
1951 年 9 月 26 日	《标点符号用法》	人民政府出版总署	语法
1960 年 5 月	《现代汉语词典》（试印本）	中科院语言研究所词典编辑室	词汇
1963 年 10 月	《普通话异读词三次审音总表初稿》	普通话审音委员会	语音

上表所列可见，初建时期的语言规范化成果涵盖了文字、语法、词汇和语音各个部分，构成了汉语规范化的基本框架。

1. 语法方面

吕叔湘、朱德熙合著的《语法修辞讲话》（以下简称《讲话》）最早在一定程度上确立了语法规范。1951 年 6 月 6 日《人民日报》发表社论《正确地使用祖国的语言，为语言的纯洁和健康而斗争！》的同时开始连载《语法修辞讲话》。党中央机关报上连载语言学讲座，在历史上是不多见的，因此我们认为其具备语言规范意义。以"匡谬正俗"为目的动机

---

① "中国文字改革委员会"简称为"文改会"，下文同。另，本文对国家各部委及其他单位皆采用适当的简称，文中不再一一说明。

② 本书中在统计语言规范等规划成果时，对于语言文字工具书的统计只在第一次出版时计数，后续的修订版除特别需要或说明外一般不再计入规范总数中。

决定了《讲话》的普及实用性：全书共分六讲，除第一讲为语法概说外，其余五讲都是语法与修辞相结合；主要通过例证讲解部分知识的正确用法，通俗浅易，"所引错误的例子比正确的还要多"，反映了确立语法规范的明确意图。《讲话》一经刊载即受到社会各个阶层的欢迎，以之作为学习的教材或资料，单行本发行后，新闻总署曾作为工作手册要求系统工作人员人手一册，"发行量之大，在语言学著作中恐怕是空前绝后的"①。《讲话》的意义不仅在于提供了语言使用中语法和修辞的规范参考，更重要的是带动了全社会语法学习的风气和热情，同时也影响了语言规划者对语言本体规划宽严尺度的把握，一度使标准失之严格。

1956 年拟定的"暂拟汉语教学语法系统"（以下简称"暂拟系统"）是另一项语法规范。在初建时期语法学家各持观点，教学上也没有统一的体系，在群众要求统一教学规范的舆情推动下，同时为了配合"语言""文学"分科教学的需要，经过两年多的讨论，由张志公主持，语法学家们共同拟定了"暂拟系统"，因此"暂拟系统"是一个折衷的语法体系，在传统语言学的影响下，以词为本位。张志公主编的《语法和语法教学》(1956) 系统介绍了"暂拟系统"，这个语法系统在长达二十多年的时间里，为全国的语法教学提供了统一的体系，对语法规范的完善和推行起到了很大作用。

标点符号是表达必不可少的辅助手段，因此归入语法规范。《标点符号用法》确立了 14 种标点符号的名称和具体用法，以实现辅助按照语法规则进行汉语表达的功能。

2. 文字方面

这一方面包括汉字的整理、简化成果和汉字的辅助系统《汉语拼音方案》的制定。《第一批异体字整理表》是汉字整理的重要成果，共收异体字 810 组，合计 1865 字，经整理共精简 1055 字；《简化字总表》1964 年 3 月 7 日由国务院正式发布，包括三个表：第一表所收是 352 个不作偏旁用的简化字；第二表收录了 132 个可用作偏旁的简化字和 14 个简化偏旁；第三表所收的是用第二表的简化字和简化偏旁作为偏旁得出的简化

---

① 李行建：《素朴平淡才是真——痛悼吕叔湘老师》，《人民日报》1998 年 5 月 9 日第 8 版。

字,因该类字可类推未尽收;另包括附录和一些注解。《印刷通用汉字字形表》1965年1月30日由文化部和文改会公布,共含6196个字,采用宋体。以上三个规范表基本确立了汉字的字形规范。而经过反复修订,1957年由商务印书馆出版的《新华字典》(第一版)出版则真正使标准汉字有了可供查阅的工具书,被称为"第一部现代汉语规范字典"。①

汉字的辅助系统《汉语拼音方案》的制定为这一时期最重要的本体规划成果之一。《汉语拼音方案》由1958年第一届全国人大第五次会议批准,包括"字母表""声母表""韵母表""声调符号""隔音符号"五个部分,采用国际通用的拉丁字母,遵循"一个字母一个音素"的原则,规定其功能范围为给汉字注音、推广普通话、拼写人名地名及其他汉字不方便使用的领域。《汉语拼音方案》在中央20世纪50年代中期确定的"汉字必须改革,汉字改革要走世界文字共同的拼音方向"规划思想前提下制定,初衷是为了最终实现拼音文字,后来"文字拼音化"不再提,因此存在着重新予以定位的问题,目前这方面尚未见系统研究。尽管如此,《汉语拼音方案》出台以来在语言生活中发挥了重要的辅助交际作用,尤其电脑普及后,拼音输入克服了汉字输入的不足。

3. 词汇和语音方面

中科院语言研究所受国务院委托成立了词典编辑室,从1956年着手搜集资料,1958年开始编辑以词汇规范为目标的中型语文词典,成为尝试词汇系统规范的开始。1960年5月印出《现代汉语词典》(试印本),征求意见,经过修改后,1965年印出"试用本"送审稿。虽然这一时期尚未正式出版发行,但以语文辞书作为确立词汇规范工具的规范方式得以确立下来,这符合Haugen对语言规划过程的分析,即"选择"之后进行"典化"。

语音规范集中体现在《普通话异读词三次审音总表初稿》,由普通话审音委员会1963年10月发布。这个"初稿"是把三次发表的《审音表初稿》辑录在一起形成的,共收异读词1800多条,至1985年《普通话异读词审音表》修订发表,一直作为普通话的读音依据,但由于本身存在

---

① 张贺:《第一部现代汉语规范字典(新中国的"第一"·文化篇)》,《人民日报》2019年10月26日第6版。

一些问题,一些辞书未完全遵守具体字词的语音规范。

(二) 副语言规范化

文字记录语言必不可少的符号、满足行款格式的排版作为语言表达的辅助手段,具有表意功能或影响语言理解,因此相应的规划内容我们归入副语言规范化范畴,这一时期副语言规范还包括盲文、手语和旗语等,详见下表:

表 3.5　　　　　　　初建时期(1949—1965)副语言规范

时间	规范内容	发布单位
1953 年 4 月 14 日	《新盲字方案》	政务院、文化教育委员会
1955 年 10 月	《全国文字改革会议决议》"建议中华人民共和国文化部和有关部门进一步推广报纸、杂志、图书的横排。建议国家机关、部队、学校、人民团体推广公文函件的横排、横写"	教育部文改会
1955 年 11 月 21 日	《关于在各级学校推行简化字的通知》要求各级教育行政部门和各级学校的公文、函件、出版物、印刷物等"应该逐步地横排、横写。学生的作业本、试卷等也应该尽量横排横写"	教育部
1981 年 2 月 27 日	《国家行政公文处理暂行办法》规定:国家行政公文的"文字一律从左至右横写、横排"	国务院办公厅
1959 年 2 月 24 日	《关于试行聋哑人汉语手指字母方案的联合通知》和《汉语手指字母方案》	内务部教育部
1959 年 7 月 27 日	《试行规范化的聋人手语的通知》	内务部、教育部
1963 年 12 月 29 日	《关于公布〈汉语手指字母方案〉》的联合通知	内务部、教育部、文改会
1965 年 12 月	《手旗部位、灯光符号挂图》(《文字改革》12 月号)	文改会
1960 年 8 月 6 日	《部分地区和学校实验汉语拼音(双拼)盲字方案》的通知	教育部、内务部

我们看到上表中涉及的稳定成型的副语言规范主要有三种:《新盲字方案》《汉语手指字母方案》和《手旗部位、灯光符号挂图》,其余比较确实的规范化就是对报纸杂志和国家行政公文等横排书写的要求。这些对于社会生活中对副语言的需求来说远远不够,但可见已经将这部分需求纳入本体规划之中,并与"语言规范化"协调一致、相互配合。例如语言规范化部分推广《汉语拼音方案》,副语言规范中汉语手指字母即用指式代表字母,仿照《汉语拼音方案》拼写普通话,作为手语的一种——指

语；查字法中也纳入了"拼音字母查字法"。

(三) 领域语言规范化

领域语言规范化主要指社会生产、生活中各行业专门领域的用语规范和要求。在原有语言规划理论体系中，这部分内容的归属始终是模糊或者被忽略的，实际上这部分内容为本体规划中"语言规范化"和"副语言规范化"的延伸部分，即为这两部分规范的具体实施，是语言本体各种标准和规范在社区语言生活专门领域的分化规则。这个时期领域语言规范化逐渐展开，但尚未成系统，主要可见下表：

表 3.6　　　　初建时期（1949—1965）主要领域语言规范

时间	规范内容	发布单位	领域
1950 年 8 月 1 日	规定从即日起"除东北管内实行拉丁化新文字电报外，东北对南方、北方和南北各局，一律使用新文字略号和四码电文"	人民政府铁道部	邮电
1958 年 10 月 1 日	《开办国内汉语拼音电报办法（暂行）》	邮电部	邮电
1958 年 9 月 30 日	《关于在商标图样和商品包装上加注汉语拼音字母的联合通知》	中央工商行政管理局、文改会	商业
1958 年 12 月 3 日	《关于在连环图画、儿童读物、扫盲读物以及各种通俗书刊上尽可能加注汉语拼音字母的通知》	文化部、文改会	新闻编辑出版
1964 年 9 月 7 日	致函文化部请该部转告全国各出版社，今后在图书杂志中一律使用国务院批准更改的地名用字，停止使用原来的生僻字	文改会	新闻编辑出版
1964 年 10 月 8 日	向全国出版社、杂志社发出通知规定在今后出版的图书、杂志中使用国务院批准改换的地名；除翻印古籍和有其他特殊原因以外，在一般新出版的书籍中，原来的生僻地名字应停止使用	文化部	新闻编辑出版
1959 年 10 月 1 日	全国铁路机车车辆上原来的注音字母标记一律改用汉语拼音字母	铁道部	
1964 年 8 月 23 日	《关于统一中文打字机轻钢字字形的联合通知》	文改会、轻工业部、商业部	
1958 年 10 月 17 日	《更改一部分生僻地名字的建议》（更改了 81 个地名）	文改会	
1964 年 8 月 30 日	批复陕西省人民委员会关于更改部分地名用字的报告（更改陕西省 14 个地名用生僻字）	国务院	
1964 年 11 月 16 日	《关于更改山脉、河流、湖泊、海湾、海峡、岛屿等的名称报批权限的通知》	国务院	
1959 年 10 月	《地名翻译原则草案四种》	地名译音委员会	

续表

时间	规范内容	发布单位	领域
1964年10月	《外国国家名称拼写法》	文改会	
1965年5月12日	《少数民族地名的汉语拼音字母音译转写法（草案）》	国家测绘总局、文改会	

分析上表可见，中华人民共和国成立17年间领域规范化集中在《汉语拼音方案》在各个领域的实际应用和地名用字及其翻译两方面，反映了《汉语拼音方案》的广泛用途，以及与语言规范化的同步关系；同时也从一定程度上反映了本体规划开展的顺序性，既首先关注急需领域，又按部就班、科学稳妥地推进。如在《外国国家名称拼写法》公布之前，1958年9月至12月间首先在《文字改革》第10、14、17期上分别发表了《全世界国家名称拼写法（初稿）》外国地名拼写法之一、之二和之三，经过讨论和实践后最后才更名公布正式稿；对于更改地名中的生僻字，内务部、文改会首先于1956年6月8日联合发出征求对生僻地名字简化意见的函件，又于同年10月17日发出《关于建议更改生僻地名字问题》给各省、市、自治区人民委员会的函件，提出更改生僻地名字的程序和原则，然后才按照程序和原则逐渐分批次审核、批准了各省的部分地名。具体地说，从1955年3月30日到1964年8月29日，经国务院批准，分9次更改了35个县以上地名里的生僻用字。[①]

（四）语言规范化活动

在本体规划体系中除了上述这些形成了规范和标准的文件、文献部分，还包括一系列研讨规划内容、实施规划方案的活动和行为，一同构成了本体规划的全貌，简列如下：

表3.7　　　　　初建时期（1949—1965）本体规划活动

序号	时间	主要规划活动和事件
1	1955年10月15日—10月23日	教育部、文改会在北京联合召开"全国文字改革会议"，并形成《全国文字改革会议决议》
2	1955年10月25日—10月31日	中国科学院社会科学部在北京召开"现代汉语规范问题学术会议"，并形成《现代汉语规范问题学术会议决议》

---

① 苏培成：《当代中国的语文改革和语文规范》，商务印书馆2010年版，第230—231页。

续表

序号	时间	主要规划活动和事件
3	1955年11月12日	中国人民解放军总政治部发布《关于在军队中推行简化汉字、推广普通话和实现语言规范的通知》
4	1956年1月27日	中共中央发布《关于文字改革工作问题的指示》
5	1954年11月	中共中央发布关于讨论汉字简化方案的指示
6	1955年7月10日	文化部、文改会发布《关于各省、市报纸、杂志试用第一、二批简化字及铜模的供应问题的通知》
7	1955年7月16日	文改会发布《关于京、津及各省、市报纸、杂志试用第一、二批简化汉字问题的补充通知》
8	1955年11月21日	教育部发布《关于在各级学校推行简化汉字的通知》和《对推行简化汉字和横writing排写等问题的规定》
9	1955年12月22日	文化部、文改会发出《关于发布第一批异体字整理表的联合通知》
10	1956年1月28日	国务院发布《关于公布汉字简化方案的决议》
11	1964年3月7日	文改会、文化部、教育部发布《关于简化字的联合通知》
12	1965年1月30日	文化部、文改会发布《关于统一汉字铅字字形的联合通知》
13	1955年11月17日	教育部发布《关于在中小学和各级师范学校大力推广普通话的指示》
14	1956年2月2日	国务院发布《关于成立中央推广普通话工作委员会的通知》
15	1956年2月6日	国务院发布《关于推广普通话的指示》
16	1956年3月20日	高等教育部、教育部发布《关于汉语方言普查工作的指示》
17	1956年5月15日	高等教育部、教育部发布《关于在高等学校和中等专业学校推广普通话的联合通知》
18	1957年3月6日	高等教育部、教育部发布《关于汉语方言普查的补充通知》
19	1957年8月21日	教育部发布《关于继续推广普通话的通知》
20	1959年8月14日	教育部、文改会、中科院语言所发表《关于合办普通话语音研究班的联合通知》
21	1957年11月1日	国务院发布《关于公布汉语拼音方案(草案)的决议》
22	1957年12月27日	教育部发布《关于宣传汉语拼音方案(草案)工作的通知》
24	1957年12月28日	中国人民解放军总政治部宣传部通知全军宣传和施行《汉语拼音方案(草案)》
25	1958年1月	中国人民政治协商会议全国委员会派出六个宣传组到华东、西北、中南、西南、东北、京津的15个城市宣传《汉语拼音方案》
26	1958年2月3日	吴玉章在第一届全国人民代表大会第五次会议作《关于当前文字改革工作和汉语拼音方案的报告》
27	1958年3月	教育部发布《关于在中小学和各级师范学校教学拼音字母的通知》
28	1960年4月22日	中共中央发布《关于推广注音识字的指示》
29	1951年10月5日	中央人民政府政务院发布《关于学习(标点符号用法)的指示》

上表中 5—12 是汉字规范活动，包括字形和字量；13—20 是关于推广普通话的规划活动，涉及语言三要素语音、词汇和语法；21—28 为《汉语拼音方案》的发布和推广、应用规划活动；29 是标点符号用法规范推行规划活动；1—4 则是涉及整个时期地位规划和本体规划内容的关键性规划事件，规约了后续规划的走向、步骤和框架，影响达及今天。

三 主要的培育规划

初建时期的本体培育规划主要表现在语言现代化和语言净化两方面。除新词语整理外，其余规划方式为自上而下的引导。

（一）语言净化

本体规划最初即确立了"纯洁和健康"的语言净化标准理念。

这一时期虽没有正式的语言净化规范出台，但宏观舆情中显示了明确的"纯洁和健康"净化取向。《人民日报》社论《正确地使用祖国的语言，为语言的纯洁和健康而斗争！》（1951 年 6 月 6 日）观点鲜明地反映了语言净化意识。

社论首先立足当下申明了语言使用的重要性，指出"语言的使用是社会经济政治文化生活的重要条件，是每人每天所离不了的。学习把语言用得正确，对于我们的思想的精确程度和工作效率的提高，都有极重要的意义"。把语言使用的重要性放到了极其重要的地位，与国家的各个方面都相关，与社区成员思想的精确联系在一起，同时指出语言中还存有的很多含糊和混乱的地方，借此说明"正确地使用祖国的语言，为语言的纯洁和健康而斗争"的必要性和迫切性。继而列举了历史上的文化和思想界领导人物对语言选择和使用的重视，举出当代语言运用的典范人物——毛泽东和鲁迅，显示了树立语言规范和标准的语言规划意识。对如何做到"正确地使用祖国的语言"，达到净化目的，社论结合不规范现象从词汇、文理和篇章结构几个方面提出了具体的观点和做法：词汇要从人民那里、从方言和外语中学习生动、有生命力的词语形式，同时克服滥用和生造词语；文理方面认为"只有学会语法、修辞和逻辑，才能使思想成为有条理的和可以理解的东西"；篇章结构方面指出"空话连篇，缺乏条理"是主要毛病，必须努力克服。

这些指导性意见很快发展成为本体规划相应部分的主要规范原则，进一步形成了"语言规划纯洁观",成为当代本体规划第一个阶段的主要规划观。

(二)语言现代化

包括词汇现代化和语体现代化两方面。

1. 词汇现代化

词汇现代化主要是新词语整理,这一时期语言规划围绕"三大任务",对新词语的关注相对较少,但已有专门的新词语辞书和收录新词语的工具书出版,前者如《新订新名词辞典》①,后者如《五四以来汉语书面语的变迁和发展》② 一书收录了近 400 个新词,以及文字改革出版社的《新词语》(1962)③,收录了中华人民共和国成立以来党政文件及报刊中常见的政经和其他社会科学新词新语。

2. 语体现代化

新的社会秩序的建立必然带来新的社会风气,从而带来对文风新的追求,因而这个阶段语体现代化具体化为对文风的新要求。其意义在于:从端正文风切入,使广大干部、群众开始重视语言表达及其存在的问题,进而顺势开启语言规划工程。

如前所述,早在 1950 年《人民日报》发表的短评《请大家注意文法》即把文风带入了最初的本体规划体系。

短评首先从吕叔湘的《读报札记》谈起,提出"我们应该努力树立正确的文风。"而"正确的文风的一个要素就是正确的文法"。因此文章通过引述苏联航空工业部副部长雅可夫列夫所叙述的斯大林对于文法的见解,来说明文法对表达思想的重要意义,认为把不清楚的、混乱的思想,用不清楚的、混乱的语言文字,传达到人民大众中去,是一种过失。

1951 年 2 月 1 日中共中央发布《关于纠正电报、报告、指示、决定等文字缺点的指示》是当代语言规划中首个关于文风的正式规范。

由党的最高组织中共中央发布关于语言文字的规范,在当代语言规划史上是不多见的,并且针对的不是宏观规划或政策,而是具体而微的文风

---

① 春明出版社编审部新名词辞典组编:《新订新名词辞典》,上海春明出版社 1952 年版。

② 北京师范学院中文系汉语教研组编:《五四以来汉语书面语的变迁和发展》,商务印书馆 1959 年版。

③ 文字改革出版社编:《新词语》,文字改革出版社 1962 年版。

问题，足见对其重视程度。这个指示由胡乔木根据毛泽东主席的意见起草、经过讨论后又经毛泽东主席审阅定稿，对电报或文件中的五种常见缺点"滥用省略、句法不全、交代不明、眉目不清、篇幅冗长"分别规定了纠正办法。为了确保有效，文件还规定了检查制度和时间表，因为"中央认为此种文字确定的纠正，将使我们同志的头脑趋于精密，工作效能有所提高"。这个文件突出的特点是具有时效性和制约作用，符合一般国家语言规划早期的特点，在文风领域尤其显得突出，因为文风与语言三要素不同，影响因素复杂、多变，难以有效约束。

综上可见，为了配合当时地位规划有效施行的需要，在语言舆情推动下，语言本体规划的内容框架基本搭建起来，本体规划的内容不仅覆盖了语言规范化、副语言规范化和领域语言规范化三个规划区域，每个区域内的各部分均已有所建设；培育规划方面主要在语言净化和现代化两个方向。

本时期施与本体规划主导影响的地位规划内容主要为：一是1956年1月27日中共中央发布《关于文字改革工作问题的指示》，决定：公布汉字简化方案、大力推广普通话、早日确定汉语拼音方案。二是1956年2月6日国务院发布的《关于推广普通话的指示》，确定了普通话完整的定义：以北京语音为标准音，以北方话为基础方言，以典范的现代白话文著作为语法规范；同时对全国各行各业，各机关、组织、团体都提出了要求。

第二节　语言本体规范停建时期（1966—1976）

1966年至1976年的十年"文革"文化科教事业遭到重创，语言规划没能幸免，中国文字改革委员会被关停，致力于语言规划研究和推广工作的语言规划学家多半被从原岗位解职并下放改造，前一时期已经开展的各项规划和学术研究在初期均被迫停滞，只在"文革"即将结束时在周恩来同志的支持下，小部分规划工作有了恢复的迹象。

一　语言舆情分析

这一时期虽然社会上每天有大批的人"因言获罪"，但因为整体社会文化氛围的失序,语言规划运行的停摆,处于运动狂潮中的言语社区成员为了政治目的的需要,粗制滥造新词语和极端的表达方式,对原有汉语及其表达体系造成了很大的破坏,至今,这十年中语言使用传统的断裂性传承和国家语言规划工作的缺失给汉语结构系统及其表达系统带来的破坏还没有得到充分的研究。当时的语言舆情真实地反映了这种破坏和缺失。

(一) 宏观和中观舆情

以下分别是《人民日报》相关舆情历年统计和十年间各领域、地域的语言规划舆情信息量统计,搜索方式及统计分类同前文上一时期:

表 3.8　　　　《人民日报》语言舆情信息（1966—1976）

时间（年） 关键词	1966	1967	1968	1969	1970	1971	1972	1973	1974	1975	1976	总数	年平均信息量
语言	1	1	0	1	1	0	2	8	5	0	2	21	2
汉字	0	0	0	0	0	0	2	1	1	1	5	0.5
汉字改革等	0	0	0	0	0	0	0	0	0	1	1	0.1
普通话	0	0	0	1	0	0	0	5	0	3	0	9	0.8
汉语拼音	0	0	0	1	0	0	0	1	3	2	0	7	0.6
汉语规范化	0	0	0	0	0	0	0	0	0	0	0	0	0
年度总舆情	1	1	0	3	1	0	2	16	9	6	4	43	3.9

表 3.9　　　　　　　领域舆情统计（1966—1976）

领域	政治、法律	经济	文化、艺术	科学、教育	学术、出版	军事	外交
信息量	1	3	8	8	19	1	3

表 3.10　　　　　　　地域舆情统计（1966—1976）

地域	北京	上海	新疆	山西	河南	江苏	香港	国外
信息量		8	3	2	1	1	1	1

(二) 舆情分析

语言规划的形成机制决定了本体规划建立在语言规划观和语言生活双重作用下,上述三个统计表的数据说明在当代历史这一特殊时期里言语社区内从上到下、从国家中心到地方都缺少语言规范的意识。

(1) 语言文字工作从国家规划中退出

语言规划本是国家发展规划的一部分,但在这个时期与语言文字相关的工作几乎全部停滞:负责语言规划的专门机构"文改会"一度停止工作,《文字改革》杂志等语言规划的学术阵地相继停刊,编纂《现代汉语词典》(试用本)等基础工程搁浅。

种种萧条无序因此在舆情上反映出来,《人民日报》十年内只有30多条相关信息,且多为消息,少有观点。如1973年看起来有8条文题与语言规划相关的报道,但实际上有一半是介绍非洲国家重视民族文化和民族教育的情况时涉及民族语言,如"非洲国家发展民族教育事业取得显著成绩 大力培养本国师资,用民族语言教学,并使教科书内容联系本国生活实际"(1973年1月6日第6版)。从中可见当时社会生活的热点,即中国正与非洲国家频繁展开外交活动,但综观以"语言"为关键词搜索的21条信息无一涉及国内的汉语言语社区语言生活和语言规划。作为本体规划核心的"汉语规范化"的信息为零,也就是空白。

(2) 言语社区内语言规范意识淡薄

从表3.9和表3.10的统计数据可见,这一时期整个言语社区内的语言规划规范意识相比前一时期大大减弱,各地、各个领域关注语言问题的活动和事件都非常少。

这与同为华语社区的台湾形成了对比,《百年记事》中这一时期的信息90%都来自台湾。以语言规划最为活跃的学术、出版领域来讲,十年共19条信息,尚不及上一时期(总计359条)平均一年的信息量,学术著作只有赵元任的《汉语口语语法》(1963)和杨时逢的《湖南方言调查报告》等寥寥几种出版。

各地曾活跃的语言推广、教学研讨等语言生活事件基本消失,一方面从表3.10统计中可以看到,十年中仅有零星与语言文字相关的信息分布在上海等个别地区,语言生活缺少热点;另一方面,"随着'文化大革命'的发展,语言文字的社会应用越来越混乱。滥用繁体字和异体字,乱造简化字,随便写错字的现象越来越严重,汉语拼音也越来越不规范"[①]。因此语言规范意识达到了历史低点。

---

① 苏培成:《当代中国的语文改革和语文规范》,商务印书馆2010年版,第358页。

二 本体规划进程

从语言舆情分析可见，由于语言规划国家主体大部分时间的缺席，本时期的本体规划发展迟缓。

（一）主要内容

我们将语言规范化、领域语言规范化、本体规划活动及对本体规划有较大影响的地位规划合放在以下一个表格中，同时加以区别性标注：

表 3.11　　　　　　本体规划主要内容（1966—1976）

时间	规范内容	发布单位	规范类型
1973 年 5 月	《现代汉语词典》（试用本）	中科院语研所词典编辑室	语言（词汇）
1975 年 5 月	《第二次汉字简化方案（草案）》	文改会	语言（文字）
1975 年 3 月 28 日	《关于汉字信息处理系统工程文字标准编码及有关协作项目科研计划任务的通知》	国家出版局	语言（文字）
1977 年 10 月	"汉字频度统计"（《汉字频度表》）	北京新华印刷厂	语言（文字）
1965 年 5 月 12 日 1976 年 6 月修订	《少数民族语地名汉语拼音字母音译转写法》	国家测绘局、文改会	领域·地名
1974 年 5 月 1976 年 9 月修订	《中国人名汉语拼音字母拼写法》	文改会	领域·人名
1970 年 5 月	使用新报务制度的报告（改革我国军队和地方通信中的报务制度，其中包括将英文代字式的通报用语，改为汉语拼音式通报用语）。	总参谋部（经周恩来总理批示，国务院、中央军委转发）	领域·邮电
1974 年 6 月	汉语拼音版《中华人民共和国地图》出版	地图出版社	领域·地名
1971 年 7 月	用汉语拼音编印中国地图	外交部（经周恩来批示）	领域·地名
1974 年 8 月 9 日	中国第一次出席在纽约联合国总部举行的联合国地名国际标准化会议，会议同意采用《汉语拼音方案》作为中国地名罗马拼写法国际标准	外交部	领域·地名
1973 年	第 28 届联合国大会通过第 3189 号决议，将中文列为联合国大会的工作语文	联合国大会	国际化
1974 年 1 月 17 日	联合国安理会举行会议通过决议，把中文列为安理会工作语文	联合国安理会	国际化
1966 年 8 月 4 日，1973 年 5 月 10 日	《光明日报》的《文字改革》停刊，复刊	《光明日报》	活动

续表

时间	规范内容	发布单位	规范类型
1972年10月16日	《文字改革简报》编印第1期	中科院文字改革办公室	活动
1974年8月	启动"七四八工程"(研制汉字信息处理系统工程)	国家计委四机部	活动

上表"规范类型"一栏标注本体规划的下位类型：如"语言"（文字）指政策规划部分"语言规范化"中对文字的规范；"领域"指"领域语言规范化"；"国际化"指培育规划部分的"国际化"；"活动"指辅助本体规划各部分内容的事件。

（二）特点分析

综合表3.11和语言舆情信息分析，这个时期的本体规划具有以下特点：

（1）本体规划核心部分语言规范化的成果很少

语言规范化工作需要长期系统调查和深入研讨，在这一时期支持机构和专业人员都停止运行的情况下，很难出台新的规范和标准，因此成果很少，最重要的是后半期局部恢复工作后文改会拟出的《第二次汉字简化方案（草案）》（后文简称《草案》），报请国务院审批得到周恩来总理的支持。出台《第二次简化方案》受两方面力量的促动，一是第一次简化即《简化字总表》成功发行后，民间自发类推简化盛行，数量越来越多，如"鞋、煤、具、量"写成"䵷、灬、刂、䍃"；二是国家领导人的指示。这从国务院办公厅转达的周恩来对《草案》的批复可见一斑：此事（简化汉字）主席说了这么长时间了，为什么这一次才这么一点儿？《草案》共分为两个表：第一表收简化字193个、类推出来的简化字55个，共248个，是全国已基本已流行开来的简化字；第二表收简化字269个，不能单独成字的偏旁16个，类推简化字336个，共计605字。

"二简字"最终由国家宣布废除，也证明了这一时期语言规划工作的粗疏、草率，同时说明本体规划若缺乏科学论证基础则无法指导语言生活实践。

（2）政策规划中语言信息化工作开始启动

此处的"语言信息化"具有特定含义，意指中文信息处理与语言规划相关的部分。信息处理用语言文字规范，与一般语言规范化内容有交叉但又有很大不同，存在语言文字专用规范标准和通用规范标准的差别。① 这一时期在"文革"即将结束时，启动了"七四八工程"（研制汉字信息处理系统工程），为制定《信息处理用标准汉字表》，首先展开了字频统计，完成了《汉字频度表》（1977年10月出版），为研制《信息交换用汉字编码字符集·基本集》（GB 2312—80）（1981）奠定了基础，成为中文信息处理基础工程的第一步。

(3) 培育规划中国际化有所突破

本体规划中的国际化主要指某种语言（文字）为适应国际化使用、与国际接轨或利于二语习得者学习而进行的规范化。最初《汉语拼音方案》确定采用拉丁字母就是遵循国际化原则。1973年联合国大会通过第3189号决议，将中文列为联合国大会的工作语文；1974年联合国安理会会议做出决议，将中文作为联合国工作语言之一。从超国家语言规划来看，这一举措属于地位规划，从中国来看，则是本体规划中的"国际化"成果。

(4) 国家领导人成为重要的规划主体

在特殊时期，只有国家高层领导人直接下达指示，语言规划才能有所推进，这也是语言规划发展的特殊规律，关键人物成为语言规划的主体，以权威身份和地位影响规划进程。如土耳其文字改革在很短时间内成功，既有文字与语言的匹配合理等因素及社会倡导，但"更重要的是，土耳其建国之后，开国元勋穆斯塔法·凯末尔总统大力提倡西方文化，极力主张实行土耳其的拉丁化，与此同时，土耳其共和国成立之初，土耳其人民有着学习新文化的高涨热情，并深信自己的领袖所做的一切都有利于土耳其民族的进步和发展"②，中国这一时期与土耳其当时有相似之处，因此有限的规划成果都是在国家领导人干预下取得的，主要是毛泽东和周恩来。另外，领导人的作用也间接影响了规划效果，最典型的就是普通话推广。如袁钟瑞指出："文化大革命"期间，尽管推广普通话工作同其他各

---

① 王翠叶：《汉语言文字标准化工作的回顾及思考》，《语言文字应用》2005年第1期。
② 中国社会科学院民族研究所、"少数民族语言政策比较研究"课题组和国家语言文字工作委员会政策法规室编：《国家、民族与语言——语言政策国别研究》，语文出版社2003年版，第134页。

项工作一样受到摧残,普通话却随着"革命大串联""革命大批判""学习最高指示""上山下乡""五七干校""革命样板戏"而得到客观上的大面积传播。①

另外,这十年"副语言规范化"缺失也是一个较为明显的特点。

第三节 语言本体规范重建时期(1977—1985)

1977年结束了十年"文革",国家拨乱反正,纠正了对文化建设的认识,语言文字工作也开始溯本清源,第一个时期已开展但在"十年动乱"被迫停止的语言规划活动得以继续。在50年代中期确立的"整理和简化汉字、推行《汉语拼音方案》和推广普通话"三大任务仍作为基本地位规划的前提下,语言本体的规范观念重新建立起来,对共同语语音、词汇、语法和文字的规范化都有所推进,因此这个时期可视为"语言规范化重建时期"。在语言规范化的基础上,语言标准化和信息化在这一时期同时被提出并开始启动。

一 语言舆情分析

为保持同一阶段分析角度的一致性,仍以《人民日报》为依据考察宏观舆情,以《百年记事》为域统计中观舆情信息。

(一)宏观舆情

下表为用与表3.1同样的关键词和搜索、整理方式统计的舆情信息数据,但在"汉语规范化"一项中又增加了同时搜索的关键词"语言规范化":

表3.12 《人民日报》语言舆情信息(1977—1985)

时间(年) 关键词	1977	1978	1979	1980	1981	1982	1983	1984	1985	总数	年平均信息量
语言	4	9	3	5	10	15	20	9	11	86	9.6

---

① 袁钟瑞:《当前推普形势估计——写在推广普通话工作50周年》,载马庆株编《语文现代化论丛》(第七辑),中国广播电视大学出版社2008年版,第60页。

第三章　本体规划的语言规范化建设阶段（1949—1985）　　127

续表

时间（年）关键词	1977	1978	1979	1980	1981	1982	1983	1984	1985	总数	年平均信息量
汉字	2	1	2	2	8	4	9	9	16	53	5.2
汉字改革等	0	0	0	2	0	1	1	0	1	5	0.6
普通话		1	3	0	0	10	1	7	5	27	2.7
汉语拼音	1	3	1	0	0	3	3	2	0	13	1.3
汉语规范化	0	1	0	0	0	0	2	0	2	5	0.5
年度总舆情	7	15	9	9	18	33	36	27	35	189	21

分析上表的数据分布状况，并结合舆情信息内容，可见这一时期宏观舆情主要有如下特点：

（1）语言、文字一般舆情信息大幅增加

"语言"项信息总量达到86篇，年度均数为9.6篇，远超过国家政府高度关注语言规划的第一个时期（年平均6.8篇），包括介绍他国语言生活、语言教学及社会各行业的语言使用等；相比之下，具体规划内容"汉字改革等""普通话""汉语拼音"和"汉语规范化"几项的信息量则大幅减少。同时搜索"汉字改革 汉字整理 简化字 简化汉字 汉语规范化"关键词，只有5条信息，这种情况与第一时期刚好相反，反映了本体规划进程的推进——从重视局部重点规划向强调整体协调规划发展。

（2）宏观层面关注语言文字问题的角度更加多样化

如"文字"项信息53条，除原有的汉字简化等内容外，更多的是与计算机信息处理相关的汉字输入、输出系统，汉字编码、激光照排等。1985年16条信息中，11条与汉字编码有关，例如"具有十二种汉字编码功能的电脑汉字系统通过鉴定"（《人民日报》1985年4月29日第3版）"《汉字层次四角编码方案》通过鉴定"（《人民日报》1985年6月8日第3版）等。这些舆情信息推动本体规划向前发展，具体而言就是朝向语言文字标准化、信息化目标。

（二）中观舆情

以下两表为分领域和分地域舆情统计：

表 3.13　　　　　　　　领域舆情统计（1977—1985）

领域	政治、法律	经济	文化、艺术	科技、教育	学术、出版	军事	外交
信息量	5	13	90	79	186	0	12

表 3.14　　　　　　　　地域舆情统计（1977—1985）

地域	北京	上海	天津	黑龙江	浙江	福建	江苏	广东	新疆	湖南	湖北	山西	陕西	河南	四川
信息量	16	42	2	7	5	12	5	18	1	4	14	6	3	4	2
地域	河北	广西	内蒙古	江西	安徽	贵州	山东	云南	青海	甘肃	辽宁	吉林	香港	台湾	国外
信息量	0	4	2	0	3	1	2	3	1	0	1	4	6	8	11

分析上表 3.13 和表 3.14 的数据分布状况，并结合舆情信息内容，可见这一时期中观舆情主要有如下特点：

（1）文化艺术和科教领域的语言舆情信息远多于其他领域

这个时期的经济领域主要在商业、包装、邮电几个行业的语言文字使用问题上得到较多关注，外交方面主要是语言规划研究等团体的互访，军事和政治领域相对关注更少。而文化和科教领域一则与语言文字关系密切，二则是语言规划实施的主要途径，因此舆情高涨，信息丰富。如1979 年各省、自治区相继召开不同规模的普通话教学成绩观摩会。领域需求对本体规划形成策动，反过来本体规范在社会各领域的运用改善了社区语言生活环境。

（2）学术、出版领域信息量激增

表 3.13 显示这一时期学术、出版信息共计 186 条，充分呈现出学术研究、交流的活跃。除去统计数据外，另有三类焦点舆情对分析这一时期的本体规划很有参考价值。

其一，语言学及其分支学科的学会陆续成立。如中国语言学学会（1980）、中国修辞学会（1980）、中国音韵学研究会（1981）、汉字信息处理系统研究会（1981）等，这些学会的成立使得各个研究方向都形成了研究合力，通过组织研讨、会议等活动增强学术交流和协作，使语言本体研究系统化，为本体规划持续提供理论支持；1981 年成立了中文信息处理学会，钱伟长担任理事长，1983 年全国计算机与信息处理标准化技术委员会（CCIPS）成立，这些组织推进了中国信息处理标准化的发展。

其二，中国语言学重要学术期刊集中创刊。《语言教学与研究》（1979）、《语文研究》（1980）、《语文建设（通讯）》（香港中国语文学会主办，1980）、《语言研究》（1981）、《中国语言学报》（1982）等，为语言本体和应用研究、语言规划研究提供了稳定的交流平台。其三，语言本体各学科奠基性著作相继出版，为本体规划提供了理论依据。如 1979 年出版的有《汉语语法分析问题》①《句法结构》②《汉语口语语法》③，还有朱德熙《现代汉语语法研究》④（1980）、王力《中国语言学史》⑤（1980）、詹伯慧《现代汉语方言》⑥（1981）等。

（3）从地域来看，舆情信息分布不均

中心地区相关语言舆情信息丰富，边远地域较为沉寂。例如上海、广东的信息量高于其他地区。尤其上海，各种语言现象、学术研讨活动频繁出现、发生，一方面是源自风气继承，20 世纪 30 年代陈望道等即在上海发起"大众语"讨论；另一方面是领风气之先，20 世纪七八十年代上海是中国最先进的城市，是时尚和高尚区，上海话一度作为优势方言，因此在语言使用和语言研究方面自然也会引领潮流。另外，黑龙江因为进行了"注音识字、提前读写"实验，引起全国关注。

（4）从具体领域来看，中文信息处理成为舆情焦点

随着计算机进入社区生活领域，对中文信息处理的关注焦点化。这其中汉字输入、汉字编码作为讨论中心问题，受到科技界、学界和民间语文界的共同关注。如 1978 年 12 月 5 日—14 日，中国科学技术情报学会和中国科学技术情报研究所在青岛组织召开"全国汉字编码学术交流会"，有 17 个省市的代表参加，会上交流的 54 种资料中有 43 个汉字编码方案。1984 年 3 月 13 日，国务院电子计算机和大规模集成电路领导小组办公室转发的中文信息研究会汉字编码委员会 1983 年 8 月 10 日《关于落实〈汉字编码优化研究〉分项研究的报告》，认为当时内地约有 400 个编码方

---

① 吕叔湘：《汉语语法分析问题》，商务印书馆 1979 年版。
② ［美］诺姆·乔姆斯基：《句法结构》，邢公畹等译，中国社会科学出版社 1979 年版。
③ 赵元任：《汉语口语语法》，吕叔湘译，商务印书馆 1979 年版。
④ 朱德熙：《现代汉语语法研究》，商务印书馆 1980 年版。
⑤ 王力：《中国语言学史》，山西人民出版社 1981 年版。
⑥ 詹伯慧：《现代汉语方言》，湖北人民出版社 1981 年版。

案，台湾有三四十个方案，其他国家和地区还有一些①，形成了"万码奔腾"的局面，成为这一时期及以后本体规划语言信息化的舆情基础。

二　本体规划内容

重建时期的本体规划在当代语言规划进程中承上启下，基本接续了初建时期的框架体系，又为标准化、信息化建设和柔性规范建设阶段提供了良好的规划基础和环境。下面对主要内容先行分类描写，再作分析：

（一）分类统计

下表汇集了这一时期政策规划和培育规划的主要规范和标准，分别涉及语言规范化、标准化和信息化以及汉语拼音各领域应用规范等内容：

表 3.15　　　　　　重建时期（1975—1985）主要规范

时间	规范名称	发布单位	类型
1985 年 12 月 27 日	《普通话异读词审音表》	国家语委、国家教委、广播电视部	语音
1978 年 12 月	《现代汉语词典》（第 1 版）	中科院语言研究所 商务印书馆	词汇
1983 年	《现代汉语词典》（第 2 版）	中科院语言研究所 商务印书馆	词汇
1981 年 4 月	《中学教学语法系统提要（试用）》	语法学界，张志公主持	语法
1977 年 7 月 20 日	《部分计量单位名称统一用字表》	文改会、国家标准计量局	文字
1982 年 8 月 17 日	汉语拼音字母名称读音	国家标准局、文改会	字辅
1983 年	《汉字统一部首表（草案）》	文改会、国家出版局	文字
1981 年 5 月 1 日	GB 2312—80《信息交换用汉字编码字符集·基本集》	国家标准局	语言·信息化
1985 年 3 月 11 日	GB 5007.1—85《信息交换用汉字 24×24 点阵字模集》	国家标准局	语言·信息化
1985 年 5 月 17 日	GB 5199.1—85《信息交换用汉字 15×16 点阵字模集》	国家标准局	语言·信息化
1985 年 5 月 17 日	GB 5199.2—85《信息交换用汉字 15×16 点阵字模数据库》	国家标准局	语言·信息化

---

① 苏培成：《当代中国的语文改革和语文规范》，商务印书馆 2010 年版，第 439 页。

第三章 本体规划的语言规范化建设阶段（1949—1985） 131

续表

时间	规范名称	发布单位	类型
1982年11月15日	《关于试行和推广聋哑人通用手语的联合通知》	民政部、教育部、文改会	副语言
1976年9月	《中国人名汉语拼音字母拼写法》（修订）	文改会	领域·人名
1976年9月	《中国地名汉语拼音字母拼写法》（修订）	文改会、国家测绘总局	领域·地名
1978年9月26日	《关于改用〈汉语拼音方案〉作为我国人名地名罗马字母拼写法的统一规范的报告》	国务院批转，文改会、外交部、国家测绘总局、中国地名委员会拟定	领域·人名、地名
1984年12月	《中国地名汉语拼音字母拼写规则（汉语地名部分）》	中国地名委员会、文改会、国家测绘局	领域·地名
1981年2月9日	《关于用汉语拼音拼写台湾地名时扩注习惯拼法的请示》	国务院批转中国地名委员会、文改会、外交部、国家测绘总局	领域·地名
1977年11月2日	商业部（77）管字第8号文件：商标和包装上，在使用汉语拼音的同时必须有相应汉字，并注意使用国务院公布的简化字	商业部	领域·商业
1982年6月19日	GB 3259—82《中文书刊名称汉语拼音拼写法》	国家标准局	领域·新闻编辑出版
1977年9月7日	《联合国第三届地名标准化会议关于中国地名拼法的决议》	联合国第三届地名标准化会议	国际化
1979年6月15日	《关于采用'汉语拼音'的通知》	联合国秘书处	国际化
1981年3月30日	ISO/DIS 7098《汉语拼音方案》的"国际标准草案"	国际标准化组织	国际化
1982年8月1日	ISO 7098—1982《文献工作——中文罗马字母拼写法》	国际标准化组织	国际化

（二）特点分析

在语言舆情推动和当时的语言问题规划观引导下，本体规划形成如下特点：

（1）语言规范化进一步发展，在普通话定义的基础上，共同语三要素都有了明确的规范

首先，《普通话异读词审音表》（以下简称《审音表》）的发布进一

步确定了普通话的语音标准。

  1985年12月27日国家语委、国家教委、广播电视部发布《关于〈普通话异读词审音表〉的通知》，通知说这次对《普通话异读词三次审音总表初稿》的修订以符合普通话语音发展规律为原则，以便利广大群众学习普通话为着眼点，采取约定俗成、承认现实的态度。《审音表》所审主要是普通话有异读的词和有异读的作为"语素"的字，共审订了839个异读字，统读字586个，区分了"文"读和"语"读，为了便于分辨语义，有些字除附带词例外，酌加简单说明。《审音表》遵循明确的原则分类审订异读字词，在较为宽泛的"以北京语音为标准音"的普通话语音标准之上，按语言单位进行个体审音，使普通话有了精准的规范，自发布以来在文教、出版、传媒及社会其他各领域规范化与普通话推广中实现了规范功能。

  其次，《现代汉语词典》的出版确立了词汇规范。

  《现代汉语词典》（以下简称《现汉》）是"以确定词汇规范为目的的中型的现代汉语词典"①，在1965《现汉》（试用本）的基础上，经过修订，1978年12月出版《现汉》（第1版）、1983年1月出版了《现汉》（第2版）。

  将《现汉》作为"以北方话为基础方言"之上的词汇规范基于以下三点：

  ①《现汉》是受国务院委托、根据国务院"关于推广普通话的指示"着手编纂的，即规划主体实际是国家；②以词汇规范化为目标；③《现汉》从收词和确立词形、读音、词义四个方面对普通话词汇进行了规范。《现汉》（第1、2版）收词约56000条，以记录普通话语汇为主，其中适当收录的方言词、旧词语、文言词语、专门术语等都在注释中说明或附加标记，区分性收录显示了较强的规范意识。另外，采用《汉语拼音方案》逐词注音在词典编纂中为首创；《现汉》的释义一律用的是标准的普通话语体文，毫不掺杂文言表述成分，行文通俗自然而不失典雅，简练明确又不失完备。《现汉》对词形的选择处理同样体现了规范性的原则：字头的

---

① 中国社会科学院语言研究所："前言"，载丁声树主编《现代汉语词典》（第1版），商务印书馆1978年版。

编排，以整理过的汉字、简化字、传承字为正体，括注繁体字、异体字以备查检。① 因此，《现汉》作为"词典中的词典"，经过反复修订，始终是词汇的规范依据.

最后，《中学教学语法系统提要（试用）》更新了语法规范。

《中学教学语法系统提要（试用）》（简称《系统提要》）是在"暂拟系统"的基础上重新研讨构拟的教学语法系统，仍由张志公主持，吸收了国内语言学最新研究成果，理论基础更换为结构主义语言学，以短语为本位，重视句法结构的层次性。研究者认为普通话定义中"以典范的现代白话文著作为语法规范"这一语法标准是界定得最为模糊和不够科学的一项，首先"著作"前面的三个限定性定语所指难以确定，即便按此标准筛出"鲁（迅）郭（沫若）毛（泽东）、巴（金）老（舍）曹（禺）"，还有语言地域与时代特征问题。除此，语法是一套语言单位的组织规则，无法完全以具体作品为据进行系统的学习，因此《系统提要》既作为语法规范也是学习语法规范的工具，至今仍在发挥作用。

（2）语言标准化、信息化成果初现

语言规划理论所说的语言文字标准化一般指保证一种语言或方言（包括其文字形式）在某一地域成为通用语言，是我们一般所说的语言规范化的含义，这是广义的理解；狭义的语言文字标准化是指为某些语言文字的应用制定国际标准或国家标准并加以推行。② 因为在我们构拟的本体规划模型中，已经对规范化和标准化加以区别，因此此处指狭义标准化。语言信息化则指为适合计算机处理语言信息而进行的语言文字标准化。

1981 年 5 月 1 日国家标准局发布的《信息交换用汉字编码字符集·基本集》（以下简称《基本集》）为一般汉字处理、汉字信息通信等系统之间信息交换用标准。《基本集》共收有 7445 个图形字符，包括一般符号 224 个、序号 60 个、拉丁字母 52 个、日文假名 169 个、希腊字母 48 个、俄文字母 66 个、汉语拼音字母 26 个、注音字母 37 个和汉字 6763 个；参考使用频度，将 6763 个汉字分为两级：第一级常用字 3755 个，按

---

① 李建国：《〈现代汉语词典〉与词汇规范》，《辞书研究》1994 年第 6 期。

② 苏金智：《语言规划理论研究的五个重要方面》，载教育部语用所社会语言学与媒体语言研究室编《语言规划的理论和实践》，语文出版社 2006 年版，第 93—99 页。

汉语拼音顺序排列；第二级为次常用字 3008 个，按部首排列。《基本集》提供了汉字编码定量标准基础，自此汉字编码研究、汉字字码本、汉字库、汉字点库的字量均以 6763 为准。

这一时期信息化成果还包括 1985 年国家标准局连续发布的不同规格的信息交换用汉字点阵字模集和字模数据库。这些成果为进入本体规划的标准化、信息化阶段奠定了基础。

（3）领域规范主要集中于《汉语拼音方案》在各专门域的应用规则

除了人名、地名的持续规范外，这个时期进一步扩大规范范围，对商品商标和中文书刊标注汉语拼音都做了详细的规定。如 1982 年 6 月 19 日国家标准局发布的 GB 3259—82《中文书刊名称汉语拼音拼写法》规定：国内出版的中文书刊依本标准的规定，在封面，或扉页，或封底，或版权页上加注汉语拼音书名、刊名，并适用于国内出版国外发行的书。对标注位置、方式等都做了详细规定。1992 年此标准再次得到修订。但是实际上这些领域规范在实际的语言生活中多半未能很好地得到执行，类似的再如标准代号读音规范，国家标准局、文改会早在 1982 年 8 月 17 日即联合致函广电部并抄送各有关部、委、局和各省市自治区标准局，但至今汉语拼音还仍多半被读作英语，这是本体规划现存的一个问题，后文将详细讨论。

（4）培育规划中汉语拼音国际标准确立，推进了国际化

1978 年 6 月 15 日联合国秘书处发出了关于采用"汉语拼音"的通知，提出即日起联合国秘书处采用"汉语拼音"的新拼法作为各种拉丁字母文字转写中国人名、地名的标准；秘书处各种文件都用"汉语拼音"书写中国名称。这是当代本体规划国际化的一个主要标志。随着《汉语拼音方案》的"国际标准草案（ISO/DIS 7098）"（1981）得到通过，1982 年 8 月 1 日国际标准化组织正式颁布《文献工作——中文罗马字母拼写法（ISO 7098—1982）》，汉语拼音成为罗马字母拼写汉语的国际标准。因此从这个角度看，国际化部分的内容同属于本体规划的语言标准化。

三 本体规划主要活动

下表列出了为配合各类语言规范和标准出台、实施，以国家语言规划职能部门为主体的规划活动或事件，并根据事件的内容和性质进行了简单

分类：

表 3.16　重建时期（1976—1985）的本体规划活动、事件

序号	发生时间	主要本体规划事件
1	1977 年 2 月	地图出版社出版汉语拼音版《中华人民共和国分省地图集》
2	1977 年 7 月 28 日	文改会在黄山召开"汉语拼音基本式"座谈会
3	1978 年 5 月 22 日	文改会和中央人民广播电台联合举办汉语拼音广播讲座
4	1978 年 12 月 1 日	外交部通知各国驻华外交代表机关：从 1979 年 1 月 1 日起，中华人民共和国政府的外交文件译文将改用《汉语拼音方案》作为中国人名地名罗马字母拼写法的统一规范。
5	1984 年 5 月 26 日	教育部、文改会联合发出《关于小学"注音识字，提前读写"实验的几个问题的通知》
6	1984 年 7 月 21 日	教育部、文改会在佳木斯市举办的"注音识字，提前读写"教学研究班开学
7	1985 年 10 月 21 日	国家教育委员会和文改会在北京召开"注音识字，提前读写"教学实验座谈会
8	1984 年 12 月 20 日	文改会、教育部、文化部向各自治区、直辖市教育厅（局），文化局，出版局，文改机构发出《关于编写、出版、发行儿童拼音读物的联合通知》
9	1977 年 12 月 1 日	文改会发出《关于组织讨论〈第二次汉字简化方案（草案）〉工作的意见》
10	1977 年 12 月 21 日	《人民日报》开始试用《第二次汉字简化方案（草案）》第一表的简化字
11	1978 年 3 月 2 日	教育部发出《关于学校试用简化字的通知》
12	1978 年 3 月 4 日	胡愈之、周有光等 23 人联名写信给第五届政协会议秘书处和第五届全国人大要求两会文件不采用《第二次汉字简化方案（草案）》第一表的简化字。
13	1978 年 4 月 17 日	教育部发出《关于学校试用简化字的补充通知》，停用"二简字"
14	1984 年 2 月 16 日	文改会决定《第二次汉字简化方案（草案）》不再作为修订方案公布，而拟作《增订汉字简化方案》发表。
15	1982 年 11 月 5 日	中国文字改革委员会发出《征集更改县以上地名及山河等名称中生僻字的通知》
16	1977 年 7 月 23 日	国务院同意国家测绘总局、公安部、外交部、文改会和新华社《关于成立中国地名委员会的请示》
17	1977 年 7 月 20 日	文改会、国家标准计量局《关于部分计量单位名称统一用字的通知》
18	1978 年 3 月 23 日	胡愈之提出关于实现汉字标准化的建议，以便中文信息处理。得到邓小平、方毅的支持，指示四机部、教育部和文改会研究方案。
19	1978 年 7 月 19 日	《文汇报》发表《汉字进入了计算机》报道支秉彝、钱峰、范明的"见字识码"汉字编码方案，这是汉字编码研究第一次在中国大陆公开简报。

续表

序号	发生时间	主要本体规划事件
20	1984 年 3 月 13 日	国务院电子计算机和大规模集成电路领导小组办公室转发中文信息处理研究会汉字编码专业委员会 1983 年 8 月 10 日 "关于落实《汉字编码优化研究》分项任务的报告"
21	1985 年 12 月 9 日	文改会召开汉字属性字典鉴定会
22	1978 年 8 月 26 日	教育部发出《关于加强学校普通话和汉语拼音教学的通知》
23	1979 年 2 月 16 日	教育部、文改会、社科院语言所联合举办第一期普通话研究班
24	1979 年 4 月 22 日	文改会、教育部在杭州联合召开全国推广普通话工作汇报会。
25	1979 年 6 月 9 日 1979 年 8 月 11 日—20 日	教育部、文改会、共青团中央发出《关于召开第五次全国普通话教学成绩观摩会的通知》第五次全国普通话教学成绩观摩会在北京举行
26	1980 年 3 月 25 日	《关于充实和加强中国文字改革委员会的通知》规定有关普通话的推广工作（包括推广工作的机构）划归教育部管理
27	1980 年 8 月 28 日	文改会和教育部上报国务院《关于普通话推广工作划归教育部管理的报告》
28	1980 年 10 月—1985 年 4 月	举办了六期"普通话研究班"
29	1980 年 10 月 13 日	教育部在北京举办的中央普通话进修班第一期开学
30	1982 年 12 月 21 日	教育部、文改会、解放军总政治部、共青团中央、全国总工会、全国妇联、公安部、商业部、铁道部、交通部、邮电部、城乡建设环境保护部、文化部、广播电视部、国家旅游局 15 个单位联合发出《大家都来说普通话倡议书》
31	1982 年 3 月 25 日	教育部在北京召开全国学校推广普通话工作会议
32	1983 年 9 月	教育部和文改会联合举办的第一期中央推广普通话专（兼）职干部训练班开班
33	1983 年 9 月 12 日	《关于加强中等师范学校推广普通话和推行汉语拼音工作的通知》
34	1981 年 3 月 30 日	国际标准化组织（ISO）文献工作技术委员会（TC46）第十九次大会在南京市举行，再度审议《汉语拼音方案》的"国际标准草案"（ISO/DIS 7098）
35	1982 年 11 月 20 日	《计算机世界》报道国际标准化组织（ISO）已承认中国汉字交换码 GB 2312—80
36	1977 年 9 月	文改会出版内刊《文字改革通讯》
37	1978 年 4 月 14 日—20 日	《中国语文》召开全国语言工作者批判"两个凡事"、商讨语言学科发展规划座谈会
38	1978 年 5 月	《中国语文》复刊
39	1981 年 7 月 13 日—20 日	全国高等院校文字改革学会成立，筹备组出版《语文现代化》
40	1985 年 2 月	《文字改革》刊登陈章太《关于当前文字改革工作的意见》（作者传达胡乔木有关讲话精神的讲稿）
41	1978 年 9 月 26 日	国务院发出关于扫除文盲的指示

第三章　本体规划的语言规范化建设阶段（1949—1985）　　137

续表

序号	发生时间	主要本体规划事件
42	1984年10月16日—20日	文改会在北京召开文字改革工作会议
43	1984年10月19日	中央政治局委员胡乔木写信给文字改革工作座谈会全体代表
44	1985年5月10日	文改会、教育部《关于召开第二次全国文字改革会议的通知》
45	1985年12月16日	国务院办公厅通知"中国文字改革委员会"更名为"国家语言文字工作委员会"

　　上表3.16中1—4项为汉语拼音相关事件；5—8项也与汉语拼音相关，但侧重于"注音识字，提前读写"实验；9—14项是关于《第二次汉字简化方案（草案）》的讨论活动，及"二简字"的用、停变化。反映出对"二简字"的研究、讨论和取舍是这一时期汉字规范化的核心内容；15—21项为汉字各应用领域相关事件，包括地名、计量名称用字和中文信息处理汉字问题；22—33项为推广普通话大事件，"推普"虽为地位规划的延伸活动，但与本体规划的各项规范间接相关，实际推广的是各类语言规范，因此同属于本体规划范畴；34—35项为国际化事件；36—40项是学术领域对本体规划有较大影响的事件，《中国语文》《文字改革》是语言规划的主要研究平台；41—45项记录了这一时期语言规划的转折点，对语言规划的方向和理论原则产生了深远的影响，其中包括本体规划。

第四章 本体规划的语言标准化、信息化建设阶段（1986—2005）

把这个阶段概括为"语言标准化、信息化建设阶段"是依据本体规划的主要规划方向和内容。相比第一个阶段，在地位规划核心内容不变，语言规范化内容框架与标准已基本建立的基础上，适应社会与科技发展需要，在语言规范化建设的同时，本体规划将语言及其使用的标准化作为规划重点；语言信息化实际是信息领域的标准化，从规划成果来看，是重中之重。这个阶段我们以两次全国语言文字工作会议召开为界点分为两个时期，即1986—1996年为前期，1997—2005年为后期。

本章仍然在语言舆情分析的基础上描写语言本体规划的发展。宏观舆情分析按本体规划各部分对应关键词从《人民日报》中搜索获取数据和信息；中观语言舆情综合各地域和各领域对语言现象的态度和行为，主要以费锦昌主编的《新时期语言文字工作记事（1978—2003）》（2005）（以下简称为《新时期记事》）为域，对历年的主要事件进行统计分析，同时参考《中国语言生活状况报告2005》（2006）和国家语委《语言文字工作简报》（2002—2005）。

第一节 标准化、信息化建设阶段前期

标准化、信息化建设阶段前期处在当代改革开放之后、市场经济建立之初，蓬勃发展的社会经济生活因此大幅地改变了整个言语社区的语言生活样态，社会交际的高频度、多样化与个性化特征逐渐形成，影响社区语言结构系统的因素更趋向综合和复杂化，因此对语言规范化提出了更高的要求。在广度上语言本体规划进一步扩大功能范围；在规范程度上，统一

的市场要求产品标准化,语言作为"公共品"(public goods)[①]同样需要标准化。同时,计算机科技迅速发展,开始进入言语社区的工作和生活领域,"世界正处于信息化迅速发展的时代,利用电子计算机进行信息处理、实现图书情报工作自动化、印刷排版现代化、生产管理自动化,以及办公室事务自动化,已经成为现代化建设中的重要课题"[②],因此语言文字的标准化和信息化迫在眉睫。

一 语言舆情分析

宏观舆情和中观舆情均采用先量化统计,再结合数据分析的方式:

(一) 宏观舆情

在进行语言舆情统计分析前,我们以"信息化"为关键词在"人民日报图文数据全文检索系统"的"标题"栏进行搜获,发现相关信息最早出现在1984年1月,与此时间段基本重合,最早的两篇文章"日本电话电报公司准备走向信息化"(《人民日报》1984年1月20日第7版)"新的技术革命的三大特征信息化分散化 知识化"(《人民日报》1984年1月29日第5版),标题即透射了信息化的发展信号,而且从1984年到2005年底共计348条标题信息,足见"信息化"是这个时期的一个重要背景。对《人民日报》的舆情统计见下表:

表4.1　　　《人民日报》语言舆情信息(1986—1996)

时间(年) 关键词	1986	1987	1988	1989	1990	1991	1992	1993	1994	1995	1996	总数	年平均
语言	18	15	10	14	15	13	16	14	11	14	22	162	14.7
汉字	15	18	18	8	12	22	20	13	11	8	7	152	13.8
汉字改革等	8	0	0	1	0	1	3	0	0	0	0	16	1.9
普通话	8	4	1	3	3	2	13	8	9	7	17	75	6.6
汉语拼音	1	1	2	0	1	1	0	0	0	0	0	6	0.5

---

① 见于Coulmas,F.,扬州大学"第五届国际经济语言学论坛"大会报告,2014年10月30日。

② 刘导生:《新时期语言文字工作报告》,载《新时期的语言文字工作——全国语言文字工作会议文件汇编》,语文出版社2007年版,第16—34页。

续表

时间（年）关键词	1986	1987	1988	1989	1990	1991	1992	1993	1994	1995	1996	总数	年平均
汉语规范化	2	0	1	1	1	4	1	2	0	4	0	16	1.5
年度总舆情	52	38	32	27	33	43	53	45	31	33	46	438	39.9

依据上表 4.1 各项统计数据我们可以做出以下宏观舆情分析：

（1）国家对语言、文字的关注程度和视野进一步增强和扩大

相比上一个时期（1976—1985），这期间语言文字舆情信息量大量增加，年平均信息量从上一时期的 10.3 条激增到 39.9 条。"语言""汉字"项上一时期年平均信息为 8.8 条和 5.2 条，这个时期增加到 14.7 条和 13.8 条，增长近一倍；同时信息视野愈加开阔，如 162 条"语言"项信息中有 31 项为外国语言现状或语言事件的介绍，并借此注意到了语言与国家政治的关系，如"匈牙利开展'语言美'运动""比利时语言矛盾再度导致内阁更迭""加拿大的语言纷争""立陶宛语为共和国官方语言"等，① 从中也可见国外语言规划理论引入的影响。信息视野还表现在关注语言、文字角度的立体多样，涉及语言文字本体研究和广泛的应用领域，如对于汉字，包括教学、规范标准的制定、社会用字、计算机处理、编辑排版设计、理论研究等各个方面，其中 94 条信息与汉字输入、编码等信息化处理相关，占总信息量 152 条的近 60%，成为此一时期汉字规划的主要舆情基础。

（2）早期的本体规划专题信息量锐减

由表 4.1 中数据可见，本体规划上一阶段的规划专题"汉字改革"（同时搜索的关键词包括"文字改革、汉字整理、简化字和简化汉字"）"汉语拼音""汉语规范化"（同时搜索的关键词还有"语言规范化""语言文字规范化"）的信息量较少，是不同于以往的表现，说明舆情支持本体规划重心转移。

但需要说明的是，虽然都属于弱舆情，三项内容的情况实际并不相同。"汉字改革"等是因为"二简字"在这一时期被正式废止（1986 年 6

---

① 分别见《人民日报》1987 年 4 月 24 日第 7 版；1987 年 10 月 22 日第 6 版；1988 年 4 月 30 日第 7 版；1989 年 1 月 28 日第 6 版。

月 24 日发出通知），同时"全国语言文字工作会议"上刘导生在《新时期的语言文字工作》中强调在今后相当长的时期，汉字作为国家的法定文字还要继续发挥它的作用。因此文字规划的重点不再是文字改革。虽然新时期语言文字工作的方针中包括"继续推动文字改革工作"的表述，但在主要任务中没有予以说明，文字规划的任务是"研究和整理现行汉字，制定各项有关标准"；负责语言文字的国家职能部门也将"中国文字改革委员会"更名为"国家语言文字工作委员会"，扩大了职能范围，语言规划走向全面。如《人民日报》海外版第二版从1988年3月23日起开辟"祖国语言文字研究"专栏，即着眼于语言文字整体规划。汉语拼音的信息量减少是因为《汉语拼音方案》已推行三十年，理论探讨趋缓，主要任务是扩大使用，例如我们全文搜索"汉语拼音"共有156篇，足见其应用的广泛。"语言规范化"或"汉语规范化"也因为是几十年的老话题，关注度被新的标准——语言标准化和语言信息化暂时抢占。

（3）舆情信息显示出明确的语言规划观

从《人民日报》语料中我们可以看到国家上层对社会语言现象及语言管理鲜明的观点倾向，透射出与本体规划前阶段一脉相承的语言规划观，即纯洁观。如"纯洁语言的'巡逻兵'""专家呼吁：继续为语言的纯洁和健康而斗争 首都举行座谈会，纪念本报关于语言规范化社论发表四十周年""净化家庭语言""净化语言随感录""重提语言的纯洁和健康""建设文明的语言环境（人民论坛）""下大力气纯洁祖国的语言文字""有关专家呼吁——纯洁语言文字需要全社会支持""为了民族语言的纯洁和尊严"等[1]。这些主题文章针对当时社会上语言文字使用的混乱现象以从上至下的视角发出号召，倡导"纯洁"和"净化"语言，主张语言纯化，并有所发展，提出语言"文明""健康"观念，与这一时期学界于根元、陈章太等提出的"语言健康观"相互呼应。

（二）中观舆情

以下两表对《新时期记事》中的舆情信息从"领域"和"地域"两

---

[1] 分别见《人民日报》1986年1月18日第1版；1991年6月7日第3版；1994年1月11日第11版；1994年5月28日第7版；1994年9月23日第4版；1995年9月8日第4版；1996年4月17日第9版；1996年7月8日第5版；1997年1月8日第10版。

个角度分别进行了统计。领域统计信息为不同社会领域发生的有影响的语言事件、组织的语言活动或对国家语言规划、政策的反馈。以把握整体舆情为目的，结合《新时期记事》内容进行大略分类，分类标准与第一阶段各个时期对"中观舆情"的数据统计相同。

表 4.2　　　　　领域舆情统计（1986—1996）

领域	政治法律	经济	文化、艺术	科技、教育	学术、出版	军事	外交
信息量	30	15	123	100	284	1	63
年平均	2.7	1.4	11	9.1	25.8	0.1	5.7

表 4.3　　　　　地域舆情统计（1986—1996）

地域	北京	上海	天津	黑龙江	浙江	福建	江苏	广东	新疆	湖南	湖北	山西	陕西	河南	四川	西藏	海南
信息量	53	18	2	10	5	10	8	24	38	3	7	3	1	10	5	1	1
地域	河北	广西	内蒙古	江西	安徽	贵州	山东	云南	青海	甘肃	辽宁	吉林	香港	台湾	澳门	国外	
信息量	7	0	2	1	3	0	15	3	0	7	2	54	15	4	2		

依据表4.2、表4.3的统计数据，结合舆情信息具体内容，对这一时期的中观语言舆情作如下分析：

（1）改革开放后语言现象的丰富与芜杂引起社会广泛关注

从统计数据上我们看到，"文化、艺术""科技、教育""学术、出版"三类信息量在上一时期基础上有更大的增长。典型舆情信息的高密度出现，反映了言语社区各个群体对语言现象多角度、多层次、多方位和立体化的关注。

文化艺术领域每年各类普通话比赛、语言文字知识竞赛、规范汉字书法大赛和利用各种艺术形式开展的推广语言规范知识、政策的活动在各地广为开展，如1986年上海市文改会和上海电视台联合举办"我爱祖国语言美——普通话电视评比"；中央电视台要求在电视屏幕上杜绝错别字，向各省、自治区、直辖市电视台发出《关于在电视屏幕中杜绝错别字的意见》，并提出初步的措施。教育作为语言规划政策的实施通道和主要驱动因素与语言规划各层次主体形成了密切互动，这一时期小学的"拼音识字，提前读写"实验（黑龙江等地），中小学和中高等师范院校的普通话目标量化评估，以及高校对语言规范标准、语言教学等的研究，都与国家语言规划发展相互促进和发展。学术领域的突出表现是各分支学科的学术交流活跃,全国或国际学术会议在舆情信息中占有很大比重。

(2) 以语言推广和语言研究为主题的内外交流广泛、深入

表4.2的领域统计中"外交"信息比对上一时期呈多倍增长,达到60多条。除学术团体互访外,国家语委等语言规划职能机构与他国同类机构组织的交流也占有相当的比例。如早在1986年,国家语委语言文字访问团应邀先后访问新加坡和中国香港、澳门地区,就语言政策、语言文字规范、推广普通话和准备召开汉字国际学术讨论会等问题,同当地学者交流观点;另包括语言推广等外事活动,如1991年12月8日中国汉语水平考试(HSK)在日本东京举行,考试由中国驻日本大使馆教育处主持,共有360人参加考试。

由表4.3可见,地域统计中新增了澳门等地,各地都出现了有影响的语言事件,港台舆情尤其高涨。香港这一时期面临1997年的回归,由于普通话和简化字原来不是香港社区语言、文字的主要变体,因此社区成员在与内地社区交流过程中和对可能发生的交流想象中,产生明确的、类似于外语学习的语言意识,不同于以普通话和简化字为主要语言设施的内地社区,既遵循当时国家语言规划,又根植于香港本地的语言生态,语言文字推广活动富有创新性和地域特色。如早在1986年就由香港普通话研习社和香港教育专业人员协会创办《香港汉语拼音报》,以"天下华人是一家,人人都讲普通话"为目标,提供活泼、有趣的资料,帮助社区成员学习普通话。再如1993年香港电台推出"普通话,遍天下"专题节目,是香港电台、电视台规模最大的普通话节目,除此香港普通话研习社(1976年成立)等民间团体每年都以各类比赛、活动扩大影响,香港总督设立的基金等项目资助学术出版或教学计划。台湾相关的主要是两岸就语言文字使用和发展差异进行讨论和学术研讨,如1990年台湾《联合报》发表题为"两岸文字必须早日统一"的文章,《华文世界》1991年第五十九期发表了杨祚德的《正视大陆简化字》。

(3) 针对语言应用的科技学术、教育和社会其他领域形成不同的舆情焦点

语言本体规划的目的在于完善、规范语言结构体系以利语言应用和语言能力的培养。综合分析与语言应用相关的语言舆情信息,发现这一时期

舆情呈多焦点分布，即各领域的焦点是不一致的。在科技、学术界更专注于语言文字的标准化和信息化，以信息处理为目标的文字的编码、计量、形体分析研究、数据库建设和软件开发等成为重点，形成了推动信息处理用规范的前舆情；教育和社会其他领域的焦点则在于在国家本体规划政策引导下形成的后舆情。

教育领域突出的是普通话的推广、汉语拼音的运用和语言文字基本功的培养。早在"新时期语言文字工作会议"之后，全国很多高校即陆续开设"语言文字基本功""语言文字训练"等课程；国家语委在对普通话实行"目标管理，量化评估"的推广战略后，相继出台系列"评估指导标准"，并在1991年6月4日发出《关于对中等师范学校普及普通话工作进行检查、验收的通知》，开始尝试量化评估，1994年10月30日三部委发布《关于开展普通话水平测试工作的决定》，中师、高师的学生必须要通过PSC（普通话水平测试），因此学、讲普通话意识大幅提高。

1986年6月24日国务院批转国家语委《关于废止〈第二次汉字简化方案（草案）〉和纠正社会用字混乱现象的请示》后，社会各行业相继出台行业用字规范，各地组织"消除社会用字混乱现象"活动，如福建于1986年7月10日至25日开展"敦促全社会文明用字活动"。1986年文明礼貌月里，北京市的红领巾在团市委的组织下，开展了"让春风吹走首都街头错别字"的活动，20多万"红领巾"，佩戴"小小侦察兵""错别字医疗队""小小啄木鸟"等标志，对首都的商店机关的招牌、广告、路标、说明牌、价目表、各类公约上的不规范字进行了广泛的查找，共查出了不规范字26万处。[①]

（三）微观舆情

这一时期的微观舆情的突出特点是领域先驱的观念对语言规划产生深远影响。

语言规划是基于时代社会发展和国情对语言系统的优化和语言生活的管理，各国都没有完整的经验可以借鉴。从世界角度看，经济和社会生活在高速信息化；从本土角度看，经过10多年的改革开放，言语社区成员语言观念持续更新，新词、新表达和新的语言现象不断出现，语言规划的

---

① 胡明扬：《语言学习散论》，北京语言大学出版社2002年版，第62页。

趋向和规范尺度该如何把握是一个具有专业性和前瞻性的问题。因此，不同的阶段往往需要领域内权威人物发挥作用，这一时期的代表人物吕叔湘、钱学森和周有光先生的观点对本体规划产生了深远的影响。

（1）吕叔湘等八位先生对国家语言文字管理的呼吁

1991年11月吕叔湘与陈原、张志公等八位先生发出呼吁①：在对外宣传工作中要加强国家对语言文字的管理，应该坚决贯彻执行中国政府制定的新时期语言文字工作方针、政策，推广普通话，使用规范汉字，用汉语拼音字母拼写人、地名，是一件十分重要而又紧迫的事情。指出，近些年来，在对外宣传工作中有一种提倡使用方言（例如亚运会期间对外广播实况用英语、朝鲜语外，还加上广东话）、尽量使用繁体字和在国内滥用英语的倾向，这种情况应当纠正。专家们在当时敏锐发现的问题实际上至今仍是本体规划的难点和重点，在这一时期对语言规范化则起到了定向的作用。消息发出，立即引起强烈反响。有关领导、部门并与原国家教委、外交部、文化部等相关职能部局会商，于1992年3月25日复函确认吕叔湘等意见的正确性，并复函指示国家语委负责着手起草有关对外宣传中的语言文字若干规定。接着，《人民日报》海外版于7月1日率先改用规范简体排版——直接影响了语言规划的进程，继而带来了一轮新的语言文字规范化、标准化的热潮。②

（2）钱学森对计算机与语言文字规范化关系的阐述

计算机的出现对信息存储和传递的改变是革命性的，超出了人类的先验，同时将语言服务的工具功能从人际交际拓展到"人机""机机"（计算机和计算机）交际，如何认知这种变革，对每个国家和民族都意义重大。在八十年代初、中期正是中国攻克信息处理难点的关键期，钱学森在1986年写给国家语委的信中强调指出，语言文字信息处理是我国社会主义文化建设中的大事。发表文章首先引用了国防科工委系统工程研究所汪成为的观点"电子计算机软件也是语言文字工作"（《光明日报》1986年5月13日语言文字专刊）；主张考虑到长期发展，国家每个具体部门都应该有比较高的战略着眼点，认为未来的世界起码有两大特征可以肯定：一

---

① 《吕叔湘等八位专家呼吁加强国家对语言文字的管理》，《新闻出版报》1991年11月28日第1版。

② 张巨龄：《语海泛舟：张巨龄语言和语文教育论选》，民族出版社2001年版，第379页。

是信息量的激增，二是电子计算机技术的高速发展和普遍运用，因此，从现在起就应该着手进行计算机技术和软件开发及其规范化、标准化的宏观筹划；提出这项工作同语言文字工作的联系最密切，国家有关部门应该在这方面多为国家上层决策提供设想和参考意见，这个事情很重要，非抓不行，最好由国家语言文字工作委员会抓。① 钱学森的远见卓识不仅预见了计算机对社会生活的影响，同时及时地定位了计算机与语言规划的关系，规避了西方 20 世纪六七十年代曾经历的"软件危机"，使中文信息处理进入了良性发展的轨道，为这一时期语言标准化的建立提供了理论依据，事实上也推进了本体规划进程。"计算机软件也是语言文字工作"的观点此后在诸多语言规划文献中被引用，如《推广普通话宣传手册》（教育部语言文字应用管理司，1999：129）、《中华人民共和国国家通用语言文字法学习读本》（全国人大教科文卫委员会教育室教育部语言文字应用管理司，2001：84）、《新时期语言文字法规政策文件汇》（教育部语言文字应用管理司编，2004：307）等。

(3) 周有光中国语文现代化理论的构建

经过 1986 年的全国语言文字工作会议，"走拼音化道路"不再作为国家语言规划的重心，"文字改革"的说法已与新时期语言规划的范围和目标不相适应，研究者提出了"语文现代化"的理念，用以概括国家的语言文字工作，并以"语文现代化"概念取代了"文字改革"，放弃了"语言规划"这个术语。现在看，这种选择弊大于利，因为"语文"是个民族化概念，不易于与国际接轨；"语文"本身的含义就是不确定的，"语文现代化"在理解上有时间性，有学者认为语言规划还包括古代部分，即"语文古代化"，"语文现代化"则割舍了这部分②；另外，"现代化"现在无法概括新的语言规划观。但"中国语文现代化"作为当代中国语言文字工作的"一面旗帜"树立了起来③，逐渐形成了理论体系，并延续至今。

在中国语文现代化发展过程中，周有光先生的研究提供了重要的理论依据。首先对概念进行阐释，认为"语文现代化，就是中国的语言和文

---

① 钱学森：《电子计算机软件与新时期语言文字工作》，《中文信息》1991 年第 2 期。
② 王开扬：《中国语文现代化理论再认识》，《北华大学学报》2008 年第 1 期。
③ 林炎志：《语言文字工作的旗帜》，《语文建设》1995 年第 8 期。

字要跟随时代的变化而发展"①；并通过对一百多年中国语文现代化进程的研究，提出：综观一系列运动的要求，可以归纳为四个方面：语言的共同化，文体的口语化，文字的简便化和注音的字母化。② 苏培成把周有光对中国语文现代化的研究概括为八个方面：人类语言生活的历史进程；中国语文现代化的兴起与取得的成就；中国的双语言生活；汉字的两面性；比较文字学研究；汉语拼音方案的制定与推行；中文信息处理的双轨制和现代文化研究。③ 基本涵盖了周有光的主要观点，这些观点在一定程度上成为其后语言规划的理论基础。

二 本体规划内容

标准化、信息化建设前期是新时期"全国语言文字工作会议"（1986）之后的十年，本体规划总体按照会议明确的发展框架，在国家规划主体确立的新时期语言文字工作方针的指导下，以实现主要规划任务为目标。新时期语言文字工作的主要任务包括五项：（1）做好现代汉语规范化工作，大力推广和积极普及普通话；（2）研究和整理现行汉字，制定各项有关标准；（3）进一步推行《汉语拼音方案》，研究并解决实际使用中的有关问题；（4）研究汉语汉字信息处理问题，参与鉴定有关成果；（5）加强语言文字的基础研究和应用研究，做好社会调查和社会咨询、服务工作（刘导生，1986）。从本体规划的角度看，这一时期五项内容中，规划成果较为集中的是（1）、（2）、（4）。下面对主要内容先行分类描写，再作详细分析。

（一）分类统计

下表汇集了这一时期政策规划和培育规划的主要规范和标准，分别涉及语言规范化、标准化和各领域应用语言文字的规范与规定。

表4.4　　标准化、信息化建设前期（1986—1996）主要规范

时间	规范名称	发布单位	类型
1986年10月10日	《简化字总表》（重发）	国家语委	文字

---

① 周有光（口述）、李怀宇：《周有光百岁口述》，广西师范大学出版社2008年版，第156—157页。

② 周有光：《中国语文的时代演进》，人民文学出版社2009年版，第2页。

③ 苏培成：《当代中国的语文改革和语文规范》，商务印书馆2010年版，第597—600页。

续表

时间	规范名称	发布单位	类型
1988年1月26日	《现代汉语常用字表》	国家语委、国家教委	文字
1988年3月25日	《现代汉语通用字表》	国家语委、新闻出版署	文字
1993年9月3日	《关于"镕"字使用问题的批复》	国家语委应用管理司	文字
1988年7月1日	《汉语拼音正词法基本规则》	国家教委、国家语委	字辅*
1996年1月22日	GB/T 16159—1996《汉语拼音正词法基本规则》	国家技术监督局	字辅
1990年3月22日	《标点符号用法》（修订发布）	国家语委、新闻出版署	语法
1995年12月13日	GB/T 15834—1995《标点符号用法》	国家技术监督局	语法
1987年1月1日	《关于出版物上数字用法的试行规定》	国家语委、出版局、标准局、计量局、国务院办公厅秘书局、中宣部新闻局、中宣部出版局	语法
1993年7月	《关于出版物上数字用法规定（修订本·征求意见稿）》	国家语委、出版局、标准局、计量局、国务院办公厅秘书局、中宣部新闻局、中宣部出版局	语法
1995年12月13日	GB/T 15835—1995《出版物上数字用法的规定》	国家技术监督局	语法
1996年	《现代汉语词典》第3版	社科院语言研究所	词汇
1995年9月8日	GB/T 15720《中国盲文》	国家技术监督局	副语言
1992年4月13日	GB/T 13418—92《文字条目通用排序规则》	国家技术监督局	副语言
1987年	GB/T 7347—1987《汉语标准频谱》	国家标准局	领域·测评
1992年	GB/T 13504—1992《汉语清晰度诊断押韵测试（DRT）法》	国家技术监督局	领域·测评
1993年	《扫盲用字表》	国家语委	领域·测评
1994年10月30日	《普通话水平测试等级标准（试行）》	国家语委、国家教委、广电部	领域·测评
1992年7月7日	《出版物汉字使用管理规定》	新闻出版署、国家语委	领域·新闻编辑出版
1987年4月1日	《关于广播、电影、电视正确使用语言文字的若干规定》	国家语委、广播电影电视局	领域·文艺

续表

时间	规范名称	发布单位	类型
1992年7月9日	《关于在各种体育活动中正确使用汉字和汉语拼音的规定》	国家体委和国家语委	领域·体育
1987年4月10日	《关于企业、商店的牌匾、商品包装、广告等正确使用汉字和汉语拼音的若干规定》	国家语委、商业部、对外经济贸易部、国家工商行政管理局	领域·商业
1987年9月4日	《关于商标用字规范化若干问题的通知》	国家工商行政管理局、国家语委	领域·商业
1996年11月1日	《关于规范企业名称和商标、广告用字的通知》	国家工商局	领域·商业
1992年10月20日	《关于加强药品包装和标签管理的通知》	卫生部	领域·医药卫生
1991年8月30日	GB 3304—1991《中国各民族名称的罗马字母拼写法和代码》	国家技术监督局	领域·新闻编辑出版
1992年2月1日	GB 3259—1992《中文书刊名称汉语拼音拼写法》	国家技术监督局	领域·新闻编辑出版
1986年1月23日	《地名管理条例》	国务院	领域·地名
1987年3月27日	《关于地名用字的若干规定》	国家语委、中国地名委员会、铁道部、交通部、国家海洋局、国家测绘局	领域·地名
1996年6月18日	《地名管理条例实施细则》	民政部	领域·地名
1988年	GB 10112—1988《确立术语的一般原则与方法》	全国术语标准化技术委员会	现代化
1992年	GB/T 13725—1992《建立术语数据库的一般原则与方法》	国家技术监督局	现代化
1994年	GB/T 15238.1—1994《辞书编纂基本术语·第一部分》	国家技术监督局	现代化
1995年	GB/T 15933—1995《辞书编纂常用汉语缩略语》	国家技术监督局	现代化
1986年6月24日	《关于废止〈第二次汉字简化方案（草案）〉和纠正社会用字混乱现象的请示》	国务院、国家语委	净化
1991年	ISO 7098—1991《文献工作-中文罗马字母拼写法》	国际标准化组织	国际化

*注：表中"字辅"指辅助文字。本书中把《汉语拼音方案》及其"正词法"部分都归为辅助文字。

表中"语言"指政策规划中的"语言规范化",共 5 项;"领域"指政策规划中的"领域规范化",共 14 项;"现代化"指培育规划中的"现代化"部分,共 3 项,除表中列出的有关辞书编纂术语和术语数据库的内容外,这一时期现代化部分还包括新词语整理;"净化"是指培育规划中"语言净化"范畴的内容。

(二) 特点分析

(1) 语言规范化以汉字规范为主,形成汉字"四定"基本框架

苏培成指出现阶段现代汉字规范化的目标是实现"四定","四定"指的是定量、定形、定音、定序。[①] 本时期主要为定量和定形。在政策规划的语言规范化领域有 5 项成果,其中 4 项为汉字规范化:《简化字总表》(1986 年重发) 和《关于"镕"字使用问题的批复》(1993) 的性质为汉字定形规范;《现代汉语常用字表》(1988) 和《现代汉语通用字表》(1988) 性质为汉字定量规范,汉字规范化工程向标准化目标又推进一步。至此,连同语言规范重建时期的定音规范《普通话异读词审音表》(1985) 和定序规范《汉字统一部首表(草案)》(1983),汉字形成了较为完整的"四定"基本规范框架。

1986 年新时期语言文字工作会议根据舆情、顺应民意解决了汉字使用长期悬而未决的问题,废止了《第二次汉字简化方案(草案)》(1986 年 6 月 24 日),为了避免社会上汉字用字混乱,国家语委经国务院批准于 1986 年 10 月 10 日重新发布《简化字总表》,共收简化字 2235 个,只有 7 处对原表做了修改。这次重发一定程度上减轻了"二简字"长期试用带来的负面影响。

确定"常用字"是从汉字使用频率角度给现代汉字定量,以满足教学和交际需要。《现代汉语常用字表》由国家语委和国家教委于 1988 年 1 月 26 日联合发布,共收常用字 3500 字,分为一级常用字 2500 字和二级常用字 1000 字。经过检测,覆盖率达到 99.48%。确定"通用字"是从汉字适用范围角度给现代汉字定量。《现代汉语通用字表》由国家语委和新闻出版署于 1988 年 3 月 25 日联合发布,共收通用字 7500 个。这两个规范字表,同时规定了每个字的规范字形,所以也是现代汉字定形的依

---

① 苏培成:《现代汉字的"四定"》,《逻辑与语言学习》1994 年第 2 期。

据，反映了一个时期以来汉字整理和规范的主要成果。为当代中国的语言立法和其后《通用规范汉字表》的研制提供了依据和规范基础。

(2) 语言信息化成果规模化，形成规范重点

在新时期语言文字工作任务中"研究汉语汉字信息处理问题，参与鉴定有关成果"排在第四位，但在实际规划实践中，随着计算机应用的普及和数字化时代的到来，语言信息化的各项标准需求急迫，这个领域已成为这一时期本体规划成果最多、最成系统的部分。语言信息化规范这种即用性与语言规范化显示出差异，因为语言规范化主要用于人际交流，不规范的成分暂且可以依赖语言使用者的能动判断进行过滤和纠偏，不影响基本语意交流，但语言信息化规范用于人—机、机—机交际，用于大规模数据程序化处理，对语言文字规范的要求刚性、精确，同时由于计算机语言信息处理能力的迅速提升，系统更新换代周期短，对语言规范、标准建设的要求没有缓冲周期，因而促动系列规范迅速出笼。

这个时期共出台了语言信息化规范60项，其中由国家语委（或教育部和语委联合）发布GF（规范）4项；国际标准化组织/国际电工委员会发布ISO/IEC国际标准1项；国家标准局发布GB（国家标准）9项；由国家技术监督局发布GB（国家标准）46项。由于篇幅所限，这些规范标准本书暂未列。

从类型来看，语言信息化文字规范占绝大多数。在GB 2312—80《信息交换用汉字编码字符集·基本集》（以下简称《基本集》）之后，这一时期国家标准局又批准了国家标准信息交换用汉字编码字符集的第二、第四辅助集（1987），分别收超出《基本集》的简化汉字7237个和前两集之外的7039个；1990—1991年国家技术监督局批准了第一、第三和第五辅助集，是分别对应《基本集》和第二、第四辅助集的繁体字集；1989年国家技术监督局批准GB 1988—89《信息处理信息交换用七位编码字符集》。这些字符集基本实现了信息化领域的汉字定量。国家技术监督局1986年（2项）、1989年（15项）、1992年（4项）、1993年（8项）批准的信息交换用或信息处理用（只1989年2项）的字模集及数据集国家标准，包括各种点阵规格和不同字体，1992年图形信息交换用矢量汉字字模集及数据集（5项）都是信息化领域的汉字定形。因为信息交流、交换中会涉及其他民族的语言和文字，因此规范

中还包括相当数量的信息处理、信息交换用少数民族文字字符集和点阵字模集及数据集国家标准。

语言信息化词汇规范主要有：国家技术监督局批准的 GB 12200.1—1990《汉语信息处理词汇 01 部分·基本术语》(1990)，涉及汉语信息处理的基本术语、汉语和汉字、汉字编码、汉字识别等共 11 个部分；GB/T 12200.2—1994《汉语信息处理词汇 02 部分·汉语和汉字》(1994) 规定了汉语信息处理中最重要的或最基本的汉语、汉字术语，也收入了一些必要的语言文字术语。适用于有关汉语信息处理领域的科研、设计、生产、使用、维护、管理教学和出版等方面（见该标准）。这两个国家标准搭建了汉语信息处理领域术语使用和表达范式的基本框架。

(3) 领域语言规范化受地位规划与语言舆情制约，以文字应用规范为主

与上一时期多为汉语拼音使用规范不同，这一时期领域语言规范化主要是各领域的文字使用规范。这种差别来自地位规划和语言舆情的双重影响，前者是语言规划系统内部制约，后者体现了语言规划形成机制的作用。

1986 年国务院批转国家语言文字工作委员会《关于废止〈第二次汉字简化方案（草案）〉和纠正社会用字混乱现象的请示》的通知，确定"二简字"为不规范汉字，禁止再行使用，同时要求管理社会用字，这是语言地位规划的重要改变，势必要求本体规划的跟进，即如豪根 Haugen (1983) 所论，在"选择"（selection）之后要进行"典化"（codification）和"实施"（implementation）。同时前文舆情分析可见，"社会用字"成为言语社区各个层面的关注焦点。如为迎接第十一届亚运会的召开，搞好首都的精神文明建设，消除社会用字乱象，国家语委与北京市委、市政府及市各职能部门、各行业相配合，从 1989 年 10 月起对全市 8 个城区、近郊区的 304 条大街的社会用字进行了整顿，要求凡牌匾、广告、标语等社会用字中的错别字、"二简字"必须改正；繁体字牌匾、广告区别情况分别处理。① 因此在舆情推动下，这一时期国家语委和广播电影电视局、国家体委等国家

---

① 北京市语言文字工作委员会：《整顿 300 条大街社会用字加强社会用字管理》，《语文建设》1990 年第 5 期。

相关主管部门发布了对地名、出版物、广播、电影、电视、各种体育活动，企业、商店的牌匾、商品包装、商标、药品包装和标签等领域的汉字使用规定，将地位规划和本体规划落到实处，使纠正汉字使用乱象有法可依，兼具语言规划时效和实效。尤其是地名方面，出台了《地名管理条例》，10年后又出台了《地名管理条例实施细则》，对各级各类地名规范及其实施做了详尽的规定。

1994年国家语委、国家教委和广电部联合发布《关于开展普通话水平测试工作的决定》（国语〔1994〕43号），是当代"推普"历程中的重要界点，标志着推广普通话步上了目标管理、量化评估的科学轨道。随通知发布的《普通话水平测试等级标准（试行）》同样也是本体规划发展中的重要突破，即语言规范被等级化划分，而且是共同语三要素语音、词汇和语法综合而成的应用能力的等级，不同于某一语言要素的独立规范。由于普通话水平测试是对操讲现代汉语普通话标准程度的一种测试，"测查应试人的普通话规范程度、熟练程度，认定其普通话等级"[①]，因此与之相应的测试标准我们认为不属于本体规划中的"语言规范化"，将之归入领域规范化。

（4）本体规划显示动态规范意识，注重规范标准的更新和升级

语言使用随着社会发展发生变化，语言结构系统也会随着语言使用发生变化，因而语言规范不可能一成不变，本体规划不可能一劳永逸。为适应新的语言样态和语言生态，语言规划需要树立动态规范意识，以理论研究和事实语料分析为基础适时更新语言规范和标准。

为解决汉语拼音注音、拼写问题，国家教委、国家语委1988年联合发布了《汉语拼音正词法基本规则》（以下简称《正词法》），1996年1月22日由国家技术监督局批准发布GB/T 16159—1996《汉语拼音正词法基本规则》，升级为国家标准。《正词法》是用汉语拼音拼写普通话的规则，包括分词连写法、成语拼写法、外来词拼写法、人名地名拼写法、标调法和移行规则等。以词为基本拼写单位，同时兼顾语音、语义和词形长短适度；基本按照语法词类分节叙述。使用《正词法》要解决的最主要的问题是分词连写和大写。

---

① 见《普通话水平测试大纲》，教育部、国家语委发教语用〔2003〕2号文件。

标点符号用法和出版物上数字用法的规定也体现了动态规范原则。1990年国家语委、新闻出版署在前面用法规定的基础上结合实践反馈修订发布《标点符号用法》，几年以后，1995年国家技术监督局发布GB/T 15834—1995《标点符号用法》，升级为国家标准。

为了书面语数字用法统一，《关于出版物上数字用法的试行规定》于1987年由国家语委、出版局等6单位联合发布，"这个规定是在总结新闻出版单位经验的基础上本着清楚、简便、适用的原则制定的"，规定总原则是：凡是可以使用阿拉伯数字而且又很得体的地方，均应使用阿拉伯数字。遇到特殊情形，可以灵活变通，但应力求保持相对统一。重排古籍、出版文学书刊等，仍依照传统体例。这个规定的内容主旨绝对化，统一用阿拉伯数字形式，但又添加了"得体"这一判断依据，既不科学又相互矛盾，在实际使用过程中漏洞很多，因此1993年几部委再次发布《关于出版物上数字用法规定（修订本·征求意见稿）》，体现了动态更新的意识，虽然时隔较长；1995年国家技术监督局发布GB/T 15835—1995《出版物上数字用法的规定》，将之升级为国家标准。综上可见，在一个时期内，同一项内容的规范连续修订、更新，与语言规划观念的革新密切相关。

（5）培育规划各个领域均有所发展

①语言净化方面集中于对社会用字混乱面貌的治理和改变。1986年6月24日国务院批转了国家语委《关于废止〈第二次汉字简化方案（草案）〉和纠正社会用字混乱现象的请示》，第一次正式大规模地进行汉字用字管理，以净化社会用字为目标。我们统计发现，从1991年到1996年共有青海、新疆、北京等7个省、自治区、直辖市，深圳、郑州、沈阳等14个省会或沿海开放城市发布社会用字管理办法或社会用字管理规定。这些结合当地实际的管理法规对遏制"二简字"的蔓延影响起到了积极作用。

②语言现代化方面包括术语和新词语的整理。术语部分的规范成果首先是全国术语标准化技术委员会根据国际标准化组织术语工作委员会（ISO/TC37）的推荐标准ISO/R704—1968《术语工作原则》制定的首个术语规范GB 10112—1988《确立术语的一般原则与方法》，为术语的确立规定了统一的理论基础；其次主要有表中列出的GB/T 15238.1—1994

《辞书编纂基本术语·第一部分》和 GB/T 15933—1995《辞书编纂常用汉语缩略语》，辞书是语言文字规范"典化"的主要途径，许多辞书本身就是语言或文字规范，如《现代汉语词典》《新华字典》等，因而辞书编纂的规范化格外重要，尤其当代基于大规模数据的辞书，编纂理念和程序都是现代化的，只有术语统一才能提高效率，实现其价值；另外，GB/T 13725—1992《建立术语数据库的一般原则与方法》确立了各类术语数据库的原则、方法和过程，保证了术语数据库的普适性和通用价值。

术语成果的第二部分，是国家 1985 年成立了"全国自然科学名词审定委员会"，陆续组建不同的学科委员会，对各学科科技名词进行审定和规范化工作，出版各学科规范名词。从 1985 年 4 月到 1990 年 1 月组织了以数学、物理等基础学科为主的 31 个学科名词审定分委员会，公布了天文学、大气科学、土壤学、地理学、地球物理学、物理学（基础部分）、微生物学、林学、医学（第一分册）9 个学科的 2 万多条名词；1990 年 2 月至 1995 年 12 月组建了 18 个学科的名词审定分委员会，公布出版了数学、化学、地质学等 22 个学科的名词。

新词语整理，学界一般归于语言规范化中的词汇部分，但由于新词语的界定和判断都没有一致性的标准，又有时间性，难以形成政策规划。我们认为归入培育规划更科学，因为新词语不断进入一般词汇系统，促使词汇系统不断"新陈代谢"，实现现代化，满足现时交际需要。

这个时期的新词语的规划与其他语言成分不同，其规划主体不是国家政府职能部门，而是社区学术界人士。学术权威作为主体也是语言规划的一种形式。如经典语言规划的主要角色即与美国学术界有关，尤其是 Fishman，也包括 Haugen 和 Weinreich、Ferguson 等。吕叔湘首先呼吁"大家来关心新词新义"，发表文章将搜集的 170 余条新词语（包括新造词、旧词新义和北京口语新词）分类列出[①]；1986 年中国社会科学院语用所成立"新词新语新用法"课题组，致力于改革开放以来的新词语的基础理论和应用研究，并从 1986 年开始在《语文建设》开辟"新词新语新用法"专栏；于根元、刘一玲等从 1991 年开始编辑出版年度新词语词典（1991—1994）。这个时期共出版了 10 多部新词语词典，对新词语起到规

---

① 吕叔湘：《大家来关心新词新义》，《辞书研究》1984 年第 1 期。

范整理的作用。新词语研究对本体规划有重要参考价值，例如考察早期新词语在现时语境中的使用频度和存现样态对确立词汇规范的原则具有实证意义。

③国际化方面。1991年，巴黎 ISO/TC 46 会议上对 1982 年的"ISO 7098"标准进行了技术修改，形成 ISO 7098—1991《文献工作-中文罗马字母拼写法》，当时正值信息化发展高峰，这样，ISO 7098（1991）就成了汉字输入输出的一种便捷的手段。"ISO 7098（1991）在世界上大多数图书馆的中文编目、检索、分类中得到广泛使用。"[①] 这项标准使《汉语拼音方案》在国际上产生了广泛的影响。2011 年 5 月 6 日，在澳大利亚悉尼召开的 ISO/TC 46 第 38 届会议上，作为中国代表冯志伟再次提出修改 ISO 7098（1991）以便反映当前中文罗马化的新发展和实际应用需要的建议。

ISO/IEC 10646.1《信息技术 通用多八位编码字符集》和 ISO/IEC 10646—2004《信息技术 通用多八位编码字符集（UCS）》由国际标准化组织/国际电工委员会批准，为汉字编码国际标准，是这一时期国际化的主要成果之一。

三　本体规划主要活动

下表列出了在本时期，各种语言规范和标准制定及其实施过程中，国家语言规划主体的主要规划活动或事件，并根据事件的内容和性质进行了简单分类：

表 4.5　标准化、信息化建设前期（1986—1996）本体规划活动、事件

序号	发生时间	主要本体规划事件
1	1986 年 1 月 6 日—13 日	国家教委、国家语委于北京召开全国语言文字工作会议
2	1986 年 5 月 31 日	国家语委发布关于印发《全国语言文字工作会议纪要》的通知
3	1992 年 11 月 6 日	国务院发布《批转国家语委〈关于当前语言文字工作请示〉的通知》

---

① 冯志伟：《关于修订中文罗马字母拼写法国际标准 ISO 7098（1991）的情况说明》，冯志伟文化博客，1991。网址：http://blog.sina.com.cn/s/blog_72d083c70102w09t.html。

第四章 本体规划的语言标准化、信息化建设阶段（1986—2005） 157

续表

序号	发生时间	主要本体规划事件
4	1996年7月15日	国家语委发布《关于印发〈国民经济和社会发展第九个五年计划期间国家语言文字工作计划〉的通知》
5	1995年7月17日	第四次世界妇女大会中国组织委员会、国家语委联合发出《关于在第四次世界妇女大会期间正确使用语言文字的通知》
6	1995年12月25日	国家语委在北京人民大会堂召开纪念文字改革和汉语规范化工作40周年大会
7	1986年10月10日	经国务院批准国家语委发布《关于重新发表〈简化字总表〉的说明》
8	1986年11月26日	国家语委发布关于贯彻执行《国务院批转国家语言文字工作委员会关于废止〈第二次汉字简化方案（草案）〉和纠正社会用字混乱现象请示的通知》的通知
9	1987年12月2日	中国地名委员会、城乡建设环境保护部、国家语委联合发出《关于地名标志不得采用"威妥玛式"等旧拼法和外文的通知》
10	1991年11月29日	国家语委发布《关于开展直辖市、省会城市社会用字检查评比的通知》
11	1992年2月20日	国家语委发布《关于开展直辖市、省会城市社会用字检查评比的补充通知》
12	1992年7月23日	国家语委致函团中央同意《关于青少年报刊坚持用字规范化 防止繁体字回潮的通知（征求意见稿）》
13	1994年6月26日	国家语委下发《关于社会用字管理工作的意见》
14	1995年6月6日	新闻出版署发出《关于发布〈社会科学期刊质量管理标准〉（试行）的通知》（第七条要求期刊"文字没有繁简混用情况"）
15	1995年	民政部、交通部、公安部、建设部联合发文，部署在全国国道线两侧村镇设置符合国家要求的标准地名标志
16	1996年5月6日	国家语委印发《关于〈城市社会用字管理工作评估指导标准〉（试行）的通知》
17	1996年6月5日	国家语委语用司印发《关于在清理带有不良文化倾向的商品名、商标名、店铺名过程中加强社会用字管理工作的紧急通知》
18	1996年7月31日	国家语委发布《关于转发中国人民银行办公厅〈关于金融系统要带头使用规范汉字的通知〉的通知》
19	1996年10月21日	民政部印发《关于加强城镇建筑物名称管理的通知》
20	1996年11月1日	国家工商行政管理局下发《关于规范企业名称和商标、广告用字的通知》
21	1986年1月28日	国家教委下发《关于加强对中等师范学校学生进行普通话考核的意见》
22	1987年9月25日	国家语委、国家教委联合发出《关于加强高等师范院校推广普通话工作的通知》
23	1990年12月29日	国家教委、国家语委联合发出《关于小学普及普通话的通知》
24	1991年6月4日	国家语委、国家教委联合发出《关于对中等师范学校普及普通话工作进行检查验收的通知》
25	1991年12月6日	国家教委发布《关于全国教育系统进一步加强语言文字规范化工作的通知》

续表

序号	发生时间	主要本体规划事件
26	1992 年 9 月 21 日	国家语委、国家教委发布《关于进一步做好中等师范学校普及普通话工作的通知》
27	1993 年 12 月 25 日	国家语委、国家教委发布《关于职业中学普及普通话的通知》
28	1993 年 2 月 20 日	国家语委、国家教委发布《关于普通中学普及普通话的通知》
29	1994 年 2 月 16 日	国家语委、国家教委发布《关于进一步做好师范专科学校普及普通话工作的通知》
30	1994 年 7 月 13 日	国家语委普通话推广司和国家教委教育司发布《师范院校普及普通话工作评估指导标准》
31	1994 年 9 月 14 日	国家教委、国家语委发布《关于对普通中小学普及普通话工作进行检查评估的通知》
32	1994 年 8 月 25 日	国家教委、国家语委发布《城镇普通中小学普及普通话工作评估指导标准》
33	1995 年 7 月 7 日	国家教委、国家语委联合发出《关于加强高等学校语言文字规范化工作的几点意见》
34	1996 年 9 月 26 日	国家教委、国家语委发布《职业中学普通话教学基本要求》
35	1996 年 9 月 27 日	国家教委、国家语委发布《职业中学普及普通话工作评估指导标准》
36	1986 年 7 月 24 日	国家教委、国家语委、商业部、国家旅游局、城乡建设环境保护部、交通部《关于加强开放、旅游城市推广普通话工作的通知》
37	1991 年 7 月 12 日	建设部和国家语委联合发出《关于在全国城市公共交通系统进一步加强推广普通话的通知》
38	1992 年 5 月 25 日	商业部、国家语委发布《关于在全国商业系统加强推广普通话工作的通知》
39	1992 年	国家语委把推普方针调整为"大力推行，积极普及，逐步提高"
40	1994 年 10 月 30 日	国家教委、国家教委、广播电影电视部联合发布《关于开展普通话水平测试工作的决定》（国语〔1994〕43 号）

上表 4.5 中 1—6 项为涉及语言规划全面发展的相关事件，以 1986 年的"全国语言文字工作会议"为最重要，是这一时期本体规划的理念和成果的直接来源，其影响达及现在；7—20 项是关涉各行业各领域社会用字的主要事件和指令，与前一节"本体规划内容"中的领域规范化性质相同，但由于未形成具体规范，我们列在这里，这些事件肇始于"二简字"的废止与治理社会用字乱象的指令《关于社会用字管理工作的意见》和《城市社会用字管理工作评估指导标准》的出台，标志着本体规划的"细化"（elaboration）、施行日趋成熟——既有施行方案，也有评估标准，这种趋势也体现在普通话推广方面。23—40 项都是关于普通话推广的相关事件和指令，又可分为两部分：21—35 项都是国家教委、国家语委对

各级各类学校发布的通知和评估标准。到 20 世纪 90 年代初期,"推普"已经进行了 40 多年,普通话社会普及的真实程度需要有科学的评估;1992 年国家把推普方针调整为"大力推行、积极普及、逐步提高",重心转移,但"提高"首先也要了解现有的水平,因此 1994 年国家三部委联合发布《关于开展普通话水平测试工作的决定》。这个决定对当代推广共同语、标准语进程产生了深刻的影响。36—38 项是国家对各地、社会各行业推广普通话的具体要求,包括旅游城市、公共交通系统和商业系统。39—40 项是关于推普的重大事件——调整"推普方针"和开始进行普通话水平测试。

第二节 标准化、信息化建设阶段后期

标准化、信息化建设后期处在世纪之交,全球化和信息化成为世界语境的两大基本特征,给当代中国语言规划带来的影响是国际化规划背景和必须同时面向现实与虚拟社区(cyber community)的语言新国情,因此语言生活愈加活跃,新的语言现象和语言变异不断产生,语言使用多样化特征逐渐显露。在这种情势下,一方面需要充分了解语言生活,整体把握言语社区的语情和语言舆情;另一方面要在原有基础上完善语言规划形成机制,巩固原有规划成果,并与时俱进更新语言规划观念,调整规划内容和方式。

国家语言规划负责机构在继 1986 年新时期语言文字工作会议 12 年后,组织召开了 1997 年"全国语言文字工作会议",确定 21 世纪语言规划的发展方向;从 1998 年开始启动了"中国语言文字使用情况调查",意图全面了解中国社区语言文字的使用情况,包括普通话、方言、少数民族语言的使用人口比例等基本面貌,为语言规划提供调查数据和政策基础;这一时期,以城市社会用字管理工作评估和普通话水平测试为着力点,开始分层次分阶段进行"城市语言文字工作"整体评估,语言规划实施逐渐走向制度化、法制化。2000 年国家制定、颁发了《国家通用语言文字法》,真正实现了语言立法,巩固了几十年来的语言规划成果。

一 语言舆情分析

这一时期语言舆情复杂化,除与前期相同的信息源外,我们将结合前

文提及的其余多渠道语料进行宏观舆情和中观舆情分析。

(一) 宏观舆情

宏观舆情考察中,《人民日报》语料搜索基本沿用前面的主要关键词,另在"语言"项中添加了"语言规划"。

表4.6　　　　《人民日报》语言舆情统计（1997—2005）

时间（年）关键词	1997	1998	1999	2000	2001	2002	2003	2004	2005	总数	年平均
语言	14	15	10	13	16	17	7	13	15	120	13.3
汉字	8	7	4	4	4	4	3	8	7	49	5.4
汉字改革等	0	0	0	0	0	0	0	0	0	0	0
普通话	13	11	13	5	5	7	3	5	4	66	7.3
汉语拼音	0	1	0	0	0	2	0	0	0	3	0.3
汉语规范化	1	1	2	1	2	1	2	0	0	10	1.1
年度总舆情	36	35	29	23	27	29	17	26	26	248	27.6

结合上表4.6数据和《人民日报》信息具体内容,宏观舆情分析如下:

(1) 形成了关注语言问题的国际化视野

表中可见当代本体规划中最具本土特征的"汉字改革等""汉语拼音""汉语规范化"搜索项的信息在这一时期极少出现,前两项已趋零。相反,在"语言"项标题搜索信息中多达13篇介绍国际上其他国家或者超国家组织的语言问题或语言规划,说明宏观层面已跳出系统本身观照语言规划,不再局限于内部因素进行规范、调整,而是同时重视外部因素的影响和参照。如1998年8月末到9月初《人民日报》连载了"欧盟语言问题扫描",分别以"法语地位今不如昔""翻译陷于困境""申请专利的苦恼""学习外语之争"[①]为题,全方位地介绍了欧盟现存主要语言问题。尽管欧盟现有24种官方语言,实际上英语是欧盟的通用语,在超国家组织中语言是民族、国家的一种象征,因此语言权利及相关方面始终是

---

① 分别见《人民日报》1998年8月24日第6版;1998年8月28日第6版;1998年9月1日第6版;1998年9月2日第6版。

欧盟小心翼翼对待的问题，至今未能很好地解决。从20世纪90年代联合国前秘书长加利宣布"世界进入了全球化时代"以来，这个21世纪的新命题，不同程度地影响到各个国家的各个领域，因此全球化也加剧了各国间的语言接触、语言竞争和语言冲突。语言问题越来越引起各国的重视，这一时期全球化也开始影响中国，宏观舆情中语言问题国际关注视野的形成即是一种反映。国际化视野有助于当代语言规划适应新的社会背景和语言生态。

（2）网络语言开始引起关注

这一时期的90年代末，中国互联网建设加速，网络迅速进入普通用户终端平台，网络语言使用作为一个新的语域开始引起关注，关注视角则随着网民数量的增加、所谓"网络语言"成为一个整体概念而发生变化。这期间《人民日报》语料中的4篇文献即是这种变化的真实反映，即"网络民俗语言探析"（网络与生活）"'网络语言'看不懂""网络语言应规范""规范网络使用语言"4篇[1]，从中我们看到，从对网络语言发生兴趣到"看不懂"，到倡导网络语言规范，再到坚定地提出规范网络语言，跨越5年时间，对待网络语言的态度发生了根本转变。

这是因为，2000年中国网民有2250万人，至这一时期结束的2005年已达到1.2亿[2]人，从语言规划的视角看，直接结果是现实言语社区外又形成了一个巨大的网络世界虚拟社区。随着虚拟社区成员的扩大，从最初上网精英化到全民化，社区成员参差不齐的文化教育水平和网络监管的缺失等原因导致网络语言构成成分不断发生变化，异质性越来越明显，按原有语言使用规范衡量日趋混乱、无序，向语言规范和语言规划提出了挑战。

（3）语言舆情焦点随社会变化和社会事件而变化

语言与社会的共变关系是社会语言学已经证实的基本理论依据。但在《人民日报》这样的党报即时出现的与社会现象、社会重大事件相伴随的信息，更说明国家的语言规划意识进一步在增强。

这一时期"汉字"搜索项共49条信息，其中有20条信息是与电脑

---

[1] 分别见《人民日报》2000年6月20日第11版；2004年9月21日第11版；2004年10月18日第1版；2005年9月29日第11版。

[2] 数据来源见"中国互联网络信息中心"，网址：http://www.cnnic.cn/。

汉字输入及汉字信息化其他方面相关的内容。这些舆情随着信息技术和编码等系统的更新而更新，迅捷及时；普通话方面的信息与社会活动、事件结合得更为紧密，如1997年是香港回归年，官方语言选择和社区内部语言习得都是回归后亟待解决的问题，因此宏观层面高度关注。《中华人民共和国香港特别行政区基本法》第九条明确规定："香港特别行政区的行政机关、立法机关和司法机关，除使用中文外，还可以使用英文，英文也是正式语文。"香港"两文三语"格局确定下来，但如何协调待解，因此1997年这一年里《人民日报》就有8篇关于香港普通话学习的信息；澳门回归也面临基本相同的问题，也曾成为焦点。另外，历年的"全国推广普通话宣传周"基本都有报道，有的还有多条信息，其重视程度可见一斑。

（4）语言权利、语言规划与国家安全关系等新舆情出现

全球化打破了原有的传统言语社区的疆域，语言接触、语言影响和混合日趋频繁，在这个过程中，不同语言操讲者的地位势必发生强弱的变化，信息化和网络方面也涉及虚拟社区语码占位问题，因此语言权利问题在世界范围内凸显出来；而在一个国家内部，语言选择与政治立场、经济利益息息相关，不同语言群体之间的关系平衡往往影响政局，语言规划与国家安全的关系成为新的舆情，除语言安全外，还涉及国家安全的其他领域。

如"追求国家关系中的语言平等"（专访）、"反对语言歧视 捍卫语言平等"为语言权利问题；"漫议语言濒危""汉语正在成为全球强势语言"讨论的是语言安全，"警惕台湾有人利用语言文化分裂祖国"[①] 则正面讨论了语言与政治安全的关系。

（5）语言规划纯洁观之外，出现新的规划理念

2001年6月6日《人民日报》发表评论员文章《为祖国语言的纯洁和健康继续奋斗》说："50年前的今天，本报发表了题为《正确地使用祖国的语言，为语言的纯洁和健康而斗争！》的社论。半个世纪过去了，重温这篇曾经推动了语言文字规范化历史进程的社论，仍觉耳目一新，它

---

① 分别见《人民日报》2004年7月27日第3版；2003年8月5日第7版；2003年7月2日第11版；2003年12月23日第11版；2000年10月17日第12版。

的基本精神，对新时期语言文字的规范化工作仍有重要的指导意义。"明确地表明了"新时期"仍然坚持语言规划纯洁观的主张。关涉这一时期纯洁理念的信息还有5条，如"为了民族语言的纯洁和尊严"①。

但随着在中国新的社会理念的出现，在纯洁观之外，也有新的语言规划观萌芽，如"让祖国语言更优美（人民论坛）""语言也应和谐起来（读者论坛）"②，提出了"优美""和谐"等标准，对语言规划有一定影响。

（二）中观和微观舆情

因《记事》内容截至2003年，这一时期余下时间中的2005年及下一阶段（2006—2013年）的舆情信息我们依据"中国语言生活绿皮书"B系列中的历年《中国语言生活状况报告》所公布的信息，即当年的"中国语言大事记"栏目内容。因此表4.7和表4.8实际是对《记事》（1997—2003）和《中国语言生活状况报告2005》中"中国语言大事记"的"领域"和"地域"舆情信息的统计。具体内容和分类标准同上一节。而2004年因缺少同质或类质的资料，数据统计告缺，具体内容我们在分析这一时期中观和微观舆情时进行弥补，结合这两组统计数据和其他信息源语料一起分析。

表4.7　　　　领域舆情统计（1997—2003，2005）

领域	政治法律	经济	文化、艺术	科技、教育	学术、出版	军事	外交
信息量	56	18	163	73	178	1	15
年平均	7	2.3	20.4	9.1	22.3	0.1	1.9

表4.8　　　　地域舆情统计（1997—2003，2005）

地域	北京	上海	天津	黑龙江	浙江	福建	江苏	广东	新疆	湖南	湖北	山西	陕西	河南	四川	西藏	海南
信息量	42	50	3	15	2	15	22	13	16	4	20	6	4	12	11	4	1
地域	河北	广西	内蒙古	江西	安徽	贵州	山东	云南	青海	甘肃	辽宁	吉林	香港	台湾	澳门	国外	重庆
信息量	22	6	13	3	11	3	14	23	1	4	6	1	26	20	10	11	6

---

①　见《人民日报》1997年1月8日第10版。
②　分别见《人民日报》2002年6月24日第4版；2005年4月12日第13版。

这一时期的中观和微观语言舆情可以概括为以下几方面：

(1) 领域舆情方面：政法和文化、艺术领域舆情信息最为丰富

这个时期横跨《国家通用语言文字法》讨论、草拟和颁布、施行整个过程，因此与此相关的舆情信息在2001年前后密集出现；另外，公务员系统语言文字培训等也归入政法类舆情，两项相加导致政法类舆情信息量较大。

语言文字应用中的混乱现象，引起了社会有识之士的焦虑和关注，早在1990—1996年，全国人大代表和全国政协委员关于语言文字问题的议案和提案就达97项，其中全国人大代表提出加速语言文字立法的议案有28项。1997年，在八届全国人大第五次会议上，又有164位代表提出了5件要求对语言文字进行立法的议案（汪家镠，2006）。足见语言生活无法可依的状况亟待改变，语言立法已十分迫切。颁布之前全国人大教科文卫委员会组织了各级各类座谈会听取对《语言文字法（草案）》的意见，作为当代第一部语言文字法，颁布、实施后全国展开了广泛的宣传和学习，因此两类舆情都有所增加。

从1998开始，每年9月份的第三周为国务院批准的"全国推广普通话宣传周"，每届宣传周都有活动中心城市、宣传提纲和宣传口号。如首届宣传周是从1998年9月13日开始，全国31个省、自治区、直辖市及新疆生产建设兵团都开展了各类形式的活动，中央电视台及地方电视台、电台推出了专栏或专题宣传，如北京电视台播出了系列专题片《中华民族的通用语言——普通话》（1—4集）；报纸、杂志等采用消息、图片、口号和公益广告等多种形式扩大影响；国家邮政局发行首届"推普周"邮资明信片。一时间舆情蜂起，掀起了从未有过的推普热潮。此后历届都会在这一个星期内形成普通话舆情焦点，但也因此显现了弊端，即活动来时舆情高涨，随后迅速回落，缺乏持续性。

除此，文化、艺术领域比较集中的信息还包括连续举办的公务员普通话大赛、各城市迎接语言文字评估而进行的各类活动等。新闻出版领域较有影响的舆情事件如2004年新闻出版总署报刊司主办的《报刊审读情况通报》（总第38期）编发了湖南省罗露玉同志致报刊管理部门的一封信，信中对一些报刊刊载文章不规范使用祖国语言文字的现象提出批评，对加强管理、维护祖国语言的纯洁和健康提出了意见和建议，在业内引起很大

（2）地域舆情方面：北京、上海、香港、云南、广东等地持续活跃状态

从以上我们各个时期所分析的中观舆情来看，各地对语言现象和语言规划的舆情反映程度常不相同，但北京、上海、香港、云南、江苏和广东等基本持续语言舆情相对活跃的状态。究其原因，各不相同：北京、上海和香港的状态与城市性质、地位有一定关系，作为政治、经济和文化中心城市，社区语言生活领风气之先，语言规划相关工作和活动的开展也与其他方面一样，往往处于先锋位置，学术、教育、科技、宣传等各方面都有先天的优势；云南、江苏、黑龙江等地区则主要是重视语言生活管理和语言规划的开展，关注语言变异和新的语言现象，及时响应国家语言政策和规划，勇于开拓实验，如黑龙江的识字教学等；广东则因为经济发展领先，粤语成为新优势方言。

上海的语言规范意识和语言政策、规范的施行始终领先。如对城市语言文字工作检查评估的实验就是从上海开始的。1997年上海市借着筹备全国第八届体育运动会之际，加大语言本体规划的力度，首先准备迎接国家语委对上海的"城市语言文字工作检查评估"，1998年12月14—17日，国家语委在上海市召开了城市语言文字工作观摩研讨会。另外，上海市的"我爱祖国语言美"学生普通话朗诵电视比赛每年举行，上海出版界青年编辑语言文字规范大赛（2002）、全国推广普通话宣传周重点城市（2001）等活动频繁开展，都使得上海语言环境越来越好。

2001年9月18—20日，教育部、国家语委在哈尔滨市召开全国城市语言文字工作评估观摩研讨会，哈尔滨市因此成为全国第一个接受上级语言文字工作评估并认定达到合格要求的一类城市。这一方面与哈尔滨市语音最接近普通话有关，更是黑龙江省长期重视语言规范问题的结果。

广东自20世纪90年代以来，在开放政策的促动下经济增长迅速，又与港澳比邻，社会文化形成了所谓"南风窗"。经济和文化两方面的领先地位决定了广东成为外来务工人员聚集的淘金地，本地方言与普通话的巨大差异使得语言问题凸显出来，一方面粤语备受青睐，这一时期粤语在民间自发传播，俨然有"粤语北上"的趋势；另一方面官方重视普通话的

推广，如 2002 年 8 月在广州 1 万条街巷换上了新的国家标准街巷牌，使用规范汉字，标注汉语拼音。

(3)"中国语言文字使用情况调查"为科学语言规划提供理论基础和事实依据

任何一项社会规划首先要做的就是对象调查，先期掌握规划范围内的各种事实和指标才能合理规划。语言规划的基础是语言国情调查，包括言语社区内的语言文字种类、分布和使用程度等。从 1949 年中华人民共和国成立至这一时期，当代语言规划已经发展 50 年，规划主体对社区整体语言面貌的了解缺失，大规模语言文字使用情况调查未曾开展，使语言规划略显先天不足。

中国语言文字使用情况调查是一项国情调查。1998 年秋开始启动，2000 年调查具体实施。调查对象是全国各省、自治区、直辖市（港澳台除外）年龄在 15—69 周岁的中国公民，公务员、教师、大学生、中学生、商业工作者、医务工作者和大众传媒工作者是重点调查对象。调查内容包括语言和文字两个方面；目的是全面了解国民使用语言文字的实际情况、习惯和态度，为语言文字规划和政策的制定提供重要依据，并填补国情调查中语言文字使用情况调查空白。调查为语言文字部门和教育部门评估过去的工作，制定合乎实际的规划和政策，预测今后的工作走向提供重要依据。①

调查结果显示：全国能用普通话、方言和少数民语言与人交谈的比例分别为 53.06%、86.38% 和 5.46%，即虽然已有一半多的人可以操讲普通话，但能讲方言的人数远超过能讲普通话的人数。所谓能讲即拥有该语言变体的操用能力，而这种能力又是在交际使用中保持的，因此可以推断方言仍是大部分人的主要日常使用语言变体；城镇和乡村能用普通话交谈的分别为 66.03% 和 46.06%，可见乡村推普任务艰巨。全国主要写简体字、繁体字和两种都写的人数比率分别为：95.25%、3.84% 和 0.92%，这说明推行简化字基本获得成功，但繁体字使用者依然有一定比例，需要酌情区别对待。全国会认读和拼写汉语拼音程度的比例分别为："会"占

---

① 中国语言文字使用情况调查领导小组：《中国语言文字使用情况调查资料》，语文出版社 2006 年版。

44.63%;"会一些"占31.68%;"不会"占23.69%,从中可见汉语拼音的推广大有成效,但半数以上不能熟练使用,与当前信息化的要求相背离。① 综上,这些调查数据因其真实、准确,为语言规划提供了科学参考。

(4) 针对社会语言热点的学术研讨提出新的语言规划观

世纪之交往往是新思潮、新观念集中产生的时期,20 世纪和 21 世纪之交,中国社会语言热点频现,新词语、外来词语和网络词语问题是主要的舆情聚焦点,最终形成了一场中国社会语言热点问题大讨论。② 在广泛的学术论争和交流中,参与者不仅敏锐地观察到语言生活中造成混乱的现象和问题,还在观点碰撞中提出了新的语言规范观和语言规划观。

这场持续在整个标准化、信息化后期的大讨论主题覆盖了语言规范、语言创新使用和语言纯洁化等理论问题,涉及的具体现象则包括广告用语、外来词语、字母词、网络语言等。主观或客观参与者包括语言界学者、语言规划制定和施行参与者、媒体人等;平台包括中央电视台、《光明日报》《中国教育报》《语文建设》《语言文字应用》《中国语文》等。如《光明日报》2001 年文章《法国捍卫法语纯洁性》③ 介绍法国语言净化情况,以此表明与《人民日报》社论相同的立场。晁继周提出,不同层面的问题规范手段不尽相同,语言规范要体现刚性与柔性相结合的原则等观点,认为研制《现代汉语通用词表》不科学。④

几次学术会议在这次讨论中有较大影响:2002 年 8 月 27 日国家语委语用司召开社会语言热点问题座谈会,会上形成基本对立的双方:社科院原副院长刘吉认为现在中国文字的混乱已经到了不能容忍的地步,列举了不规范外来语、英文缩写和网络语言的例子;央视敬一丹和作家肖复兴等持相反观点,为这些新词语喊好。⑤ 2003 年 10 月 14 日教育部召开"外来语规范问题研讨会",2004 年 5 月 25 日中宣部新闻局和教育部语用司联

---

① 中国语言文字使用情况调查领导小组:《中国语言文字使用情况调查资料》,语文出版社 2006 年版,第 5—16 页。

② 于根元:《世纪之交中国社会语言问题热点大讨论》,《辽东学院学报》2007 年第 4 期。

③ 何农:《法国捍卫法语纯洁性》,《光明日报》2001 年 5 月 25 日第 6 版。

④ 晁继周:《树立正确的语文规范观》,《中国语文》2004 年第 6 期。

⑤ 参见《文汇报》2002 年 8 月 28 日。

合召开"规范外文使用,维护祖国语言健康发展"座谈会,次日《中国教育报》以"规范外文使用宣传座谈会在京举行 用科学态度维护祖国语言健康发展"为标题报道,倡导语言健康观。同年9月15日《中国教育报》发表文章《用科学态度维护祖国语言文字主权》把外来词的规范问题上升到了"祖国语言文字主权"的高度。2005年8月12日于根元、张普、周洪波和于虹在教育部官网在线讨论"网络语言的是是非非",于根元认为语言由比较活跃的内层和比较稳定的内核以及中介物构成,提出基本的语言规范观是服务观,要以人为本,规范的主要态度和方法是引导。

(5) 钱乃荣"质疑现代汉语规范化"引起广泛讨论

钱乃荣《质疑"现代汉语规范化"》[1](以下简称《质疑》)最初发表于《上海文学》,2004年4月2日该文被转贴在北京大学中文论坛[2]汉语语言学版块,引起在线知名学者和普通网友对文中的基本观点——"语言拒绝规范化"及其他一些语言、文字问题的热烈讨论,可以说这是借由网络、平媒进行的最为广泛的学术论争,前后持续时间长达三年半之久,据石如杰统计一共有182页,1816楼,最晚的跟帖是2007年9月22日,其中还不包括中途删除的一些帖子[3]。

钱文主要观点包括:现代汉语规范化的对象普通话的语音、词汇和语法的标准都是模糊、不确切的;方言不会消失,方言可以进入任何文学;"语言规范化"的提法,与语言的本质不相符合,与语言学理论也相违背。除此,随着论辩进程,钱乃荣又论述了地方性语言文化自尊和立法保护方言等问题,认为当前世界普遍重视母语和文化的多样性,是现代文明的标志之一;后随着他又跟进的《"网络语言"代表了21世纪语言发展的方向》一帖和上海市《上海市实施〈国家通用语言文字法〉办法》的实施,该主题帖又进一步延伸到讨论网络语言等问题。

主要参与者包括清籁山房主人、曾少波、陆丙甫、吕观雄、石如杰、

---

[1] 钱乃荣:《质疑"现代汉语规范化"》,《上海文学》2004年第4期。
[2] 北京大学中文论坛,网址:http://www.pkucn.com。
[3] 见石如杰博客,网址 http://blog.sina.com.cn/s/blog_ 709f376c0100lexw.html,2010年。另,由于原讨论帖已被删除,因此后文对原讨论帖的分析主要依据石如杰博客转帖和湘里妹子学术论坛(网址:http://www.xlmz.net/forum/viewthread.php? tid = 5991&extra = &highlight = &page=1)转帖。

无为、倚天屠龙、上海闲话ABC等学者，态度上整体分为两派，如倚天屠龙、上海闲话ABC支持钱对于方言的看法；清籁山房主人认为方言的语汇形象生动、活泼丰富，南北皆然，应该吸收方言成分；陆丙甫对钱文持基本赞同意见，认为近几十年来，现代汉语是有规范过度而活泼不足的倾向。曾少波则认为语言应该是有规范的，关键在于怎样理解规范；吕观雄反驳称：中国在50年代曾提出"汉字必须改革，要走世界文字的拼音方向"这一基本国策，但在1986年召开的语言文字工作会议上拉丁化的汉语拼音方向不再作为口号提出来了，以上事实说明国家政策方针也不是一成不变的，是可以随着国情的具体变化而加以调整的。

这场大讨论发生在这一时期有其内外原因。外部原因如本节开篇所分析的全球化和信息化语境，带来语言生态的高度复杂和异质特征；内部原因是几十年语言规划基本政策、规范的施行对言语社区的语言、文字变体形成了巨大的影响，如公众场合普通话和方言的功能易位和地位变迁。内外部因素的合力作用使现代汉语结构系统本身发生变化，一般词汇和日常表达混杂化，尤其网络虚拟社区语言异化于现实社区的语言使用，都使得新的语言变异形式、新的语言现象和观念以前所未有的程度、速度迅猛而至，给语言操讲者、研究者都带来了同等程度的困惑，也使得本体规划面临从未有过的困境，这种论争因此应时而生。论争使社会语言问题明朗化，讨论中对语言规划的一些基本概念、运行方式和历史历程等都有了不能程度的深化。

二 本体规划内容

标准化、信息化建设后期是跨世纪的一个时期，经济和文化全球化迅速发展，信息化程度越来越高，对中国社区来说一个突出的表现是网络从精英化走向普及大众化，因此语言生活泥沙俱下，对本体规划构成了破坏性的挑战，引起语言规划国家主体、语言学者和各类社区群体的广泛关注和讨论。因此1997年召开了"全国语言文字工作会议"，确定了21世纪语言文字工作的奋斗目标，分别包括2010年目标和21世纪中叶目标。并借此确定当前语言规划的主要任务是：坚持普通话的法定地位，大力推广普通话；坚持汉字简化的方向，努力推进全社会用字规范化；加大中文信息处理的宏观管理力度逐步实现中文信息技术产品的优化统一；继续推行

《汉语拼音方案》，扩大使用范围。从这个时期本体规划的主要内容看基本沿着这个规划方向，但从中也能够发现规划工作性质所决定的迟延性，即从确立规划目标到出台规范和标准，再到落实规划都需经过不短的周期，因此短期内无法一一对照。

下面对主要内容先行分类描写，再作详细分析：

（一）分类统计

下表为这一时期政策规划和培育规划的主要标准、规范的粗略分类统计，政策规划涉及语言规范化、标准化、信息化（部分，其余规范由于篇幅原因此处从略）和领域语言规范化。语言规范化和标准化未加区分，但从字母标记上可以看出"GF"代表"国家规范"，"GB"则为"国家标准"，语言信息化标注为"语言·信息化"，领域规范化标记为"领域"；培育规划中涉及语言净化和语言现代化，表中分别标记为"净化"和"现代化"。

表 4.9　标准化、信息化建设后期（1997—2005）主要规范

时间	规范名称	发布单位	类型
1997年4月7日	《现代汉语通用字笔顺规范》	国家语委、新闻出版署	文字
1999年10月1日	GF 3004—1999《印刷魏体字形规范》	国家语委	文字
1999年10月1日	GF 3005—1999《印刷隶体字形规范》	国家语委	文字
1999年10月1日	GF 3002—1999《GB 13000.1字符集·汉字笔顺规范》	国家语委	文字
1999年10月1日	GF 3003—1999《GB 13000.1字符集汉字·字序（笔画序）规范》	国家语委	文字
2001年12月19日	《GB 13000.1字符集·汉字折笔规范》	教育部、国家语委	文字
2000年4月25日	《关于开展全国政区名称用字读音审定工作的通知》	民政部、教育部、国家语委	语音
2002年	《现代汉语词典》第4版	社科院语言研究所商务印书馆出版	词汇
2005年	《现代汉语词典》第5版	社科院语言研究所商务印书馆	词汇
1998年	《现代汉语规范字典》	语文出版社出版	词汇
2004年8月1日	《现代汉语规范词典》	外语教学与研究出版社、语文出版社出版	词汇

第四章 本体规划的语言标准化、信息化建设阶段（1986—2005）

续表

时间	规范名称	发布单位	类型
2001年12月19日	GF 1001—2001《第一批异形词整理表（试行）》	教育部、国家语委	词汇
1997年	GF 3001—1997《信息处理用GB 13000.1字符集汉字部件规范》	国家语委	语言·信息化
2000年3月	201108/T18030《信息交换用汉字编码字符集》	国家质量技术监督局和信息产业部	语言·信息化
2002年	《信息处理用现代汉语词类标记规范》	国家语委语言规范（标准）审定委员会	语言·信息化
2001年2月23日	GF 3006—2001《汉语拼音方案的通用键盘表示规范》	教育部、国家语委	语言·信息化
1997年	《普通话水平测试等级标准（试行）》	国家语委	领域·测评
2003年	《普通话水平测试大纲》	教育部、国家语委	领域·测评
2000年	《一类城市语言文字工作评估指导标准（试行）》	教育部、国家语委	领域·测评
2000年2月29日	《一类城市语言文字工作评估标准（试行）》	国家语委	领域·测评
1999年	GB/T 17693.1—1999《外语地名汉字译写导则 英语》	国家质量技术监督局	领域·公共翻译
1999年	GB/T 17693.2—1999《外语地名汉字译写导则 法语》	国家质量技术监督局	领域·公共翻译
1999年	GB/T 17693.3—1999《外语地名汉字译写导则 德语》	国家质量技术监督局	领域·公共地名
1999年	GB/T 17693.4—1999《外语地名汉字译写导则 俄语》	国家质量技术监督局	领域·公共翻译
1999年	GB/T 17693.5—1999《外语地名汉字译写导则 西班牙语》	国家质量技术监督局	领域·公共翻译
1999年	GB/T 17693.6—1999《外语地名汉字译写导则 阿拉伯语》	国家质量技术监督局	领域·公共翻译
2003年	GB/T 17693.7—2003《外语地名汉字译写导则 葡萄牙语》	国家质量监督检验检疫总局	领域·公共翻译
2001年	GB/T 20001.1—2001《标准编写规则 第Ⅰ部分：术语》	国家质量监督检验检疫总局	领域·新闻编辑出版
2000年	GB/T 11617—2000《辞书编纂符号》	国家质量技术监督局	领域·新闻编辑出版
2000年	GB/T 4880.2—2000《语种名称代码 第二部分：3字母代码》	国家质量技术监督局	领域·新闻编辑出版

续表

时间	规范名称	发布单位	类型
2002 年	GB/T 18790—2002《联机手写汉字识别技术要求与测试规程》	国家质量监督检验检疫总局	领域·工业
1999 年	GB 17733.1—1999《地名标牌 城乡》	国家质量技术监督局	领域·地名
2000 年 5 月 18 日	《关于加强金融系统语言文字规范化工作的通知》	中央金融工委、教育部、国家语委	领域·金融
2000 年 5 月 31 日	《关于进一步加强铁路系统语言文字规范化工作的通知》	铁道部、教育部、国家语委	领域·交通
2000 年 6 月 28 日	《关于加强邮政系统语言文字规范化工作的通知》	国家邮政局、教育部、国家语委	领域·邮电
1998 年 3 月 1 日	《广告语言文字管理暂行规定》	国家工商行政管理局	领域·商业广告
1997 年	GB/T 16785—1997《术语工作 概念与术语的协调》①	国家技术监督局	现代化
1997 年	GBT 1 6—1997《术语标准编写规定》	全国术语标准化技术委员会	现代化
1998 年	GB/T 17532—1998《术语工作 计算机应用 词汇》	国家质量技术监督局	现代化
1999 年	GB/T 10112—1999《术语工作 原则与方法》	国家质量技术监督局	现代化
2000 年	GB/T 15237.1—2000《术语 工作 词汇第 1 部分：理论与应用》	国家质量技术监督局	现代化
2000 年	GB/T 15238—2000《术语工作 辞书编纂 基本术语》	国家质量技术监督局	现代化
2001 年	GB/T 13725—2001《建立术语数据库的一般原则与方法》	国家质量监督检验检疫总局	现代化
2003 年 5 月 4 日	GB/T 19101—2003《建立术语语料库的一般原则与方法》	国家质量监督检验检疫总局	现代化
1997 年	《对当前"洋文"冲击汉语等现象的评估和对策》	国家语委部分专家	净化
2003 年 9 月 15 日	《广播电视广告播放管理暂行办法》	国家广电总局	净化

---

① 说明：该系列国家标准中凡不直接涉及语言文字使用的，本文不列入研究范围。如 GB/T 13726—1992《术语与辞书条目的记录交换用磁带格式》等。

（二） 特点分析

结合上述统计，从以下五方面详细分析主要内容：

(1) 文字规范化、标准化以定序、定形为主

与前期汉字规范化、标准化以定量和定形为主不同，这一时期以定序和定形为主。总共 8 项规范、标准中 3 项的功能为定序，3 项为定形，仅 1 项为定音。《现代汉语通用字笔顺规范》（1997）是在《现代汉语通用字表》（1988）的基础上形成的，将隐性的规范笔顺显性化，列出三种形式的笔顺；同时明确了字表中难以根据字序推断出规范笔顺的"火""爽"等一些字的笔顺，调整了"敝、脊"两个字的笔顺。GF 3002—1999《GB 13000.1 字符集·汉字笔顺规范》则以《现代汉语通用字笔顺规范》为基础，同时分类确定不同源字集（中、日、韩）汉字笔顺的制定原则，规定了 20902 个汉字的规范笔顺。这两个规范确立了完整的现代汉字笔顺标准，使汉字标准化完成了字结构内"定序"；GF 3003—1999《GB 13000.1 字符集汉字·字序（笔画序）规范》是汉字标准化的字结构外"定序"，规定了汉字之间的排序规则，并给出了 20902 个汉字的字序表。

国家语委 1999 年发布的 GF 3004—1999《印刷魏体字形规范》、GF 3005—1999《印刷隶体字形规范》和《GB 13000.1 字符集·汉字折笔规范》（2001）反映了汉字标准化"定形"规范的细化，从一般书写整体字形到分字体字形，再到具体笔画形体。前两种规范规定了两种字形的规范原则和要求，并给出了 150 个示范例字；《GB 13000.1 字符集·汉字折笔规范》在《印刷通用汉字字形表》（1965）笔形规定的基础上，进一步规定了汉字（印刷宋体）折笔笔形分类、排序、命名的原则以及具体的分类、排序和名称，给出了 GB 13000.1 字符集汉字折笔笔形表，主要适用于中文信息处理、汉字排序检索等方面，并可供汉字教学参考。

李行健主编的《现代汉语规范字典》（下文简称《规范字典》），初版由语文出版社于 1998 年出版，为国家语委"八五"规划重点项目，有半官方性质，因此本文也将之作为一种规范。字典对文字的音、形、义都有规范的功能，汉字"四定"都在其列。该字典以突出"规范性"为特点，形音义都严格执行国家已颁布的规范和标准；以中等文化程度的读者为主要对象，除全部收取《现代汉语通用字表》的 7000 字外，还收了一

部分现代汉语中能见到又不生僻的字;这本字典的特色还在于按新标准示范汉字的笔顺,分义项标注每个字的词性,并能按照义项的关系解释字义。2004年再次修订。

(2) 词汇规范化践行新的语言规范理念

这一时期词汇规范化的主要成果除了《现代汉语词典》第4、5版外,主要包括《现代汉语规范词典》(2004)(下文简称《规范词典》)和GF 1001—2001《第一批异形词整理表(试行)》(2001)。共性特征是都自觉贯穿、践行了新的规范理念。

虽然《规范词典》标以"规范"之名出版曾遭到质疑①,但从词汇规范本身来讲,难以像语音和文字一样有确切的范围和标准,规划手段主要即为辞书,而且编写组认为《规范词典》经过了"国家授权",曾在国家语委正式立项,因此本章认定为词汇规范的一种。《规范词典》的性质为"严格按照国家语言文学规范标准编写的综合性语文词典"(《规范词典》序言),共收单字约13000个,现代汉语通用词语约68000条,基本上反映了现代汉语词汇的概貌。收词是在《现代汉语通用词表》(《规范词典》编写组承担)基础上补充了少量未收词和近4000条新词语及常用词语的新义项。《规范词典》在体例上与《规范字典》相近:按词义发展脉络排列词条义项;按照词条不同义项的语法功能标注词性;提示常见易混、易错用例,引导规范使用。我们认为《规范词典》与其他词典的主要差别在于其编写动机即为贯彻、落实国家语言规划成果,而这种规范动机一般对其他词典可能只是附带功能。

GF 1001—2001《第一批异形词整理表(试行)》(2001)(下文简称《异形词》)是第一个真正意义上的词汇规范。《异形词》的创新性还在于是当代语言规划进程中第一次采用"推荐使用标准",因此而彰显出的词汇规范"柔性原则",开启和践行了语言规划柔性规划观。

学术界将意义相同,只是书面形式不同,或读音和书面形式有部分差异的词(语)称为异形词。② 2001年12月19日发布的《异形词》是推荐性试行规范,规定了普通话书面语中338组(不含附录中的44组)异

---

① 江蓝生:《辞书应慎用"规范"冠名》,《出版广角》2004年第5期。
② 傅永和:《关于异形词的规范问题》,《文字改革》1985年第1期。

形词（包括词和固定短语）的推荐使用词形。与以往的《简化字总表》《第一批异体字整理表》等强制性质不同，改变为引导式，即强调只是推荐的书写形式，遵循通用性、理据性和系统性原则；《异形词》规范强调适用于普通话书面语，包括语文教学、新闻出版、辞书编纂、信息处理等语域。

《异形词》整理主要参与者之一李行健解释说，之所以用推荐性标准，是因为词汇与语音、文字的规范性质不完全一样，词汇变化快，汉字的音义形之间的复杂关系又增加了词汇使用的复杂性，因此很难像文字、语音那样制定刚性规范；李宇明认为这个整理表反映了词语规范的柔性原则，而柔性规范是符合语言文字发展规律的，有利于促进语言文字的良性发展（温红彦，2002）。推荐、引导、试行，是一次全新的尝试，是规范理念的突破，符合与时俱进的精神。

《异形词》践行的柔性语言规范原则，实际也反映了这一时期语言规划的柔性规划观。2001年1月1日中华人民共和国第一部专门的语言文字法《中华人民共和国国家通用语言文字法》（下文简称《语言法》）生效，从管理制度化、法律化角度来看，巩固了几十年来的语言规划成果，强化了当代语言规划的刚性特征，但从《语言法》的性质来看，与其他法律并不相同：首先《语言法》调整的不是国家通用语言文字的个人使用，而是社会交际行为；其次对于法律责任，是本着说服教育、以教育为主的原则，而不是强制性的惩罚原则。语言立法是地位规划的一种形式，因此实际上《语言法》体现了柔性语言规划观，对《异形词》及当代本体规划进入柔性规范建设时期有巨大的引导作用。

(3) 语言信息化继续推进

这个时期本体规划在上一时期基础上继续加强语言信息化标准建设，主要的语言信息化标准共有21项（其中17项未列入表4.9），其中1项为信息化范畴的词汇规范，19项为信息化范畴的文字规范，1项为《汉语拼音方案》应用方案。

《信息处理用现代汉语词类标记规范》（下文简称《词类标记》）为信息处理领域的词汇规范，适用于汉语信息处理，或供现代汉语教学与研究参考。《词类标记》规定了信息处理中现代汉语词类及其他切分单位的标记代码，具体的切分单位包括词、短语和习用语、缩略语、前接成分、后接成分、语素字、非语素字、标点符号、非汉字符号等。《词类标记》中的词类分类体系参考了吕叔湘等语法学家的语法体系和《中学教学语法系统提要》，标记代码依据国际通常做法，主要采用英文术语的字母。标记规范的出台统一了语料库建设等信息处理的工作程序，保证了所开发系统的通用性。

19项信息化文字规范中，绝大部分（15项）为信息交换用汉字编码字符集（基本集或辅助集）及其各种字体、各种规格的点阵标准，信息技术通用多八位编码字符集及其字阵标准等；还包括GF 3001—1997《信息处理用GB 13000.1字符集汉字部件规范》（下文简称为《部件规范》），此规范给出了GB 13000.1字符集的《汉字基础部件表》及其使用规则。按照《部件规范》解释，"部件"就是由笔画组成的具有组配汉字功能的构字单位。例如：土、立、口、宀、田，都是部件。用部件"土""立""口"可以组成"培"字，宀、田可以组成"亩"。《部件规范》中的《汉字基础部件表》是对GB 13000.1字符集中的20902个汉字逐个进行拆分、归纳与统计后制定的，是《部件规范》的主表，共列独立使用的部件560个。《部件规范》对中文信息处理，特别是对汉字键盘输入方法，具有规范作用，适用于中文信息处理领域的设计、管理、科研、教学和出版等方面，或供汉字教学参考。这些规范保证了信息化领域汉字整体、拆分、组合输入和输出系统的一致性，及时满足了信息化发展需求。

（4）不同规划主体出台多领域语言规范

表4.9中共包括领域语言规范化范畴的规范20项，从规划主体来看可以分成三部分：教育部、国家语委发布；国家质量技术监督局（后更名为国家质量监督检验检疫总局）或国家质量监督检验检疫总局发布；中央金融工委、铁道部、国家邮政局、国家工商行政管理局等国家各部委联合教育部、国家语委发布。

首先单纯由教育部、国家语委发布的4项领域规范，是为语言标准化、信息化建设时期国家主要的语言规划评估——普通话水平测试（PSC）和城市语言文字评估制定的标准及操作指导（或大纲）。PSC是对操讲普通话的标准程度的测试，虽然《普通话水平测试等级标准》涉及语言的语音、词汇和语法，但并不是规范语言要素本身，而是对应用程度的测评，因此不属于语言规范化，本书将之归入领域语言规范化范畴；

《一类城市语言文字工作评估指导标准（试行）》同样是对语言还包括文字使用规范程度的综合评价，而非语言要素的规范，也归入领域范畴。《普通话水平测试等级标准》将操讲人的普通话水平分为三级六等，每一级包括甲、乙两个等次，失分比例分别在总分的3%、8%、13%、20%、30%、40%以内；测评的规定语境为"朗读和自由交谈时"，考查项目分为语音、词汇、语法、语调和表达，最高等级为语音标准，词汇、语法准确无误，语调自然和表达流畅；在不同等级标准中规定普通话声、韵、调的难点音；使用方言词、方言语法和方言语调等概念，依据出现的频次和表现扣分。这个标准把界定较为模糊的普通话具体化，落实到音素、词语等具体的语言单位上，对学习和推广普通话都是巨大的促进。

其次国家质量技术监督局或国家质量监督检验检疫总局发布的，包括外语地名汉字译写导则系列（1999，2003）中的英语、法语、德语、俄语、西班牙语、阿拉伯语和葡萄牙语等规范，规则类规范还包括《标准编写规则第Ⅰ部分：术语》（2001）等；GB/T 11617—2000《辞书编纂符号》、GB/T 4880.2—2000《语种名称代码 第二部分：3字母代码》为代用符号规范；GB 17733.1—1999《地名 标牌 城乡》是领域用字规范。这些规范都标有 GB 标识，由国家质量技术监督局或国家质量监督检验检疫总局发布，因此均为国家标准。

最后由中央金融工委、铁道部、国家邮政局、国家工商行政管理局等国家部委联合教育部、国家语委发布的，均为结合各行业特点以及与语言文字关系的特殊性而确立的规范要求，基本内容重合度较大，即加强推广使用普通话和规范汉字，促进行业语言规范化。

（5）培育规划的成果集中于语言现代化和语言净化

语言现代化包括词汇现代化（新词语等）、语体现代化（文风等）和术语统一，这三个方面在这一时期都有较多成果。

首先是术语规范。表4.9中语言现代化的8项规范都是有关术语统一的，包括术语工作的概念与术语协调、原则与方法，计算机应用中的词汇、词汇的理论与应用、建立术语数据库和术语语料库的一般原则与方法，以及辞书编纂基本术语等几个方面。

GBT 1.6—1997《术语标准编写规定》规定了制定术语标准的一般技术程序和编写要求，适应于编写术语标准，编写标准中的术语或其他术工作也可参照；GB/T 10112—1999《术语工作原则与方法》规定制定和编纂各专业领域术语集的基本原则和方法，描述客体和概念间的种种联系，确立了构成指称和表述定义的一般原则，适用于各专业领域的术语标准化工作，或者其他术语工作的参考；GB/T 16785—1997《术语工作概念和术语的协调》从方法论角度描述一种对概念、概念体系、定义和术语进行协调的方案，适用于国家或国际层面上开展的单语或多语语境中概念和术语的协调工作。《建立术语数据库的一般原则与方法》（2001）是该标准 GB/T 13725—1992 版的更新，除了在原标准基础上增加了"术语和定义"一章外，其他第 5、6、7 章均有增改，并增加了网络、多媒体技术方面的内容。其他几个标准的应用范围更加具体。

1996 年"全国自然科学名词审定委员会"更名为"全国科学技术名词审定委员会"，从 1995 年 12 月至 2000 年 6 月建立了较完整的科技名词体系。公布出版了 21 种名词；2000 年 6 月到 2005 年 9 月进一步拓展审定领域，新成立了 8 种学科分委会，并出版了机械（2—3）、昆虫、土木工程等 14 种规范名词。

其次是词汇现代化部分的新词语整理。这一时期在新词语理论研究不断深入的基础上，在舆情的推动下，借助计算机网络技术和语料库等新的方法，新词语整理更加系统化，学术性增强，所出版的以新词语为对象的辞书在数量、规模、内容和编纂手段等几方面都有很大的发展。主要的新词语词典近 10 部，既有通时的全编，也有年度或阶段性收词的词典。

通时类如林伦伦等编著的《现代汉语新词语词典 1978—2000》（2000）[1] 收录词语约 1800 条，所收录词条是 1978 年以来出现的，并且大部分是《现代汉语词典》或《辞海》中很少收入的新词新语；《现代汉语新词语词典》（2005）[2]，共收词 1 万余条，多为 20 世纪 70 年代以来，特别是最近一二十年来在各类媒体上使用频率较高的新词语。规模最大的是亢世勇主编的《新词语大词典》（2003）[3]，该词典基于上亿字的语料库筛选词条，从中遴选 1978—2002 年间新词语 2 万条，分为 11 种构成方式，分别做词性标注，附引例原文文献，创下诸多先例；《新词语大词

---

[1] 林伦伦等编：《现代汉语新词语词典 1978—2000》，花城出版社 2002 年版。
[2] 《现代汉语新词语词典》编委会编：《现代汉语新词语词典》，商务印书馆 2005 年版。
[3] 亢世勇主编：《新词语大词典》，上海辞书出版社 2003 年版。

典》收词涉及新造词语、旧词新用、方言词、外来词、缩略语、专业用语、字母词等若干门类，还附有网络用语。年度类如宋子然主编的《汉语新词新语年编（1997—2000）》（2002）和《汉语新词新语年编（2001—2002）》（2004）[1]；阶段性收词的有周洪波主编的《新华新词语词典 2003 年版》（2003）[2] 影响较大，主要收 20 世纪 90 年代以来的新词或新义。这些词典及时收录、整理新词语，方便查询、使用和进行词汇现代化研究。

最后是语体现代化方面。文风建设在 20 世纪五六十年代和 80 年代都曾在国家层面提出要求，其后一度未能再话题化。直至 21 世纪，2001 年中共十五届六中全会做出了《中共中央关于加强和改进党的作风建设的决定》，文件中提出"要紧紧围绕经济建设这个中心，把党的作风建设同思想建设、组织建设结合起来，带动和促进政风、行业风气和社会风气建设"。党风、行业风气和社会风气落实到语言文字使用上就是文风，因此这一时期重现了对改进文风的关注和倡议，舆情信息可见这种变化：以"文风"为关键词对《人民日报》进行标题搜索，共 290 条记录，但从 1988—2000 年一篇文章没有，2001—2002 年连续刊登了 5 篇，如《大家努力改文风》《端正学风和文风：深入学习贯彻十五届六中全会精神专论》和《倡导新鲜活泼的文风》。[3] 学术界对文风的研讨也逐渐深入。

语言净化方面，国家广电总局出台了《广播电视广告播放管理暂行办法》。虽然该办法对社区内广播电视广告的播放作了全面的规定，但从语言文字使用的角度考查，核心内容较多涉及广告的内容和广告语言的健康，因此我们归入培育规划的"语言净化"一类中，属于按"健康标准"判定的语言净化要求；《对当前"洋文"冲击汉语等现象的评估和对策》是国家语委组织部分专家研讨外语对汉语的冲击和影响后拟出的，显示了当时对待"洋文"的态度，属于按"内外标准"判定的语言净化要求。

---

[1] 宋子然主编：《汉语新词新语年编（1997—2000）》《汉语新词新语年编（2001—2002）》，四川人民出版社 2002、2004 年版。

[2] 周洪波主编：《新华新词语词典》，商务印书馆 2003 年版。

[3] 分别见《人民日报》2001 年 7 月 25 日第 4 版；2002 年 1 月 15 日第 9 版；2002 年 1 月 30 日第 4 版。

三 本体规划主要活动

下表列出了在本时期各种语言规范和标准制定及其实施过程中,国家语言规划主体的主要规划活动或事件,并根据事件的内容和性质进行了简单分类:

表 4.10　　标准化、信息化建设后期（1997—2005）
本体规划活动、事件

序号	发生时间	主要本体规划事件
1	1997年6月26日	国家语委发布关于颁布《关于普通话水平测试管理工作的若干规定（试行）》的通知
2	1997年12月30日	广播电影电视部人事司下发《关于进一步做好播音员主持人持证上岗工作的几点意见》
3	1998年3月17日	中宣部、国家教委、广播电影电视部、国家语委联合发出《关于开展全国推广普通话宣传周活动的通知》
4	1999年5月7日	最高人民检察院办公室发出《关于在检察系统做好推广普通话工作的通知》
5	1999年5月12日	人事部、教育部、国家语委联合发出《关于开展国家公务员普通话培训的通知》
6	2003年5月21日	教育部颁布《普通话水平测试管理规定》
7	1998年	全国科学技术名词审定委员会根据1997年8月IUPAC推荐的101—109号元素的英文名称重新审定了相应的中文名称
8	2000年	《现代汉语通用词表》（国家标准）在京通过专家鉴定
9	2002年6月7日	教育部、国家语委印发《教育部、国家语委关于在教育系统试行〈第一批异形词整理表〉的通知》
10	1998年9月24日	教育部、国家语委下发关于印发《中国语言文字使用情况调查实施方案》的通知
11	1999年7月20日	教育部、国家语委、国家民委、公安部、民政部、财政部、农业部、文化部、国家广电总局、国家统计局、中国社科院11个部委局的办公厅联合发出《关于开展中国语言文字使用情况调查的通知》
12	1999年2月5日	国家语委发布《关于印发〈关于进一步发挥城市的中心作用,全面推进语言文字工作的意见〉的通知》
13	2001年9月4日	教育部、国家语委发出《关于开展城市语言文字工作评估的通知》
14	2003年8月25日	中央精神文明建设指导委员会下发《关于评选表彰全国文明城市、文明村镇、文明单位的暂行办法》,将社会用语用字规范文明纳入文明城市评选标准
15	2003年9月27日	教育部语用司发出《关于一类城市语言文字工作评估有关事项的通知》
16	2000年2月29日	国家语委发布《关于进一步加强学校普及普通话和用字规范化工作的通知》

续表

序号	发生时间	主要本体规划事件
17	2004年4月7日	教育部、国家语委联合下发了《关于开展语言文字规范化示范校创建活动的意见》
18	2000年	信息产业部发布《关于互联网中文域名管理的通告》
19	2001年2月14日	国家质量技术监督局宣布开通《中文域名规范》国家标准试验系统
20	2000年10月31日	《中华人民共和国国家通用语言文字法》颁布
21	2001年6月1日	文化部、教育部、国家语委联合发出《关于在文化系统贯彻实施〈中华人民共和国国家通用语言文字法〉的通知》
22	1997年4月9日	《新闻出版报》刊载《报纸编校质量评比差错认定细则》
23	2005年	国家广播电影电视总局向各地广播电影电视局（厅）、中央电视台、解放军总政宣传部艺术局、中直有关单位发出《广电总局关于进一步重申电视剧使用规范语言的通知》
24	2000年3月9日	民政部、交通部、国家工商行政管理局、国家质量技术监督局联合颁布《关于在全国使用城市设置标准地名标志的通知》
25	2003年	教育部、国家语委组建全国语言文字标准化技术委员会。该会下设6个分会
26	2004年7月25日—31日	第89届国际世界语大会在北京召开，大会发表了《北京宣言》

上表4.10中1—6项为与普通话推广相关的内容，涉及推普两项重要举措：普通话水平测试和宣传推广周，主要为普通话水平测试的管理和在各行业领域的施行规定。7—9项为与词汇规范相关的内容：《现代汉语通用词表》因只是通过鉴定未作为正式规范发表，因此在这里列出；我们看到《异形词》虽作为推荐标准，但国家要求教育系统试行使用，以发挥其作用、体现其价值；10—11项是关于"中国语言文字使用情况调查"的通知；12—15项为城市语言规划相关内容，主要为城市语言规划评估，是这一时期主要的本体规划活动；16—17项是学校推普和语言规范化管理；18—19项为中文域名规范相关内容，属于语言信息化范畴；20—21项为《国家通用语言文字法》颁布及使用规定；22—23项为新闻、传媒领域的语言规范要求；24项是实施地名规范的一个重要通知，通过完成这个通知所下达的任务和目标，社区内地名标志开始逐步标准化；25项是关于本体规划理论支持机构的建立——全国语言文字标准化技术委员会；26项为本土发生的语言规划国际事件，即世界语大会的召开，此为语言规划国际化的一个标志。

第五章　本体规划的柔性语言规范建设阶段（2006年至今）

李宇明把当代中国语言规划的第三阶段概括为"构建和谐语言生活"阶段，在总结了2006年发生的重大语言事件后指出：这些可写入语言文字工作史册的重要事件，使政府和学者普遍认识到，语言文字工作的目标就是促进语言生活的和谐，这预示着语言文字工作进入新的发展阶段。[①] 这个论述颇具启发性，在这个节点，语言规划体系内的本体规划也进入了当代第三个发展阶段，但本书把这个阶段概括为"柔性规范建设阶段"除了体系制约外，主要基于语言本体规划本身的特点和理念。

2006年中国首次发布关于语言生活的系列丛书《中国语言生活绿皮书》（下文简称《绿皮书》），按内容分为A类和B类，A类发布语言文字的"软性"规范标准，B类是语言生活的状况与分析研究，由语言规划职能部门国家语委发布。是当代中国语言规划的一项具体举措，体现着语言规划的新理念。[②] 无论A类还是B类，都标志着"柔性"语言规范已成为本体规划的核心内容，所谓"软性"规范标准是相对于传统的"刚性"标准而言，为了达到构建和谐语言生活的目标，引导和服务语言生活将逐渐代替严格地规范语言、强制约束语言使用，因此语言规范更多为柔性的推荐规范，即软性规范；对语言生活状况的监测和研究则反映了语言规划观从"规划语言"向"规划语言生活"的转变，语言生活既被认定为语言规划的对象，语言生活异常复杂、开放的系统便决定了刚性规范、标准不易涵括其所有层面，因此引导式柔性标准更为有效、适用。

本章在语言舆情分析的基础上描写柔性规范建设时期的语言本体规划

[①] 李宇明：《中国语言规划续论》，商务印书馆2010年版，第34—35页。
[②] 李宇明：《关于〈中国语言生活绿皮书〉》，《语言文字应用》2007年第1期。

内容，仍以宏观、中观舆情分析为主，但将采用从更多渠道获得的舆情信息。

第一节 语言舆情分析

语言舆情分析同前两个阶段，采用信息量化统计与舆情内容相结合的方式。

一 宏观舆情

这一时期宏观层面的舆情信息统计及主要特征如下：

（一）舆情信息量统计

除对《人民日报》进行关键词信息统计外，在内容分析时结合国家语委《语言文字工作简报》（2006—2013）和《中国语言生活状况报告》（2006—2014）中的相关舆情信息。下表是对《人民日报》的标题搜索，除补充了"文风"方面的信息外，主要关键词与前两个时期基本相同。

表 5.1　　《人民日报》语言舆情信息（2006—2013）

时间（年） 关键词	2006	2007	2008	2009	2010	2011	2012	2013	总信息量	年平均信息量
语言	14	13	14	10	25	8	16	14	114	14.3
汉字	8	4	2	16	9	7	6	18	70	8.8
汉字改革等	0	0	0	0	0	0	0	0	0	0
普通话	3	4	0	3	2	3	1	4	20	2.5
汉语拼音	0	2	3	0	0	0	1	1	7	0.9
汉语规范化	0	1	0	0	1	0	0	2	2	0.3
年度总舆情	25	24	19	29	37	18	24	37	213	26.6
文风	1	1	0	0	28	43	33	20	106	13.1

（二）舆情特点分析

这一时期的宏观层面语言舆情具体分析如下：

（1）舆情视角趋向宏观，更多关注语言文字系统外影响因素

由上表 5.1 可见，语言规划早期重点内容的信息量与一般性关键词

"语言""文字"的信息量形成了差异性对比关系。"年平均信息量"显示,"汉字改革等"为零,低于1的还有"汉语拼音"和"汉语规范化"。这一方面反映了这几项语言规划内容已阶段性达到目标,不再是语言生活的关注焦点;另一方面反映宏观层面语言生活对语言(文字)系统外影响因素投注更多注意力,对语言文字问题的考量与国际接轨,多做一般性思考,视角更加宏观。这种变化趋势是逐渐形成的,通过观察表5.2中对不同阶段宏观舆情的对比更能清晰地看到这一变化:

表 5.2　　　　　　　　不同阶段宏观舆情对比

时间＼关键词＼年平均	语言	汉字	汉字改革等	普通话	汉语拼音	汉语规范化
1955—1965	6.8	3	2.3	6.5	5.7	0.6
1966—1976	2	0.5	0.1	0.8	0.6	0
1977—1985	9.6	5.2	0.6	2.7	1.3	0.5
1986—1996	14.7	13.8	1.9	6.6	0.5	1.5
1997—2005	13.3	5.4	0	7.3	0.3	1.1
2006—2013	14.3	8.8	0	2.5	0.9	0.3

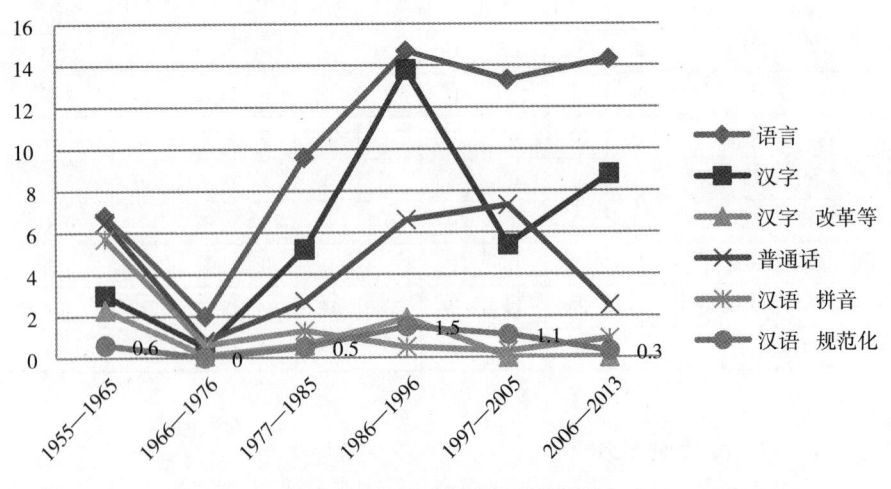

图 5.1　不同时期宏观舆情对比

我们看到,这一时期和其他时期相比,总体来讲,"语言""汉字"

类舆情信息有所增加,而其余几类大幅减少,以至于无;平面时间来看,"语言""文字"和"普通话"的相关信息占绝大部分比例,其余几类占比很小。形成这种分布格局主要有两个原因:其一是受国际上国家语言战略理念和语言规划趋势影响。在这个阶段一些欧美大国陆续出台自己的语言战略,将语言纳入发展国家实力范畴,对外利用语言维护国家安全,传播自己国家的文化和价值观等,并借此将语言与经济联系起来,开拓语言经济;对内通过语言地位调节、化解社会矛盾,增强凝聚力。在这些理念影响下,国家语言发展战略等宏观思考占据舆情主位,2007 年教育部成立了与南京大学共建的"中国语言战略研究中心"(The China Centre For Linguistic And Strategic Studies)和与上海外国语大学共建的"中国外语战略研究中心"(Research of Foreign Language Strategies);其二是"语言生活"概念的提出并逐渐得到认同。语言生活概念综合了各种语言现象和因素,强调语言系统外影响因素的作用,因此从语言生活视角出发,相对而言削弱了对语言结构系统一些具体问题的集中注意。

(2) 信息内容丰富,涉及中外语言生活主要语言现象和事件

宏观层面语言生活和舆情多半事关国家、民族总体和全局,因此在一段时间内往往聚焦于较为重大的语言决策或事件,但从这一时期的统计信息内容来看,信息具有丰富多样的特点,呈分散化分布,涉及中外语言生活的主要语言现象和事件。

例如"语言"类信息中除通报国内外的语言动态外,还广泛涉及语言濒危和保护、语言纯洁化、语言暴力、网络语言、语言与文化等诸多方面。"现代社会,提倡'多言多语'"(《人民日报》2007 年 8 月 17 日第 11 版)、"我国抢救濒危少数民族语言"(《人民日报》2007 年 5 月 9 日第 11 版)是关于语言保护的,提倡语言多样化;"纯洁语言 传承文化"(《人民日报》2010 年 5 月 7 日第 23 版)依然坚持语言纯洁化规范观;关于语言暴力的共有 3 条,如"警惕语言'冷暴力'(人民论坛)""网络语言与语言规范""规范语言文字 守护民族精神家园"[①]前两者是重视网络语言的规范,后者进一步把规范语言文字和民族精神、文化联系到一

---

① 分别见《人民日报》2010 年 3 月 26 日第 4 版;2008 年 12 月 9 日第 4 版;2010 年 12 月 1 日第 18 版。

起，等等。"汉字"类信息包括汉字的发展、汉字规划、汉字文化、汉字使用中的问题、汉字宣传活动报道等各个方面，如"汉字的明天什么样？"讨论汉字的发展；"汉字'整形'：精英文化遇民间挑战？"是对通用规范汉字微调的讨论；关于这次微调连续有三条信息；"视汉字为'国字'解决'文化危机'"讨论汉字的文化功能，"手机输汉字 只用六个键""广东办身份证不怕冷僻字"①关注的都是不同领域汉字的使用。"普通话"信息中连续 5 年都报道了"推广普通话宣传周"。

(3) 重视语言文字的实际运用，"文风"成为舆情焦点

除上述语言、汉字各类舆情中大量有关语言文字具体运用的信息外，语言整体风格的表现——文风成为这一时期持续发酵的舆情焦点。因为在考查舆情信息具体内容的过程中发现"文风"相关舆情持续时间长、信息量大，至今还在绵延，因此以"文风"为关键词进行了单独统计，见表 5.1 附栏，文风作为很具体的语言问题，信息总量达到了 106 条，从 2010 年到 2013 年每年都有 20 条以上的信息，足见其热度。

究其原因主要是受到国家加强文风建设的影响，2011 年和 2012 年各有一次相关的语言规划活动。在这个背景下《人民日报》设置了"走基层、转作风、改文风"专栏，因此未加这个标签的"文风"类信息 2011 年只有 2 条、2012 年只有 9 条，2013 年又持续成为舆情焦点。据统计仅仅 2013 年《人民日报》发表与"文风"有关的报道就有 172 篇，其中以"改进文风"为主题的 106 篇②；《光明日报》全年发表与"文风"有关的报道 202 篇，"改进文风"占 87%，共 175 篇；2013 年有 37 家外媒报道了以"文风""领导人语言魅力"等关键词为主题的新闻共计 78 篇。③

经过几年对改进文风的倡导和实践，成效初现，尤其是政府公务文风。和本研究有切近关系的一个例子，是我们作为资料参考的国家语委从

---

① 分别见《人民日报》2009 年 8 月 25 日第 11 版；2009 年 1 月 15 日第 6 版；2006 年 12 月 18 日第 11 版；2006 年 10 月 12 日第 10 版。

② 李德龙：《媒体聚焦"改进文风"》，载教育部语言文字信息管理司组编《中国语言状况报告 2014》，商务印书馆 2015 年版，第 193—194 页。另，本文统计的是标题信息，与此处统计结果因此不同。

③ 李德龙：《媒体聚焦"改进文风"》，载教育部语言文字信息管理司组编《中国语言状况报告 2014》，商务印书馆 2014 年版，第 194 页。

2002 年一直编办的《语言文字工作简报》就是因为响应精简办公、简洁文风的号召，到 2013 年下半年停编的。① 国家语委主任李卫红等的讲话风格也明显简短，要言不烦。2014 年习近平总书记的新年贺词只有 759 个字，被称为最短新年贺词。

（4）超国家层面语言事件显示语言文字多功能，推动语言规划发展

语言、文字作为交际工具、文化的载体以外的功能只有在民族之间或者国家之间的接触、交往过程中才能更好地体现出来。这一时期国际及中国境内发生的超国家层面的语言事件显示了语言在外交、维护国家安全、推广民族文化等方面的重要价值，同时加深了语言规划主体对语言的资源属性和语言作为国家实力组成部分的认识。

首先是 2008 "国际语言年"（Internacia Jaro de Lingvoj）。第 61 届联合国大会 2007 年 5 月 17 日通过决议确定 2008 年为"国际语言年"，以突出语言多样性对于促进文化多样性及国际间相互理解的重要意义，促进世界语言和文化的多样性和各国的相互谅解。决议强调汉语、英语、法语、俄语、阿拉伯语和西班牙语联合国 6 种官方语言具有同等重要性，必须在联合国信息发布等各种场合得到恰当使用，以便消除英语和其他 5 种语言在使用程度上的差异。为了响应教科文组织"2008 国际语言年"的倡议，国际社会在 2008 年举办了展览、研讨会、文化艺术交流、网络建设等多种形式的活动 225 项。② 国际语言年及教科文组织关于语言的多项文件都对中国语言规划观的形成产生了较大的影响。

其次是"中俄语言年"。2009 年在中国举办的"俄语年"和 2010 年在俄罗斯举办的"汉语年"活动成为两国文化生活中的标志性事件。语言年期间，中国 22 个省、自治区、直辖市与俄 23 个联邦主体共举办 500 余项活动，上亿人次参与，见证了中俄两国的民意基础。③ "中俄语言年"开启了中国与其他国家的"语言年"交流模式，是一种新型外交模式。

最后是"中法语言年"和"中德语言年"。2010 年 11 月 4 日，中法

---

① 消息来源于国家语委语信司李强老师，在此说明并致谢。
② 郑梦娟：《国际语言年》，载教育部语言文字信息管理司组编《中国语言状况报告 2008》，商务印书馆 2009 年版，第 362 页。
③ 《年终特稿：语言年——中俄关系蓬勃发展新亮点》，中国新闻网，2010 年 12 月 24 日。网址：http://www.chinanews.com/gn/2010/12-24/2744710.shtml.

两国元首共同宣布于 2011—2012 年互办语言年。教育部副部长李卫红在 2012 年 9 月 3 日"中法语言政策与规划比较研究国际研讨会"中指出,"中法语言年"在中国开展一年多举办了 400 多场教育文化交流活动,对于促进中法人文交流的发展产生了重要影响。这反衬出当代语言规划主体重视学习和借鉴国际社会在确立语言政策、处理语言多样性等方面的规划经验和方法,重视推动与各国各地区的语言文字交流与合作。

2013 年 5 月 26 日,中国总理李克强和德国总理安格拉·默克尔共同在柏林为"中德语言年"揭幕,开启了这一中德两国语言文化交流项目,2013—2014 年活动期间在两国境内都举办了各种形式的交流活动,从国家领导人到民间语言学习者之间的充分交流,增进了文化了解和认同,从而促进了两国友好关系。

语言年的开展对于当代中国语言规划来说,客观上提升了语言规划的地位和作用,使其跳出了原有囿于语言本身的政策思路和理念,实现了语言文字的潜在功能与价值,也提出了如何进行语言国际规划的课题。

二 中观和微观舆情

中观和微观分析主要以历年的绿皮书《中国语言生活状况报告》(2006—2014)(下文简称《报告》)为据,对每年《报告》中的"语言生活大事记"进行领域和地域舆情信息统计,同时参考《语言文字工作简报》(2006—2013)和中国语言文字网的"语言文字网络信息聚合系统"。

(一)信息统计

为了与前两个阶段分析材料性质相同,采用与费锦昌主编的《百年记事》(1892—1995)和《新时期记事》(1998—2003)编写方式相近的历年《报告》中的"语言生活大事记"作为主要的分析依据,下两表分别为"领域"和"地域"舆情统计,领域舆情分类标准与前面各个时期相同,地域舆情中国家和地方语委的纯工作会议不做统计;学术会议只有本地单位承办、主办的才算作当地舆情事件。

表 5.3　　　　　领域舆情统计(2006—2013)

领域	政治法律	经济	文化、艺术	科技、教育	学术、出版	军事	外交
信息量	10	16	161	216	265	3	102

续表

领域	政治法律	经济	文化、艺术	科技、教育	学术、出版	军事	外交
年平均	1.3	2	20	27	33	0.4	12.3

表 5.4　　　　　　　　　地域舆情统计（2006—2013）

地域	北京	上海	天津	黑龙江	浙江	福建	江苏	广东	新疆	湖南	湖北	山西	陕西	河南	四川	西藏	海南	宁夏
信息量	126	30	8	4	26	17	44	17	13	9	19	5	7	5	10	9	4	3
地域	河北	广西	内蒙古	江西	安徽	贵州	山东	云南	青海	甘肃	辽宁	吉林	香港	台湾	澳门	国外	重庆	
信息量	18	24	12	7	7	2	17	12	5	6	7	10	8	8	1	106	6	

（二）舆情特点分析

在分析统计数据基础上，结合多种渠道的舆情信息内容，对这一时期的中观、微观层面语言舆情作如下分析：

（1）科教与学术、出版类信息大量增加

尽管历年《报告》的"语言生活大事记"中不包括语言本体的相关研究，从统计数据仍可见这一时期的科技、教育和学术、出版类信息都有较大增加，年平均量分别从上一时期的 20.4 条和 9.1 条增加到 27 条和 33 条。

科技、教育类信息中与其他时期类似的，是教育领域与语言教育、语言使用相关的信息占较大比重，不同的是这一时期全国科学技术名词审定委员会组建（或换届）不同的学科委员会，科技名词规范化工作覆盖的领域不断扩大，这过程中各学科名词审定委员会成立大会或者讨论会频繁举行，构成了科教类信息的主体部分，例如仅 2010 年开展工作的学科就有 50 个，出版学科名词 14 种。

学术、出版类信息最为丰富。其中两类信息占主要部分：一类是语言应用研究学术著作大量出版，具体到语言政策与语言规划研究领域，较有影响的专著和译著集中在这个阶段陆续出版，如陈章太（2005）、李宇明（2010a、2010b）、姚亚平（2006）等的语言规划主题专著，为中国语言规划研究奠定了基本的理论基础；徐大明主编的《语言规划经典译丛》和《语言资源与语言规划丛书》（与吴志杰合作主编）等系列译著，翻译、引介国际上重要的语言政策和语言规划著作，有助于中国研究者及时了解国际最新的理论动态和研究范式，开拓研究视野，使当代中国本体规划能及时跟进国际发展态势。另一类是相关学术会议的高频举办。除传统的中国语文现代化学会学术会议外，应用语言学、社会语言学学术研讨会（国际和全国两个系列）、城市语言调查国际学术研讨会和新创办的中国语言经济学论坛以及其他各种相关学术论坛等研讨活动连年举办，在学术界形成舆论热点。

这两类舆情既为中国语言规划的发展提供了实践基础，同时也成为语言政策和规范出台的监督。

（2）对外交流语言活动日趋多样、频繁，使语言规划面临新问题

上述表5.3领域统计中的"外交"和表5.4地域统计中的"国外"类都有较大的信息量，从中可证这一时期语言生活中对外交流活动所占比重越来越大。这些信息还不包括民间学界的学术交流和互访。外交类主要记录的是国家领导人境外参加孔子学院的揭牌、庆典等活动，和到各国访问以借鉴和交流语言管理和制定语言政策等的经验，或在境内接待世界各国前来访问和交流的领导人或相关团体。舆情信息透射出这一时期汉语国际教育发展迅速，成为语言对外交流的最主要的通道，以语言为主题的中外文化交流因此有很大发展。截至2013年全球孔子学院/课堂的总数已达到1006个，2013年2月孔子学院总部正式发布了《孔子学院发展规划（2012—2020）》确立了新的发展目标和任务。

语言对外交流和国际互动的常态化给当代中国语言规划带来新的语境和问题：①如何内外兼顾进行语言习得规划，目前语言规划的这个部分既缺少整体性规划，母语学习和汉语作为第二语言习得规划与教育规划之间也都缺少科学联系；②如何进行声望规划，以提高汉语的威望值；③如何更新本体规划理念，以适应汉语国际教育需求。

（3）主要舆情热点及其引发事件频出

随着语言的多种社会功能逐渐得到更多认知，社区成员对语言及其使用的关注不断升温，在这个时期，借助互联网的模因传递和快速传播的优势，一些语言现象很快发酵形成语言事件，并进一步引发语言相关问题的讨论，成为舆情热点。下表为综合上述多种信息渠道总结的历年语言舆情热点及相关事件：

表 5.5　　　　　　　　　　　　主要舆情热点①

舆情时间（年）	舆情热点	引发事件
2006	1. 语言教育中的文白之争	上海全日制私塾"孟母堂"被叫停
	2. 语言文字应用中的"啄木鸟"行动	春节期间《咬文嚼字》杂志与京、沪、宁、穗等地的六大媒体合作，发动全国观众给春晚纠错
	3. 姓名用字问题	第二代身份证换证工作全面展开，姓名用字现状和存在问题全面显露
	4. 语文辞书问题	《人民日报》开辟"聚焦辞书仿冒现象"专栏，并公布联系方式，鼓励读者发表、交流看法
	5. 博客写作受到关注	2006 年被称为博客元年
2007	1. 新词新语热	教育部、国家语委借《中国语言生活状况报告 2006》第一次公布 171 条新词语
	2. 对外教育的小语种热	奥运会等国际盛事在中国举行，带来高考小语种热
	3. 广告语言问题	本年度名人代言的广告，尤其保健品与药品及医疗器械、化妆品与洗涤用品及减肥美容服务等类广告，因广告语言虚假问题多次成为社会焦点
	4. "火星文"热议	90 后在网上使用别人看不懂的字符或其他符号被称为"火星文"
2008	1. 奥运会汉语元素	第 29 届奥运会和第 13 届残奥会在北京举办
	2. 奥运会语言服务	同上
	3. 赵 C 人名事件	江西省鹰潭市本名赵 C 的青年因名字中含不是汉字简化字的字母"C"无法换取第二代居民身份证
	4. 网络语言热	媒体和学术界关注网络语言
	5. 山寨·雷·囧热	年度各种流行词语评选，山寨、雷和囧均在榜中
2009	1. 汉字繁简之争	政协和人大代表提出或支持恢复繁体字议案
	2. 人名用字热议	4 月 11 日《羊城晚报》刊发《今后取名字用字只限 8000 余个》，称《通用规范汉字表》研制专家提出今后新生儿取名用字不能超出字表
	3. 热议《通用规范汉字表》，尤其 44 个字形"微整形"的汉字	2009 年 8 月 12 日，教育部、国家语委联合向社会发布《关于〈通用规范汉字表〉公开征求意见的公告》
	4. 地名用语用字讨论	杭州等地恢复街巷的古名或老地名
	5. 热字、热词和热语讨论	"被、芔"等字，"躲猫猫、70 码、蜗居"等词，"你妈妈喊你回家吃饭"等热句流行

---

① 部分年度的舆情热点参阅了当年的《中国语言生活状况调查报告》。

续表

时间（年）	舆情热点	引发事件
2010	1. 中文使用危机	二代身份证文字被发现有四处语病
	2. "屏蔽"外语缩略词惹热议	A. 人大代表屏蔽网络词语的提议 B. 4月份，国家广播电影电视总局向中央电视台等广播影视机构下发通知，要求在口播新闻、采访和影视字幕等方面，不要再使用外语及外语缩略词
	3. 方言保护讨论	广州发生"撑粤语"事件
	4. 语文教育与汉语危机讨论	A. 上海3所高校取消语文考试事件 B. 高中语文教材删减经典篇目
	5. 热议中小学语文教材	高中语文教材删减经典篇目；民国小学教材受宠
	6. "汉字书写危机"热议	全国政协委员苏士澍、欧阳中石和王明明联名递交《关于加强青少年汉字书写教育的提案》
2011	1. 汉字使用规范热议	故宫送锦旗错将"捍卫"的"捍"用成"憾"；苏版语文教材"林荫道"写成"林阴道"
	2. "汉语能力测试"引争议	7月26日教育部宣布"汉语能力测试"将于10月率先在上海、江苏等地开展
	3. 热门网络文体发酵	"淘宝体"出现后，"高铁体、咆哮体、校长撑腰体……"等表达模式陆续被提出
	4. 地名更名热	A. 湖北省襄樊市2010年12月9日宣布将"襄樊市"正式更名为"襄阳市" B. 9月28日湖北省工商联主席赵晓勇宣布即日起湖北商人统称为"楚商"
	5. 微博语言引关注	2011年被称为"微博应用元年"
2012	1. 字母词热议	8月28日首都百名学者联名举报《现代汉语词典》（第6版）收入字母词违法
	2. 方言保护热议	A. 上海等地在公交车上用方言报站 B. 多个地方的人大代表和政协委员的提案与方言进课堂有关 C. 苏州有公司禁止说方言
	3. 命名、更名事件不断引起讨论	A. 四川宜宾市机场更名为"宜宾五粮液机场" B. 中央民族大学英文译名 C. 中国首艘航空母舰被命名为"辽宁号" D. 成都熊猫基地奥运大熊猫被命名为奥利奥 E. 美国加州杏仁商会将中国市场的"美国大杏仁"更名为"巴旦木" F. 周黑鸭等品牌取得武汉市地铁二号命名权
	4. 汉语拼音和英文使用混乱引热议	A. 重庆、厦门等地媒体报道路牌、路标不规范现象 B. 高铁票上的方位词或用英文或用拼音，不统一

续表

时间（年） / 舆情	舆情热点	引发事件
2013	1. 正文风	媒体聚焦改进文风
	2. 热词使用及研究惹争议	A. 冯小刚反对使用"屌丝" B. PM2.5 中文命名 C. 上海一硕士生毕业论文研究"呵呵"一词
	3. 规范汉字引发讨论	A. 台湾景区标识改简体字（两岸看法均不一） B. 《通用规范汉字表》发布 C. 湖北给学生发盗版的免费《新华字典》
	4. 推广普通话和保护方言的关系引发讨论	A. 上海：幼儿园试点沪语教育 B. 美国人在创立的"乡音苑"网站上绘制附带各地音频的汉语方言地图 C. 上海现奇葩公司：在单位说5次上海话一律辞退 D. 四川一语文老师普通话蹩脚 家长让孩子罢课抗议"椒盐普通话"
	5. 语文和外语教育引发热议（从中学延伸到大学）	A. 教育部前发言人王旭明提出为了挽救母语应取消小学英语课 B. 北京中高考英语改革（语文增分，外语减分并改变考试方式） C. 鲁迅文章被删（初一《风筝》） D. 人民大学把"大学语文"改为选修课
	6. 汉字书写引发全民热议	A. 央视汉字听写大会 B. 百岁周有光批"听写大会"："我去一定考零分" C. 《汉字听写大会》决赛题目出错
	7. 当代汉语进入牛津词典引发关注	A. "土豪"携手"大妈"或进牛津词典 B. "自拍照"当选牛津字典2013年度词汇
	8. 微信语言生活	微信普及，被法新社列入"2013生活方式趋势"榜

表 5.5 所列舆情热点涉及语言规划中的语言教育、社会生活各领域中语言和文字的使用规范、普通话推广和方言保护的关系、网络文体对语言生活的影响及网络语言规范等方面，因为是较近一个时期的舆情反映，因此反映了言语社区当下的语言生活原始状态，对现行语言政策和语言规划影响最大；又因为语言规划往往具有一定的推后特征，这些语言舆情是进行后续本体规划最主要的参照和依据。

第二节 本体规划内容

本节按照语言本体规划模型，分析不同规划区域的具体内容，主要包括政策规划中的语言规范化、标准化、信息化，领域语言规范化和培育规划。

一 语言规范化（标准化、信息化）

这部分指的是语言规划主体为了达到语言规范化、标准化和信息化，对语言本体的规划，是这个时期本体规划最重要的内容。

（一）主要规范和标准

下表列出了主要的规范标准并标明了发布时间、单位和下位类型：

表 5.6　　柔性规范建设阶段（2006—2013）语言规范和标准

发布时间	规范名称	发布单位	类型
2007年2月18日	111号化学元素定名为"鿔"并纳入规范用字	全国科技名词审定委员会，国家语委	文字
2009年1月21日	《汉字部首表》	教育部、国家语委	
2009年1月21日	《GB 13000.1字符集汉字部首归部规范》	教育部、国家语委	
2009年3月24日	GF 0014—2009《现代常用字部件及部件名称规范》	教育部、国家语委	
2009年3月24日	CF 0013—2009《现代常用独体字规范》	教育部、国家语委	
2013年6月5日	《通用规范汉字表》	国务院	
2013年8月11日	用"鈇""鉝"分别作为114号、116号元素的中文名称并纳入国家规范用字	国家语委	
2006年4月6日	GF 3007—2006《中国通用音标符号集》	教育部、国家语委	语音
2011年10月31日	GB/T 28039—2011《中国人名汉语拼音字母拼写规则》	国家质量监督检验检疫局、国家标准化管理委员会	辅助文字
2012年6月29日	GB/T 16159—2012《汉语拼音正词法基本规则》	国家质量监督检验检疫局、国家标准化管理委员会	
2011年12月30日	GB/T 15834—2011《标点符号用法》	国家质量监督检验检疫局、国家标准化管理委员会	语法
2011年7月29日	GB/T 15835—2011）《出版物上数字用法》	国家质量监督检验检疫局、国家标准化管理委员会	
2006年9月18日	GB/T20532—2006《信息处理用现代汉语词类标记规范》	国家质量监督检验检疫总局、国家标准化管理委员会	词汇
2012年	《现代汉语词典》第6版	社科院语言研究所商务印书馆	

续表

发布时间	规范名称	发布单位	类型
2013年1月6日	GF 0017—2013《识字教学用通用键盘汉字字形深入系统评测规则》	教育部、国家语委	语言·信息化
2008年10月	《中国语言生活绿皮书》A001《现代汉语常用词表（草案）》	国家语委	软规范·词汇
2009年10月	《日本汉字的汉语读音规范（草案）》	国家语委	软规范·语音
2009年10月	《文语转换与语音识别系统语言文字评测规范（草案）》	国家语委	软规范·信息化
2009年10月	《机器翻译系统语言文字评测规范》	国家语委	
2009年10月	《语料库系统语言文字评测规范（草案）》	国家语委	
2009年10月	《现代汉语语料库元数据规范（草案）》	国家语委	
2009年10月	《基于概念层次的语句概念结构语料库标注规范》	国家语委	
2012年6月29日	GB/T 9704—2012《党政机关公文格式》	国家质量监督检验检疫总局、国家标准化管理委员会	副语言·其他

注：此表含副语言规范1种。

（二）"软性"规范

本体规划进入第三个阶段，其标志主要是2006年开始发布《中国语言生活绿皮书》（下文简称"绿皮书"）B系列，即通过《中国语言生活绿皮书》发布"中国语言生活状况报告"。首倡者之一李宇明（2007）指出，"《绿皮书》早期只是为发布语言文字的'软性'规范设计的。这种设计理念首先是认识到语言文字的规范标准柔性多于刚性"。当时实际发布的《绿皮书》分为A、B类，A类用来发布"软性"规范。由政府部门发布整个国家社区的语言生活状况报告是中国语言规划史上的首次，是当代语言规划的创新策略，反映了语言规划观的变化，从解决问题的管理模式向建设语言生态的服务模式转化，"体现了新世纪国家语言文字工作

'重在引导、重在服务'的新理念"①。从以强制性规范为主到着重于引导性规范的转化。

这个阶段通过《绿皮书》发布的"软性"规范包括《中国语言生活绿皮书》A001《现代汉语常用词表（草案）》和 A002 系列，后者包括《日本汉字的汉语读音规范（草案）》《文语转换与语音识别系统语言文字评测规范（草案）》《机器翻译系统语言文字评测规范》《语料库系统语言文字评测规范（草案）》《现代汉语语料库元数据规范（草案）》和《基于概念层次的语句概念结构语料库标注规范》等。

（三）内容及特点分析

本时期语言规范化（标准化、信息化）成就达到新高点：

（1）汉字规范化达到新高度

这一阶段从整体汉字到汉字部件和汉字归部都有了统一的规范或标准，汉字规范化进入新阶段。

首先，是《通用规范汉字表》（2013）发布。《通用规范汉字表》（以下简称《规范字表》）是这个阶段最重要的语言规范化成果，是汉字规范化集大成者，也成为汉字规范化水平新的标志。《规范字表》的发布，阐释了信息化时代汉字规范和文化传承的新寓意，"对提升国家通用语言文字的规范化、标准化、信息化水平，促进国家经济社会和文化教育事业发展具有重要意义"②。

《规范字表》共收字 8105 个，分为三级：一级为常用字表 3500 字；二级收 3000 字；三级收 1605 字。三级字表分层设计以分别满足不同层次的用字需求，既在总量上适应语言生活变化所引起的社会用字量的扩大，又兼顾了在基础教育、新闻出版、广播电视、户籍管理、邮政通信、医疗卫生、金融保险等领域的专用需要。为解读《规范字表》，同年出版了《通用规范汉字字典》。③

---

① 见教育部副部长、国家语委主任李卫红在 2010 年"首届中国语言生活学术研讨会"上的讲话。

② 《国务院关于公布〈通用规范汉字表〉的通知》，载教育部语言文字信息管理司组编《中国语言生活状况报告 2014》，商务印书馆 2014 年版，第 32 页。

③ 王宁主编：《通用规范汉字字典》，商务印书馆 2013 年版。因该字典只作为《规范字表》的解读，本文不作为独立的本体规划文字规范化成果，未列入表 5.6 中。

《规范字表》最大的优势是整合优化了原有汉字规范成果，同时实现汉字的定量、定形和定序，一表多能多用，基本解决了多年来确定类推简化字的问题，并应使用者多年要求将45个异体字恢复为规范字。另外，该表的非封闭开放性质，也为动态更新、补充新的后续用字提供了条件。

其次，是汉字归部有了国家标准。2009年1月《汉字部首表》和《GB 13000.1字符集汉字部首归部规范》发布，统一了汉字部首，解决了汉字归部、排序问题。《汉字部首表》在《汉字统一部首表（草案）》的基础上制定，规定汉字的部首表及其使用规则，主部首201个（保持了原草案的部首数），附形部首99个。该规范为工具书编纂、汉字信息处理、汉字排序检索及汉字教学提供了依据，但在"草案"运行使用了16年后才最后发布正式规范，反映了语言规范化修订的迟滞、落后，与信息化要求有相当的距离。

《GB 13000.1字符集汉字部首归部规范》综合汉字发展理据和现实需要确立汉字部首的归部原则和规则，给出了GB 13000.1字符集20902个汉字的部首归部表，实现了汉字归部的标准化。预期功能是用于中文信息处理领域汉字排序、检索，或供辞书编纂和汉字教学参考。但因这两项规范都是推荐性标准，鼓励社会使用，所以需要更多宣传和倡导，才有助于实现归部规范，尤其在辞书和信息处理领域。

最后，是汉字部件规范确立。2009年3月《现代常用字部件及部件名称规范》和《现代常用独体字规范》发布，提供了确立汉字部件的统一推荐标准。前者规定了现代常用字的部件拆分规则、部件及其名称，遵从"根据字理、从形出发、尊重系统、面向应用"的原则对3500个常用字进行拆分，得出514个部件；又根据变体、简繁、形近等关系归为441组部件；该规范同时给出了《现代常用字部件表》和《常用成字主形部件表》，及附录中的《现代常用字部件构字数表》和《现代常用字部件笔画序检索表》。后者定义了独体字，并在现代汉字的范围内确定了256个现代常用独体字，给出了《现代常用独体字表》。两个规范虽为推荐性标准，但均适用于教育、辞书编纂和信息处理参考，只是如何执行是一个最大的问题。汉字编码是难题，1997年发布的GF 3001—1997《信息处理用GB 13000.1字符集汉字部件规范》确立了560个部件，事实上没有多少信息产品完全使用这个标准，因此"执行"是此类规范实现其价值的关键。

(2) 汉语拼音、语法和词汇出台或修订国家标准

首先在汉语拼音方面。汉语拼音方面出台了 GB/T 28039—2011《中国人名汉语拼音字母拼写规则》和 GB/T 16159—2012《汉语拼音正词法基本规则》。

《中国人名汉语拼音字母拼写规则》规定了使用汉语拼音拼写中国人名的规则，包括汉族人名和少数民族人名，同时给出一些特殊场合的变通处理方法。这个规范把人名拼写规则细化，便于教育、辞书编纂和信息处理等领域参考。

2012 年公布的新版《汉语拼音正词法基本规则》是 1996 年发布的《汉语拼音正词法基本规则》的修订版，"规定了用《汉语拼音方案》拼写现代汉语的规则，内容包括分词连写规则、人名地名拼写规则、大写规则、标调规则、移行规则、标点符号使用规则等，同时规定了一些变通规则以适应特殊需要"。这项标准能够满足文化教育、出版和中文信息处理及其他社会应用领域的汉语拼音使用要求，但目前来看，虽然经过修订，对这项标准，社区普通成员能了解和掌握的很少；同时从社会应用来看，汉语拼音的使用依然混乱。

另外，这两项标准实际上前者是后者内容中其中一项的细化，所以出台顺序应该颠倒过来才符合规律，反序不只是顺序问题，实际反映了语言规范化的缺乏系统和规划性。

其次是语法方面。语法方面 2011 年先后发布《出版物上数字用法》和《标点符号用法》国家标准，这两个标准均是对原有标准的修订，修订后的版本，仍为推荐性标准，自 2012 年 6 月 1 日起实行。

《出版物上数字用法》规定了出版物上汉字数字和阿拉伯数字的用法，适用于各类出版物（文艺类出版物和重排古籍除外），公文以及教育、媒体和公共服务领域的数字用法。GB/T 1.1—2011《出版物上数字用法》替代了 GB/T 15835—2009《出版物上数字用法的规定》，相较前一版本，新标准除标准名称有变外，内容上不再强调使用阿拉伯数字的倾向性；坚持数字用法"得体原则"和"局部题例一致原则"的基础上，调整措辞、规定和示例，进一步明确具体操作规范；对原有的行文结构和部分基本术语进行了调整。

数字用法，相对于语言的其他方面和文字，所涉及的问题都较为简单，但其规范、标准修订可谓频繁，同样不是一个成熟语言规划运行机制的表现。

《标点符号用法》新标准按照 GB/T 1.1—2009 给出的规则起草，在 GB/T 15834—1995 的基础上修订，相比 1995 年版本，根据国家标准编写规则（GB/T 1.1—2009），标准的编排和表述做了全面修改；更换了大部分示例，使之更简短、通俗、规范；增加或修改了部分术语的定义；增加或修改了一些标点符号的用法。

为了使标点符号的用法规范更加具象化，标准中添加了大量示例，翔实具体，但作为语言规范的国家标准，叙述文字和用例首先应严守规范。该标准发表后著名语文爱好者、《咬文嚼字》特约评刊专家蔡维藩的《〈标点符号用法〉新标示例问疑》中列出了 42 例疑似有问题的地方[①]，值得制定者再行斟酌。

最后是词汇方面。词汇方面主要是 GB/T20532—2006《信息处理用现代汉语词类标记规范》的发布。该标准规定了信息处理中现代汉语词类及其他切分单位的标记代码，适用于汉语信息处理，也可供现代汉语教学与研究者参考。

汉语词类标记是中文信息处理的基础环节，虽然在词性标注方面作了不少研究，但往往各自为政，各个系统的词类标记规范不统一，造成了资源浪费和信息交换、共享的困难。这项标准一定程度上解决了这个问题，但同样也存在着施行和如何遵守的问题。

二 领域语言规范化

领域语言规范化是指在言语社区各个领域、不同行业的语言文字规范和要求。

（一）主要规范及语言应用要求

下表列出了本阶段主要的领域语言规范和行业要求，并标明了发布时间、单位和社会领域：

---

① 见于网络，网址：http://www.360doc.com/content/13/1114/10/4993693_329087649.shtml。

表 5.7　　柔性规范建设阶段（2006—2013）领域语言规范

发布时间	规范名称	发布单位	领域
2006 年 4 月 6 日	《关于规范图书出版单位辞书出版业务范围的若干规定》	新闻出版总署	新闻编辑出版
2006 年 8 月 28 日	《汉字应用水平层级及测试大纲》	教育部、国家语委	测评
2010 年 10 月 19 日	《汉语国际教育用音节汉字词汇等级划分》《汉语口语水平等级标准及测试大纲》	教育部、国家语委	测评
2013 年 1 月 18 日	《中小学书法教育指导纲要》	教育部	
2006 年 1 月 24 日	将冠豸山的山名读音定为"Guànzhài Shān"	民政部、教育部、国家语委	
2008 年	GB 17733—2008《地名标志》	民政部	地名
2010 年 8 月 18 日	《第一批月球地名标准汉字译名表（468 条）》	民政部	
2013 年 7 月 1 日	GB 29432—2012《海底地名命名》	民政部	
2007 年	《姓名登记条例》（征求意见稿）	公安部	人名
2006 年 3 月 10 日	《药品说明书和标签管理规定》涉及的药品说明书和标签用语用字要求	国家药监局	
2012 年 7 月 18 日	《医疗机构从业人员行为规范》	卫生部	医疗、食品、卫生
2011 年	GB 7718—2011《预包装食品标签通则》	卫生部	
2006 年	《电影剧本（梗概）备案、电影片管理规定》第十五条	国家广播电影电视剧	艺术
2007 年 9 月 9 日	《关于规范我体育团组人名译名的通知》	国家体育总局	
2008 年 7 月 15 日	《奥运体育项目名词》	教育部、全国科技名词审定委员会	体育
2008 年	《北京奥组委场馆标志用语规范》	国家语委，北京奥组委	
2007 年 11 月 26 日	《交通行政执法忌语》	交通部	交通
2013 年 12 月 31 日	GB《共享服务领域英文译写规范 第 1 部分：通则》	教育部、国家语委	公共翻译
2013 年 9 月 13 日	《第一批推荐使用外语词中文译名》	外语中文译写规范部际联席会议专家委员会	

（二）内容及特点分析

（1）多领域出台国家标准

语言是言语社区的基础设施，语言规范化使用是社会各领域最为基础的环境和条件。工业化以来，生产行业中的语言应用和工业产品质量一样，要求有严格的规范和标准；医疗卫生、食品等产品说明和服务行业的服务用语等也对语言规范有较高的要求；教育与语言的关系更为密切，语言既是教育的工具也是教育的内容。信息化社会基本形成后，日常生活中的信息需要在人与机器之间进行转化，即在人工语言与自然语言之间转换，语言作为信息的载体，在各领域的要求进一步提高。因此领域语言规范在语言规划中占据越来越重要的地位，在语言通用规范系统基本建立起来之后，本体规划的重心应向领域语言规范转移。

首先是人名、地名。这个领域有两项地名类国家标准 GB 17733—2008《地名标志》和 GB 29432—2012《海底地名命名》。

《地名标志》是对 1999 年发布的 GB 17733.1—1999《地名标牌 城乡》的修订，规定了地名标志的术语定义、分类、要求、试验方法、检验规则和包装等，适用于地名标志的生产、流通、使用和监督检验。相比原版，此次修订幅度较大，从术语、内容到附录都有增删或修改，其中与语言文字关系最密切的修改是第 4 章分类中的"类型"，增加为"人文地理实体地名标志"和"自然地理实体地名标志"（其中人文地理实体地名标志包括：居民地地名标志、行政区域地名标志、专业区地名标志、设施地名标志，以及纪念地和旅游地地名标志；自然地理实体地名标志包括：海域地名标志、水系地名标志、地形地名标志），是语言规划从单纯重视应用向兼顾文化，从单一体系规划向综合协调规划发展的一个表现。《地名标志》还有一个特点，即该标准为强制性标准和推荐标准的综合，其中有六项为强制性条款，其余则为推荐性条款。这是语言本体规划中又一种新的尝试。

GB 29432—2012《海底地名命名》是我国首部海底地名强制性国家标准，"对海底地名的命名原则、专名的命名方法和通名的选择与使用进行了全面的规定，适用于我国对海底地理实体进行命名与更名"。该标准规定命名海底地名应由专名和通名两部分组成，体现中国文化内涵，倡议采用展现中国古代文化的纪念性命名，同样显示出语言规划重视历史以语言带动传统文化的观念。

这个时期地名规范还包括民政部公布的《第一批月球地名标准汉字译名表（468条)》，从海底到太空地名的规划范围不断扩大。

人名方面，公安部发布的《姓名登记条例》是内部征求意见稿，至今尚未正式公布①，但其中对人名的相关规定对户籍管理、身份证更新等事务都是急需的内容。

其次是公共翻译。GB《共享服务领域英文译写规范 第 1 部分：通则》是适应开放型社会的形成和言语社区发展变化而研制的国家标准。该标准规定了公共服务领域英文翻译及书写的术语、定义和译写原则、方法、要求及书写要求等。适用于公共服务领域中场所和机构名称、公共服务信息的英文译写。具体涉及英、俄、日、韩四个语种，共分通则、交通、旅游、文化娱乐、体育、教育、医疗卫生、邮政电信、餐饮住宿、商业金融十个部分分领域叙述。

随着奥运会、世博会等大型国际活动成功举办，公共领域的译写规范问题凸显出来，因此教育部、国家语委组织立项研究公共领域英文译写规范，为国际化城市建设提供语言服务支持，语言的规范化使用也是宣传新的理念和发展的途径，因此该标准既属于本体规划，同时也属于声望规划。

除了上述国家标准，在翻译领域，外语中文译写规范部际联席会议专家委员会还于 2013 年研制了《第一批推荐使用外语词中文译名》，审议并确定了"PM2.5—细颗粒物""AIDS—艾滋病""E-mail—电子邮件，电邮""CDP—国内生产总值""IQ—智商""IT—信息技术""OECD—经济合作与发展组织，经合组织""OPEC—石油输出国组织，欧佩克""WHO—世界卫生组织，世卫组织""WTO—世界贸易组织世贸组织" 10 组外语词中文译名②，作为第一批向社会推荐使用的外语词中文译名。该规范不仅确定了十组外语词中文译名，且为字母词的使用及其未来吸收、整理确立了方向。

最后是其他领域的国家标准。这个时期"其他领域"标注 GB 的规范文件还有食品卫生领域的 GB 7718—2011《预包装食品标签通则》，是在 GB 7718—2004《预包装食品标签通则》基础上的修订，按照《食品安全法》要求，该标准修改了"预包装食品"和"生产日期"的定义，增加

---

① 2007 年 6 月公安部下发《姓名登记条例（初稿）》供研修。
② 此处列出的是原外语词的"外语词缩略语"形式和推荐使用的中文译名。

了"规格"定义和"规格"标示方式;该标准具体内容上除了按照《食品安全法》明确信息范围外,与语言文字规范直接相关的部分是十二~十四章,分别对标签中的繁体字、"具有装饰作用的各种艺术字"和中文、外文的对应关系做了规定。另外,第十八至二十章,对生产日期和保质日期标示、反映食品真实属性的专用名称以及如何避免商品名称产生误解的说明都是与行业特点密切相关的关键性语言规范要求。

食品标签是向消费者传递产品信息的载体,而语言是标签上所提供信息的载体,做好预包装食品标签文字规范,能够维护消费者权益,有助于实现食品安全科学管理。

(2) 重大社会事件促动领域规范出台

这个时期中国社区内发生了许多重大社会事件,尤其是国际性社会事件,对促动领域语言规范起到了积极的作用。最典型的是2008年奥运会、2010年的世博会和2013年的广州亚运会。全球性大会要面对各种语言人群,作为东道主国,首先要面对提供语言服务的问题,以"语言服务"为关键词搜索、统计百度新闻信息,2007年的数据激增到前一年的4倍多。舆情的推动加速了相关语言规范的出台。

这个阶段体育领域发布的《奥运体育项目名词》即是在这种形势下的规范成果。《奥运体育项目名词》根据西班牙加泰罗尼亚术语中心提供的奥运体育项目术语集编译,为中、英、法和西班牙语四种语言对照的形式,涵盖了第29届北京奥运会的35个体育项目,共有9000余词条。该规范既突出了实用性,又显示了不同语言文化的交融和对照。

2007年9月国家体育总局发布《关于规范我体育团组人名译名的通知》,通知规定中国人名译名一律使用汉语拼音,姓在前,名在后;姓和名分写,姓和名的开头字母均大写。使人名译名从此有了规范依据。

《北京奥组委场馆标志用语规范》是针对北京奥运会起草的具有临时性和工作手册性质的重大社会事件用语规范。

同样作为重大社会事件用语规范推出的还有《上海世博会用语词典》(周汉民,2009),以世博会所涉及的各项事务中使用的词汇为基础,围绕上海世博会筹办和举办工作编写,词目内容涉及世博会各个方面,每一词目均配有标准英语译文和法语译文。该词典对规避世博会用语误用和不规范起到了一定作用。

三 培育规划

在本体规划模型中,培育规划包括现代化、国际化和净化三个方面,这一阶段三个培育方向都有较大发展。

(一) 培育规划统计

下表对主要的培育规划文献进行统计,但各类的主要内容不局限于此表,在后文各部分内容分析中再行补充。

表 5.8　　　　柔性规范建设阶段（2006—2013）培育规划

发布时间	规范名称	发布单位	类型
2008年7月10日	CY/T 50—2008《新闻出版行业标准——出版术语》	新闻出版总署	现代化
2011年12月30日	GB/T 27936—2011《出版物发行术语》	国家质量监督检验检疫总局 中国国家标准化管理委员会	
2011年11月29日	同意世界汉语教学学会今后可用"NGO in operational relations with UNESCO"（与联合国教科文组织建立业务关系的非政府组织）名义开展活动	联合国教科文组织	国际化
2013年11月	ISO 7098《〈文献工作——中文罗马字母拼写法〉修订稿》	国际标准化组织成员国	
2009年9月8日	《广播电视广告播出管理办法》	国家广电总局	净化
2010年4月7日	要求主持人口播、记者采访和字幕中不能再使用外语缩略语	国家广电总局	
2010年4月7日	《关于加强对行政机关公文中涉及字母词审核把关的通知》	国务院办公厅,教育部转发	
2010年4月12日	向中央电视台等媒体发出通知,要求主持人口播、记者采访和字幕中使用国家通用语言文字	国家广电总局	
2010年12月21日	禁止汉语出版物随意夹带使用英文单词	新闻出版总署	

(二) 语言现代化

在本体规划模型中,"语言现代化"规划活动主要有以吸收、整理新词语为标志的词汇现代化、语体现代化和术语规划。词汇现代化最主要的表现是新词语的搜集、整理和确认;语体现代化在当代主要体现为文风的不断改进。这三个方面均成果丰硕,显示了本体规划与社会发展的同步性。

(1) 整理、发布新词语

从《中国语言生活状况报告2006》开始，教育部、国家语委通过"绿皮书"发布年度媒体新词语，同时每年开展新词语调查，既包括本年度的新词语使用情况，也同时会对历年新词语的使用进行回溯调查。历年发布的新词语见下表：

表5.9　　　　　　2006—2013年新词语（教育部发布）

发布时间（年）	流行年度（年）	数量（条）	词例	发布文献
2007	2006	171	八荣八耻 奔奔族	《中国语言生活状况报告2006》
2008	2007	254	淘客 国旗门	《中国语言生活状况报告2007》
2009	2008	359	金融救市 三氯氰胺	《中国语言生活状况报告2008》
2010	2009	396	裸婚 围脖	《中国语言生活状况报告2009》
2011	2010	497	i理财 呜呜祖拉	《中国语言生活状况报告2011》
2012	2011	593	房闹 坑爹	《中国语言生活状况报告2012》
2013	2012	585	正能量 骑马舞	《中国语言生活状况报告2013》
2014	2013	364	土豪 单独二胎	《中国语言生活状况报告2014》
总量		3219		

新词语整理基于大规模国家语言资源监测语料库（包括平面媒体、有声媒体和网络媒体），运用信息技术统计年度新出现及旧词新义词语的文本数及词频，并借助网络搜索平台进行考证、确认新词语的资格，机器自动提取和人工分析相结合，使得"新词语"形成了较为科学的"准入制度"，减少了随意性，增加了科学性和可信度。

新词语整理由国家职能部门发布，有一定的引导规范作用，便于社区成员了解和理解这些新词语，并能透过这些与语境背景镶嵌在一起的词语，了解一年里国家在政治、经济、文化等各个领域发展的基本情况，是实现语言社会功能的一个途径。新词语整理是语言监测的成果，也是近年来兴起的"词语盘点"的一类，一方面有助于语言规范化的实施，另一方面体现了语言本体规划的进步。

除了教育部发布的新词语外，这一时期还出版了一定数量的新词语词典，其中由商务印书馆出版，侯敏等主编（每年合作者不尽相同）的年度新词语词典每年（2006—2013）按时推出，及时搜集整理和进行描写，为进一步规范新词语积累了语料。

（2）改进文风

这一阶段由中共中央两次发出的改进文风要求是最重要的培育规划之一：

①2007年胡锦涛在十七大报告中提出"改进学风和文风，精简会议和文件，反对形式主义、官僚主义，反对弄虚作假"；

②2012年12月4日，习近平总书记主持召开中共中央政治局会议，审议通过了中央政治局关于改进工作作风、密切联系群众的"八项规定"，其中第二项是要求精简会议活动，切实改进会风；第四项是"要精简文件简报，切实改进文风，没有实质内容、可发可不发的文件、简报一律不发"；第六项是"改进新闻报道，中央政治局同志出席会议和活动应根据工作需要、新闻价值、社会效果决定是否报道，进一步压缩报道的数量、字数、时长"。对改进会风、改进文风和改进新闻报道的要求具体而微，可执行和可操作性极强，是继50年代后又一次以国家高层为主体的关于文风的特殊规划事件。

不良文风是指党政机关文件、讲话和理论文章中的冗长、空洞和造假的现象，是党政机关（含群团部门）的党风官风的外在表现。这些文风问题的存在不仅延误上行下通，失信于民，也一度影响到党和政府在民众中的信任度。虽然是语言文字的问题，影响却不止于此。如不认真对待，将会降低整个社区对职能部门素质的整体评价，进而使得党政形象在人民群众中失去感召力和亲和力，也就难以完成在新阶段担负的任务。因此党的十八大报告中也要求把"下决心改进文风会风"，同"着力整治慵懒散奢等不良风气"结合起来进行整肃，足见不良文风现状的严重性和改进的必要性。

在舆情的推动下，国家新闻、宣传部门也有两次有关文风的语言规划活动：

①2011年8月，新闻战线为贯彻胡锦涛总书记"七一"讲话重要精

神，着眼于把握新闻舆论正确导向和提升新闻队伍能力素养，开展了"走基层、转作风、改文风"活动①。

②2012年12月26日中宣部发出《关于贯彻党的十八大精神 切实改进文风的意见》，要求宣传思想文化战线把改进文风作为宣传贯彻党的十八大精神、落实中央政治局八项规定的重要任务，作为改进工作、提高舆论引导能力的重要机遇。②

这两项活动调动社会各界对文风的高度关注，形成了自上而下重视"改进文风"的形势，尤其是"十八大"以来，从习近平总书记讲话、新年贺词到政府机关的公文、报告等，都受到热切关注，向篇幅短小、精悍，注重实际内容、反对陈词滥调的方向改进。

（3）术语规划

这个阶段术语规划包括两个部分，一是全国科学技术名词审定委员会组建了不同的学科委员会，进行各学科科技名词审定和规范化工作；二是不同规划主体发布专业术语规范，主要包括新闻出版总署发布的 CY/T 50—2008《新闻出版行业标准—出版术语》和国家质量监督检验检疫总局、中国国家标准化管理委员会发布的 GB/T 27936—2011《出版物发行术语》。

2005年10月到2010年，全国科学技术名词审定委员会成立或换届40个学科分委员会，公布出版了32本名词书，使全国科技名词委公布出版的名词书总数达到102种（除了审定名词书外，还包括其他书目）；2011年到2014年发布审定名词5种，两岸对照名词2种。

《新闻出版行业标准—出版术语》规定了新闻出版业出版整个流程中所涉及的术语，适用于新闻出版及其相关领域。

《出版物发行术语》适用于出版物发行及相关领域，"界定了出版物发行活动中的术语及其定义，包括出版物发行基础术语、主体术语、客体术语、交易术语、物流术语、信息术语和财务及管理术语。"

（三）语言净化

"语言净化"有不同的标准，包括内外标准、时代标准和健康标准。

---

① 人民日报评论员：《走基层 转作风 改文风》，《人民日报》2011年8月10日第4版。
② 《中宣部发出通知要求贯彻十八大精神切实改进文风》，见中华人民共和国中央人民政府网站，2012年12月26日。网址：http://www.gov.cn/jrzg/2012-12-26/content_2299790.htm。

内外标准以国家通用语普通话词汇系统为标准，涉及外来词、字母词问题和方言词问题；时代标准以现代汉民族共同语普通话为核心标准，涉及旧有词规范问题；健康标准以现代汉语的纯洁、纯粹、健康为标准，涉及语言文字使用混乱、网络词语、语言暴力、语言污染等问题。

这个阶段最多的是按照内外标准判断进行语言净化的规划：

国家广电总局2009年9月8日下发《广播电视广告播出管理办法》，对广播电视中广告语的内容和形式做了详细的规定，命令禁播内容和形式，在10年前"暂行办法"的基础上进一步充实了条款，在我们看来，是对近二十年来声像广告乱象所做的一个反应，对语言净化意义较大。属于"健康标准"类语言净化要求。

国家广电总局2010年4月7日下文要求"主持人口播、记者采访和字幕中不能再使用外语缩略语"，14日国家广电总局首次对本月初下发的外语缩略语的通知做出解释，称以为该通知要求屏蔽外语缩略语是误读，真正目的是规范使用语言文字；2010年4月12日国家广电总局向中央电视台等媒体发出通知，要求主持人口播、记者采访和字幕中使用国家通用语言文字，与前面对"缩略语"使用的要求形成了正反向规范，即从"不允许"和"允许"相反的两方面作规定。

2010年4月7日国务院办公厅下发（教育部转发）《关于加强对行政机关公文中涉及字母词审核把关的通知》，通知要求包括几个方面：①强化在公文中依法使用国家通用语言文字的意识；②严格规范使用公文中涉及的字母词；③切实加强字母词的翻译审定工作；④加强对公文中涉及的字母词的审核把关。类似的规定，新闻出版总署2010年12月21日也做出过，即禁止汉语出版物随意夹带使用英文单词。

总起来看，2010年新闻出版领域主要针对字母词及英文的使用做了较为严格的规定。这也为2012年《现代汉语词典》（第6版）收入239条以西文字母开头的词语引起较大的争议埋下了伏笔，即在字母词和英文被严格规范使用的情况下，字母词竟然堂而皇之地进了最权威的词典，让人无法容忍。这其中就涉及语言规划在社会各领域中如何进行协调的问题。

这个时期对网络词语的净化以及语言暴力、语言污染的讨论也很多，但尚未形成明确的规范或者标准。

（四）语言国际化

语言国际化在这个时期也包括两个方面：

其一是获得超国家组织赋予的语言文字方面的权利。主要有 2011 年 11 月 29 日联合国教科文组织同意世界汉语教学学会今后可用"NGO in operational relations with UNESCO"（与联合国教科文组织建立业务关系的非政府组织）名义开展活动，使世界汉语教学学会获得正式国际身份，便于开展交流活动。2013 年 11 月，国际标准化组织成员国同意 ISO 7098《文献工作—中文罗马字母拼写法》修订稿，再次确定中文罗马字母的国际标准地位。

其二是组织专家出席国际标准 IRG 国际会议，逐步扩大语言国际化的范围，不断按照中国汉字的扩充需求推进 CJK 统一汉字扩充集的发展，并进一步将扩充集中的汉字纳入 ISO/IEC 10646 中。

国际标准 ISO/IEC 10646，是一个超大编码框架，对全世界古今文字统一编码，以解决多文种统一处理的问题。该标准收录的中国古今文字（部分是跨国、跨民族文字）和图形符号有汉字、藏文等十余种。于 1993 年第一次发布，原名《信息技术通用多八位编码字符集（UCS）》，2014 年版本名称改为《信息技术通用编码字符集》，以反映其实现方式多种多样的事实。在 ISO/IEC 10646 中，汉字以"中日韩统一汉字（CJK Unified Ideographs）"的名义作为一个"大文种"统一编码，而非中国汉字、日本汉字等"小文种"分别编码（代红，2015）。因为中文信息处理多都采用或支持 ISO/IEC 10646，在这种情况下，能否争取到 ISO/IEC 10646 的双字节编码位置对本国、本地区文字编码至关重要。

至 2014 年，国际标准化组织汉字工作组 ISO/IEC/JTC1/SC2/WG2/IRG 第 42 次会议在青岛召开，国家语委语言文字规范标准测查认证中心主任王晓明应邀参加。会上 IRG 接受中国《通用规范汉字表》中的 3 个未编码汉字的编码请求，给定了编码位置，同时 CJK 扩展集 F1 工作已有实质性进展。

第三节 本体规划主要活动

本节分为事件、活动的描述和分析两个部分。

一　主要活动、事件

下表列出了在本阶段各种语言规范和标准制定及其实施过程中，国家语言规划主体的主要规划活动或事件，并根据事件的内容和性质进行了简单分类：

表 5.10　柔性规范建设时期（2006—2013）本体规划活动、事件

序号	时间	本体规划活动
1	2006 年 5 月 22 日	教育部、国家语委发布《2005 年中国语言生活状况报告》
2	2007 年 8 月 16 日	教育部、国家语委发布绿皮书《中国语言生活状况报告 2006》
3	2008 年 11 月 13 日	教育部、国家语委发布《2007 年中国语言生活状况报告》
4	2009 年 9 月	教育部、国家语委出版绿皮书《中国语言生活状况报告 2008》
5	2010 年 11 月 25 日	教育部、国家语委发布《2009 年中国语言生活状况报告》
6	2011 年 5 月 12 日	教育部、国家语委发布《2010 年中国语言生活状况报告》
7	2012 年 5 月 30 日	教育部、国家语委发布《2011 年中国语言生活状况报告》
8	2013 年 6 月 5 日	教育部、国家语委发布《2012 年中国语言生活状况报告》
9	2014 年 5 月 29 日	教育部、国家语委发布《2013 年中国语言生活状况报告》
10	2006 年 3 月 31 日	在人民大会堂召开《关于公布〈汉字简化方案〉的决议》和《关于推广普通话的指示》这两个文件发布 50 周年纪念会和"语言文字规范化工作学术研讨会"
11	2009 年 12 月 11 日—14 日	国家语委在北京举办"雅言华章，和谐中华——新时期中国语言文字工作 60 年成就展"
12	2007 年	普通话水平测试信息化系统正式启动，国家普通话水平测试信息管理系统与计算机智能评测系统进入实际应用阶段
13	2011 年 4 月	《教育部办公厅关于开展第三批国家级语言文字规范化示范校申报、认定工作的通知》发布
14	2012 年 12 月 18 日—20 日	海口市语言文字工作评估通过，标志着 36 个一类城市的语言文字工作评估完成。
15	2008 年	教育部、中宣部、中央文明办、民政部、文化部联合下发《关于以传统节日为主题开展经典诵读和诗词歌赋创作活动的通知》
16	2008 年	教育部办公厅下发《关于举办中华经典诵读和中华赞·诗词歌赋创作征集等活动的通知》
17	2009 年 2 月 9 日	新闻出版总署印发《报纸期刊审读暂行办法》
18	2010 年 11 月 23 日	新闻出版总署下发《关于进一步规范出版物文字使用的通知》
19	2010 年 11 月 12 日	国家广电总局发出《广电总局关于公布继续有效的广播影视部门规章和规范性文件目录的通知》

续表

序号	时间	本体规划活动
20	2011年2月28日	国家广电总局发布《广电总局办公厅关于进一步加强电视剧文字质量管理的通知》
21	2013年12月31日	国家新闻出版广电总局发出通知,要求广播电视节目规范使用通用语言文字,在推广普及普通话方面起到带头示范作用
22	2010年9月	工商行政管理总局下发《关于开展广告语言文字专项检查的通知》
23	2011年3月8日	文化部发布《文化部关于进一步加强古籍保护工作的通知》
24	2013年1月30日	文化部公布《全国公共图书馆事业发展"十二五"规划》
25	2013年10月24日	民政部公布《全国地名公共服务示范测评体系(试行)》

二 特点分析

表5.10可以分为主要以教育部、国家语委为规划主体的活动和以国家其他部委为规划主体的活动两大部分:

(1)以教育部、国家语委为规划主体

1—16项主要是以教育部、国家语委为规划主体的活动。其中1—9项是教育部、国家语委历年发布《中国语言生活状况报告》系列的消息,这些报告对年度语言生活进行较为全面的描写和调查、统计,为进行本体规划及其研究提供了基础数据和基本语料、材料。10—11项是语言规划纪念活动,《汉字简化方案》是本体规划的基础工程,1956年发布这个方案不但使文字有了统一的规范,同时对扫盲、全面提高全民文化水平有很大作用。12—14项是关于语言、文字测评和评估的标志性事件,PSC的机测和信息化管理使测评从人工为主进入智能化阶段;教育部、国家语委2004年提出开展语言文字规范化示范校创建活动,2011年第三批国家级语言文字示范校开始申报,通过这项评估,提升了学校语言文字工作的整体水平,进而带动了全社会的语言文字素养。城市语言文字工作评估是目前国家语言规划三大举措之一(其余为"推广普通话宣传周"和PSC),可以理解为是从"学校"这个核心向外扩充的、对于多年语言规划成果的综合评估和对于现行语言规划的监督。海口是一类城市评估的最后一个城市,目前进行中的是三类城市语言文字评估;15—16项是关于经典诵读活动的,这项活动以传统节日为背景依托,结合语言、文字创造,传承传统文化，显示了语言规划活动从单纯重视工具性规划向兼顾文化性规划的转变①。

（2）以其他国家部委为规划主体

17—25 项是以国家新闻出版署等部委为规划主体的活动。其中 17—18 项是新闻出版总署发布的关于期刊审读和规范出版物文字的通知，内容涉及本体规划中的语言规范化等方面；19—21 项为与国家广电总局相关的事件，从规章制度到电视剧再到节目，都对语言和文字的使用规范做了规定或加以重申。这些方面影响面大，因此及时做具体规范非常重要；22—25 项分别是以工商行政管理总局、文化部和民政部为主体的规划事件，涉及广告语言文字、古籍保护、公共图书馆事业发展规划和地名公共服务示范测评体系等，这些方面都与本体规划中的语言规范化和领域语言规划内容有密切的联系。

---

① "工具性规划"和"文化性规划"这两个术语解释详见第六章。

第六章　当代语言本体规划的发展趋势与理论创新

前面三章结合语言舆情分三个阶段分析了当代语言本体规划实践和主要内容，本章在此基础上讨论当代本体规划的历时演进趋向和发展过程中形成的原创性理论，分析当代语言规划观的嬗变、本体规划主要实践在各个阶段的更迭变化规律和主要的理论构成，论述当代语言本体规划的创新性发展。

第一节　语言规划观的嬗变

根据本书对语言规划的形成机制的分析，典型的语言规划是基于言语社区的语言实践，在渗透于语言实践中的语言意识的影响下形成的，包括理论板块、实践板块和政策—管理板块。本书中实践板块以调查、分析语言舆情为依据，理论板块则集中讨论语言规划观。语言规划观是理论板块的核心内容，为语言意识影响语言规划的主要路径，通过分析不同阶段语言规划观的更迭变化，能够比较清晰地了解语言意识对当代语言本体规划的影响。

语言规划观是对语言规划总的看法和观点，既受语言观制约又不等同于语言观。一个时期内本体规划在语言规划系统中的定位、主要内容与规范标准的确立和实施途径的选择都是在一定的语言规划观导引下进行的。虽与国际上其他国家同样经历了语言意识和规划理念基本一致的更迭变化，但每种语言规划观对各国语言规划构设的影响程度有较大的差异，因此，研究当代语言本体规划系统，分析各阶段语言规划观的产生和作用是其重要的组成部分。

综合考查可知，当代语言规划观的发展经历了从单一到多元并存，从规划"语言"到管理"语言生活",从规划主体主导到"服务"客体的变化。在这种理念更迭嬗变中,语言本体规划的发展既可见贯穿主线的延伸又不断随之开拓新的内容,并于规划实践中生发了根于本土的本体规划创新理念和模式。

一 "语言问题规划观"主导

当代中国系统的语言规划是从20世纪50年代中期开始的,与当时世界上许多新独立或新建立的国家基本同步。因具有相似的社会发展状态、面临相近的社会情境,初始阶段的语言规划动机和理念也很相近,语言学家们潜意识里把对语言及其使用的规划作为国家发展规划的一个组成部分;将语言文字的统一、规范与国家的完整、统一联系和对应起来,认为言语社区语库中语言变体的丰富和多样化影响社会交际和经济发展,是亟待解决的一种社会问题,因而形成了语言问题规划观(本节也简称"问题观")。直至20世纪90年代,受全球化和后现代主义等思潮的影响,语言被视作一种不可再生的资源,语言资源规划观(本节也简称"资源观")在语言规划理论的讨论中凸显出来,成为影响各国的主要规划观,这种影响在中国虽然时间上有所错后,但逐渐形成了与语言问题观分庭抗礼的趋势。

(一)"问题观"的形成

语言问题规划观是本体规划第一阶段(1949—1986)占绝对优势的语言规划观,并至今在语言规划理论体系中占有重要地位。

1951年6月6日《人民日报》社论《正确地使用祖国的语言,为语言的纯洁和健康而斗争!》指出:"如果根据毛泽东同志和鲁迅先生关于语言问题的指示来检查目前的报纸、杂志、书籍上的文字以及党和政府机关的文件,就可以发现我们在语言方面存在着许多不能容忍的混乱状况。"显然认为当时语言生态下的"语言问题"是非常严重的;1955年的"现代汉语规范问题"学术会议报告《现代汉语规范问题》给出了理想状态的规范语言:"这样的情况下,我们所需要的作为交流思想的工具,作为使我们在一切活动范围中调整其共同工作的工具的语言是什么样的一种语言呢?我们所需要的是一种高度发展的语言,我们所需要的是一个统一的、普及的、无论在它的书面形式或是口头形式上都具有明确的规范的汉民族共同语。"① 以此作为改善语言"混乱状态",解决语言问题的途径。1956年2月20日国务院发出的《关于推广普通话的指示》中说明:由于历史的原因,汉语的发展现在还没有达到完全统一的地步。许多严重分歧的方言妨碍了不同地区的人民的交谈,造成社会主义建设事业中的许多不便。语言中的某些不统一和不合乎语法的现象不但存在口头上,也存在书面上。在书面语言中,甚至在出版物中,词汇上和语法上的混乱还相当严重。为了我国政治、经济、文化和国防的进一步发展的利益,必须有效地消除这些现象。作为当代最重要的地位规划文献之一,其观点更加直接地显示了一种语言问题规划观倾向。

综合分析,有三个方面的因素促成了这一观念的产生:①从社会环境角度分析,中华人民共和国成立初始,面对国民文化水平偏低的现实,语言文字的工具性被充分认知,因此语言不利于发挥交际功能和作用的相关方面都被看作问题;②受语言民族主义语言意识和单语语言意识的支配。语言民族主义把语言作为民族的标志,主张"一个民族,一种语言,一个文化",这种观念与"统一规范的语言"才能增强国家、民族凝聚力的单语意识形态相结合,势必排斥语言的多样性和语言使用的变异形式;③20世纪五六十年代,结构主义语言学引入,结构主义强调语言规则,重视纯质的语言内部结构系统的分析和阐释,不考虑语言变异和外部因素,自然对不符合结构系统规则的现象均视为"问题"。如施春宏所论"我国的现代语言学研究起步较晚,长期以来受结构主义语言学研究的影响较深,印欧语的语言现象的描写和规则的建立深刻地影响了我们描写汉语现象和建立汉语规则。这种以静态的结构研究为主的方式深刻地影响了人们的语言观和规范观,将静止作为语言的本质,将结构作为语言的主体,将静态的规则作为规范的标准。"②

(二)"问题观"对本体规划的影响

不同于地位规划通过确定国语、官方语言来解决语言多样性带来的所谓"问题","问题观"导引下的本体规划是通过减少语言文字的变异性

---

① 罗常培、吕叔湘:《现代汉语规范问题》,载现代汉语规范问题学术会议秘书处编《现代汉语规范问题学术会议文件汇编》,科学出版社1956年版。

② 施春宏:《现代汉语规范化的规则本位和语用本位》,《语文建设》1999年第1期。

使用来规范语言、避免语言多样性发展的。纵向看来，语言问题规划观对本体规划的影响有以下几个方面：

1. 内容的确定

正如 Haugen（1966a）所论："哪里有语言问题，哪里就要求对语言进行规划。不管是出于什么原因，如果人们对某种语言情况感到不满，那么就有制订语言规划纲领的场合。"① 因为认为汉字"繁难"，是阻碍社区成员文化水平迅速提高的主要原因，因此当代本体规划是从"简化汉字"开始的；在确定"推广普通话"的地位规划出台后，普通话结构系统作为"现代汉民族共同语"和整个中国言语社区的社会交际语言，各个要素都不够完美，不能完全满足交际需要，因此需要对普通话的语音、词汇和语法进行规范化建设；副语言和领域语言使用上的歧乱、缺少统一规范也带来"语言问题"，因此副语言规范化和领域语言规范化被纳入本体规划的主要范畴；培育规划部分的语言净化、语言现代化和语言国际化实际上分别对应解决语言系统的健康、更新和适用范围问题。

2. 标准的把握

语言问题规划观对本体规划标准的影响是"语言纯洁观"的形成，即在本体规划实践中追求语言"纯化"的取向，在本体规划的前两个阶段，其核心内容"语言规范化"工作一直以此为指导和主要目标。1951年6月6日《人民日报》发表《正确地使用祖国的语言，为语言的纯洁和健康而斗争！》社论并同时开始连载吕叔湘、朱德熙的《语法修辞讲话》，前者提出"纯洁语言"规划理念，后者则形塑和开启了语言规范化"匡谬正俗"的模式。

为了纯洁语言，当代本体规划多年来致力于规范普通话语音、词汇和语法。对普通话异读词的反复审订，对词汇和语法系统中古语、方言和外来成分的研究与排拒都是为了解决由于语言工具的不完善、不纯而带来的"语言问题"。长期"匡谬正俗"为主的模式，"在纠正写作中的语文错误方面，在澄清当时普遍存在的语文混乱方面，都功不可没"②。但是回顾反思会发现，"这一模式在局部问题上固然奏效较快，而作为规范工作的

---

① ［美］Haugen, E., 林书武（译）：《语言学与语言规划》，《国外语言学》1984年第3期。
② 吕冀平、戴昭明：《语文规范工作40年》，《语文建设》1990年第4期。

主要的，甚至是单一的方法，却难于贯彻和持久"①。因为语言本身是发展的，以显性的语言规则为据进行"匡谬正俗"，常常会在动态言语社区中引起争论，从而导致难以达到规范目的。

如《语法修辞讲话》，据统计全书引举正确用例 500 条，列举"错误的或有问题的"用例共 1944 条，错例远多于正例。② 出版后作者自我评价也认为有"过和不及"两方面的问题，"'过'是说这里边有些论断过于拘泥，对读者施加不必要的限制。'不及'又有两点：……二、只从消极方面讲如何如何不好，没有从积极方面讲，如何如何才好。这样，见小不见大，见反不见正，很容易把读者引上谨小慎微、不求有功但求无过的路上去"③，即指对语言使用者束缚过多，规范效果可能适得其反。

3. 语言应用研究惯性思维的形成

"问题观"对本体规划发展更深的影响在于一种惯性语言意识和思维方式的养成，指的是在后期，虽然对求正、求纯等规划观念多有理论反思和纠偏，语言规划研究者在面对新的语言变异和语言使用时仍做惯性的"问题"判断，形成了一种观察、分析和思考语言现象的惯性思维方式。例如中国言语社区接续而来的语言现象，如改革开放后陆续进入的港澳社区词语，20 世纪 90 年代开始大量涌入的外来词、字母词和互联网时代的网络语言等，最初在面对这些新现象时，研究者几乎每次都如临大敌，往往导致放大、夸大语言生态的暂时、表面失序和混乱征象。任何事物都有两面性甚至多面性，当只专注于其中一面，就会造成对另外方面特点的遮蔽，所以研究者多年在语言规范方面的被动处境与受固有惯性思维的钳制不无关系。

语言应用研究的习惯性"问题"判断思维反过来又成为语言问题规划观至今仍占主流的主因。在语言应用研究中，"发现语言问题——分析不规范的现象——提出规范意见"还是最为常见的研究范式。这一点身在其中可能不易觉察，学术背景不同的国际学者似乎对此更为敏感。如 Genevieve 和 Wang 评价 Zhao 和 Baldauf（2008）关于中国语言规划的专著

---

① 吕冀平、戴昭明：《语文规范工作 40 年》，《语文建设》1990 年第 4 期。
② 朱景松：《汉语规范化的成功实践——重读〈语法修辞讲话〉》，《语言文字应用》1995 年第 6 期。
③ 吕叔湘、朱德熙：《再版前言》，《语法修辞讲话》，商务印书馆 1978 年版。

《规划汉字：复古，进化或革命》(*Planning Chinese Characters：Reaction, Evolution or Revolution？*) 谈到该书"最大的压力是贯穿全书的关于'语言作为问题'的虚假前提"。"他们（指该书作者，笔者注）在文字多样性上的立场似乎给语言作为资源（即语言资源观，笔者注）和语言权利（语言权利观，笔者注）留下了很小的空间，而这两种范式同样被语言规划学者所支持。"[①] 所批评的正是这种"问题"模式下的研究容易被人诟病的共性，第一作者赵守辉早期的国内教育背景恐怕是这种烙印形成的主要因素。

二 语言规划的第一次转向：从"问题观"到"资源观"

从语言问题规划观到语言资源规划观是当代语言规划的第一次转向，历经了本体规划的两个阶段。

但无论"问题观"还是"资源观"，都是将语言规划观等同于语言观的一种认识，这种认识的前提为"语言规划是对'语言'的'规划'"——一种未经理性分辨和思考的观念认同，蕴含着"语言是可以规划的"的预设。

（一）"资源观"的形成

"资源观"此处专指"语言规划资源观"，在本体规划第二阶段产生，在第三阶段其对语言规划的影响逐渐显露出来。

语言资源规划观源于语言资源观的形成。20世纪80年代中国就有学者论述了语言资源对于现代社会的意义及产生的原因，认为"语言资源"这一概念是在社会对语言大范围大规模需求的背景上形成的，"汉语资源的开发与汉语的推广事业和四个现代化有着极密切的关系，它将对我国的政治威望、经济效益和文化交流做出重要贡献"[②]。20世纪90年代，随着经济等领域的全球化趋势发展，语言在政治、文化、军事等领域的功能逐渐受到重视，语言多样性从社会问题转而成为衡量社会资源丰富程度的重要指标，语言资源观基本形成。如张普认为，从对语言资源是最基础的社

[①] Leung, G. Y. and Wang, Conan, "Planning Chinese characters: reaction, evolution or revolution?" *Current issues in language planning*, Vol. 10, No. 1, February, 2009, pp. 159-161.

[②] 邱质朴：《试论语言资源的开发——兼论汉语面向世界问题》，《语言教学与研究》1981年第3期。

会资源的认识而言,对中文这一具体的语言资源的开发、管理、应用而言,我国几乎和国际同步,某些方面的认识或举措甚至领先于国际学术界。①

在此基础上,进入 21 世纪后,语言资源观成为国家开展语言规划的一个理论基础。教育部语信司主持成立的"国家语言资源监测与研究中心",2004—2005 年先后与不同大学共同组建了 5 个分中心,从监测和调查中国语情、进行定量分析和研究的视角,致力于国家语言资源的动态管理和开发利用,以尝试在科学掌握语言资源结构和分布的前提下管理社会语言生活。继而,"语言资源"成为"十一五"期间国家语委提出的一个核心概念,孙宏开(2006)、张普(2007)、李宇明(2008b)、徐大明(2008)、陈章太(2008、2009)等学者在此期间相继发表论文,对语言资源的性质、范围、类型、有效保护和本土语言资源的开发利用等问题展开深入探讨,语言资源规划观就此在认同语言资源观的基础上雏成。比较典型的概括是"语言规划就是对语言资源的管理"。2011 年 10 月中共十七届六中全会通过"中共中央关于深化文化体制改革推动社会主义文化大发展大繁荣若干重大问题的决定"②,提出"大力推广和规范使用国家通用语言文字,科学保护各民族语言文字",这是中共第一次在中央全会决定中确立语言规划的目标,显示了语言规划在国家文化建设中的战略地位,从中透射出了成熟的语言资源规划理念。2012 年 12 月《国家中长期语言文字事业改革和发展规划纲要(2012—2020 年)》出台,其中"主要任务"的第五项为"科学保护各民族语言文字";"重点工作"不仅在"基础建设"项中计划进行"语言数据库和语料库建设""语言国情调查",还将"科学保护"单独列为一项,包括"(十二)各民族语言文字科学记录和保存;(十三)少数民族语言文字信息化建设;(十四)少数民族濒危语言抢救和保护"等内容。这标志着语言资源规划观已成为指

---

① 张普:《论国家语言资源》,载中国中文信息学会民族语言文字信息专委会编《民族语言文字信息技术研究——第十一届全国民族语言文字信息学术研讨会论文集》,2007 年,第 13—19 页。

② 见新华网"授权发布:中共中央关于深化文化体制改革 推动社会主义文化大发展大繁荣若干重大问题的决定",2011 年 10 月 25 日。网址:http://news.xinhuanet.com/politics/2011-10/25/c_122197737.htm。

导语言规划的重要理念。

影响语言资源规划观形成的主要因素包括下述几方面：（1）全球化、信息化社会的形成，使国际国内的交流环境发生深刻的改变，加之综合国力竞争压力的加大等因素，使语言在国内外均成为影响社会安全和经济发展的重要力量。（2）受到后现代主义、维护文化多样性等思潮影响和多语语言意识的支配。如联合国教科文组织发表了系列文件[①]《世界文化多样性宣言》（2001）《语言活力与语言濒危》（2003）《保护与促进文化表达多样性公约》（2005）等倡导多语意识，促进语言多样性的保护。（3）语言应用学科的发展和社会资源学领域对人力资源研究的影响。社会语言学、语言习得、文化语言学等语言应用研究揭示了语言与外部因素的相互制约关系；语言能力是人类三项基本能力（语言、计算和逻辑）之一，因此在人才至上的新世纪被作为人力资源，备受重视，研究者认为"是语言资源支撑着人力资源走向智力资源、人才资源，然后我们才能创造知识经济、创新经济、网络经济、数字经济、绿色经济，才能进入信息社会和知识社会以求生存"[②]。

国外的语言资源观对中国社区有一定的带动和辐射作用，但国外的资源观基本是与语言权利规划观同时兴起和并行的，而在中国社区，语言权利规划观尚未能发展成熟，显示出特殊性。

（二）"资源观"对本体规划的影响

在第三章对语言资源规划观的论述中，本书提出了自己的观点，认为资源观更大的意义在于提供了以语言为对象进行语言规划的基本依据，即是对早期未经深究的语言规划概念含义的一个理论补充——因为语言是一种资源，是以能够而且应该进行规划性管理。资源观下的语言地位规划包括提出"科学保护各民族语言"的战略，确立语言在国家安全中的地位[③]等方面。资源观对本体规划的影响是间接的，主要有以下几方面：

[①] 范俊军：《联合国教科文组织关于保护语言与文化多样性文件汇编》，民族出版社2006年版。

[②] 张普：《论国家语言资源》，载中国中文信息学会民族语言文字信息专委会编《民族语言文字信息技术研究——第十一届全国民族语言文字信息学术研讨会论文集》，2007年，第13—19页。

[③] 如2014年国家语委重点项目之一为"国家安全中的语言战略研究"。

1. 强化语料库和语言数据库建设，基于大规模语料库确立语言文字规范、标准

语言资源意识使语料库在为信息处理服务的工具性之外增加了资源功能，具备了资源性。语料库则是语言资源建设和保护的具体化：

首先，架构了语言资源保护的初级模式，语言资源数据库成为记录方言、濒危语言的"消极保护"方式之一。如国家语委2008年启动"中国语言资源有声数据库"，就是以市、县（市）为单位，依照统一规范，采集当代中国的汉语方言、带有地方特色的普通话（通称"地方普通话"）以及少数民族语言及其方言等的有声资料，并进行记录、科学整理和加工，以便长期保存，未来进行深入研究与有效开发利用。

其次，为语言规范、标准的确立提供理据支持。"从理"和"从俗"是选择语言规范形式的两大主要原则，施春宏（2009）归纳为"理性原则"和"习性原则"，从俗或习性原则的遵守主要是考察语言形式在语言使用中的分布结构和频率，语料库方法科学实现了这一原则。如新世纪以来的词典编纂大多基于大规模语料库选择词目、确定义项和进行释义；《第一批异形词整理表》依托《人民日报》语料库，将1995年至2000年这6年的文本作为统计语料，共计1.5亿字，选择词频高的词作为推荐词形，其中部分异形词还用1987—1995年《人民日报》语料以及1996—1997年的66种社会科学杂志和158种自然科学杂志语料进行了抽样复查。[1]

2. 进行语言资源的监督和动态分析，为本体规划提供数据

语言是动态发展的，语言规划的标的在于未来发展的语言生活，需以语言使用历时变化规律为据，即时、当下的语言及其使用面貌不足以判断和决定语言规划的趋向。语言资源观使本体规划不再停留在语言及其使用的横截面，而是建立监督平台，"国家语言资源监测与研究中心"（目前成立了6个分中心）每年通过"中国语言生活状况报告"绿皮书发布各种语言使用数据，包括常用字使用情况、高频字词、媒体新词语、年度流行语、网络用语用字、教材用字用语等专项调查统计数据，监测研究从中心成立之时开始，做到了坚持反映语言实态，发布的项目和内容"动态

---

[1] 见GF1001—2001《第一批异形词整理表》中的"5. 第一批异形词整理表说明"。

和稳态兼顾,变与不变结合"①。每年抽取的语料尽量保持数量和领域的相对稳定,以保证监测研究工作的动态推进和持续进行。为本体规划中的语言规范、领域语言规范、语言现代化和语言净化提供了全面、翔实的数据参照和理论支持。

3. 调查语言国情,考察本体规划语境

语言资源包括自然语言资源、衍生语言资源和语言能力三类(李宇明,2009a)。其中全民"语言能力"通过综合考察语言文字使用的基本情况才能得到评估。在本体规划标准化、信息化建设阶段的后一时期,国家启动"中国语言文字使用情况调查",1999年7月20日教育部、国家语委、国家民委等11个部委局的办公厅联合发出《关于开展中国语言文字使用情况调查的通知》,同年9月开始陆续在各地展开。这次全国规模的语言文字使用情况调查,是中国有史以来的第一次,调查范围遍及全国除香港、澳门、台湾的所有省、自治区、直辖市,以入户调查为主,并结合对有关部门的专项调查,调查对象涉及不同民族、不同年龄、不同职业、不同文化程度的个人和他们的家庭(见上述《通知》)。调查主要内容包括:全国能用普通话、汉语方言和少数民族语言与人交谈的比例;全国及城镇和乡村能用普通话与人交谈的比例;全国及不同性别、年龄段、教育程度、方言区和不同交际场合能(或最常用)用普通话与人交谈的比例等。②

全及社区总体的语言文字调查是了解国民语言能力、探测语言人力资源的主要方式。调查结果为社区内各层次的教育、文化、经济、科技、劳动人事部门制订规划和有关政策提供了语言方面的科学依据,是地位规划决策的重要基础。

对语言本体规划的制订来说,首先是对规划语境的整体考察。长期以来本体规划拘泥于对"语言结构系统"的规范和优化,主要分析、依据文本语境,较少关注语言使用的宏观总体语境语言国情,这对语言规范、标准的落实和规划效果有较大影响;其次,语言资源观的影响还表现在本

---

① 王铁琨:"后记",载中国语言生活状况课题组编《中国语言生活状况报告2007》(下编),商务印书馆2008年,第534页。

② 中国语言文字使用情况调查领导小组:《中国语言文字使用情况调查资料》,语文出版社2006年版。

体规划对非优选语言变体和语言形式的处置和定位上，如繁体字、异形词的非规范形式等都规定了其合法使用范围，而不再是完全摒弃的态度。

三 语言规划的第二次转向：从"资源观"到"服务观"

从语言资源规划观到语言规划服务观（本文也简称"服务观"）是当代语言规划的第二次转向。当代语言规划观从资源观到服务观的变化发生在本体规划的第三个阶段。

（一）第二次转向的主要特征

这次转向表现为一种综合的变化：其一是语言规划的对象从"语言"转向"语言生活"；其二是从单一语言规划观主导转向多元规划观并存。

问题观和资源观的预设前提都是以"语言"为规划对象，但随着语言学的发展，研究者认为语言自身发展的规律性决定了语言难以被规划；语言规划效应的不显著也让"语言"规划遭遇了许多批评。在中国社区本体规划的第一、第二个阶段，尤其语言规范化中的语法规范常常使语言规范学者陷于尴尬。如20世纪五六十年代，"恢复疲劳""打扫卫生""涉及到""诉诸于"等一直被斥为不规范；70年代指责"贵宾所到之处受到热烈欢迎"的说法是错误的；90年代"爱你没商量"以及"很德国""很郊区"等"副+名"结构，初现时学界依据现有语法规则进行分析不得头绪，一度认为不符合语法规范，等等，这些曾陆续被宣判为"不规范"的语法表达形式的另一个共同点是——根本没有受到任何阻碍地在语言生活中通行、扩大使用域——最终均被接受为现代汉语的"合法"形式。这类"追踪、追认"式的本体规划现象积累多了，语言规划的有效性受到质疑，沦为自说自话的摆设。语言内在的这种让语言学家有无力之感的自然演进的特性引起语言规划者的思考——语言究竟能否进行规划？

进入21世纪后，网络覆盖普及和全球化的深入，言语社区日益复杂，交界模糊；人际交流方式更加多样、个性化，加之人机交流，语言变异现象更加多样、纷繁和常态化，因此囿于语言结构系统的语言规范化更难有作为。种种因素于是催生了"语言生活规划观"，提出语言规划是对"语言生活"的调节和管理。李宇明在论述语言生活的文章中有明确地表述："国家语委的主要工作是管'语言生活'，也就是管语言的应用问题，不是一般的、个人的语言应用，而是国家和社会层面的语言应用。事实上，人类生活的 80% 是语言生活。因此语言生活的和谐对整个社会的和谐非常重要。"①

当代对语言的性质和功能不断有开掘性认识，语言不仅是信息和文化的载体、交际的工具，更被视为发展经济的资源宝库、新兴科技的助推工具。语言既体现国家的软实力也显示硬实力，语言规划是国家社会发展整体规划的组成部分。因此，在本体规划的第三个阶段，语言规划基于功能分化衍生出不同的语言规划观，形成了多元规划理念并行的状态：为配合经济规划或获取语言经济红利而进行语言规划的构设，形成了语言规划经济观；国家安全体制的维护和安全战略的施行都离不开语言文字系统，语言规划对地区和国家发展的战略意义凸显出来，从而形成了语言规划安全观；为应和和谐社会的建设目标提出建设和谐的语言生活，从而形成语言和谐规划观等。但这些规划观均起自于社会某一方面的具体目标，应视作"语言规划服务观"的下位理念——语言规划开始致力于服务语言规划客体，服务于社会发展的各个方面，是语言规划服务观的基本内涵。因此，虽然多种语言规划观共存、并行，本书认为，主线是从语言资源规划观向语言规划服务观转变。

(二) 语言规划服务观的形成

本节详细解析语言规划服务观形成的过程及其主要影响因素：

1. 形成过程

持"问题观"的语言规划聚焦于解决语言及其在社会生活中的使用问题，"资源观"关注社区语言资源的合理配置、保护和开发、利用，都是语言规划的目标组成部分，但语言能力是人类社会活动的基本条件，语言规划作为一种社会行为，其功能具有基础性，覆盖不应局限于语言领域。徐大明（2008）认为"语言最重要的功能就是它的社会整合功能"，因此语言规划重心移动，转而面向纷繁复杂、动态变化的语言生活，从主观硬性规定向客观软性引导转变，以适应社会语境的发展变化。"问题观"和"资源观"下的语言规划都是力求以语言控制语言生活，以已经认知的语言结构规律控制整个社区所有公共语域动态更新的语言使用，以不变控常变，以有定约束无定，难免迟滞、落后，不断受到语言变异和新

---

① 李宇明：《关于中国语言生活的若干思考》，《北华大学学报》2011 年第 2 期。

的语言形式的冲击。语言规划服务观主张从更好地从为接受人群（语言规划客体）服务的目的出发进行语言规划设计，直接调节和管理语言生活，服务于社会发展的各个领域。

较早在语言规划中渗入服务理念的是于根元。20世纪90年代初，借鉴管理学，于根元提出"规范就是服务"的观念①，语言规范化是语言本体规划的内容，把语言规范标准作为工具服务于社会，显示了语言规划的"服务倾向"。在本体规划第三个阶段，为构建和谐的语言生活，国家语委曾多次提出有关语言服务的理念。如在国家语委"十一五"科研工作会议上李宇明明确指出要全力保护、科学利用和积极开发语言资源，尽力为社会提供各种语言服务，努力促进语言生活的和谐；并倡导语言资源的共建、共享与服务社会，因为语言服务的发展，既能充分发挥语言服务社会的功能，还能够创造经济价值。②《国家中长期语言文字事业改革和发展规划纲要（2012—2020）》（以下称《纲要》）提出的总体目标中的一项即为"语言文字社会管理服务能力全面提升，社会管理服务体系基本建成"。《纲要》全文有61处使用了"服务"概念，从中可见语言规划的服务转向。2013年教育部副部长、国家语委主任李卫红在讲话《努力推进语言文字事业改革创新》中指出当前和今后一个时期，在推进语言文字事业改革创新方面，将增强改革创新意识，树立"资源""文化力""融入""服务"四种新理念。③

2. 影响因素

研究者认为：当语言规划学发展到一个阶段，就超出了一般语言学范畴涉及国家的政治、法律和意识形态等，进入到公共政策的层面（李宇明，2015年）。影响语言规划服务观形成的因素目前可以从以下几个方面加以概括：

（1）受新的社会形态的影响。本体规划第三阶段，中国社区随着世界经济潮流发展，逐渐进入后工业社会，即丹尼尔·贝尔所说的第三产业结构主题社会，社会主要活动是在服务业中为人提供服务，所展开的矛盾

---

① 于根元主编：《应用语言学概论》，商务印书馆2003年版，第159页。

② 李宇明：《总结经验，开拓创新，努力促进'十一五'语言文字应用研究》，在"国家语委'十一五'科研工作会议"上的讲话，2006年11月28日。

③ 李卫红：《努力推进语言文字事业改革创新》，《中国教育报》2013年12月8日第1版。

关系主要是人际关系，人际矛盾成为后工业社会的主要矛盾。① 矛盾关系的变化决定人类的思维方式和价值观念的变化，刘少杰认为不同于以人与自然关系为主要对立的工业、前工业社会所形成的二元对立思维方式，后工业社会中人们思考的主要问题是如何协调人际关系，思维内容和思维框架是如何理解与自己一样的他人或其他主体，即主体间性思维方式。② 这种思维方式中的价值信念，主要是对共存、理解、个性、意义与和谐的认同。这种影响落到语言规划中就表现为尊重个性差异，追求语言关系和语言使用的和谐，强调服务意识。另外，从社会形态的经济类型来看，世界正在全面向服务性经济社会转型，语言服务观念自然生成。

（2）后现代主义、新自由主义（neoliberalism）等在语言意识上的体现，以及群体、个体语言意识的共同孕育。后现代主义的无中心意识和多元价值取向，摒弃传统上所谓"绝对和普遍真理"的观念，其主要特征反中心、反基础主义、反总体性和统一性等③，对"纯粹的标准语"意识形成了较大的冲击；从社会意识形态的层次来看，进入新世纪后，由于中国社会在现实和虚拟社区的社会分层中社群和族群特征日益显著，由此带来群体意识和个体意识的逐渐上升，与原有统一的社会意识构成抗衡趋势，语言使用上因此自然显露出社群和族群意识，对传统上全社区整齐划一地致力于语言纯化的语言规划，或完全主导语言资源分配，主要从国家需要意愿出发的语言规划，都构成了一种挑战，倒逼语言规划者进行角色定位思考；新自由主义虽然主要是一种经济学思潮，但在思想、文化和战略、决策上也浸染很深，其主要特征如提倡政府积极干预和主张个人利益与国家利益的统一④，为面对社会转型期的文化和语言规划，某种意义上提供了一种思路，即语言规划不再先入为主设定语言发展的趋向，而是因势利导，以荐优、调节和服务为主，把语言生活引入健康、和谐发展的路径。同时对社区和族群语言意识形成抑制。

（3）对传统语言规划理念的反思和语言服务需求驱动的结果。综合

---

① ［美］丹尼尔·贝尔：《资本主义文化矛盾》，赵一凡、蒲隆、任晓晋译，生活·读书·新知三联书店 1989 年版，第 198 页。
② 刘少杰：《当代中国意识形态变迁》，中央编译出版社 2012 年版，第 20 页。
③ 赵亚麟：《后现代主义理论的主要特征》，《贵州民族学院学报》2012 年第 3 期。
④ 张术环等主编：《当代世界经济与政治》，山东大学出版社 2005 年版，第 92 页。

评价几十年来的语言规划实践，总体上来看地位规划获得了较大的成功，三项核心内容推广普通话、规范汉字和推行《汉语拼音方案》分别接近了各自的规划目标。根据调查数据统计，20 世纪末大陆能够使用普通话的人数比例为 53.06%，随着时间的推移，现在能够使用普通话的人数应当达到了 70%。[①] 但继续推进，困难重重。面对动态变化的新的语言生活，定式化的以统一、纯洁、匡谬正俗为目标的本体规划模式忽视语言的社会性和外部影响因素，以既有规定、框定新兴语言形式，语言规范均带有认定性和强制性，既已不适应社区语言生活，不被社区成员接受，也难以与地位规划相配套。

社会生活信息化、经济全球化（economic globalization）进一步发展为全球在地化（localization），人口的频密流动和多语人群的交流与互动，言语社区多语化程度加深，奥运会、世博会、亚运会等大型国际活动的承办，等等，都对国家及其他层级社区的语言服务能力提出了越来越高的要求。

（4）"服务型政府"的提出成为语言规划服务观真正形成的契机。中国在中共十六届三中全会《中共中央关于完善社会主义市场经济体制若干问题的决定》[②] 中提出从"全能型"政府向"服务型"转变，目前中国的语言规划主体主要是国家，主管机构作为政府的职能部门受总的行政观念的影响，对语言生活的管理自然生发出"服务"理念。

第二节　本体规划内容的变化趋势

本节我们对本体规划三个阶段的主要内容进行趋势分析，框架为本书搭建的当代语言本体规划内容体系。

一　政策规划

政策规划是本体规划中认同度最大的部分，多为非常正式（显性）的语言规划文件和公告等形式，其中的语言规范化曾一度被等同于语言本体规划。

[①] 李宇明：《中国语言生活的时代特征》，《中国语文》2012 年第 4 期。

[②] 见中华人民共和国中央人民政府网站，网址：http://www.gov.cn/test/2008-08/13/content_ 1071062.htm。

(一) 语言本体规范

语言本体规范包括语言的规范化、标准化和信息化三方面目标的内容，既构成了三个内容板块，也体现了一种递接关系。其中语言规范化（标准化）板块语言三要素语音、词汇、语法和文字四部分规范同步建设，语言信息化则以文字为主。本节按三个阶段共六个时期分别统计，并通过趋势图进行对比分析。

1. 数据统计

各时期语言本体及文字各项统计表和趋势图如下：

表 6.1　　　　　　　　　语言文字本体规范统计

内容	时段	规范化（标准化）				信息化	时段总量	软性规范	备注
		语音	词汇	语法	文字	总计			
语言规范化建设阶段	初建时期	1	1	3	7	12		12		字辅1
	停建时期	0	1	0	3	4		4		
	重建时期	1	2	1	2	6	4	10		
标准化、信息化建设阶段建设阶段	前期	0	1	5	6	12	59	71		字辅2
	后期	1	5	0	6	12	23	35		
柔性规范建设阶段		2	3	2	9	16	6	22	7	字辅2
单项总量		5	13	11	33	62	92	154	7	字辅5

注：备注中的"字辅"是指《汉语拼音方案》及其相关方面规范，数字标示规范数量。

2. 趋势分析

（1）从各时期语言本体规范总量来看，呈抛物线发展趋势曲线

对比可见，在语言标准化、信息化建设阶段（包括前期和后期两个时期）语言本体规范数量大增，达到"抛物线"顶端——规范总量的最大值，前期共71项，后期35项。分析内部规范项的构成可见，主要是语言信息化规范数量剧增，前期59项，后期23项。这也为本书对当代本体规划构拟的分期提供了有效证明，即把本体规划第二阶段概括为"标准化、信息化建设阶段"是科学的。

（2）语言规范化（标准化）板块的规范数量变化总体呈"U"字形曲线

在第一个阶段的"本体规范初建时期"，配合地位规划"三大目标"，

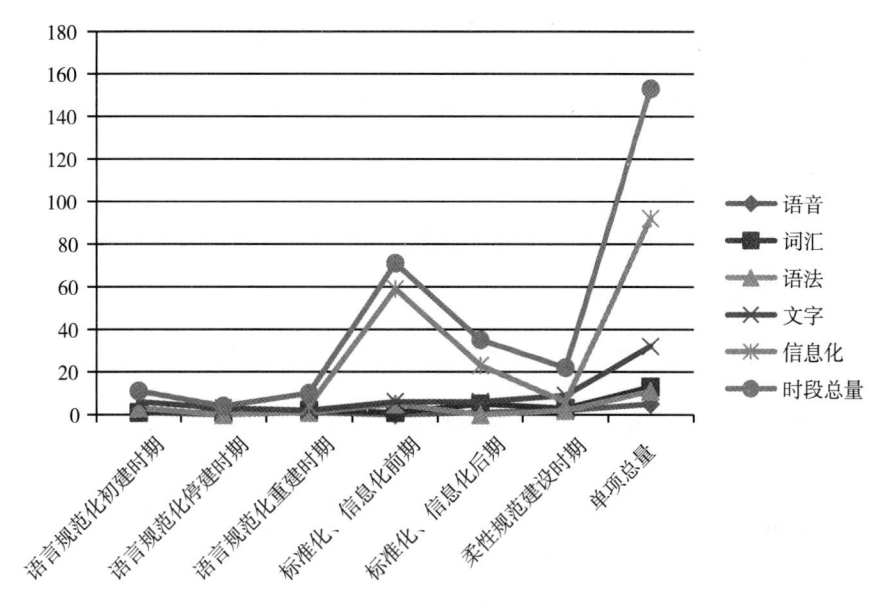

图 6.1 语言文字本体规范变化趋势

本体规划在语音、词汇、语法和文字四个方面的规范化同时进行,出台语言规范相对较为集中,奠定了当代本体规划的基础和基本框架。这个时期虽然我们从 1949 年算起,但当代系统的语言规划工程实际上始自 1955 年,因此是比较高效的时期。接下来的"本体规范停建时期"以及后续的"重建时期"达到"U"形形底;第二个阶段,语言本体规划适应新的社会发展的需要,陆续出台或修订、升级语言规范,至"柔性规范建设时期"达到了"U"形另一端点。与语言本体规范总量曲线的不一致再次证明,本体规划发展各阶段的重心各不相同,各自受到当时社会对语言诉求需要的影响。

(3) 语言要素及文字规范的数量排序为文字>词汇>语法>语音

汉字因其"繁难"在语言规划工程开启的最初就被确定为重点内容,甚至在相当长的时间内"文字改革"成为语言规划的代名词,国家负责语言规划的机构被称为"中国文字改革委员会"(1954—1985);研究者认为从学理上分析,汉字和普通话语音更容易确定规范和标准,而词汇和语法因其范围难以确定和强大的生成性而不易规范,目前出现这个数量排序主要源自两点:①词汇规范中包括共 8 版《现代汉语词典》,因每版都对初版有所修订或者增订,更新所收词语,因此各算作 1 项;②语法规范中多为标点符号和数字用法的规定,每一次修订均列为新的1项规范。

(4) 语言规范、标准同项更新、升级占较大比例

在不同的时期,最初的语言规范由于标准化、信息化等规划目标需要,或者新研究成果的转换等动因,在一段时期后被重新修订或者拟定。这种更新是语言规范动态发展的反映和保障,但目前看存在一个如何把握"度"的问题,迟滞于社区语言生活变化和学术研究,会导致语言规划的失效;反之间隔短,修订过于频繁则会让社区成员无所适从,造成新的语言使用乱象。下表为同项规范不同时期版本统计(截至2014年年底):

表6.2　　　　　　　　　同项规范的修订或升级

初始语言规范	修订或升级版本
1. 1951年公布《标点符号用法》	1990年《标点符号用法》(修订发布) 1995年 GB/T 15834—1995《标点符号用法》发布 2011年 GB/T 15834—2011《标点符号用法》发布
2. 1958年公布《汉语拼音方案》	1981年 ISO/DIS 7098《汉语拼音方案》的"国际标准草案"发布
3. 1960年出版《现代汉语词典》(试印本)	1973年《现代汉语词典》(试用本)出版 1978年《现代汉语词典》第1版出版 1983年《现代汉语词典》第2版出版 1996年《现代汉语词典》第3版出版 2002年《现代汉语词典》第4版出版 2005年《现代汉语词典》第5版出版 2013年《现代汉语词典》第6版出版
4. 1963年公布《普通话异读词三次审音总表初稿》	1985年《普通话异读词审音表》发布
5. 1964年发布《简化字总表》	1986年《简化字总表》重发
6. 1983年发布《汉字统一部首表》(草案)	2009年发布《汉字部首表》 2009年发布《GB 13000.1字符集汉字部首归部规范》
7. 1988年《汉语拼音正词法基本规则》	1996年 GB/T 16159—1996《汉语拼音正词法基本规则》出台 2012年 GB/T 16159—2012《汉语拼音正词法基本规则》出台
8. 1987年《关于出版物上数字用法的试行规定》	1993年关于出版物上数字用法规定(修订本·征求意见稿)发布 1995年 GB/T 15835—1995《出版物上数字用法的规定》发布 2011年 GB/T 15835—2011)《出版物上数字用法》发布
9. 1997年《现代汉语通用字笔顺规范》	GF 3002—1999《GB 13000.1字符集·汉字笔顺规范》

表6.2中初始规范与后续修订规范,有的是从草案或初稿到定稿的变化,如《普通话异读词审音表》;有的是随着语言生活变化更新内容,如

《现代汉语词典》；多数是从一般语言规范到国家标准（GB）的晋级，体现语言标准化、信息化目标的要求。但如标点符号用法、出版物上的数字用法等更新版本稍嫌频繁。考察可见，焦点集中于修订、出台的规范，对其执行环节则关注不够，加之更新频繁，使得社区内标点、数字的使用有增乱之象；另外，同类规范更新应注重协调、一致，因为在本体规划系统中，此类同项规范现象应做整体思考，不能仅囿于个体规范之内。如数字和标点符号的用法，即是有关联的，例如在做序号用的阿拉伯数字后需要用圆点号，而不能用逗号，这个规范既涉及数字用法，也包括了标点符号的用法。

（二）副语言规范

副语言（paralanguage）原指不像韵律特征那样有系统变化的音调变化。后扩大定义范围，将身势特征也包括在内。① 在社会语言学中，身势、手势、表情、空间距离等态势语，灯光、旗语等具有辅助交际作用的符号被称为"副语言"。本研究中，把社区特殊群体的交际工具盲文、盲语，手语，灯光、旗语等都归入"副语言类"，另外还包括书写行款规范，如横排等影响语言交际的相关方面。

1. 数据统计

各时期副语言规范分项统计表和趋势图如下：

表 6.3　　　　　　　　　　副语言规范统计

时段	内容	盲语/盲文	手语/字母	灯光/旗语	其他	时段总量
语言规范化建设阶段	初建时期	2	3	1	3	9
	停建时期	0	0	0	0	0
	重建时期	0	1	0	0	1
标准化、信息化建设阶段	前期	1	0	0	1	2
	后期	0	0	0	0	0
柔性规范建设阶段		0	0	0	1	1
单项总量		3	4	1	5	13

注：表中"其他"类包括书刊文字横排等。

---

① ［英］戴维·克里斯特尔：《现代语言学词典》，沈家煊译，商务印书馆2004年版，第256页。

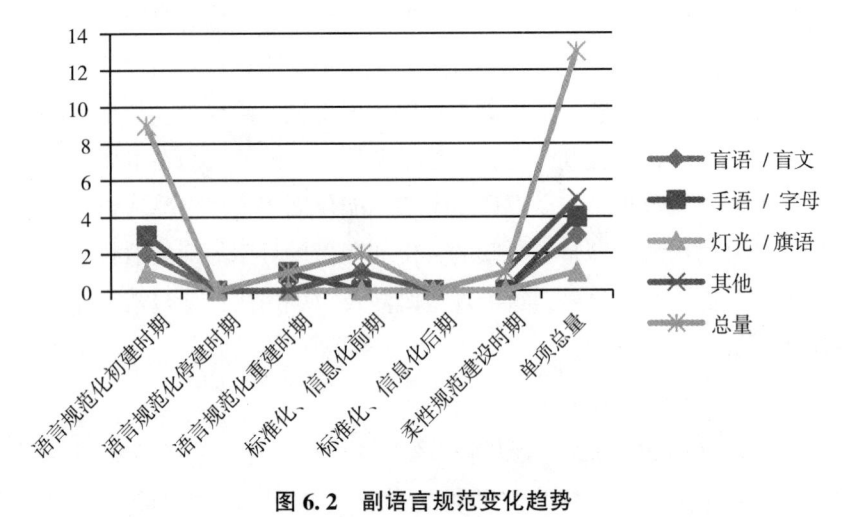

图 6.2　副语言规范变化趋势

2. 趋势分析

本体规划的副语言规范因其总体数量不大，其变化趋势走向的线索因而非常清晰。

（1）副语言规范集中于本体规划第一阶段。在语言规范化初建时期，国家没有忽略社区内的特殊群体，及时出台了针对盲人和聋哑人群体的《新盲字方案》《汉语手指字母方案》，一方面体现了本体规划的系统和完整，另一方面也符合语言规划的言语社区原则，即分域原则，包括区域、领域和社群域。同时，在第一阶段发表了《手旗部位、灯光符号挂图》，规定了书刊报的排版和排写顺序，可以说打下了副语言较为全面的基础。

（2）副语言规范发展曲线呈完全下降趋势。我们通过上表、图可见，在本体规划第二、第三阶段，副语言规范发展后力不足，甚至几近停滞。除了 GB/T 15720《中国盲文》和 GB/T 9704—2012《党政机关公文格式》外，少有建树。这与听力、视力残疾和言语残疾等特殊人群同样与时俱进的需要是不相符的。在信息化覆盖社区生活各个方面的当代，副语言的标准化、信息化同样是紧迫的诉求。盲文、手语研究与规范工作是视障和听障残疾人接受教育、学习知识和技能、传播信息和分享文化的基础性工作，需要加快规范进度，以保证副语言规划的动态跟进和特殊群体语言生活的丰富发展。

（3）缺乏与地位规划相衔接和配套的本体规划。① "推广国家通用手语和通用盲文"是当代地位规划中重要的一条，一度缺少与之匹配的本体规划。根据 2010 年国家第六次人口普查，我国现有人口中视力残疾人口 1263 万人，听力残疾 2054 万人，言语残疾 130 万人。② 这么庞大的一个群体，需要推广统一的通用手语和通用盲文，但是相应的规范还没有完全建立起来。

近年来，国家针对手语、盲文反复强化了地位规划，如 2008 年，中央 7 号文件明确提出"公共机构要提供手语、盲文等无障碍服务"的要求；《国家中长期语言文字事业改革和发展规划纲要（2010—2020 年）》，指出要"加快手语、盲文规范标准研制""加强手语、盲文推广运用"和"强化手语、盲文基础研究"，在强化手语、盲文地位规划的同时，实际上暗示了本体规划的欠缺。国家语委"十二五"科研规划将"手语、盲文通用标准的研制、修订"作为重大科研课题；2010 年成立了教育部、国家语委、中国残联和北京师范大学共建"国家手语和盲文研究中心"，这些方面为手语和盲文本体规划创造了条件。

（三）领域语言规范

在一个言语社区中，除了通用语言规范外，领域语言规范也非常重要，并因其与各行业的领域特性密切相关而具有专业性，是在通用语言规范基础上的专门化，是语言规划言语社区原则的领域体现。

1. 数据统计

各时期领域语言规范分域统计表和趋势图如下：

表 6.4　　　　　　　　　　领域语言规范统计

领域 时段	邮电	交通	新闻编辑出版	工业	商业	金融	食品医疗卫生	体育	文艺	地名	人名	测评	公共翻译	时段总量
语言规范化初建时期	2	1	3	1	1	0	0	0	0	6	0	0	0	14

---

① 在本书研究时间段的后续时期，即 2018 年 5 月，《国家通用手语常用词表》和《国家通用盲文方案》正式发布，同时，这两个语言文字规范由国家语言文字工作委员会规范标准审定委员会审定，经中国残疾人联合会、教育部、国家语言文字工作委员会同意，于 2018 年 7 月 1 日起实施。一定程度上弥补了本书此处所论问题。

② 见国家统计局网站，网址：http://data.stats.gov.cn/。

续表

领域\时段	邮电	交通	新闻编辑出版	工业	商业	金融	食品医疗卫生	体育	文艺	地名	人名	测评	公共翻译	时段总量
语言规范化停建时期	1	0	0	0	0	0	0	0	0	4	1	0	0	6
语言规范化重建时期	0	0	1	0	1	0	0	0	0	3	2	0	0	7
标准化、信息化前期	0	0	4	0	3	0	1	1	1	3	0	4	0	17
标准化、信息化后期	1	1	6	1	1	1	0	0	0	1	0	4	7	23
柔性规范建设时期	0	1	1	0	0	0	3	1	1	4	1	3	2	19
单项总量	4	3	15	2	6	1	4	4	2	21	4	11	9	86

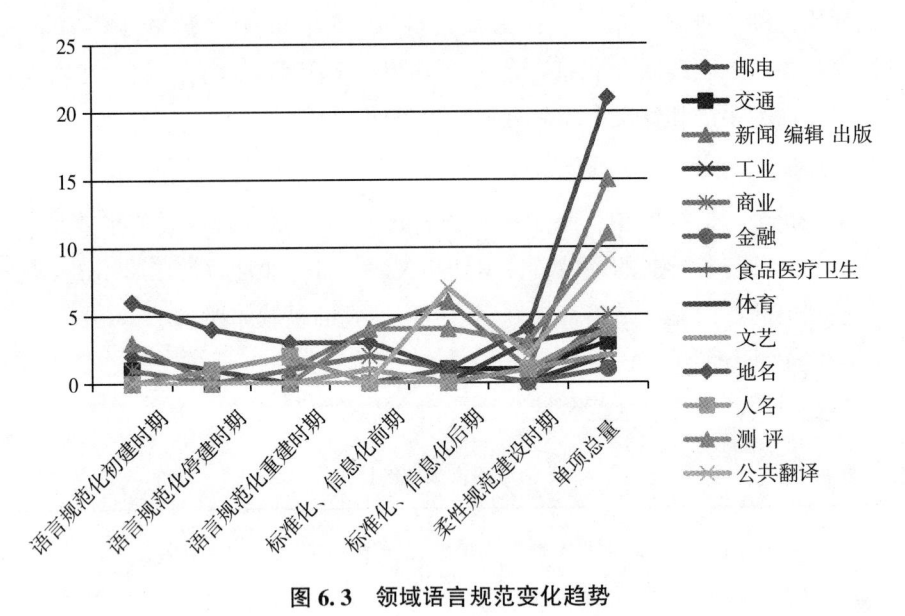

图 6.3　领域语言规范变化趋势

2. 趋势分析

社区语言生活的领域难以尽述，因此采用概观的思路，但在归类过程中，具有显性形式规范的领域都会单列；有些领域语言规范包含在相关管理或技术规范中，只是其中的一、两条，本书不列入主要领域语言规范目录，如国务院 1997 年发布的《广播电视管理条例》中第三十六条规定

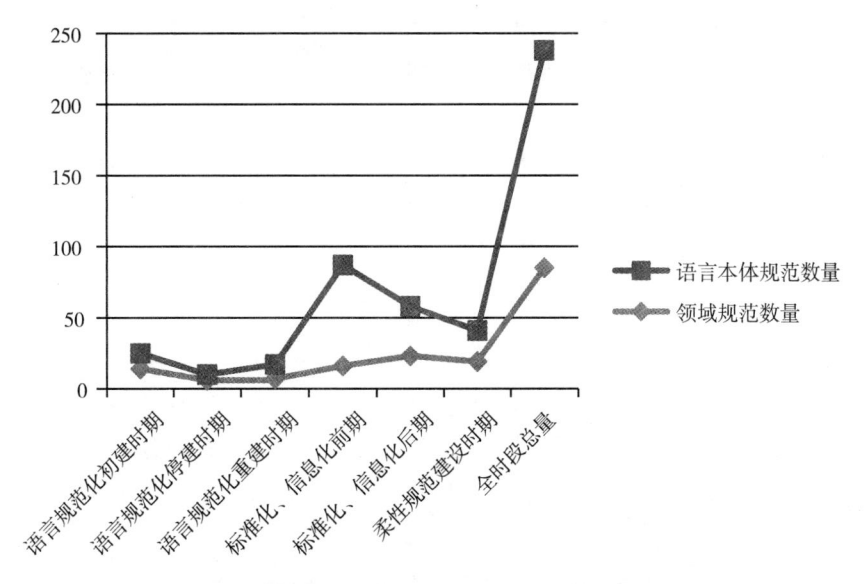

图 6.4 领域语言规范和语言文字本体规范趋势对比

"广播电台、电视台应当使用规范的语言文字""广播电台、电视台应当推广全国通用的普通话"。是对广播、电视语言使用的一般要求,没有其余特殊规范,不列入领域规范;《社会团体印章管理规定》中只有第二部分"印章的名称、文字、字体和质料"事关文字使用,因此也不列入领域规范。

(1) 领域语言规范项自本体规划第二阶段始,整体呈上升趋势,与本体规范形成对比关系

在语言规范初建时期,领域规范有一定数量,中间停建时期和重建时期出台领域规范速度放缓;从第二阶段开始逐步增加,一直到现今的柔性规范建设阶段,其发展曲线的上升趋势始终在持续。由图 6.4 可见,这种趋势与本体规范刚好相反,从语言标准化、信息化建设前期开始,语言本体规范发布趋少,领域语言规范发布逐增,此消彼长的对比非常明显。这反映了当代本体规划系统的变化,经过两个阶段几十年的建设,语言文字本体各项规范基础已基本建立,规划重心转向细化和分域层次。

(2) 领域语言规范涉域广泛,但尚未形成系统

结合规范具体内容我们对社会生活领域进行了粗分,从统计数据可见,现有规范所涉达 14 个领域,分布较广。但综合考察已有规范可见,

领域语言规范不是整体规划的结果，缺乏体系性和系统性。前者是指在同一领域内，缺少统一、连续的规划，现有规范多半是应急动机促动下的结果，如1958年《汉语拼音方案》出台后，邮政电信领域很快出台了《开办国内汉语拼音电报办法（暂行）》，以备使用，但并未对汉语拼音电报的使用结合电报技术、汉语和汉语拼音特点展开研究，未进一步出台科学、具体的规范，因此本意取代汉字四码电报的汉语拼音电报几乎不能纯拼音化，常要与汉字四码参互使用，不但没有达到预期的目的，研究者还认为因此错失了中国人完全自主推进汉字信息电脑化的良机[1]；后者是指各领域语言规范之间缺乏协调，除通用规范外，一些领域之间还有共性，如医疗食品卫生等领域与商业领域，在商标和包装方面都有语言规范交集，应制定共同规范，既能避免重复和分歧，又便于施行和理解，从管理和监督的角度考察也很有益处。

（3）不同时期的领域语言规范各有侧重，体现出实用性和即时性

本体规划的初期，社会生活最急需的邮政电信、交通、新闻出版、商业、工业、地名等领域集中出台了与语言运用某方面相应的规范，其他领域鲜少涉猎；到了标准化、信息化阶段，科技的发展，数字化、信息化的实现，对语言使用和语言服务的要求越来越高，领域语言规范越来越引起重视，如《中国语言生活状况报告》从第一年起就开辟了"领域篇"，报告当年各主要领域的语言生活现状和热点，因此，本体规划的后两个阶段，领域语言规范又增加了金融、食品、医疗卫生、文艺体育、测评和公共翻译等领域。

金融等是窗口行业，对语言服务有较高的要求，我们现在统计的仅仅是强调要"加强金融系统语言文字规范化工作"，还无法满足需求；随着生活水平的提高，社区成员愈加讲求生活质量，因此医疗、食品、卫生等领域的语言规范问题凸显出来；随着奥运会、亚运会等国际大型体育活动在中国举办，体育领域的语言使用规范随之应急而出；测评领域实际上是本书为了节省篇幅，把语言测试和语言工作测评放到了一起统计——前者包括汉语清晰度、频谱，PSC和汉语国际教育用语言测评标准等，后者包

---

[1] 许寿椿：《汉语拼音电报薄命考——电脑时代重新审视汉语拼音（之四）》，《汉字文化》2011年第2期。

括城市语言文字工作评估标准等,都是在本体规划第二阶段后产生的;最后,全球化交际使社区性质发生本质变化,多语社区陆续形成,提供共享语言服务方面的诉求迫切,因此"公共翻译"领域成为规范重点。[1] 但是,上述领域语言规范无论从覆盖范围、内容还是施行过程来看,都还未能满足社区语言生活需要,后文将详细讨论。

(四)本体规划活动、事件

本体规划活动、事件是在规范、标准研制、出台和施行过程中由规划主体发起或倡导的,常表现为发布一些指令、通知或者要求,贯穿于各类规范、标准从项目启动直到落实和督查整个过程的始终,因此研究本体规划不能忽略这一部分。各个时期本体规划活动或事件数量统计和趋势变化图如下:

表 6.5　　　　　　　　本体规划活动、事件统计[2]

时段 活动事件	语言规范化建设阶段			标准化、信息化建设阶段		柔性规范 建设阶段
	初建时期	停建时期	重建时期	前期	后期	
数量(项)	29	2	45	41	26	25
年平均(项)	1.7	0.2	5	3.7	2.9	3.1

从表 6.5 和图 6.5 可见,各个时期的本体规划事件、活动数量差别很大,语言规范化重建时期和标准化、信息化建设前期的总量远多于其他时期,但是再看"年平均"数量曲线,会发现各个时期的活动数量非常均衡,这反映出本体规划的运行情况和规律,在语言规范化停建时期之后,相关的规划活动始终在持续进行,重建时期因为要全面恢复和启动规划项目,因此年活动数量相对略高。

---

[1] 2017 年 6 月 20 日国家标准委、教育部、国家语委 20 日联合发布了《公共服务领域英文译写规范》系列国家标准,对交通、旅游、文化等 13 个服务领域的英文译写原则、方法和格式等做出具体规定。这个标准还以"资料性附录"的方式,为各领域常用的 3534 条公共服务信息提供了规范译文。该标准于 2017 年 12 月 1 日起正式实施。

[2] 注:本书统计的本体规划活动、事件是在基本封闭的来源范围内,见前面各章节统计说明。

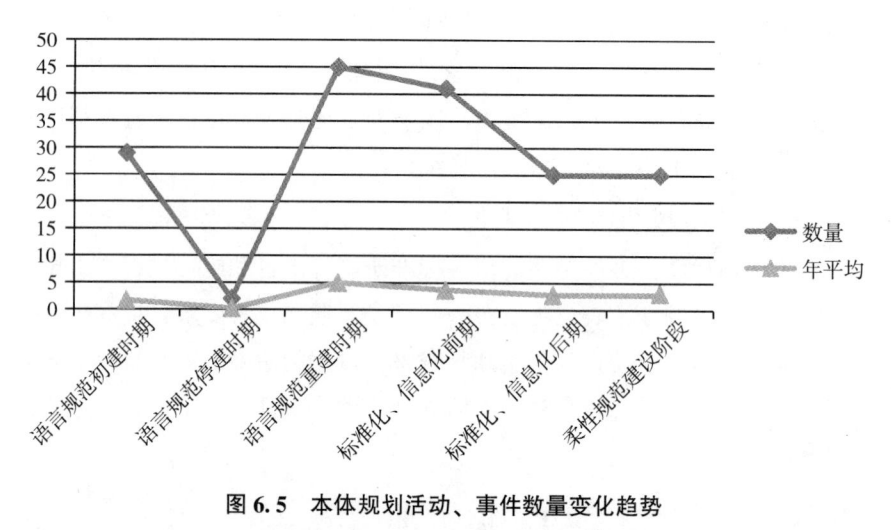

图 6.5　本体规划活动、事件数量变化趋势

二　语言培育规划

培育规划在本体规划系统中的地位和发展走向究竟如何,通过分析统计各个时期的规范情况可见一斑。

(一) 当代语言培育规划的范围

当代本体规划中的培育规划包括语言净化、语言现代化和语言国际化三个方面,代表本体规划的三个主要培育方向。语言净化向内着眼于汉语言文字本体共时系统内部;语言国际化向外着眼于汉语言文字本体共时系统的外向定位;语言现代化着眼汉语言文字本体动态变化的历时方向。

"语言净化"包括三种不同的标准,即内外标准、时代标准和健康标准。内外标准是指从纯化或者净化语言文字本体系统的角度,"严防"外来成分的渗入和影响,排斥非本语言结构系统的外语成分,主要是词汇成分,以及非共同语成分,即方言词汇和语法成分;时代标准是指从语用的角度考虑,剔除不适合当代语境的古语成分和旧有词语,在历来讨论中,除去语言规范停建时期词语使用对时代性的非正常要求外(如不能使用老爷、太太等所谓封建社会称谓),主要集中于旧词新用类词语。如有人在改革开放后反对"小姐"一词的社会化使用,认为倡导使用"小姐"

既"忘记了中国的历史和国情",又"曲解了改革开放的本意"①;健康标准在这里是相对狭义的理解,与本研究中讨论的语言纯洁、健康观范围不同,主要针对语言文字的使用混乱、语言污染和语言暴力。语言、文字使用混乱与语言规范化关系密切,但这里针对的是一种综合现象管理,非为单项语言规范;语言污染主要指粗话脏话、语言低俗化等方面;语言暴力指以语言为武器进行人身攻击与生命摧残的暴烈现象,即暴力在语言中的表现,包括网络语言暴力。② 不同语域对语言净化的诉求有一定的程度差异。

"语言现代化"包括词汇现代化、语体现代化和术语规划。词汇现代化主要以吸收、整理新词语为标志。词汇在语言三要素中最为活跃、最能及时地反映社会生活的动态变化,新产生的词语经过在言语社区实际运用的筛选不断进入现代汉语一般词汇系统的过程,使语言系统得到更新和进化,因此对新词语的搜集、整理是词汇现代化的核心内容。语体现代化在当代主要体现为文风的不断改进。普通语言学中语体被界定为"是为了适应不同的交际需要而形成的语文体式,它是修辞规律的间接体现者"③,社会语言学中定义为"个人或社会群体根据不同的场合而做出的语言选择"④,前一定义依据语言视角,后一定义则是语言使用者视角,交叠点是强调适应交际环境和需要,可见语体的形成和选择都据此而变,因此本体规划中的语体现代化的目标,即在于使语体发展适应言语社区语言交际的需要,当代语体现代化则集中于对文风的规范和引导。术语规划与语言规范化中的词汇规范以及"语言国际化"都有关系,但鉴于术语问题的专业性和研究、整理的专门化,单列一类。这一类规划主要包括科技名词的审定和普通术语工作的方方面面。

"语言国际化"致力于使语言或语言变体更易于国际通用或与国际接轨、易于二语习得者学习,与中文国际地位确立、汉语国际传播以及汉语国际教育的关系非常密切。本书的研究对象是当代语言本体规划,因此重

---

① 方孜行:《"小姐"辩》,《人民日报》1990年11月20日第8版。
② 刘再复:《论语言暴力》,《明报月刊》2001年第4期。
③ 黄伯荣、廖序东主编:《现代汉语》(增订四版)(下册),高等教育出版社2007年版,第235页。
④ 徐大明:《语言变异与变化》,上海教育出版社2006年版,第412页。

点考察与语言的国际通用、语言与国际接轨以及在现实和虚拟社区中确立中文国际地位等方面相关的规划活动,至于汉语国际传播和汉语国际教育因主要归于语言的习得规划和声望规划,不列为本书主要讨论范畴。

(二) 语言培育规划统计

当代语言培育规划有以文件、通知、公告等形式呈现的显性形式,更多的是通过非正式的社会化意向表达(即语言、政治和社会领域的话语)来实现,或者用组织宣传活动等隐性的形式来实现的。这部分我们主要统计培育规划的显性形式,但在分析其发展趋势和脉络时,将以培育规划的显性形式为主的同时,结合其他形式体现的主要观点。

各个时期的培育规划的综合统计见下表和下图:

表 6.6　　　　　　　　　培育规划综合统计

时段	内容	语言净化	语言现代化 词汇	语言现代化 语体	语言现代化 术语	语言国际化	时段总量
语言规范化建设阶段	初建时期	1		2		2	5
语言规范化建设阶段	停建时期					2	2
语言规范化建设阶段	重建时期					4	4
标准化信息化建设阶段	前期	1			5	1	7
标准化信息化建设阶段	后期	2			8		10
柔性规范建设阶段		5	8		2		15
单项总量		9	8	2	15	9	43

(三) 语言培育规划趋势分析

首先结合表 6.6 和图 6.6、图 6.7 进行总的趋势分析,进而对当代语言培育规划划域讨论:

1. 当代语言培育规划的特点

培育规划的内容构成尽管比较复杂,但在长期的发展过程中也形成了较为明显的一些特点:

(1) 培育规划的显性形式和隐性形式并存

不同于语言规范化和领域语言规范化,目标在于语言使用的稳态,语言培育规划是致力于促进优化的语言动态,因此不易形成法规或者政策性规范文件,显性的规划也多半为用作规范的词书或者词典等成果形式,如

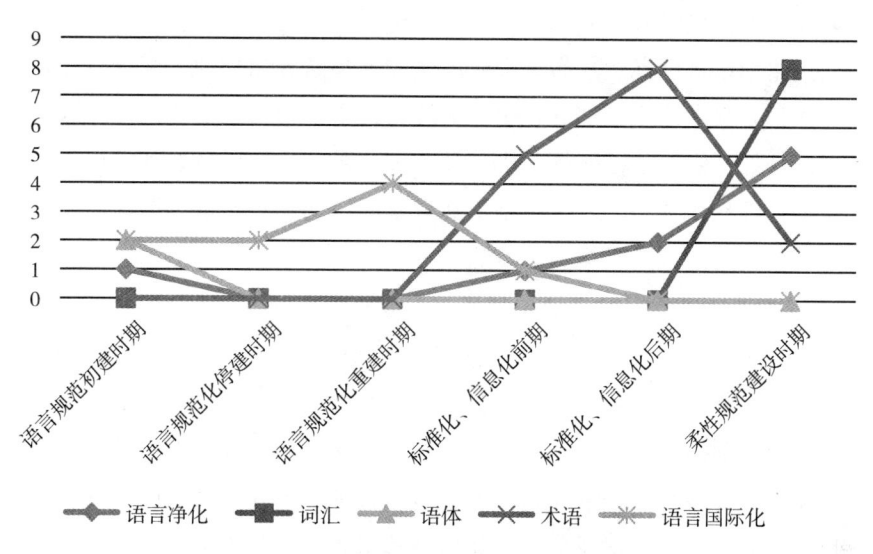

图 6.6　培育规划各部分变化趋势

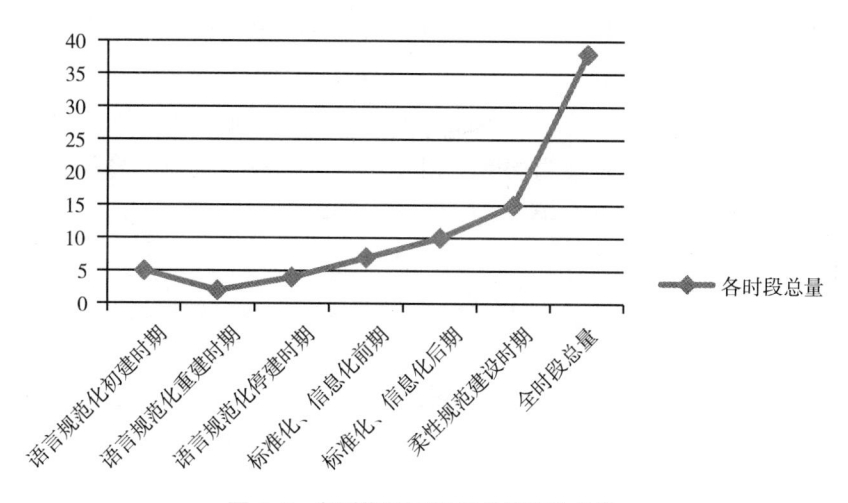

图 6.7　各时期培育规划总量变化趋势

术语规范的科技名词词书和词汇现代化范畴的新词语词典等；同时培育规划常常为非正式形式，如工作计划、会议纪要、领导讲话等，或者隐性形式，即主要规划理念体现在各类社会计划和活动中，如语体现代化中的文风建设。

（2）显性规划逐渐增加

从图 6.7 可见，显性规划的总量按时间顺序各个时期是逐渐增加的，到柔性规范建设阶段增幅加大。除了表格中显示的这部分显性规划外，语言现代化和语言国际化最后一个阶段的成果都尚有相当的一部分未计入统计范围，尤其术语规划部分，全国科技名词委公布出版的名词书和语言国际化信息处理领域的国际规范都有较大的数量，其中信息处理类规范同时属于语言信息化规范。显性规划形式数量的增加趋势显示了培育规划在本体规划系统的地位不断提高。

（3）培育规划内容与语言规范化多有交叠

语言培育规划的各部分内容与政策规划中语言规范化的语音、词汇、语法、文字部分分别有交叠。首先从语言演进规律来看，语言结构系统是从不平衡逐渐达到平衡再走向不平衡的循环往复的过程，因此语言规范化的稳态追求和培育规划优化动态追求相互衔接和依存，培育规划以语言规范化为依据和基础，语言规范化在培育规划成果的基础上进一步实现语言结构系统的平衡、稳定。如语言净化方面，需要"净化"的语言现象的筛选和净化规划出台的主要依据来自语言规范化成果；又如《汉语拼音方案》作为汉语规范化重要内容，"是用拉丁字母拼写现代汉语普通话的规则"，是国家推广的给汉字注音的拼音方案，继而在语言国际化进程中，《汉语拼音方案》成为国际上用罗马字母拼写中国地理名称的（唯一）系统，以及中文文献中罗马字母的拼写规范。

2. 语言净化趋势分析

从1951年6月6日《人民日报》发表《正确地使用祖国的语言，为语言的纯洁和健康而斗争！》社论开始，汉语规范化基本确定了"匡谬正俗"的理念目标和模式，"匡谬"实际针对的就是语言文字使用的混乱，"正俗"对应的是"语言净化"中的其他方面。语言规划纯洁观至今仍是当代语言规划的主要规划观之一，因此语言净化在培育规划中占有较大比重。

（1）语言净化贯穿本体规划始终

要实现语言的纯洁、健康，势必要两条路线并行，即"立标准"和"治乱象"，前者归属语言规范化范畴，后者主要依赖语言净化。当代语言规划纯洁观形成于本体规范初建时期，其后各个时期绵延、发展，虽其内涵和具体解释各个时期有所差异，但净化言语社区的语言使用，保持语言、文字系统的纯洁和健康的目标始终如一。

除了表 6.5 统计的显性规划外,语言净化从当代语言规划工程启动时即渗透在各类文献中,如 1955 年的"现代汉语规范问题"学术会议决议指出:会议在确定普通话的语音规范是目前首要的工作后,为了使我们的文学语言更加正确、精密、纯洁、健康,现代汉语词汇和语法的科学研究工作也必须大力开展。这一方面受语言原旨(纯洁)主义(Linguistic Purism)思想下语言纯洁观的影响,另一方面与当时流行的结构主义语言学理论有关。语言原旨主义是推行、推广共同语的国家最初都不免受之影响的一种观念,如法国;结构主义语言学认为语言结构系统是单一、同质的,主张和重视研究语言的静态系统与稳定状态,这些观念都影响了当时的语言规划。

其后的汉语规范化核心内容也始终离不开语言净化。1986 年"全国语言文字工作会议"确定了新时期语言文字工作,其中关于社会用字管理指出:当前社会上滥用繁体字,乱造简化字,随便写错别字,这种用字混乱现象,应引起高度重视。[①] 国务院责成国家语言文字工作委员会尽快会同有关部门研究、制定各方面用字管理办法,逐步消除社会用字混乱的不正常现象,并于 1986 年批转了国家语委《关于废止〈第二次汉字简化方案(草案)〉和纠正社会用字混乱现象的请示》。1997 年"全国语言文字工作会议"确定新世纪的奋斗目标,其中包括"汉字的社会应用基本规范,社会用字混乱现象得到有效的遏制,出版物用字、影视屏幕用字和计算机用字达到较高的规范水平"。2012 年教育部、国家语委印发《国家中长期语言文字事业改革和发展规划纲要》,在国家语言文字事业的工作目标中也包括到 2020 年"汉字社会应用的规范化程度进一步提高"。上述各个时期的语言净化规划虽不是独立文件,属于半隐性形式,但影响深远。

(2) 语言净化的显性规划以"内外标准"类为主

Thomas 在《语言纯洁主义》中将语言纯洁定义为:一个言语社区或言语社区某个部分的一种保护语言免于遭到有可能的外来成分或其他成分的伤害变得不良,或去除这些成分的愿望表现。[②] 可见外来影响是语言净

[①] 全国语言文字工作会议秘书处:《新时期的语言文字工作:全国语言文字工作会议文件汇编(1986)》,语文出版社 1987 年版,第 27 页。

[②] Thomas, G., *Linguistic Purism*. London / New York: Longman. 1991, p. 12.

化首要针对对象。当代语言本体规划施行过程中,以内外标准衡量的语言净化主张和活动始终在持续:从现代汉语规范化反对滥用外来词、方言词,到《现代汉语词典》(第6版)收入字母词引发的大讨论,针对的都是汉语系统中的外来成分。

表6.5所统计的"语言净化"类共9项,其中4项应归入"内外标准"小类,两项为"综合"也包括区分内外部分(注:其余三项为"健康标准"小类),可见这一类占显性规划的多数。再进一步缩小范围分析这一类会发现,现有语言净化规划成果主要针对的是音译词和形式为外文字母的词语,包括《对当前"洋文"冲击汉语等现象的评估和对策》(1997)、国家广电总局下发通知要求"主持人口播、记者采访和字幕中不能再使用外语缩略语"(2010)《关于加强对行政机关公文中涉及字母词审核把关的通知》和《禁止汉语出版物随意夹带使用英文单词》等。从时间上看,这些规划成果都出现在本体规划后两个阶段,尤其是第三阶段,是因为"20世纪80年代,人们主要针对外来词的特点和理据等进行研究,直到90年代,人们才开始探讨外来词规范化问题"[①]。可见本体规划的出台和施行需要充分的学术对应研究作为基础。

目前网络虚拟社区的语言生活,随着自媒体的发展正全面、迅速地渗入现实社区中,两者的界限日益模糊,而虚拟社区各种语言形式的混杂使用是常态,此种语境下,现有的语言净化规划能在多大程度上实现规划目标?这是一个亟待思考的问题。

(3)语言净化具有即时特征,缺乏系统性

首先,综观语言净化现有规划成果,多为据当时社区中出现的语言使用混乱或普遍现出的不良现象而提出的一种应对方案、暂行办法或者规定,缺乏基于系统研究的长期规划和连续性培育政策,也便难以在此基础上形成相应范畴的语言规范。如外来词是语言净化的主要对象之一,虽然在当代,从其个别词偶尔进入汉语社区开始,直到全球化时代出现在各种语域(register),外来词尤其是音译词都在本体规划范围内,以"外来词规范"为搜索词在CNKI进行"主题"搜索获得文献数量可观,但至今还

[①] 夏中华:《对近时期汉语词汇规范化研究的梳理与思考》,《沈阳师范大学学报》2015年第1期。

没有形成外来词规范。邹玉华（2009）发表《汉语外来词规范（草案）》提出对于新外来词，规范以预测和引导为主，并提出确定外来词词形活力值的方法和比重，是一个较有启发性的尝试。

其次，语言净化各小类划分不清，规划不全。我们按照现有语言净化的方向将语言净化分为三个小类，兼有不同方向的另归入综合类规范，会发现各小类之间成果不均，尤其显性规范。如"健康标准"小类中除"社会用字使用治理"作为新时期语言文字工作的重点之一，从1986年起，各省市开始对社会用字的混乱现象进行治理[①]，并有专门规划文件外，语言污染、语言暴力等方面至今未见有形规划文献，关于"时代标准"一类也缺少独立培育规划。模糊不清地规划各个相关范畴，会导致都缺少约束力。

3. 语言现代化趋势分析

在培育规划三个板块中，比较而言语言现代化最符合"培育"的本意，即其发展显示递接的进阶特征，各部分均逐渐走向体系化，在语言规划中自成系统。

（1）词汇现代化方面，新词语筛选、提取形成三级进阶模式

在当代语言规划初期，就有新词语辞书出版，但由于当时语言规划的重心在推广普通话、汉字改革和推行《汉语拼音方案》三大任务，因此新词语整理是零散的、民间的，在学术界的影响也很小；直到20世纪80年代初，吕叔湘（1984）发出《大家来关心新词新义》的号召后，新词语在学界引起重视，《语文建设》等杂志开始连载"新词新语新用法"词条；20世纪90年代伴随市场经济的形成，新词语批量产生，在语言舆情促动下，新词语词典编纂迎来高潮，研究者统计、估算仅专门的新词语工具书即出版有一二百部之多[②]，1975—2014年，几乎每年都有2本左右[③]；本体规划最后一个阶段，新词语规划进入监测阶段，国家语言资源监测与研究中心开始对新词语进行监测，并于2007年起每年出版编年本汉语新词语词典。

[①] 袁钟瑞：《新中国65年的语言文字工作历程》，中国语文现代化学会秘书处编《中国语文现代化学会通讯》2014年第79期。

[②] 周荐：《新词语研究和新词语词典编纂六十年》，《辞书研究》2015年第2期。

[③] 葛丽媛：《新词语的研究述评》，《语文学刊》2015年第2期。

目前，形成了筛选和提取新词语的三级模式，即第一级对年度新词语进行全面监测，出版实录性收录新词语的词典编年本；第二级由国家教育部、国家语委通过媒体监测和网络票选等方式筛选、提取年度新词语进行发布，并在《中国语言生活状况》中发表；第三级是经过言语社区中一定时间段的使用，根据新词语使用的频度、分布、生命力等指标筛选，择优收入权威语文词典《现代汉语词典》，正式进入现代汉语一般词汇系统，《现代汉语词典》从第 3 版开始每次修订都收入一定量的新词语，见表 6.7，最终确认新词语的"身份"，更新词汇系统。例如 2006 年新词语中有"博文、搞怪、交强险、拼客、群租、晒、晒客、威客" 8 个词被收录到《现代汉语词典》第 6 版（2012）中。

表 6.7　　　　　《现代汉语词典》各版收入新词语数量[①]

《现代汉语词典》版次	第 3 版	第 4 版	第 5 版	第 6 版
收入新词语数量	1125	1205	2138	1177

注：《现代汉语词典》（第 7 版），商务印书馆，2016 年 9 月出版，收入了新涌现的新词语 400 多条。[②]

新词语规划三级模式使词汇现代化进入良性循环过程，但其中仍有疑问，即大量出版的新词语工具书的目标人群是什么？据我们观察，这些辞书除了研究者外，很少有人在语言生活中了解它们的存在并能够加以利用，这能否说是一种规划浪费？

（2）语体现代化形成稳定的自上而下模式

语体现代化在当代主要表现为各个时期对文风的规划和要求。与其他部分相比，语体现代化最大的特点是形成了自上而下的模式，即对于文风规划各个时段均来自中共党组织或者政府的要求，甚至越过了国家语言规划主管部门。

研究发现，这种模式的形成主要有两方面的原因，其一是承袭"延安整风运动"时期的传统。毛泽东的倡导是中国重视文风整顿最重要的

[①] 参见黄越《〈现代汉语词典〉第 6 版新词语研究》，硕士学位论文，西北师范大学，2014 年。

[②] 《现代汉语词典第 7 版说明》，载中国社会科学院语言研究所词典编辑室编《现代汉语词典》（第 7 版），商务印书馆 2016 年版。

原因之一，他认为"学风和文风也都是党的作风，都是党风"。因此文风的改变往往与党风、政风、作风联系在一起，形成了固定模式。而毛泽东同志关于党的文风建设的重要论述集中在延安整风时期，在这个时期毛泽东结合党风整顿，阐发了文风建设的重要观点①，对后来把文风视为"党风等在语言生活中的反映"的观念有直接影响；其二是由"文风"的特性决定的。因为文风表现为一种语言使用特点的综合，对文风的规划不同于语言或文字系统各种结构成分的规范，对社区成员的文风很难通过典化或者出台具体规范的方式进行约束，达到规划目标；同时党政文件、活动材料覆盖面广、影响力大，对社区语言生活具有引导作用，因此采用自上而下的方式，在党和国家进行党风、政风建设时，同时进行文风建设是较为合理的规划方式。这种规划形式也应是值得深入研究的一个选题。

从表6.6中可见，语体现代化显性形式只在初期有两项，这说明这方面的规划多为隐性或者半隐性形式。如十七届四中全会指出"从领导机关做起，大力整治文风会风，提出开短会、讲短话、讲管用的话，力戒空话套话。"② 对文风的规划是隐含在其他方面的工作要求中的，前文第六章分析的十七届六中全会和"十八大"以来对文风的种种要求和规定亦是如此。

针对语体现代化我们提出的问题是，除了文风培育外，语体本身的培育规划该如何展开？传统将语体分为书面和口语两大类的观点显见已然陈旧，社区网络化后，虚拟社区语言生活与常用语体、传统语体分类均不相符，该如何归类？

（3）术语规划形成科技名词审定和术语工作规范两条线索并行

术语（terminology），在国际标准1501087-1Terminologywork-Voeabulary-Part 1：Theory and application 以及我国等效采用它制定的国家标准中，都规定了所谓的"术语"（term）就是指"专业领域中一般概念的文

---

① 毛泽东对文风建设的观点集中见于《整顿党的作风》和《反对党八股》，前者为1942年2月1日毛泽东在中国共产党中央党校开学典礼上的演说；后者为1942年2月8日在延安干部会上的讲演。

② 中共中央文献研究室编：《十七大以来重要文献选编》（中），中央文献出版社2011年版，第158页。

字指称（verbal designation）"①。一般是指在特定学科领域用来表示概念的称谓的集合，在我国又称为名词或科技名词（不同于语法学中的名词）。因各民族语义场的差异，国际上设置了处理和协调术语工作的组织，即国际标准化组织属下的国际术语信息中心。当代科技发展迅速，每日新产生科技名词以数百个计，不能及时加以规范，将阻碍科技发展和社区成员对科技成果和产品的接受与认知，因此进行术语规划是语言现代化重要内容。

  当代术语规划可以清晰地看到科技名词审定和术语工作规范建设两条并行的线索。从表6.6可见，术语统一是各单项培育规划中数量最多的一类，但这还仅是术语工作的一般规范和标准，是两条线索中的一条。术语规范和标准化建设开始于20世纪80年代，规划主体参照国际标准化组织术语工作委员会（ISO/TC37）制定的推荐标准 ISO/R704 1968《术语工作原则》等，分别于1988年制定了 GB 10112—1988《确立术语的一般原则与方法》，1997年发布了 GB/T 1.6—1997《术语标准编写规定》，这些标准的研制融入了现代术语学理论，所确立的方法和原则具有普适和通用性，适用于各类知识领域，奠定了良好的基础。术语规范是标准化基础工作领域组成部分，为了配合术语建设信息化发展的需要，在本体规划的第二阶段国家质量监督局相继发布了《建立术语数据库的一般原则与方法》（1992，2001）、GB/T 17532—1998《术语工作 计算机应用 词汇》、GB/T 19101—2003《建立术语语料库的一般原则与方法》等系列标准，规范了术语信息处理，同时促进了术语规划。目前术语工作规范、标准的采信与遵守和领域术语规范建设是亟待解决的问题。

  第二条线索是科技名词的审定。1950年中央人民政府政务院文化教育委员会即成立了"学术名词统一工作委员会"，下设自然科学、社会科学等五个小组，其后负责科技名词工作的部门几易其名，但一直归属中国科学院。1985年"全国自然科学名词审定委员会"成立，极大地促进了科技名词审定工作，1996年该组织更名为"全国科学技术名词审定委员会"，从名称上可以看出工作领域的扩大。同时这两个时间节点与本体规划第二阶段"语言标准化、信息化建设阶段"的分期基本吻合，足见其

---

① 全如瑊：《什么是"术语"》，《术语标准化与信息技术》2004年第3期。

与本体规划需要的契合。表中数据显示,这个阶段科技名词审定成果最为丰富:

表 6.8　　　　　　　　科技名词审定综合统计①

时段 数量	语言规范化 建设阶段 重建时期	语言标准化、信息化 建设阶段 前期	语言标准化、信息化 建设阶段 后期	柔性规范 建设阶段	总量
名词审定分委员会	10	38	12	29	89
审定公布名词(种)	0	40	26	20	86
两岸对照名词(种)	0	0	6	10	16

截至2015年6月"全国科技名词审定委员会"共成立了89个分委员会,从1987年至今共审定公布学科名词86种,发布两岸对照学科名词16种,名词审定工作在语言标准化、信息化建设阶段达到高潮。2015年1月29日,新闻出版广电总局印发由全国科学技术名词审定委员会和中国新闻出版研究院联合起草的 CY/T 119—2015《学术出版规范 科学技术名词》,"是我国第一部专门针对科学技术名词规范应用问题编写的成文标准"②,标志着科学技术名词规范纳入新闻出版领域行业标准,也证明了科技名词审定的成绩。但科技发展日新月异,科技名词增速惊人,如何加快其他学科的名词审定、更新已审定学科的名词仍然需要进行深入思考。

4. 语言国际化趋势分析

语言国际化与语言规划系统其他各部均有关系:地位规划涉及为本国语言在国际社区定位,教育规划当中包括语言国际教育,声望规划应包含本国主要语言的国际声望塑造和国际传播等内容。这些方面既需要于各类规划中分别设计,又应从"国际化"视角做整体思考和规划。

当代本体规划辖域下的语言国际化进程基本可以分为三个阶段:

(1) 第一阶段:确立中文在国际工作中的语言地位

第一阶段,处在本体规划的语言规范化建设中期,标志中文国际地位

---

① 资料来源于全国科学技术名词审定委员会官网,统计时间为2015年7月1日。网址:http://www.cnctst.cn/Organ/SubCommittees? g=y#sc。

② 《科技名词规范纳入国家新闻出版领域行业标准》,全国科学技术名词审定委员会网,2015年2月1日,网址:http://www.cnctst.cn/。

的有两项成果：其一是 1973 年 12 月，联合国大会第二十八届会议通过了第 3189 号决议：“考虑到五种正式语文中四种均已列为大会和安全理事会的工作语文，并确认为了提高联合国的工作效能，中文也应具有与其他四种语文同等的地位，决定将中文列为大会工作语文并依此修正大会议事规则的有关规定”①；其二是 1974 年 1 月联合国通过决议把中文列为安理会工作语文。这两项决定，确立了中文的国际地位，但其过程反映了语言国际规划艰难的历程。

1945 年联合国成立后发布的《联合国宪章》规定，联合国的正式语言为中文、英文、法文、俄文和西班牙文，工作语言为英文和法文，并声明所有官方语言的地位平等，但实际上由于国家积贫积弱，在国际事务中缺少话语权，以及国际语境的制约，中文在联合国的地位极低。至 1971 年中国进入联合国组织后，在国家的规划下有所改观，如中国代表一概用中文发言、坚持阅读会议文件的中文译本等。但因工作人员大半为前"中华民国"留任，中方工作人员内部仍存在本体规划相关问题，主要有①将书面语"文言"转为"白话文"；②将"繁体字"改为"简体字"；③表达习惯和政治术语的改变。在内部通力解决这些问题的同时，常驻代表团一再向联合国秘书处提出要求，才最终为中文赢得了作为联合国大会和安理会工作语文的地位。

（2）第二阶段：确立《汉语拼音方案》为中文罗马字国际拼写标准

第二阶段在语言规范化建设后期，致力于把《汉语拼音方案》推向国际，成为国际标准。首先，第一步《汉语拼音方案》成为国际上用罗马字母拼写中国地名的标准。1977 年 9 月联合国第三届地名标准化会发表《联合国第三届地名标准化会议关于中国地名拼法的决议》，推荐用《汉语拼音方案》作为中国地理名称罗马字母拼法。大会认为：《汉语拼音方案》是中国法定的罗马字母拼音方案，并已制定"中国地名汉语拼音拼写法"；《汉语拼音方案》从语言学的观点来看是健全的；《汉语拼音方案》已经有了广泛的应用，已出版拼音版地图和其他资料，因此推荐采用汉语拼音作为国际上用罗马字母拼写中国地理名称的（唯一）系统。

---

① 《3189（ⅩⅩⅤⅢ）. 将中文作为大会和安理会的工作语文》（1973 年 12 月 18 日），联合国中文网站，网址：https：//www.un.org/zh/documents/view_doc.asp？symbol=A/RES/3189（ⅩⅩⅤⅢ）。

其次,第二步是《汉语拼音方案》成为中文文献拼写国际标准。1979年,ISO/TC 46巴黎和华沙会议上,中国代表周有光提出把《汉语拼音方案》作为国际标准的建议,1982年ISO/TC 46南京会议正式通过ISO 7098—1982《文献工作—中文罗马字母拼写法》,《汉语拼音方案》自此从国家规范成为国际标准。该标准在1991年和2013年分别进行了技术修改和规则修订,形成ISO 7098—1991版和ISO 7098—2013《文献工作—中文罗马字母拼写法》修订稿,该标准在1991年修订后被美国国会图书馆(Library of Congress)、法国国家图书馆(Bibliothèque Nationale de France)等国际著名文献单位所采纳,但使用过程中与国内用汉语拼写汉语一样遇到分词等问题,因此2011年中国代表再次提出修改。

2012年国家语委已重新颁布《汉语拼音正词法基本规则》(GB/T 16159—2012),但ISO 7098—2013目前只建议人名、地名按规则分词连写,因此国家标注(GB)和国际标准(ISO)仍存在不一致的问题。

(3)第三阶段,参与汉字信息技术编码国际标准建设

第三阶段处在语言标准化、信息化建设时期,自然地,中文信息处理国际化成为规划目标。主要包括在国际标准ISO/IEC 10646的CJK(《中日韩统一表意文字》)系统中根据中国需求合理提出汉字补位诉求和国际标准在地化的实现。

国际标准化组织(ISO)和国际电工委员会(IEC)联合技术委员会1993年发布的ISO/IEC 10646.1—1993,虽然名为《信息技术通用多八位编码字符集》,但实际最初只有两位,能否占据ISO/IEC 10646的双字节编码位置,对各国文字编码非常关键,因此一段时间内的语言国际化即体现于力争在CJK系统中实现合理添加文字的诉求。CJK字符集不断扩容,扩展A∥B∥C∥D∥E区皆已完成,2012年发布CJK 6.1版本,共收录汉字74617个(不包括E区和F区汉字),每一扩展区中国都努力参与,争取先机。

CJK的在地化实现是从国际再回到国内,属于国际化步骤之一:CJK发布之后,为了与国际标准相接,中国先后制定了GB 13000.1—1993《信息技术 通用多八位编码字符集》(UCS)、《汉字内码扩展规范》(GBK)(1995)和GB 18030—2000《信息技术 信息交换用汉字编码字符集基本集的扩充》3个规范或标准。

国内汉字编码字符集与 CJK 扩容相伴推进的过程反映了语言国际化进程。随着 CJK 不断扩容，2005 年中国修订了 GB 18030—2000，发布 GB 18030—2005《信息技术 中文编码字符集》共收录汉字 70244 个，成为收录汉字最多的字符集国家标准。

目前中国提交 CJK 编码的汉字尚有大量来自大型工具书的"表外字"信息需要研究，因此整理相关工具书中所录文字的形体、字际关系，梳理每个汉字在历代字书中的流变情况，并将结果与字符集中已编码汉字进行一一比对，以验证编码字的正确性，是当前语言国际化的任务之一。

第三节 当代语言本体规划的理论创新

我国当代语言规划有着"中国特色"这是毋庸置疑的，如同其他大多数民族国家一样，因为国情语情不同，所追求的语言规划目标也不尽相同，因此各国都有着不同的发展历程及鲜明的特点。具体到语言规划理论亦是如此，如中国当代语言规划领域始终有一整套不同的概念、术语，提出了"语文现代化"等规划理念。此处我们无意于完整塑述这一特色规划体系，而是重点要研究、解析本体规划领域所体现的理论创新。这其中我们发现，本体规划第三个阶段，部分规划内容显示出"服务观"倾向的同时，也是当代本体规划理论创新的主要实践。

一 语言学理论的创新运用

本体规划的发展过程中，有些理论是从语言学其他相关领域移用而来，属于创新运用。这些理论有的是解释性的，用以解释语言规范的某些特性；有的用于政策规划或者培育规划内容和实施的具体设计。

（一）区分语言规范化、言语规范化及言语得体性

现代语言学建立基础之一是区分语言和言语，那么语言规划要不要也区分这两个概念？事实上的语言规划基本区分了口语和书面语，1951 年 6 月 6 日就奠定了以书面语为主要对象的基础。① 但是，并没有区分语言和言语，这也是对同一个语言变异形式规范与否判别不同、其语用价值判断

---

① 冯志伟：《论语言文字的地位规划和本体规划》，《中国语文》2000 年第 4 期。

迥异的主要原因。因此王希杰提出应该区分语言规范性、言语规范性和言语的得体性，认为语言的规范化是语言体系自身稳定性问题，言语规范化是时代、社会的语言使用中约定俗成的相对稳定的一般原则，言语得体性是特定的交际环境中话语对于交际环境的适应程度的问题。[①] 从三者的关系看来，言语的规范性是语言的规范性与言语的得体性的一个中间环节，它既是语言规范性的表现，也是言语得体性的基础。除了用于甄别新词语的合法身份外，我们认为，在当下新媒体时代，也是本体规划适应新的语言生态，将重心从语言结构系统移于语言生活的重要理论依据。

（二）中介语和语言的层次性

20世纪80年代二语习得研究引入中介语理论（Interlanguage Theory），用于外语教学和对外汉语教学等领域。中介语概念基本内涵与中国学者提出的"语言有许多中介物"有相似之处，后用于语言规范，与区分病句和不规范的理念以及"度"的理论等一起，被研究者综合后成为提出语言处在过程中的动态理论基础。[②]

语言的层次性理论，来源于结构主义语言学，"语言结构是逐层、顺次组合在一起的"是结构主义语言学基本观点之一，"层次分析法"为其采用的主要析句法，因此20世纪五六十年代引入结构主义语言学理论后，语言层次性理论长期用于语言的结构形式分析。随着社会语言学的发展，语言的层次性理论进而用于语言的功能研究，语言变异学派研究证实，语言变项的选择和使用频量具有标志社会分层的功能。结合中介语理论，同时借助语言变异分布与语言变化的关系分析模式，层次性理论被"引渡"到语言本体规划，主要用于对地方普通话、"蓝青普通话"的认同阐释，在普通话水平测试中对普通话的等级划分，以及作为语言规划评估如"推普"效果评估的理论依据。研究者指出在推广普通话中存在层次区分的问题，按照"操讲普通话的标准程度"把PSC分为三级六等不同层次，在普通话规范的程度上不作强求一律的要求，其实际是对普通话变体连续统（continuum）的分层。

李海英曾指出，中介语理论对于汉语规范化的启示，是认为普通话是

---

① 王希杰：《语言的规范化和言语的得体性》，《语言教学与研究》1998年第1期。
② 于根元：《应用语言学理论纲要》，华语教学出版社1999年版，第11页。

一个中介语连续体,是有层次的,不断接近标准普通话,但是永远不会等同于所谓的标准。① 所以对运用中的语言来说,谈完全的规范化也是不现实和不符合实际的,显示了这两种理论在本体规划研究中的实际应用价值。

(三) 语言脉动理论与语言的动态说

对于语言的动态说,有不少相关的理论,多半被语言规划研究所用。如语言是开放的梯形,语言常表现为亚稳态体,律动说等。于根元在《语言哲学对话》中提出"语言脉动说",并认为语言是一种运动方式,语言同世界万物一样,时刻都在发展、变化。② 用到语言规划领域则用来说明语言规范、标准为什么不能一成不变,而是要不断更新。有学者又提出语言变化的惯性或者时间差的观点,是对语言规划有针对性的理论,提出语言工作要适度超前并要善于抓住基感,相关的观点包括提出规范工作中发现、介绍新的、好的语言现象更重要等。但如何定义和判定"新的好的语言现象"?

从上述可见,这些理论基本是解释性的,有待在语言规划实施过程中实践。

(四) 语言潜、显理论

语言的潜性与显性状态实际上是对语言动态说的进一步阐发,某种意义上可以理解为是其理论延伸。基本观点为语言是一个动态的过程,不同的语言形式实际上是出现在或潜或显的某个阶段。语言的潜性和显性被用于语言研究的各个领域和语言结构系统的各个层面。如王希杰(1996)用显性、隐性和正、负偏离两组概念架构了新的汉语修辞学体系。在语言本体规划中,语言的潜、显理论曾应用于新词新语研究,提出"初显词语"概念,认为潜、显是语言运动的原因和方式,因此新词新语会不断地显现,正是潜性语言形式的存在使语言系统呈现出生成性和开放性。③ 据此,语言规划研究者对过往的本体规划行为再行反观,认为现在

---

① 李海英:《普通话水平测试(PSC)的社会语言学阐释》,齐鲁书社 2006 年版,第 117 页。
② 于根元:《语言哲学对话》,语文出版社 1999 年版。
③ 于根元等:《整理汉语新词语的若干思考》,《语言文字应用》1993 年第 3 期。

的语言规范学者，应避免因循守旧，以现有规范评判新的语言现象。

二 语言规划域的理论创建

当代语言本体规划的理论创新突出表现在新的本体规划模型的创建，即建立语言规范三级体系模型。

（一）本体规划新建模型

本体规划新建模型实际是建立语言规划核心部分——语言规范的三级体系。这一模型包括三个层面：宏观层面上首创社区语言生活状况发布制度，定期报告社区语言生活状况；中观层面丰富语言规范系统的层次，提出新的语言规范类型"软性规范"；微观层面尝试采用"推荐性标准"，增加语言规范化的柔性。

三个层面的规划贯穿了"服务"理念，与传统本体规划以规范本身为中心、从规范到人的路径不同，转变为以社区成员——语言使用者为中心、由使用者审定或选择规范，体现了语言规划服务观。新建模型图示如下：

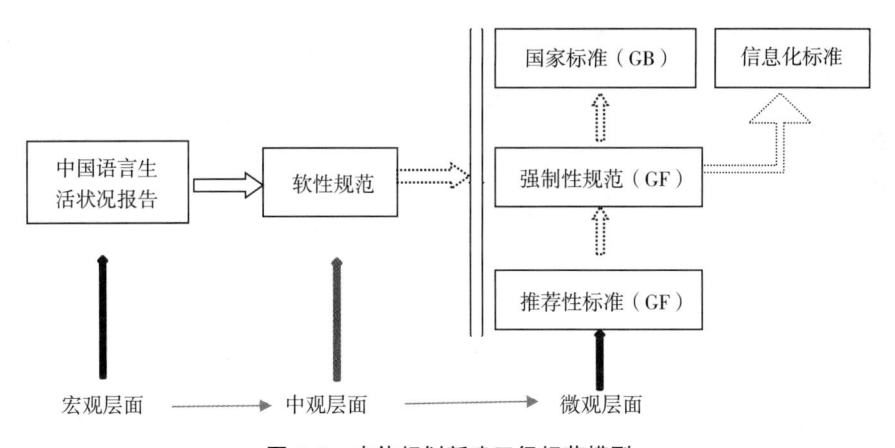

图 6.8 本体规划新建三级规范模型

由上图可见，三个层面的规划内容实际构成了语言规范的三级体系，每个层面的规划都是语言规范的一种形式，同时又构成连续统，从对受众的约束效力来看分别为语言规范的不同阶段，规范的正规性逐级递升：基于"中国语言生活状况报告"尝试提出"软性规范"，前者是后者的基础，后者是前者的集中体现；软性规范经公众检验后，经过论证和修订有可能成为正式的语言规范（GF）或国家标准（GB）；正式规范这个层面，创新性体现在"推荐性标准"的采用，其与强制性规范存在可能的晋级关系；强制性规范可以提升为国家标准，或者作为依据建立信息化规范、标准。

（二）实施社区语言生活状况发布制度

语言生活状况报告是对一段时期内社区语言生活进行整体调查和描写，以便把握语言生活使用现状。报告社区语言生活，通过发布调查统计数据和语言使用的主要趋势、走向，实际上昭告了一种约定俗成的规范，以及现有已公布规范、标准执守的状况。

国家语委从 2006 年开始通过"绿皮书"形式发布年度"中国语言生活状况报告"，包括对年度内社区语言生活的各方面的调查报告、港澳台和海外社区语言生活概况或主要的语言事件等，每年的主题同时兼具侧重点和连续性；发布国家语言资源监测与研究中心对各类媒体中语言使用状况的统计数据，对历年字频、词频等的态势作简要数据分析。

"中国语言生活状况报告"为软性规范和原有规范类型的研制与出台提供具有持续性和对比参照的数据支持，规避了大规模不定期舆情调查数据、资料延迟的弊端，为语言规范动态更新提供依据，体现了"服务"理念，这种理念是自觉的。《语言文字工作简报》2012 年第 9 期编者按称"为贯彻落实《中华人民共和国国家通用语言文字法》，提倡'语言服务'理念，引导社会语言生活和谐发展，为构建和谐社会做贡献，自 2006 年起，教育部、国家语委每年向社会发布年度语言生活状况报告，至今已连续发布 7 次，在社会上产生了良好的反响。"[①]

"中国语言生活状况"《绿皮书》的发布，"为国家语言文字政策的制定和调整提供了重要参考，及时为社会提供语言咨询服务，取得了良好的社会反响，在国际上也得到了赞誉"[②]。因此从效果来看，这个规划思路是成功的，某种程度上看也是对国际语言规划发展的一个贡献。

[①] 教育部语信司、语用司主办：《语言文字工作简报》2012 年第 9 期（总第 517 期）。

[②] 见教育部副部长、国家语委主任李卫红在 2010 年"首届中国语言生活学术研讨会"上的讲话。

（三）提出"软性规范"规划类型

新建本体规划模型中"软性规范"形式的提出是最大的创新点。"软性规范"是于国家正式发布的语言规范、标准与语言规范研究成果之间增加一个规划层次，在这个规划层次上发布非强制性的规范。目前用《中国语言生活绿皮书》（下文简称"绿皮书"）的方式按需发布。"软性规范"一方面引导言语社区的语言使用，使之不偏离规范域；另一方面将专家、学者的规划方案公之于众，接受检验和验证，以便进一步研讨、修订。

《绿皮书》A类公布的语言文字规范标准，之所以称为"软性"规范，是因为尚不具法规效力，具有非强制性，目的在于把经过专家研定的语言形式或语言使用规范标准推荐给社区成员参考使用，充分体现语言规划服务观，并借此达到对社区语言生活进行引导的目的。

从学理上分析，软性规范虽没有强制约束性，但具备引导和引领语言使用的功能，因为软性规范实际是言语社区语言使用的"最大公约数"。徐大明阐释言语社区基本理论时指出，语言的基本存现单位是言语社区，言语社区是语言同一性和差异性的统一，言语社区有共同遵守的语言使用规范，以及因此而产生的相似的语言生活。[①] 软性规范基本是基于这些社区语言共性，对语言变体进行整理、论证做出选择和确认的，先天具备相当的认同基础，通过"绿皮书"等统一渠道的发布，使之具有正规性，增添了语言规范选项的高变体色彩，易成为公众优选。

软性规范形式的创立，增加了语言规范的类型，完善了语言规范化三级进阶模式，作为中间层次，既转化了语言规范学术研究成果，又规避了国家发布语言规范、标准因时机不成熟导致的冒进风险，是一种成功的本体规划改革尝试。但是目前，这类规范发布数量尚少，应有效利用这种规范形式，缩短语言规范、标准研制和出台的周期，把不够格作为国家典型规范的领域语言规范等纳入"软性规范"系列，提高其规划效应。

（四）采用"推荐性标准"

在制定、出台语言规范时，采用"推荐性标准"，即虽然作为正式发布的严格意义上的规范（GF）或标准（GB），但对于规范文件中的语言

[①] 徐大明：《言语社区理论》，《语言文字学》（人大复印报刊资料）2004年第8期。

形式，均作为优选之后的"推荐"项，而非强制选项。相比依据规划主体地位确定的刚性规范标准，我们称为"柔性"规范，作为柔性规划的一种形式。

这种柔性规范实际上并不是语言规范和标准本身的"柔"或不确定，而是规划、标准执行的柔和软，即放弃强迫性，而以引导和倡导为主。也就是说规划主体的主观选择和立场是确定的，在不同的语言变体成分之间有明确的选择，语言规范的基准是清晰呈现的，但不同的是，并未将这种明确的选择倾向强加于言语社区成员，给语言使用者以选择的相对自由。这一点是我们目前能把握的与上述"软性规范"的主要区别，即软性规范的标准尚未确定，而"推荐性标准"已经确认。

在本体规划第三个阶段发布的 GB/T 15834—2011《标点符号用法》、GF 0014—2009《现代常用字部件及部件名称规范》和 CF 0013—2009《现代常用独体字规范》等都是推荐性标准，具有非强制性引导功能，表现为一种"柔性"规范。

三 理论创新中的"服务观"

软性规范和"推荐性标准"透露了服务意识，其中本体规划从强制性规范主导向指导性规范过渡的意图趋向明显，研究者指出中华人民共和国成立以来，汉语言文字标准化工作经历了从多数为国务院和部委的法规与规章到多数为国家标准和部委标准，从强制性标准占多数到推荐性标准占多数的发展历程。[①] 实际上是语言规划服务观的一种体现，但由于"服务"的主观意图不明显，缺少配合措施和途径，这种方式从效果来看，尚未成熟。

首先，"推荐性标准"与"软性规范"从系统特征和功能两方面都存在进一步区分问题；其次，因缺少声望规划的配合，社区成员对这种柔性规范的性质不甚了解，引导或指导性意图不能较好地得到实现；最后，在实施规划过程中，规范的执行程度不同，带来一定的混乱。如《标点符号用法》，在教育、新闻出版等领域如果任由选择势，必在信息交换过程中产生混乱，而个人失去硬性要求，可以因袭陈规，也可以采用新标，会有无所适从之感。

---

① 王翠叶：《汉语言文字标准化工作的回顾及思考》，《语言文字应用》2005 年第 1 期。

第七章　本体规划调查及当代本体规划的缺弊

本书第四至第六章对当代语言本体规划进行了全面的梳理和发展进程与趋势分析，目的是了解和掌握本体规划的运行机制，预测未来言语社区语言生活和国家经济、文化发展对本体规划的需求，科学、合理地设计本体规划内容和实施方案。但几十年来本体规划的实施效果如何？语言规划基本问题的社会认知度如何？社区成员对当代语言规划舆情焦点的态度如何？种种疑问尚缺少实证。而只有对这些问题进一步展开充分的调查与研讨，才能结合前文所做的历时研究全面地论述当代本体规划系统的缺失与问题，进而达到为本体规划发展提供咨鉴的目的。

因此本章包括两部分内容，第一部分为本体规划调查与分析；第二部分是对当代语言本体规划现存主要问题的初步探讨。

第一节　本体规划调查

本体规划不是孤立存在的，而是组合在语言规划系统中的一个部分，因此在进行调查时做了整体考虑。

本次调查的主要目标：

①了解社区成员对本体规划主要内容的认知程度；②了解社区成员对语言规划焦点问题的态度和看法；③了解语言规划主要方面的实施效果；④了解社区成员对语言规划发展的看法。

一　调查范围和方法

本次调查的主要目的为大体了解当代本体规划的背景，佐证现存的问题，因此从调查范围、样本抽取到调查问卷的设计都强调代表性和典型性。

(一) 调查范围和对象

本次调查分为两个部分,一个部分是针对南京市几所重点大学的学生所做的调查;另一部分是借助网络社交平台采用电子调查问卷对社会各行业人员进行的调查。选择大学生群体基于两个原因:其一高校学生群体来源于全国各地,可以较好地兼顾调查所需要的对覆盖地域的要求;其二学生群体正处在注重学习语言变体、最为关注语言使用和语言现象的时期,对影响语言生活的语言政策、语言规划更为敏感,尤其是本科生低年级(这次调查的重点)刚刚离开生长地,面对语言环境的改变,会格外生发出对语言问题的观察和思考,因此这个群体的态度和观点具有代表性。

学生群体的调查,在学校的选择上,主要选择了南京大学、南京师范大学、东南大学和南京中医药大学,尽量兼顾到不同的学校类型;调查对象包括本科生、硕士生和博士生,其中本科生占多数,本科生中低年级(大一)占多数;社会群体的调查,以笔者和调查团队的微信、腾讯 QQ 等网络社交平台为基础,逐步扩散调查范围,受地缘、亲缘等因素影响,被测较多分布于东北三省、北京、山东、河南、湖北等地。

(二) 调查方法和调查过程

1. 调查方法

本次调查主要采用问卷法,即根据调查目的和语言规划理论与实践内容框架设计调查问卷,直接调查所选择的调查对象。

首先根据调查对象把调查问卷分为"问卷一"和"问卷二",问卷一为纸质文本,针对学生社群,问卷二为电子文本,针对社会群体;问卷一和问卷二的内容区别仅限于一项,即问卷一"调查对象"的 a6 项设置为"专业",问卷二"调查对象"的 a6 项设置为"职业"。这是由两个调查问卷的对象差别决定的,问卷一是在校学生,尽管有些硕士或博士生为在职读学位,仍按照当下的学生身份提取其"专业"社会特征;问卷二的对象为社会成员,因此相应地提取"职业"特征。

其次确定本次调查的样本采集主要采用非随机抽样、"雪球抽样"。学生社群的样本抽取两种方式都有采用:

雪球抽样首先以南京大学 2014 级"语言政策与语言规划"新生研讨课的选课学生为调查对象,这些学生分别来自:文学、法学、外语、新闻传播、软件科学、大气、化学、匡亚明等院系，在经过结合课程内容的系统学习和培训后，共选择了 17 名学生作为调查助手，和另外两名东南大学、南京师范大学的硕士生调查助手一起负责学生群体调查对象的调查试卷发放和回收，进行雪球抽样。在进行试卷发放时要求调查助手现场指导，待调查对象填完问卷后直接收回；调查助手可以先从自己院系选择调查对象，再到本校其他院系和其他学校，以确保调查对象各个专业的覆盖率，在各院系选择调查对象的过程为非随机抽样。学生社群的非随机抽样是在高校的图书馆、宿舍、食堂等地选择调查对象，集中在一个时间点同时填写问卷。

社会群体的调查主要为雪球抽样。具体步骤：第一步先调查笔者及调查团队的微信和 QQ 网络社交平台上的好友，发送电子问卷并逐一回收；第二步扩大调查范围，再由好友用同样的方式向自己的朋友圈和好友发放电子问卷，填好后统一上传发送给笔者与团队成员。这样既能满足样本数量的需求，又能同时保证被调查人各类社会特征的多样性分布。

2. 调查过程

问卷调查首先进行了预调查。2014 年 10 月 22 日在南京大学进行预调查，分析调查结果后，对问卷略作修改，并最终确定了调查范围。

学生群体正式调查分为两个阶段：第一阶段 2014 年 11 月 6 日—12 月 6 日进行雪球抽样调查，发放问卷 640 份，回收 569 份，回收率 88.9%，其中有效问卷 527 份，有效率 92.7%；第二阶段 2014 年 12 月 24 日—30 日在各高校进行非随机抽样，发放问卷 220 份，回收 213 份，回收率 96.8%，其中有效问卷 190 份，有效率 89.2%。

社会群体调查从 2014 年 12 月 24 日至 2015 年 2 月 1 日，共发放电子问卷 130 份（雪球调查间接发放数无法统计，告缺），回收问卷 115 份，回收率 88.5%，输入 SPSS 有效问卷 109 份，统计结果显示 106 份，因此实际有效率为 92.2%。

二 调查问卷的构成

问卷的构成包括结构和内容两部分。

（一）问卷结构

根据语言规划的体系构成和我们对本体规划在体系中所处核心地位的

理论分析，调查问卷设计为五个部分：

　　a. 被调查对象的基本信息：包括 6 项社会特征；
　　b. 语言规划焦点问题（一）：关于母语教育；
　　c. 语言规划焦点问题（二）：关于外语教育；
　　d. 语言规划效果：关于语言规划的"三大任务"；
　　e. 语言规划的发展：关于当前的语言政策。

　　从本体规划背景因素分析，调查覆盖了焦点问题、规划效果和发展趋势；

　　从具体各部分所对应的语言规划下位分类来看，前面 b、c 两部分对语言教育的调查主要侧重于教育规划，d 部分侧重本体规划，e 部分侧重于地位规划，声望规划因不易单列调查题目，附于其他三部分调查中。

　　问卷 a 部分包括 6 个题目，b、c、d、e 均含 10 个题目；每个题目包含 2—6 个选项，请调查对象按照题目提示进行选择，其中只有 b6、c1 和 e5 允许多选，其余为单选。

（二）问卷内容

　　调查问卷中焦点问题的选择根据近两年的语言舆情确定。2013 年 1 月，教育部一号文件明确提出"研究英语科目一年多考的办法"。北京率先响应，10 月 21 日北京市公布多项中高考改革方案，内容包括 2016 年高考总分仍为 750 分，语文增至 180 分，英语由 150 分减为 100 分，其中听力占 30 分，实行社会化考试，一年两次考试，学生可多次参加，按最好成绩计入高考总分，成绩 3 年内有效。[①] 这一消息关涉高考整体思路，触及对语文和英语教育的定位、投入和目标调整，所以关于语文、英语教育问题迅速形成了焦点，同时语文和外语教育问题除语言习得规划外，涉及语言规划的各个方面，始终是语言规划的热点问题。2014 年 10 月 1 日按"标题关键词"方式搜索中国语言文字网"语言舆情信息聚合系统"，"语文教育"有 596 条、"母语" 317 条信息，"外语" 368 条、"英语" 755 条，远高于其他关键词搜索，因此语文教育和外语教育设定为焦点问题调查内容。

---

　　① 《北京出台 2016 年中高考改革方案 高考英语减少 50 分》，搜狐教育网，2013 年 10 月 22 日，网址：http：//learning.sohu.com/20131022/n388676292.shtml。

对语言规划效果的调查，围绕当代语言规划的核心即推广普通话、推行规范汉字和推行《汉语拼音方案》这"三大任务"设置问题，此三项既是地位规划的主要内容，也是本体规划中政策规划的主要范畴，与此相关的方言和繁体字使用问题是本次调查的重点。

调查社区成员对语言规划发展的看法，结合当前语言政策和学术研究成果确定题目，如对"推广普通话宣传周"和《国家通用语言文字法》的了解程度，对语言服务、语言规划与国家安全的关系、语言保护等问题的看法。

语言规划相较于其他语言应用调查来看，专业性较强，同时本次调查主要考察本体规划的未来发展背景，因此调查问卷问题的设置坚持基础性、广泛性和通俗性相结合的原则，以确保调查的有效性。

三 被调查对象信息

以下分学生调查对象和社会群体对象分别统计。

（一）学生群体

各项信息用 SPSS 分析软件统计如下：

表 7.1　　　　　　　　　　学生群体性别分布

		频率	百分比	有效百分比	累计百分比
有效	0.00	1	0.1	0.1	0.1
	男	305	42.6	42.6	42.7
	女	411	57.3	57.3	100.0
	合计	717	100.0	100.0	

表 7.2　　　　　　　　　　学生群体年龄分布

		频率	百分比	有效百分比	累计百分比
有效	0.00	1	0.1	0.1	0.1
	20 岁及以下	461	64.3	64.3	64.4
	21—30 岁	225	31.4	31.4	95.8
	31—40 岁	30	4.2	4.2	100.0
	合计	717	100.0	100.0	

表 7.3　　　　　　　　　学生群体学历分布

		频率	百分比	有效百分比	累计百分比
有效	0.00	2	0.3	0.3	0.3
	本科	539	75.2	75.2	75.5
	硕士	127	17.7	17.7	93.2
	博士	49	6.8	6.8	100.0
	合计	717	100.0	100.0	

表 7.4　　　　　　　　　学生群体居住地分布

		频率	百分比	有效百分比	累计百分比
有效	0.00	1	0.1	0.1	0.1
	江苏南京	193	26.9	26.9	27.1
	江苏除南京外其他市	202	28.2	28.2	55.2
	江苏省外	321	44.8	44.8	100.0
	合计	717	100.0	100.0	

因为调查范围主要为南京市高校，因此虽然问卷设置为填写省、市信息，统计、分析过程中归为江苏南京、江苏除南京外其他市和江苏省外。

表 7.5　　　　　　　　　学生群体所在中学分布

		频率	百分比	有效百分比	累计百分比
有效	0.00	1	0.1	0.1	0.1
	市区中学	576	80.4	80.4	80.5
	乡镇中学	140	19.5	19.5	100.0
	合计	717	100.0	100.0	

调查对象所在中学信息是考虑到市区中学和乡镇中学的语言面貌有所差异，一般来讲，城市中学的语言环境好于乡村中学。

表 7.6　　　　　　　　　学生群体所学专业分布

		频率	百分比	有效百分比	累计百分比
有效	0.00	1	0.1	0.1	0.1
	文科	342	47.7	47.7	47.8

续表

		频率	百分比	有效百分比	累计百分比
有效	理科	198	27.7	27.7	75.5
	工科	170	23.7	23.7	99.2
	其他	6	0.8	0.8	100.0
	合计	717	100.0	100.0	

问卷一中"专业"为填写项，在统计分析时，根据所填专业的学科属性，分别归入文科、理科、工科和其他四类。

从表7.1到表7.6可见，学生群体调查对象性别较为均衡，涵盖了各个年龄、学历层次，其中以20岁及以下本科为主；专业分布广泛，在居住地和教育环境（所在中学）特征上也具有差异性，因此保证了调查样本的多样性。

（二）社会群体

各项信息用SPSS分析软件统计如下：

表7.7　　　　　　　　社会群体性别分布

		频率	百分比	有效百分比	累计百分比
有效	男	55	50.5	51.9	51.9
	女	51	46.8	48.1	100.0
	合计	106	97.3	100.0	
缺失	系统	3	2.7		
合计		109	100.0		

从表7.7可见，社会群体对象的性别比例基本持平。

表7.8　　　　　　　　社会群体年龄分布

		频率	百分比	有效百分比	累计百分比
有效	20岁及以下	4	3.7	3.8	3.8
	21—30岁	14	12.8	13.2	17.0
	31—40岁	19	17.4	17.9	34.9
	41—50岁	50	45.9	47.2	82.1
	51—60岁	19	17.4	17.9	100.0
	合计	106	97.2	100.0	

		频率	百分比	有效百分比	累计百分比
缺失	系统	3	2.8		
合计		109	100.0		

从表 7.8 可见，社会群体调查对象以 41—50 岁、51—60 岁为主体，这种分布特点刚好可以与学生群体年龄分布形成互补。

表 7.9　　　　　　　　　　社会群体学历分布

		频率	百分比	有效百分比	累计百分比
有效	中专及以下	20	18.3	18.9	18.9
	大专	22	20.2	20.8	39.7
	本科	52	47.7	49.1	88.8
	硕士	12	11.0	11.2	100.0
	合计	106	97.2	100.0	
缺失	系统	3	2.8		
合计		109	100.0		

从表 7.9 可见，社会群体调查对象的学历覆盖除博士外的各个层次，其中大学（本、专科）为主，与学生社群对象基本一致。

表 7.10　　　　　　　　　　社会群体居住地分布

		频率	百分比	有效百分比	累计百分比
有效	江苏南京	6	5.5	5.6	5.6
	江苏除南京其他市	6	5.5	5.7	11.3
	江苏省外	94	86.2	88.7	100.0
	合计	106	97.2	100.0	
缺失	系统	3	2.8		
合计		109	100.0		

社会群体的生长地统计显然是江苏省外占绝对优势，这种分类统计主要是为与学生对象取得一致。

表 7.11　　　　　　　　社会群体所在中学分布

		频率	百分比	有效百分比	累计百分比
有效	市区中学	56	51.4	52.8	52.8
	乡镇中学	50	45.9	47.2	100.0
	合计	106	97.2	100.0	
缺失	系统	3	2.8		
合计		109	100.0		

对比从 7.11 和表 7.5 可见，社会群体教育背景分布更为均衡，市区中学和乡镇中学基本持平。学生群体的调查对象多数来自较好的高校，教育背景显示绝大多数为市区中学，这与目前舆论反馈的高校招生现状一致。

表 7.12　　　　　　　　社会群体职业分布

		频率	百分比	有效百分比	累计百分比
有效	公司或银行职员	55	50.5	51.9	51.9
	工程师（或技术人员）	15	13.8	14.2	66.1
	经商或其他服务行业	3	2.8	2.8	68.9
	教师	10	9.2	9.4	78.3
	公务员及事业单位人员	4	3.7	3.8	82.1
	律师	4	3.7	3.8	85.9
	其他	15	13.7	14.1	100.0
	合计	106	97.2	100.0	
缺失	系统	3	2.8		
合计		109	100.0		

问卷二"职业"为填写项，根据调查对象所填职业及职业分类标准，分为公司或银行职员、工程师等七类，所列各类多数比较关注语言问题，从表 7.12 可见，调查对象中公司或银行职员占半数左右。

从表 7.7 到表 7.12 可见，社会群体调查对象各类社会特征的分布同时有广泛性和差异性，调查样本因此具备多样性。

四 调查数据与分析

这部分将分别统计和分析本次调查的四个方面的主体内容，以全面了解本体规划的发展背景。

（一） 语文教育调查

教育是语言规划施行最主要的通道，本体规划中的语言规范标准只有依靠教育系统才能真正确立，尤其语文教育，是社区语言教育最主要的方式。正如 Larforge（洛恩·拉福热）所指出的"现在，语言规划专家们似乎已经普遍接受了这样一种观点：语言规划的理论或模式必须描述学校系统的作用"[①]。社区成员对语文教育的认识必然会影响本体规划制订和实施，因此本部分主要就此展开调查：b1—b4 关涉语文教育的性质；b5—b7 是关于语文教学内容；b8—b10 是关于语文地位。

1. 语文及语文教育的性质

语文教育是母语能力教育，语文教学的主要任务应是综合培养和提高母语能力；语文教育作为母语教育，从学习内容、方法和情感特征等方面都不同于其他的语言习得，因此除直接调查对语文及语文教育的理解外，还设置了与母语相关的问题。

表 7.13　　　　　　　对"语文"的含义理解

	认为"语文"的含义是：	学生群体			社会群体		
		频率	有效百分比	累计百分比	频率	有效百分比	累计百分比
有效	0.00	1	0.1	0.1			
	语言和文学	570	79.5	79.6	72	67.9	67.9
	语言和文字	133	18.5	98.2	21	19.8	87.7
	语言和文章	13	1.8	100.0	13	12.3	100.0
	合计	717	100.0		106	100.0	

注：为方便对比统计，表 7.13 中原"社会群体"省略了"缺失"一项。下文类似表格处理同此。

---

① [加] 洛恩·拉福热：《语言教学与语言规划》，载周庆生主编《国外语言政策与语言规划进程》，语文出版社 2001 年版，第 490—496 页。

表 7.14　　　　　　　　　对"语文教育"的理解

对"语文教育"的理解		学生群体			社会群体		
		频率	有效百分比	累计百分比	频率	有效百分比	累计百分比
有效	0.00	1	0.1	0.1			
	语言教育	33	4.6	4.7	12	11.3	11.3
	文章教育	10	1.4	6.1	1	0.9	12.3
	文学教育	62	8.6	14.8	2	1.9	14.2
	语言和文学教育	611	85.2	100.0	91	85.8	100.0
	合计	717	100.0		106	100.0	

从表 7.13、表 7.14 可见，对语文和语文教育的理解倾向比较一致，把"语文"理解为"语言和文学"占多数，相应地把"语言教育"理解为"语言和文学教育"，也占多数；但无论是学生群体还是社会群体，对语文及其教育的认识都有一定的分歧，虽然调查结果是在罗列各种含义情况下取得的，带有一定的启发性，但分歧仍很明显。

我们认为语文教育应是一种语言教育，即母语教育，目的是使学生全面了解和掌握母语知识，具备良好的运用母语的能力，这种认识目前并未被更多接纳，从表中数据可见，选择"语言教育"的仅占 4.6%和 11.3%。与此相矛盾的是对 b4 "您是否曾意识到语文教学是母语教学？"的调查显示社会群体中 94 人回答"是"，占 88.7%；学生有 627 人，占 87.4%，是让人非常乐观的结果。这种矛盾显示出问卷调查的局限性，如本题的暗示性"是非问"比较容易引导调查对象选择所谓的正向答案。对 b3 的调查结果可进一步证明我们的推论，对"您知道哪天是'世界母语日'吗？"的回答学生社群 688 人选择"不知道"，达到了 96%；社会群体 94 人选择"不知道"，占 88.7%，证明很少人关注"母语日"，明确意识到语文是母语教育却不了解这样一个纪念日，可能性不大。

总之，从调查结果来看，对语文及语文教育的母语本质还缺乏明确的认识。我们认为，这也是长期以来语文实际变成了一种"文章教育"的主要原因之一。

2. 语文教学内容

表 7.15　　　　　　　　　　语文课教学内容

语文课最重要的内容	学生群体			社会群体		
	频率	有效百分比	累计百分比	频率	有效百分比	累计百分比
有效	1	1	0.1		0.1	
语言文字知识	395	55.1	55.2	57	53.8	53.8
文学常识	131	18.3	73.5	12	11.3	65.1
写作方法	63	8.8	82.3	21	19.8	84.9
交际技巧	127	17.7	100.0	16	15.1	100.0
合计	717	100.0		106	100.0	

从表7.15可见，学生和社会群体对"语文课最重要的一项内容"的确认均是分散的，但选择"语言文字知识"一项都最多，占比超过50%。这说明目前的语言环境对本体规划的发展是有利的。

b6"您认为语文课最主要应该培养学生什么能力？"是多选项问题，社会群体单项统计结果"理解能力"最多，43人次，占39.5%，占比最小的是"口头表达能力"，只有15人次，占14.1%；学生群体同样，选的最多的是"理解能力"，465人次，占64.9%，最少的也是"口头表达能力"，仅56人次，占7.8%；两类群体的总体顺序均为理解能力>阅读能力>写作能力>口头表达能力，说明目前的语文课相比更重视语言"输入"，不够重视"输出"，即对语言的实际应用、表达能力认识不足，不能全面地理解语言能力。

但绝大多数人认为语文成绩的高低不等同于语言能力——对b7的调查统计发现，两类调查对象中都是否定回答占大多数，社会群体87人，占79.8%；学生群体666人，占92.9%。这一点对本体规划的社会推广也是有利的。

3. 语文的地位

语文在中学教育中的地位一定程度上反映了语文教育在社会上的地位。我们通过直接提问和提问语文对其他科目的作用来考察语文的地位。

表 7.16　　　　　　　　语文在中学教育中的地位

中学教育最重要的科目		学生群体			社会群体		
		频率	有效百分比	累计百分比	频率	有效百分比	累计百分比
有效	0.00	3	0.4	0.4			
	语文	341	47.6	48.0	76	71.7	71.7
	数学	303	42.3	90.2	25	23.6	95.3
	英语	70	9.8	100.0	5	4.7	100.0
	合计	717	100.0		106	100.0	

首先看学科定位问题。从表 7.16 可见，对从三科中选出所认为的"中学教育最重要的科目"，学生问卷结果"语文"和"数学"不相上下，分别为 341 人，占 47.6% 和 303 人，占 42.3%；社会群体问卷结果则"语文"遥遥领先，有 76 人，占 71.7%。作为单项选择的调查结果，两类调查对象的选择倾向差别很大，一方面学生群体易受高考因素影响，社会群体则因为工作经历更易于从实践经验出发，因此视角不同；另一方面也说明，对语文教育认识上的差异同时反映了语文定位的偏差和不稳定。但两类对象对英语的定位有共性，占比都很小，分别为 9.8%（学生）和 4.7%（社会）。

其次，考查语文的影响。对 b9 "您认为学好语文对其他学科的影响如何？"统计显示，学生对象选择最多的是"有一些影响"，占 47.6%；社会群体选择最多的是"有很大影响"，占 56.6%，显示出对语文学科作用程度的认识差异，但总体来看都认同语文对其他学科的作用，累计百分比分别达到了 93.6% 和 92.4%。

上述数据分析说明社区成员认同语文在中学教育中的重要价值，但真正确立其地位，语言规划的作用不可忽视。如调查、统计 b10 "您认为语文课能否全部通过自学完成？"一题，结果显示，学生、社会群体分别有 37% 和 40.6% 的被调查人认为语文课可以通过自学完成，这个数据值得我们重新考虑语文课的内容和形式。

（二）外语教育调查

当代语言规划是在多语环境下进行的，外语问题不可回避。语言规划研究中，母语教育和外语教育是常放置一起讨论的话题，外语学习和使用是语言能力培养的一部分，同时与本体规划中的语言规范化、领域语言规范化和培育规划都有密切的关系。目前对外语教育施与母语的影响看法分歧较大，有的研究观点认为过度的英语教育和开发影响到了母语安全，并且，开展毫无限制的英语教育，尤其是在学生母语教育尚未完成、民族文化意识尚未确立之前，将会严重影响受教育者民族语言文化包括思想意识的形成和健康发展[①]；有的研究如陈新仁通过调查得出了不同的结论，认为当代大学生在总体上对母语文化的认同仍然超过了对外语文化的认同，对核心价值观念的认同高于边缘或表层文化行为的认同。[②] 考虑到这种分歧，本次调查从外语能力（c1、c8）、外语学习（c2、c3、c10）、外语教学（c4、c5、c9）和外语作用（c6、c7）几方面分别设置了调查题目。

1. 外语能力

外语能力包括语种能力和熟练程度。首先在对熟悉的外语种类调查中，学生群体584人选择英语，占81.5%；社会群体94人选英语，占88.7%，均是绝大多数，印证了预估。值得注意的是学生中选择两种及以上外语的有114人，占15.9%，这某种程度上说明在高层次学历人群中双语人（bilingual）和多语人（multilingual）的增加。但总体来看，外语能力的单一显而易见。

其次是外语熟练程度，统计结果见下表。

表7.17　　　　　　　　　　外语水平

外语水平		学生群体			社会群体		
		频率	有效百分比	累计百分比	频率	有效百分比	累计百分比
有效	0.00	3	0.4	0.4			
	很熟练	38	5.3	5.7	4	3.7	3.7
	比较熟练	349	48.7	54.4	30	28.3	32.0
	不熟练	306	42.7	97.1	45	42.5	74.5
	很不熟练	21	2.9	100.0	27	25.5	100.0
	合计	717	100.0		106	100.0	

---

① 蔡永良：《关于我国语言战略问题的几点思考》，《外语界》2011年第1期。
② 陈新仁：《全球化语境下的外语教育与民族认同》，高等教育出版社2008年版。

从表 7.17 可见，学生群体虽最低为本科，"比较熟练"及以上程度只有半数多一点，而社会群体虽然 60.4% 都是本科以上学历，但外语水平"不熟练"及以下程度的调查对象占将近 70%。

调查数据说明调查对象整体外语水平不高、外语能力不足，与受教育程度不相匹配，一定程度上反映了外语教育的低效。

2. 外语学习

外语对母语的影响从语言结构系统和文化渗透方面能观察到的只是结果，究其原因则需考察在外语和母语上的投入，包括时间和物质消费，徐大明指出：无论对于个体还是群体来说，任何语言能力的获得和追加都具有高昂的成本，其中最大的成本就是生命的机会成本。① 在有限的生命中，我们能够习得的语言是有限的，我们能够用来支配的时间也是有限的，用来学习甲语言则不能用来学乙语言。两项调查结果见下表：

表 7.18　　　　　　　　　　汉语和外语学习时间

汉语和外语学习时间		学生群体			社会群体		
			频率	有效百分比	累计百分比	频率	有效百分比	累计百分比
有效	0.00	4	0.6	0.6			
	汉语多	178	24.8	25.4	64	60.4	60.4
	外语多	535	74.6	100.0	42	39.6	100.0
	合计	717	100.0		106	100.0	

表 7.19　　　　　　　　　　汉语和外语学习消费

汉语和外语学习消费		学生群体			社会群体		
			频率	有效百分比	累计百分比	频率	有效百分比	累计百分比
有效	0.00	3	0.4	0.4			
	汉语高	141	19.7	20.1	45	42.5	42.5
	外语高	573	79.9	100.0	61	57.5	100.0
	合计	717	100.0		106	100.0	

---

① 徐大明：《试论宽松的语言政策》，载李向玉编《澳门语言文化研究》，澳门理工学院 2012 年版。

对比表 7.18、表 7.19 可见，学生对象在学习时间和消费上都是外语远远多于或高于汉语，外语分别占 74.6%、79.9%；社会群体外语学习时间和消费比例也高于汉语。这与我们曾做过的"大学生英语学习与母语安全问题"调查①的结论相近：即使是文学院的学生对作为专业的母语学习重视程度、时间和消费的投入都远低于英语学习，导致"泛专业化"和"专业不专"，影响了母语能力的提高。

在此基础上对 c10"你有学习第二外语的打算吗？"的统计结果显示，学生有 52%有计划学第二外语，"看情况"的有 30.5%，足见已然形成趋势；社会群体两种情况加起来也占到了 45.3%，是一股比较大的力量。

时间与资源的高投入与前面分析的外语能力不足、水平不好形成了较大的反差，是语言规划应予以考虑的现状。

3. 外语教学

前文所论外语教育高投入、低水平的情况与外语教学有无关系？相应的社区成员是否赞同英语高考改革？通过三个问题了解这几个方面：

表 7.20　　　　　　　　　　对英语教学效率的评价

关于英语教学效率		学生群体			社会群体		
		频率	有效百分比	累计百分比	频率	有效百分比	累计百分比
	0.00	3	0.4	0.4			
有效	很高	63	8.8	9.2	2	1.9	1.9
	比较高	261	36.4	45.6	41	38.7	40.6
	比较低	317	44.2	89.7	48	45.3	85.8
	很低	73	10.2	99.9	15	14.2	100.0
	合计	717	100.0	100.0	106	100.0	

从表 7.20 数据可知，两类调查对象对当前英语教学的评价整体不高，学生群体认为教学效率较低、很低的为多数，占 54.4%，社会群体更多，占比 59.5。这说明教学至少是上述投入与能力不成正比的原因之一。

---

① 周小凤、李海英：《大学生英语学习与母语安全问题的调查》，载盛玉麒编《语海新探（第六辑）》，香港文化教育出版社 2008 年版，第 19—25 页。

在"您赞成高考改革英语降分吗?"的调查中,学生中有331人赞同,占46.2%,比例最高;社会群体中有73人赞同,占67%,说明社区成员多数支持高考外语改革。这与前面的调查结论——对教学效率的评价一般有关,劣则思变;也与对"您认为外语能否主要通过自学完成?"问题调查结果一致:学生中有56.2%、社会群体中有67%的人选择否定回答,认为外语不能主要通过自学完成。

综合三个调查问题的数据可以分析得出结论:当前外语教学令人不满意,整体效果评价不高,但社区成员认为外语教学是必要的,外语不能完全凭借自学,因此支持当年的英语高考改革。

4. 外语作用

如果说对外语教学的评价还受到考试、评职等社会评价因素的制约,针对性较强的话,对"您认为英语在生活的用处大吗?"的调查则能够真实地反映社区成员在语言生活中实际运用外语的情况:

表7.21　　　　　　　　　外语在生活中的用处

英语在生活中的用处		学生群体			社会群体		
		频率	有效百分比	累计百分比	频率	有效百分比	累计百分比
有效	0.00	3	0.4	0.4			
	很有用	268	37.4	37.8	26	24.5	24.5
	比较有用	278	38.8	76.6	41	38.7	63.2
	有一点用	132	18.4	95.0	35	33.0	96.2
	没什么用	36	5.0	100.0	4	3.8	100.0
	合计	717	100.0		106	100.0	

表7.21中显示76.6%的学生对象认为外语很有用或比较有用,63.2%的社会对象认为外语比较有用或很有用,很少有人认为外语在生活中"没什么用"。对"您在学习、工作和生活中使用外语的频率如何?"的统计也佐证了外语的作用和需求,61.4%的学生和42.5%的社会群体对象"有时使用"或"经常使用"外语。调查结果反映了社区语言生活的真实诉求。

这也正是规划面临的新问题:如何在双语或多语语言能力均要求提高的情况下,做好本体规划?

(三) 语言规划效果调查

推广普通话、推行《汉语拼音方案》和推行简化汉字是 20 世纪 50 年代确定的文字改革的三大任务，是当代主要的语言地位规划，在以语言规范化、语言标准化和信息化、柔性语言规范建设为目标的本体规划各个阶段都是核心内容，普通话、规范汉字和汉语拼音是汉语规范化、标准化和信息化的基础，是领域语言规范化的依据和培育规划的参照。因此从这三个方面设置了调查问题，以概括了解语言规划效果。

1. 普通话的推广

语言规划几十年来，"推普"的成绩应该说最为显著，现在能够使用普通话的人数应当达到了 70%以上，就全国范围来看，普通话与汉语方言"共存共用"的局面已经形成。但从普通话与方言的关系来看，近年来保护、挽救方言的呼声越来越高，从上文的"主要舆情热点"分析可见，2010 年有广州发生"撑粤语"事件引起的"方言保护讨论"，2012 年由多个事件酿成的"方言保护热议"，2013 年再次因方言教学、方言报站名等事件引发"推广普通话和保护方言的关系引发讨论"，因此有必要了解当前言语社区普通话与方言的分布和使用状态。

表 7.22　　　　　学生群体在不同语域所使用的语言变体

	语言变体	家庭 频率	家庭 有效百分比	课堂 频率	课堂 有效百分比	公共场合 频率	公共场合 有效百分比
有效	0.00	3	0.4	3	0.4	3	0.4
	普通话	240	33.5	681	95.0	655	91.3
	方言	278	38.8	14	2.0	12	1.7
	方言和普通话	196	27.3	19	2.6	47	6.6
	合计	717	100.0	717	100.0	717	100.0

表 7.22 显示，学生群体在家庭语域中单纯使用方言的比率略高，总体看单纯用方言或普通话或方言与普通话混用的比例差别不大；在课堂和公共语域中普通话的使用率都达到了 90%以上，分别为 95%和 91.3%。这些数据说明一方面普通话的使用率在这类群体中已达到相当高的水平，另一方面可见普通话和方言的语域分工比较明显，方言基本退守家庭语域。

表 7.23　　　　　社会群体在不同语域所使用的语言变体

语言变体		家庭		工作		公共场合	
		频率	有效百分比	频率	有效百分比	频率	有效百分比
有效	普通话	53	50.0	89	84.0	74	69.8
	方言	27	25.5	8	7.5	13	12.3
	方言和普通话	26	24.5	9	8.5	19	17.9
	合计	106	100.0	106	100.0	106	100.0
缺失	系统	3		3		3	
合计		109		109		109	

表 7.23 的数据显示，社会群体在家庭语域、工作语域和公共语域中都是普通话所占的比例最高，首先这一点与学生群体有所不同；其次工作语域和公共语域中普通话的使用率均低于学生群体，分别为 84% 和 69.8%。但与学生群体一致的特征是语言变体使用的领域分工已基本形成。

表 7.24　　　　　两类调查对象的普通话和方言水平

使用语言变体标准程度		学生群体				社会群体			
		普通话水平		方言水平		普通话水平		方言水平	
		频率	有效百分比	频率	有效百分比	频率	有效百分比	频率	有效百分比
有效	0.00	3	0.4	4	0.6				
	很标准	276	38.5	242	33.8	14	13.2	28	26.4
	比较标准	346	48.3	176	24.6	51	48.1	26	24.5
	一般	82	11.4	136	18.9	26	24.5	37	34.9
	不太标准	10	1.4	74	10.3	11	10.4	11	10.4
	很不标准	0	0.0	85	11.9	4	3.8	4	3.8
	合计	717	100.0	717	100.0	106	100.0	106	100.0

表 7.24 为两类调查对象对自我普通话和方言水平的判定，作为自我评判虽不可避免会有主观的成分，但也能够在一定程度反映真实的语言能力状态和语言评价取向。

数据显示学生群体认为普通话"比较标准"的比例最大，达到

48.3%，其次是"很标准"，占 38.5%，极少人自认为"不标准"，只有1.4%，总体对自我普通话标准度评价较高；对方言标准程度的评价中"很标准"虽然比例最大，但只有 33.8%，各等次所占比依次递减，呈阶梯式分布，反映了社区使用中的方言逐渐变化的趋势。

数据显示社会群体对普通话标准程度的评价整体比学生群体低一个档次，最高占比也是"比较标准"，为 48.1%，但达到"很标准"程度的只有 13.2%，自认为普通话不标准的也有相当的比例；对方言标准程度的评价整体上也比学生群体低一个档次，占比最多的是"一般"程度，为 34.9%。

"能够使用普通话"表示的是一种熟练运用普通话的能力，与"实际使用普通话"不同，后者表现为一种选择的态度，但以具备前者的能力为前提。因此考察普通话推广的成效需要区分这两种情况。目前的研究基本未加区分，随着普通话普及程度的提高，普通话运用实际上进入了一个新的阶段，即普通话被作为言语社区语库中的一个成熟的变体，但能否被选择使用，是不确定的，取决于社区成员的语言认同和语言态度；在使用中的表现，是普通话与其他社区语言变体有成熟的语域分工。但如果社区成员的普通话标准程度不达标，能力不强，就不可能做到清晰地进行语域分工。如本次调查，表 7.24 中社会群体无论普通话还是方言达到"比较标准"程度的都不及学生群体，因此无法实现语言实际运用中的分语域变体选择，见表 7.23，两组数据正是相互印证了这个结论。

2. 规范汉字的推行

推行简化字的成功、《通用规范汉字表》的发布以及语言信息化领域中文信息处理用系列汉字标准的出台，都代表了当代语言规划中汉字规划的巨大成就。但在汉字使用方面，本体规划还面临着用字混乱等问题，据前文舆情分析可见，"繁简字之争"一直存在，甚至危及文字的地位规划。如前文所述，因 2009 年"两会"期间政协委员递交有关恢复繁体字的提案，汉字繁简问题再度引起社会高度关注，形成了改革开放以来的第二次汉字繁简大讨论；同年，热议《通用规范汉字表》，尤其 44 个字形"微整形"的汉字，形成热点；6 月 9 日，台湾地区领导人马英九在台北会见北美侨界代表时提出"识正（繁）书简"主张；2010 年和 2013 年分别有关于"汉字书写危机"的讨论和"台湾景区标识改简体字"等事件引起的规范汉字讨论，种种舆情信息使目前基本形成了"主简派""主繁派"和"折中派"，那么社区中繁简字使用到底如何，本次调查设置了3个问题，数据统计见下表：

表 7.25　　　　　　　　　　对繁体字的熟悉程度

熟悉繁体字程度		学生群体			社会群体		
		频率	有效百分比	累计百分比	频率	有效百分比	累计百分比
有效	0.00	3	0.4	0.4			
	基本都认识	200	27.9	28.3	31	29.2	29.2
	部分认识	379	52.9	81.2	39	36.8	66.0
	认识很少	103	14.4	95.6	27	25.5	91.5
	基本不认识	28	3.8	99.4	7	6.6	98.1
	完全不认识	4	0.6	100.0	2	1.9	100.0
	合计	717	100.0		106	100.0	

表 7.25 显示，关于对繁体字的熟悉程度，两类调查对象对繁体字都有一定的识认度，"部分认识"及"基本都认识"累计百分比分别达到了 81.2%和 66%，但显然学生的识认能力高于社会群体。

表 7.26　　　　　　　　　　对"识繁写简"的态度

对"识繁写简"的态度		学生群体			社会群体		
		频率	有效百分比	累计百分比	频率	有效百分比	累计百分比
有效	0.00	3	0.4	0.4	8	7.6	7.6
	赞成	516	72.0	72.4	56	52.8	60.6
	不赞成	104	14.5	87.0	23	21.7	82.1
	无所谓	94	13.1	100.0	19	17.9	100.0
	合计	717	100.0		106	100.0	

与"推普"的情形类似，支持恢复或部分恢复使用繁字体或在特定语域使用繁体字，首先要考虑的是社区成员的文字能力，其次在此基础上还要考虑社区成员的认同和选择态度。

表 7.26 调查结果显示，学生群体有 72%的人支持"识繁写简"，社会群体则低了近 20 个百分点，只有 52.8%，有近一半持不支持或无所谓

的态度。与表 7.25 相互对照，可以得出结论：两类群体支持"识繁写简"的比例均低于具备繁体字能力的比例，说明"认同与态度"成为重要的影响因子，在具备能力的人群中，有一部分人不认同繁体字与简化字同用，因此选择"无所谓"或"不赞成"识繁写简。另外，我们发现在社会群体中还有 8 个调查对象可能因不知晓"识繁写简"含义或不了解而未做选择。某种程度也反映了本体规划在实施中不够落地的问题。

鉴于文字使用的混乱，调查设计了问题 d9 "您认为电脑对汉字使用会不会造成不好的影响？"从统计数据看，学生中有 186 人认为影响很大，占 25.9%，482 人认为"有一些影响"；社会群体中则有 52 人认为影响很大，占到了 47.7%，49 人认为有一些影响，占 45%。分析可见，电脑普及是汉字使用混乱的原因之一。

实证研究结果再次提示本体规划：

在致力于能力提高的同时，应对语言规范、标准使用者的态度予以关注；更进一步即涉及如何正视本体规划的推广与执行这一根本问题。

3. 推行《汉语拼音方案》

汉语拼音作为汉字的辅助，弥补了汉字受自身特征制约在功能上的欠缺和不足，但由于语文教育基本从汉语拼音始，又缺少声望规划的配合，多数人对汉语拼音的基本功能习焉不察，更遑论其他对汉字的替代功能与价值；由于《汉语拼音方案》采用的是世界通用的拉丁字母，在使用中又常会与英文混淆。这些方面成为推行《汉语拼音方案》的阻碍，本次调查因此就此设置了问题，数据及分析如下：

表 7.27　　　　　　　　汉语拼音在生活中的用处

汉语拼音在生活中的用处			学生群体			社会群体		
^	^	^	频率	有效百分比	累计百分比	频率	有效百分比	累计百分比
有效		0.00	3	0.4	0.4			
^		用处很大	333	46.4	46.8	54	50.9	50.9
^		有一些用处	318	44.4	91.2	35	33.1	84
^		用处不大	48	6.7	97.9	8	7.5	91.5
^		没什么用处	15	2.1	100.0	9	8.5	100.0
^		合计	717	100.0		106	100.0	

从表7.27可见，两类调查对象都认为汉语拼音在生活中有用处，社会群体认为"用处很大"的人达到半数，学生群体也接近了一半。加上认为"有一些用处"的人数，累计百分比分别达到了91.2%和84%，说明汉语拼音推广是成功的，尤其是电脑汉字输入的拼音输入法解决了关键技术问题，输入速度大大提高，使汉语拼音显示出优势，在计算机领域具有"扫盲"工具的作用，实现了新的功能。但在其他应用方面，汉语拼音还存在问题，如拼音和英文混用问题。

表7.28　　　　　　　　汉语拼音与英语使用是否混淆

		学生群体			社会群体		
		频率	有效百分比	累计百分比	频率	有效百分比	累计百分比
有效	0.00	3	0.4	0.4			
	经常搞混	69	9.6	10.0	28	26.4	26.4
	偶尔会搞混	371	51.7	61.8	72	67.9	94.3
	不会搞混	274	38.2	100.0	6	5.7	100.0
	合计	717	100.0		106	100.0	

表7.28数据显示，学生社群有半数以上表示会搞混汉语拼音和英语，社会群体有94.3%会搞混。这说明实际应用中汉语拼音与英语容易混淆，在访谈中获知，尤其发音易混，如PSC实际上是"普通话""水平""测试"三个词汉语拼音首个字母的缩写组合，但实际到底何意、应如何发音，很多人并不了解。类似现象带来汉语拼音与英语的混淆，是本体规划应予以解决的问题。

（四）语言规划发展调查

从第三章到第五章的讨论可见，当代本体规划的目标随着社会发展和语言生活的需要不断更新，从语言规范化到语言标准化、信息化和柔性规范的建设。但时代不断向前推进，语言规划的社会和人文背景又发生了新的变化：经济全球化（globalization）发展为全球在地化（glocalization），媒体传播从公共媒体网络化又进一步扩大到自媒体；语言文字在国家发展战略中的地位越来越重要，语言文字问题安全化，语言日渐成为构建国家安全的重要途径，同时对语言自身安全也形成了一定的危机意识。这些变化使社会对语言规划有新的理念诉求，对此本次调查设置了几个方面的问题，以了解社区成员的态度。

1. 现行语言规划

现行语言规划体系是一个完整系统，涉及很多方面，调查问卷选择了三个重点，《中华人民共和国国家通用语言文字法》是地位规划最重要的成果之一，为语言规划的法律依据；"推广普通话宣传周"是目前"推普"三大主要策略之一；外语政策因其与语言规划其他方面均有关系，而成为政策焦点。

表 7.29　　　　　　　是否了解"推广普通话宣传周"

是否了解推普宣传周		学生群体			社会群体		
		频率	有效百分比	累计百分比	频率	有效百分比	累计百分比
有效	0.00	3	0.4	0.4	1	0.9	0.9
	知道	155	21.6	22.0	31	29.2	30.1
	不知道	559	78.0	100.0	74	69.9	100.0
	合计	717	100.0		106	100.0	

表 7.29 数据显示学生群体有 78% 不知道"推广普通话宣传周"，社会群体有 69.9% 不知道，学生的比例反而更大，值得思考，是否因为具体开展活动时更侧重于社会层面，学校反而有所忽视？

表 7.30　　　　　　是否了解《中华人民共和国国家通用语言文字法》

		频率	有效百分比	累计百分比	频率	有效百分比	累计百分比
有效	0.00	4	0.6	0.6			
	很了解	20	2.7	3.3	8	7.5	7.5
	了解一点儿	187	26.1	29.4	31	29.2	36.7
	没听说过	506	70.6	100.0	67	63.3	100.0
	合计	717	100.0		106	100.0	

表 7.30 数据显示学生群体仅有 30% 不到的人了解《中华人民共和国国家通用语言文字法》，社会群体有所了解的人数也只有 36.7%，两类调查对象绝大多数"没听说过"该法，这是令调查组成员比较意外的结果。这可能与《中华人民共和国国家通用语言文字法》的法律特征有关，该

法调整的不是国家通用语言文字的个人使用,而是社会的交际行为,如对政府、大众传媒、教育和公共场合用语用字进行调整,对个人使用语言文字只作引导,不予干涉;对于违法行为的追责也主要为责令限期修改,拒不改正或造成严重后果的才给予处分或处罚,因此社区成员个人不易了解该法的具体内容。

但综合以上两组数据来看,一方面说明现行语言规划一定程度上脱离社区成员的语言生活,另一方面再次证明系统运行缺少声望规划的配合。数据背后的事实是《中华人民共和国国家通用语言文字法》所规定的具体内容社区成员无法了解,对方言、繁体字等非通用语言文字的使用域也无从知晓,造成使用混乱。

这部分对我国现行外语政策的调查显示,学生和社会群体均只有 5% 左右的人认为现有外语政策合理;学生群体中占比最大的是"比较合理",占 46.9%,社会群体则是"不合理"占多数,为 31.2%;两类对象都有超过五分之一选择"不了解情况"。上述调查结果进一步证明了研究者的观点,"我国毫无限制的英语教育现状说明我国的外语战略还处在无序状态"①。外语政策的无序对本体规划的施行带来很大的干扰。

2. 语言规划发展理念

通过文献综述和前面几章的研究可见,当代语言规划领域最新的发展理论包括语言规划安全观、语言规划服务观、微观语言规划等方面,那么学术讨论上有共识的理念在言语社区中的认同度如何?这是本次调查试图要获得的重要信息之一,以作为提出本体规划发展设想的理论依据。

首先,关于家庭语言规划。近年来随着语言规划理论的发展,语言规划被分为宏观层面和微观层面,传统以国家为主体的语言规划被视为宏观规划,以单位、团体和家庭等为主体的语言规划为微观规划,正如赵守辉指出的,近年来出现了两个引人注目的最新发展趋势,其中之一是 Kaplan 和 Baldauf (1997) 等人提出的微观规划。② 因此本次调查设置了问题"你认为一个家庭有必要做语言规划吗?",调查结果显示,学生群体 22.7% 认为"很有必要",38.6% 认为"有时候需要",认同家庭语言规

---

① 王建勤:《关于我国语言战略问题的几点思考》,《外语界》2011 年第 1 期。

② 赵守辉:《语言规划国际研究新进展———以非主流语言教学为例》,《当代语言学》2008 年第 2 期。

划的累计百分比超过了60%；社会群体26.6%认为"很有必要"，38.5%认为"有时候需要"，累计百分比为67%。以上数据说明倡导实施家庭语言规划已经有了一定的认同基础，有研究证实家庭语言规划对新疆察布查尔自治县锡伯语的保持有积极影响[①]。

其次，关于语言保护。《国家中长期语言文字发展纲要》（2012—2020）：将"各民族语言文字的科学保护得到加强"纳入了总体目标，在"主要任务"中专门列出"科学保护各民族语言文字"，并详细阐述了"科学保护语言文字"的主要内涵；我们统计，国家社科规划项目（截至2014年）已有15项关于科学保护语言的立项，其中7项为重点项目，2014年国家语委将"语言文字科学保护的理论与实践研究"作为国家语委重大项目。足见从国家到学界，保护语言文字的理念已成熟，这方面的调查结果见表：

表7.31　　　　　　　　　　是否需要保护方言

	保护方言的 必要性	学生群体			社会群体		
		频率	有效 百分比	累计 百分比	频率	有效 百分比	累计 百分比
有效	0.00	3	0.4	0.4			
	很有必要	531	74.1	74.5	61	57.5	57.5
	有的方言需要	158	22.0	96.5	34	32.1	89.6
	没有必要	25	3.5	100.0	11	10.4	100.0
	合计	717	100.0		106	100.0	

表7.31数据可见，学生群体有74.1%认为保护方言"很有必要"，社会群体有57.5%认为"很有必要"，两个群体都有相当的比例认同"有的方言需要"。调查结果说明，维护方言在言语社区中地位的观点已获得多数支持。但值得注意的是学生群体的认同度高于社会群体，我们认为这与前面的讨论相似，即因为学生有能力同时驾驭标准的普通话和方言，因此更容易虑及方言的文化功能等方面，而由于普通话是社区高变体，是每个社区成员潜意识中希望掌握的变体形式，社会群体相对而言驾驭语言变体的能力弱，无暇他顾，因而易选择不支持低变体。

---

① 尹小荣：《家庭的语言保持与语言规划——新疆察布查尔锡伯语个案研究》，博士学位论文，南京大学，2013年。

表 7.32　　　　　　　　　　是否需要保护濒危语言

保护濒危语言的必要性		学生群体			社会群体		
		频率	有效百分比	累计百分比	频率	有效百分比	累计百分比
有效	0.00	3	0.4	0.4			
	很有必要	565	78.8	79.2	71	67.0	67.0
	适当保护	124	17.3	96.5	26	24.5	91.5
	不需要	25	3.5	100.0	9	8.5	100.0
	合计	717	100.0		106	100.0	

表 7.32 数据可见，学生和社会群体分别有 78.8% 和 67% 对"是否需要保护濒危语言"的提问选择"很有必要"，另外还有相当比例的调查对象赞同"适当保护"，认为"不需要"的比例很小。调查结果说明保护濒危语言的观念在社区中已在很大程度上被接受。

最后是语言规划与国家安全。21 世纪以来美国、澳大利亚、日本等国家都针对国家安全提出了语言发展战略或规划，语言问题安全化必然会对世界各国，特别是关键语言区域的国家带来现实的或潜在的威胁与挑战[①]，因此语言规划的国家安全视角引起了越来越多的讨论，本体规划调查中基于此设置了问题"你认为语言文字与国家安全有关系吗？"，结果显示学生群体选择"有很大关系"和"有一些关系"的累计百分比为93.7%，社会群体的累计百分比为 84%，显然语言文字的安全意义已经得到广泛认同，形成了发展语言规划安全观的良好基础。

3. 语言服务

如前文所述，当代语言规划观的第二次重要转向是语言规划开始致力于服务语言规划客体，服务于社会发展的各个方面，逐渐形成语言规划服务观；语言服务作为语言经济的重要组成部分，是连接实现语言规划科学保护语言文字等文化性目标和发展区域经济的通道；社区成员在追求各种高标准服务的过程中，产生语言服务个性化和高质量诉求。我们利用百度搜索和人民网进行"语言服务"舆情信息搜索，发现近十年来信息量迅速增加，尤其 2008 年奥运会以后。本次调查相关数据及分析如下：

[①] 王建勤：《语言问题安全化与国家安全对策研究》，《语言教学与研究》2011 年第 6 期。

表 7.33　　　　　　　　　消费时语言服务是否重要

消费时语言服务是否重要		学生群体			社会群体		
		频率	有效百分比	累计百分比	频率	有效百分比	累计百分比
有效	0.00	3	0.4	0.4			
	很重要	440	61.4	61.8	50	47.2	47.2
	比较重要	228	31.8	93.6	45	42.4	89.6
	不太重要	28	3.9	97.5	7	6.6	96.2
	无所谓	18	2.5	100.0	4	3.8	100.0
	合计	717	100.0		106	100.0	

表 7.33 显示，学生群体比社会群体更看重消费时的语言服务，认为"很重要"的占 61.4%，远超过社会群体的 47.2%；但加上选择"比较重要"的比例，两类调查对象总体上都比较看重消费时的语言服务。

表 7.34　　　　　　　　　是否愿意为语言服务多付费

是否愿意为语言服务多付费		学生群体			社会群体		
		频率	有效百分比	累计百分比	频率	有效百分比	累计百分比
有效	0.00	3	0.4	0.4			
	愿意	130	18.2	18.6	16	15.1	15.1
	少付一些可以考虑	434	60.5	79.1	39	36.8	51.9
	不愿意	150	20.9	100.0	51	48.1	100.0
	合计	717	100.0		106	100.0	

虽然比较在意消费时的语言服务，但从表 7.34 可见，调查对象为语言服务付费的意愿并不强：学生群体 60.5% 的人表示"少付一些可以考虑"，明确表示"不愿意"为语言服务多付费的比例超过了明确表示"愿意"以多付费争取好的语言服务的比例；社会群体有 48.1% 选择"不愿意"，几近半数。只有 15.1% 的对象明确表示愿意为语言服务付费。

以上两组调查数据表明，语言服务尚未在言语社区内形成真正的需求驱动，语言服务与其他服务类似，有需求才能有真正的发展。因此如何形成语言服务的内驱力目前是应最先解决的问题，应成为新时期语言规划的重要任务。

表 7.35　　　　　　　　语言服务做得最好的行业

语言服务好的行业		学生群体		社会群体	
		频率	有效百分比	频率	有效百分比
有效	0.00	12	1.7		
	餐馆、咖啡厅	215	30.0	19	17.9
	宾馆、酒店	181	25.2	41	38.7
	商场、超市	34	4.7	8	7.5
	银行	181	25.2	28	26.4
	电信业	168	23.4	40	30.2
	其他	40	5.6	5	4.7
合计		831		141	

注：表中的"频率"按选项被选的实际次数计算，但"有效百分比"仍为在调查对象总数中的占比。

本次调查中最后一个关于语言服务的问题是"你认为语言服务做得最好的是什么行业"，可以多选，因此表 7.35 中的"频率"按照选项实际被选次数统计，采用两组数字相加的方式，即单选该项的数量，加上多选中所包含的该项数据。从两类对象的统计数据来看，宾馆、酒店、餐馆、咖啡厅和银行是语言服务较好的；学生社区的排序为：餐馆、咖啡厅>宾馆、酒店、银行>电信业>其他 >商场、超市；社会社区的排序为：宾馆、酒店>电信业>银行>餐馆、咖啡厅>商场、超市>其他。

调查数据说明至今尚未有一个行业在语言服务领域有非常突出的表现，社会各行各业的语言服务整体处于需要增加服务内驱力、提高服务意识和服务能力的状态，如何把语言规划的服务转向与社会语言服务发展结合起来是未来语言规划应予以优先研究的问题。

第二节　当代本体规划的缺环与问题

国际上，在 20 世纪八九十年代经过了语言规划的反思期，认为语言规划并没有如语言学家所期望的那样解决新独立国家的一些语言问题，如 Spolsky 即评价说语言学的计划很少发挥作用，"结果，假如有任何小的正式评估，60 年代各种经典的语言规划活动都会显出褪色面貌，世界各国所发展的语言政策仍旧很少参考这些规划"①。

中国的情况有所不同,如前所述,当代语言本体规划在不同阶段均有所作为:共同语的推广、汉字规范化和标准化、信息化建设以及《汉语拼音方案》的推广都对社会、文化和经济的发展起到了直接或间接作用。如普通话的普及大大减少了交际中的语言障碍,扩大了交际范围,提高了交际效率,为文化交流和经济发展提供了工具和良好的语言环境,为后来改革开放后实行市场化经济打下了基础。这种与其他国家的效果差异,首先来自中国社会多语多言的语言生态条件,幅员辽阔、语言分布错综复杂,方言差异大,共同语是言语社区语库不可或缺的变体;其次是语言规划的本身的务实性发挥了重要作用。汉字简化则为扫盲、提高全民族的文化水平提供了前提条件,这与其他国家也是不同的。原因在于汉字本身繁难,相对于其他国家,本体规划中的文字方面的改革出发点不是出于政治或民族等方面的考虑(改变文字体系或改换拼写用字母体系),而始终将重心置于易学、易用的实用性和便于交际上,坚持简化的方向,因此有较为显著的规划效应。

但是从本体规划本身来看,还存在诸多缺环和问题,阻碍语言规划的良性运行和规划目标的达成,不利于语言规划的政治、文化、经济和国家安全等社会功能的更好实现。

一 本体规划的内外缺环

本体规划外部缺环主要指在语言规划大系统内,本体规划与其他三部分规划之间的关系的脱节;内部缺环则指本体规划小系统内,规划内容和施行上的缺失。

(一) 本体规划与地位规划

本体规划基本与地位规划相接,但仍有脱节:

1. 本体规划对地位规划的依附

系统中地位规划确立语言规划的对象,进行语言资源分配和语言功能分工,决定了系统的发展方向;本体规划是基础和工具,既受制于地位规

---

① Spolsky, B. ed., *the Cambridge Handbook of Language Policy*. Cambridge: Cambridge University Press, 2012, p. 4.

划，也作为地位规划的重要条件。

相比与系统其他部分的关系，目前本体规划与地位规划的对接相对最好，本体规划基本是围绕地位规划展开的，显示出依附于地位规划的关系属性。当代主要的地位规划可以概括为用《宪法》《义务教育法》《教育法》《民族区域自治法》《中华人民共和国国家通用语言文字法》等法律法规和国家政府、职能部门的规划文件等确立普通话、规范汉字和《汉语拼音方案》等的国家通用语言文字的地位和辅助交际地位，以及与其他语言、文字变体的关系，本体规划各个阶段的规范、标准基本也围绕着这三个方面的内容。

2. 本体规划与地位规划的脱节

本体规划与地位规划的脱节是指地位规划所确定的语言、文字变体使用地位和使用域，以及相互之间的关系，没有进一步得到本体规划的支持和延续，即本体规划没有提供支撑语言、文字变体巩固地位、维持与其他变体关系的规范、标准等。本体规划在语言规划系统中的"固本强体"功能对地位规划的支持是主要表现之一，如果不能进一步细化和典化，形成标准化支持，地位规划目标就无法实现，最终导致规划失败。如研究者指出挪威语言规划的例子，显示语言典化（包括现代化，在这个案例中）没有得到地位规划的支持，结果很受限。[1]

在中国当代语言规划历程中，除 20 世纪 50 年代中期本体规划与地位规划衔接紧密外，多有脱离，或表现为迟滞，或完全脱节。主要有：

（1）普通话"四用语"目标的实现。1986 年国家出台新时期语言文字政策，提出到 20 世纪末的普通话推广目标，即普通话要成为教学用语、工作用语、宣传用语、交际用语的"四用语"目标，最终没有如期达到，1999 年中国语言文字使用情况调查表明：全国人口中能使用普通话的比例为 53.06%。陈章太（2010）认为是因为目标显然不够成熟，自然难以实现，通过研究我们发现，实际原因在于本体规划没有接续上，是因为地位规划与本体规划发生脱节造成的。既然地位规划目标是使普通话成为"四用语"，本体规划理应在教育、行政、媒体和公共领域四域内分别建

---

[1] Cobarrubias, J. and Fishman, J. A., *Progress in Language Planning: international perspectives*, The Hague: Mouton, 1983, p. 226.

立起普通话的应用标准，尤其是按应用等级区分的语言和文字规范、标准，普通话是通用语，但在不同的语域，标准选取和判定应有所区别。

（2）《中华人民共和国国家通用语言文字法》的实施。《中华人民共和国国家通用语言文字法》（以下简称《语言法》）是当代唯一的语言文字专门法律，是最重要的地位规划之一。但其实施效果不够理想，如前文调查所证实的。究其原因是配套本体规划的缺失，造成地位规划与本体规划脱节。

具体而言，《语言法》规定了国家通用语言、文字普通话和规范汉字的社会地位和功能，同时也确定了方言、繁体字、异体字等变体的地位和适用域，但是所涉及的各个语域的领域语言规范化标准没有同时系统化推出，各个变体的使用域界限模糊，概括不清；所划定的范围和程度也没有明确的标准和允禁规定，因此《语言法》中的相关条款要么形同虚设，要么成为语言生活违反语言规范的借口。例如"第十七条　本章有关规定中，有下列情形的，可以保留或使用繁体字、异体字：（一）文物古迹；（二）姓氏中的异体字；（三）书法、篆刻等艺术作品；（四）题词和招牌的手书字；（五）出版、教学、研究中需要使用的；（六）经国务院有关部门批准的特殊情况"。其中，首先有哪些"繁体字""异体字"是可以保留、使用的？是所有的异体字吗？其次，允许使用的语域对语言、文字变体的要求有哪些？如"（二）姓氏中的异体字"数量有多少？包括哪些？因为姓氏是一个封闭域，完全可以量化，那么异体字也应予以量化，否则如何管理？从举例中足见本体规划的缺位。

（3）《国家中长期语言文字事业改革和发展规划纲要（2012—2020年）》的落实。《国家中长期语言文字事业改革和发展规划纲要（2012—2020年）》（下文简称《发展纲要》）对语言地位规划和本体规划都有比较明确的阐述，但本体规划的规划形式不同于地位规划：地位规划通过简要的表述性文字即可以完成规划阶段，本体规划则需要形成切实的规范、标准或者包含翔实内容的规定等。所以《发展纲要》中所阐述的关于大力推广和普及国家通用语言文字、加强语言文字社会应用监督检查和服务等七项任务中，有相当一部分内容需要本体规划的细化落实，核心部分是"（二）推进语言文字规范化标准化信息化建设"，所包括的"加强国家语言文字标准的统筹管理，健全语言文字标准的层级和体系。加快制定、完善国家通用语言文字和少数民族语言文字基础标准、应用能力标准、评测认证标准、通用手语和通用盲文标准、外国语言文字使用规范,重点建设教育、信息处理、广播影视、新闻出版、辞书编纂和公共服务等领域的标准。及时开展标准的复审、修订等工作"都需要全面落实,通过第三、四、五章的梳理我们了解,还有相当一部分没有实现,已经实现的部分还不够系统,尤其是应用能力标准、评测认证标准和领域语言标准。

因此,为避免造成以往出现过的地位和本体规划脱节,本体规划部分应在一定的时期内按照《发展纲要》的设计,加快进度推进。

(二) 本体规划与习得规划

语言习得规划(acquisition planning)又被称作"语言教育规划"(language-in-education planning),侧重于学校语言教育中语言政策的实施、研究及相关问题[①],因此,有相当一部分内容与教育规划交叠。当代本体规划与习得规划的脱节主要表现在三个方面:

1. 语言规划整体上与教育规划脱节

当代中国语言习得规划尚未形成独立的领域,并由于政府职能部门分工差异,分为两部分,语言规划只涉及语言文字规范使用和评估,语言能力培养则归属教育规划,其间产生的脱节现象,首先是因为语言规划和教育规划整体脱节。

目前一些与语言文字有关的问题是语言规划与教育规划不能很好地协调、衔接造成的。如语文教育和外语教育,多数时候被作为零和关系讨论,少有正和关系的思考,很大原因在于语言规划和教育规划的脱节。对比分析两个领域最新的规划《发展纲要》和《国家中长期教育改革和发展规划纲要(2010—2020 年)》(以下简称《教育规划》)可见,作为当前语言教育发展的主要参考和依据,《教育规划》由于规划结构体例限制,还没有把"能力培养"作为主体,语言文字能力作为教育培养最重要的基础的地位也无从体现。《发展纲要》比及我国之前的语言规划内容更为切实具体,但尚未完全把习得规划与地位规划、本体规划配套和接续起来,也没有和各阶段各类型的教育培养目标完全接榫。因此,本体规划

---

① Cooper, R. L., *Language Planning and Social Change*, Cambridge: Cambridge University Press, 1989, p. 157.

与习得规划受制于各自的系统,难以很好地对接。本书所做调查显示的语文教育和外语教育中的诸多问题都与这种脱节有很大关系。

2. 适应习得规划目标的本体规划缺失

习得规划的最终目标是促进语言习得者语言能力的形成和提高,除了语言文字基础标准外,还要有语言应用能力标准、语言评测和认证标准等。

《发展纲要》初次提出了"国家语言实力"和"国民语言能力"等概念,是试图量化语言能力的一种语言规划理念,研究者提出国民语言能力核心能力是学习和使用国家通用语言文字的能力,此外还包括语种能力、现代语言技术能力和行业语言应用能力(姚喜双,2014)。这些能力构成和能力程度评定标准都属于本体规划范畴,但目前大部分仍告缺失。

"国民语言能力"在语言规划体系中被正式提出之前,习得规划的目标虽不十分明确,但获得母语语文能力和外语能力一直作为语文教育和外语教育的培养目标,本体规划目前在这方面除《普通话水平测试等级标准》《汉字应用水平层级及测试大纲》外,尚少有建树,与教育规划衔接不够。

3. 本体规划成果在习得规划中实施滞后

当代语言习得规划实际渗透于教育规划整体中,同时教育也是本体规划落实的主要途径,但其中也存在脱节现象。这种脱节表现为滞后,如汉语规范化成果《普通话异读词审音表》《汉语拼音正词法基本规则》《出版物数字用法规定》等不能及时地在教材编写和教学过程中得到遵守,出现脱节,往往造成两套标准,给教学和考试带来分歧和混乱,也给学习者带来困惑和学习障碍。

(三)本体规划与声望规划

Haarmann(1990)提出语言的声望和形象规划(status and Image planning),并区分了两种声望:一种声望与语言规划的产生相关;另一种声望与语言规划的接受相关。声望规划的提出使对语言规划的成因与得失分析增加了新的视角。当代本体规划与声望规划的脱节表现在以下两个方面:

1. 语言规划系统中声望规划隐性化

Ager(2005)把声望规划划分为三个独立的活动:语言推广、利用形象实施语言政策以及形象与语言规划者自身的动机。本书于前文提出声望规划是一种独立的规划类型，有独立内涵，但规划过程不易完全剥离出来，属于一种"伴随"性规划，理想的声望规划应伴随于地位、本体和习得规划的各个阶段和环节，以期获得最大接受度，实现效应最大化。但伴随不等于淡化和隐没。

中国语言声望规划还处在初步阶段，与形象和声望相关的规划内容多非主观构设的结果。当代声望规划的特点可以概括为三点：隐性化、不系统和具有负向特征。

隐性化是指对语言政策、规范等的形象与声望的介绍与说明隐没在研制过程、理论依据和功能作用的介绍、说明之中，如"推普"，对推广普通话的政治、社会意义宣传较多，但对"普通话"变体本身的优势和历史地位塑造不够。隐性化使得当代语言规划产品形象模糊，社会声望感偏低，导致社会认同有时会受限，如前文对《语言法》调查的结果所示；不系统，指在语言规划具体工作中涉及语言、文字的形象和声望时只给出比较宽泛、抽象和随意的说明，缺乏系统性和延续性；负向特征是指目前对汉语，包括文字的认识一直是偏于负面的，如郭熙指出"汉语形象的提升似乎还没有提到中国语言规划的议事日程。所谓'汉语难学'这一不好的形象塑造言论流行甚广，很少有人纠正。如何塑造汉语形象，提升汉语在语言秩序中的地位，应该引起注意"[①]。

2. 本体规划缺少配套声望规划

本体规划与声望规划的最大脱节是缺少与之配套的声望规划。早期的成果如《汉语拼音方案》出台和《简化字总表》发表等配合当时"走文字拼音化道路"思想和提高全民文化水平的社会背景，做了足够的宣传和规划产品的形象塑造，实际即为一种声望规划。结果因适逢处在全民重视提高语言文字素养的时期，从前文舆情分析可见，社区成员不但熟悉、了解这些规划文献，且主动参与方案研制和推广过程，提出改进方案和方法。据载，自1955年1月《汉字简化方案草案》发表至当年7月23日止，中国文字改革委员会收到群众来信或意见书5267

[①] 郭熙：《语言规划的动因与效果——基于近百年中国语言规划实践的认识》，《新疆师范大学学报》2013年第1期。

件。此外，各省市教育厅局和部队、工会都召开了专门讨论简化字的会议。……全国参加讨论会的人数达 20 万，其中赞成《汉字简化方案草案》的人数达 97%。[1]

但后来的本体规划成果除了教育、新闻等渠道外，缺少向社会深入推广的意识和策略，往往限于由国家职能部门正式发布。如《通用规范汉字表》从立项到完成历时 8 年有余，先后召开学术会、审议会、征求意见会等大型会议 80 余次，参与讨论的海内外专家学者 3000 多人次，前后修改 90 余稿[2]，可谓工程浩大，是近年本体规划最重要的成果。但对此表的理论和实际意义，与原有各类汉字字表相比的优势和学理依据等，公众均缺乏足够的了解，哪怕在语言学这个相对"最专业"的人群中亦如此。可见，目前本体规划基本未启动配套的声望规划。广泛应用于社会语言生活的规范、标准不为受众所了解，如何发挥效用？

二　本体规划内容的失衡

本体规划受地位规划的牵引，同时受语言成分性质的制约，加之早期规划缺乏整体设计，因此造成了规划内容的失衡。具体表现在以下几个方面：

（一）语言本体规划板块间发展不平衡

规划板块间发展不平衡是指本体规划系统内各部分之间内容上的不均衡。本体规划分为政策规划和培育规划，政策规划无疑应作为核心部分，除去这个因素外，各部分比例仍失重。

1. 培育规划与政策规划发展失衡

本体规划在整个语言规划系统中的定位是"基础和工具"，实现这个定位，政策规划承担形式目标，培育规划则承担功能目标；培育规划是政策规划的"活水"和趋势，"本体规划培育的目标通过词汇现代化、语体现代化、革新和国际化使语言的功能更强，使语言更加精致"[3]。因此，

---

[1] 苏培成：《当代中国的语文改革和语文规范》，商务印书馆 2010 年版，第 173 页。
[2] 数据参见《〈通用规范汉字表〉概况》，新华网，2009 年 8 月 12 日，网址：http://education.news.cn/2009-08/12/content_ 11868180.htm。
[3] [美] 罗伯特·卡普兰、[澳] 小理查德·巴尔道夫：《太平洋地区的语言规划和语言教育规划》，梁道华译，顾利程审订，外语教学与研究出版社 2014 年版，第 240 页。

常态下两者均衡发展。

但受最初形成直至固化下来的"匡谬正俗"模式和方法的影响，现有本体规划习惯于研究和不断修订平面封闭域内、共时静态的语言规范和规则，而难以适应和驾驭立体开放的语言生活中动态发展的语言现象，致使培育规划缺少统一设计，缺乏构建体系的理念和理论框架，内中各部内容缺少联系，难以相互借力，因而现有发展程度难以与政策规划保持平衡。通过第三、四、五章各个板块的分析数据足可见这一点。

培育规划的滞后也会延缓政策规划研究和实施，如词汇现代化部分新词语规范的不统一，也加重了语言规范化中词汇规范化的困境；在语言净化上的被动和束手无策也使得原有的语言规范化成果被束之高阁，难以发挥作用。

2. 领域语言规范化薄弱

政策规划三个板块语言规范化（包括标准化、信息化），副语言规范化和领域语言规范化中，从实际需要与规划实践的对比来看，领域语言规范化目前最为薄弱。当代言语社区语言生活日益丰富，一方面各行业分工更加专精化，要求领域用词用语的专门和规范，因此国家通用语言文字在各个语域还应有不同的规范分化和要求；另一方面社区中对语言服务的需求从量到质都在大幅提高，目前已有的 13 个领域（归并后）的共 85 项领域规范不足以满足领域语言生活的需求，如旅游、窗口服务行业等都急需分领域语言规范，现有领域规范体系性不足、随机性大、社会影响力偏小。

（二）语言文字本体要素规划不均衡

语言和文字本体各项中，文字规范占了所有语言规范化成果的半壁江山，所产生的不均衡现象主要表现在如下方面：

1. 语法规范从严苛到缺失

从 20 世纪 50 年代中期到 80 年代，本体规划中的语法规范是严苛的，一度被诟病，在国家领导人、语言学者的倡导下，《语法修辞讲话》、教学语法体系知识系统等作为本体规划重要依据约束着社区的语言使用和对新的语言现象的研判。研究者批评这种"匡谬正俗"的规划方式以原有规则作为语法规范标准，致使语法规范批评多，引导少；主观规定多于客观引导，规范标准落后于语言实践；忽视语言的约定俗成和习非成是，用逻辑规则解释语法现象。①

但是目前，又有了矫枉过正的倾向，即语法规划走向了另一个极端——规范缺失。本书第六章中我们统计了各个时段的语言规范化成果，结论是以版本计的话，语言要素及文字规范的数量排序为：文字>词汇>语法>语音，但实际上剔除不同版本的修订，语法的规范最少：不算教学语法体系和《语法修辞讲话》（吕叔湘、朱德熙，1978），主要的语法规范就只有《标点符号用法》（最新版本为 GB/T 15834—2011）和《出版物上用字用法》（最新版本为 GB/T 15835—2011），用于规范表达的语法规范基本上等于没有。在普通话的定义中，语法标准在 1956 年《推广普通话的指示》中概括为"以典范的现代白话文著作为语法规范"，中心词"著作"的几个修饰成分的界定都是模糊、无法切实的，这方面研究者多有讨论。因此可见，语法规范在本体规划中基本处于缺失状态。

2. 词汇规范覆盖不全

目前本体规划中，词汇规范除去几本被视作规范使用的工具书《现代汉语词典》（第 6 版）②、《现代汉语规范字典》（2011）、《现代汉语规范词典》（第 3 版）（2014）外，正式发布的规范文件只有 GF 1001—2001《第一批异形词整理表（试行）》、GB/T20532—2006《信息处理用现代汉语词类标记规范》等。异形词和信息处理用词类标记规范都针对特定类型词语或使用域的，《现代汉语词典》等在整理和收词上具有延后性，因此，现有词汇规范不足以覆盖所有类型的词语。

本体规划的"目的在于使一种语言或方言标准化，就是为他提供一切必要的手段，使他能够充分履行它的各种社会职能"③。语法和词汇规范化应走向更加科学和动态更新机制，而不能再次极端化，在语言规划过程中无所作为。

（三）语言净化规划不力

在培育规划的 3 个板块中，词汇现代化和国际化都有固定的机构或者组织专司负责该领域的规范化工作，唯有语言净化缺少专项规划和专题研

---

① 夏中华：《对新时期汉语语法规范化问题的思考——基于对前新时期语法规范化进程和观念的梳理与分析》，《阜阳师范学院学报》2014 年第 5 期。
② 《现代汉语词典》（第 7 版）已于 2016 年由商务印书馆出版。
③ 祝畹瑾：《社会语言学概论》，湖南教育出版社 1992 年版，第 234 页。

究。语言净化所涉及的语言现象因同时与多个范畴有关，表面上讨论较多，但都未形成真正的理论，已有语言净化相关规范，多为临时性规定和要求，约束力和效力不足。

本章把语言净化概括为三个类型：1. 内外标准；2. 时代标准；3. 健康标准。

但如前文分析，目前 1 类多为即时应对性规范；2 类几乎没有具体的规范出台，只一直在学术研究中讨论；3 类目前限于某个别行业内或者某一方面的规划行动，如新华社规定"禁用词"；"社会用字使用治理"规划活动针对社会上文字使用的混乱进行督查，取得了一定的效果。但尚无全面引导、控制言语社区语言健康使用的成熟规划和长远方案。

目前现实和虚拟社区语言生活面貌反衬了语言净化的规划不力。如社会生活中充斥着表意不明确的字母词，有些字母词从含义到读音都有不同所指，常与汉语拼音混淆，上文表 7.28 数据显示，学生社群有半数以上、社会群体有 90% 以上的人会搞混汉语拼音和英语；对汉语拼音中的字母读法（如以"b、d"为例），有调查[①]显示 9.5% 调查对象读为"bāi、dāi"（汉语拼音字母名读音），7.3% 的读为"bì、dì"（英文字母读音），还有将近 10% 的认为"不了解，无法回答"或"不关心"。虚拟社区中一段时间里常将古汉语生僻的难字挖出来使用，如槑、兲、䯄、烎、怎、驫、燚、奍等，其中有一些是其他字的古代通假字、异体字，有些是古汉语生僻字，在现代汉字中多有可替代的字，按"时代标准"也是需要净化的。最堪忧的是不健康的语言粗俗、语言暴力和语言污染现象，已从虚拟社区向现实生活渗入。种种乱象显出语言净化的缺位和低效。

三　本体规划施行效果不足

对于本体规划各个时段的规划成果很难进行全面评估，本节主要就本体规划施行过程中突出的几种现象进行讨论，以期引起关注，并为后文对

---

① 见语言文字标准建设调查，调查网址：http://survey.news.sina.com.cn/survey.php?id=89506&dpc=1。

当代本体规划建设性思考提供依据。

（一）规划成果社会闻知度低

社会闻知度是语言规划良好施行的前提。法国是当代语言规划施行最为严格的国家之一，规划效果也最显著，其中一个重要的原因是法国的语言立法、语言政策和相关法案的出台是上至总统、总理，下至每个选民都了解和熟悉的重要社会事件。1994年8月4日法国颁布了"关于使用法语的使用法"（la loi relative à l'employ de la langue français），又称为"杜宝法"（la loi Toubon），是关于法语使用的法案，主要意图是唤醒法国公民尊重和爱护法语的意识，规定违反该法的自然人罚款5000法郎，法人罚款2.5万法郎。"杜宝法案"颁布前的1994年3月8日，民意测验结果显示：97%的法国人热爱自己的语言，81%—93%的法国人赞成"杜宝法案"，并进行了热烈的讨论。① 该法案其后在法语保护中发挥了重要的作用，是"因为舆论、政府、议会都开始真正关心这场战斗……地方政府和议会议员、公务员、企业家、商人，首先是记者，尤其是小学教师要有尊重和使别人也尊重法语的意志"②，全员参与法案制定和实施的过程，使得语言政策与规划的社会闻知度极高。

相应地，当代中国本体规划除上述提到的《简化字总表》等少数规划内容外，多数成果社会闻知度偏低。首先，同样重要的语言法律和规划，上文表7.30调查数据显示，学生群体仅有不到30%的人了解《中华人民共和国国家通用语言文字语言法》，社会群体有所了解的人数也只有36.7%，两类调查对象绝大多数"没听说过"《语言法》，这是一个很值得深思的问题——知尚且不知，如何遵守？关于具体的规划举措，从1998年开始的"推广普通话宣传周"至2015年已进行了18届，但本文调查数据表7.29显示，学生群体有78%不知道"推广普通话宣传周"，社区群体有69.9%不知道。

其次，语言规范化、标准化成果多为语言文字基础性标准和规范，语

---

① 梁启炎：《英语"入侵"与法国的语言保护政策》，载周玉忠、王辉主编《语言规划与语言政策：理论与国别研究》，中国社会科学出版社2004年版，第260—261页。
② 法国作家德律翁语，转引自梁启炎《英语"入侵"与法国的语言保护政策》，载周玉忠、王辉主编《语言规划与语言政策：理论与国别研究》，中国社会科学出版社2004年版，第261页。

言规划系统最核心的部分,社会闻知度如何? 2014年2月18日—3月10日北京语言大学中国语言政策与标准研究所"语言文字规范标准建设调研"课题组在"新浪调查"网进行了"语言文字规范标准建设"调查①,调查结果显示,对于中华人民共和国成立以来国务院及其语言文字主管部门颁布的42项语言文字政策和规范标准,在所有调查对象中,42项"全不知道"占43.0%;"知道1—9项"占35.2%;"知道10—19项"占10.1%;"知道20—29项"占7.8%;"知道30项以上"只有3.9%。我们看到,对42项本体规划成果全无所知的占到了将近一半。值得注意的是本次调查对象大学(本科、专科)以上学历者占92%,足以推知这些规范、标准的社会闻知度整体是偏低的。

最后,语言信息化成果和领域语言规范由于其专业和行业特征显著,社会闻知度更要低一个层次。如食品、医疗、卫生领域的语言规范,涉及民生,但普通社区成员无从了解,即便是某一领域的专业人士往往也对该领域的已有语言规范不得要领。如李现乐等"医疗行业语言服务状况"调查显示64.1%的患者经常遇到病历、处方看不懂的情况,足见问题存在的普遍性;看不懂病历、处方的原因,调查证明:字迹潦草的占68.5%,有专业术语的占51.8%,有外文缩略的占25.1%,有不规范简化字的占14.9%,有错别字的占3.1%。② 可见,造成这些医疗交际障碍都是因为没有遵守领域规范。

另外,目前已有信息化规范100多种,但是信息处理等领域仍然多分歧和"乱码",也与规范意识淡漠有关,反衬出信息化规范的社会声望有待提高。

(二) 对语言表达的脏俗化缺少控制

相比地位规划着重于语言、文字的地位、功能和关系,本体规划的重心更侧重于语言文字的形态和风格,但最终目标是"固本强体",优化语言生活,使之健康、和谐和高效。

但目前语言生活中,尤其是虚拟社区中,最显著的特征之一是语言脏

---

① 见新浪调查"语言文字规范标准建设",网址:http://survey.news.sina.com.cn/survey.php?id=89506&dpc=1。

② 李现乐:《医疗行业语言服务状况》,载教育部语言文字信息管理司编《中国语言生活状况报告2014》,商务印书馆2014年版,第122—129页。

俗化倾向明显，且逐步向现实社区扩散。

首先，新产生的流行词语、流行表达方式粗鄙化，多半带有詈骂成分。如"你妹（的）""尼玛""二""呆萌""肿么了""蛋疼""坑爹""打酱油""次奥""逼格""懵逼"，使用频率非常之高，在网络论坛或微博平台留言中，几乎每一次对话中都有出现，有些渐渐发展为口头语成分，上一代人口中的禁忌词语在新生代之间成为流行。

其次，称谓词语大量脏俗化。由于社会历史原因，汉语中原有的称呼语系统被破坏，社会称谓严重缺位，除了"帅哥""美女"这一组虽内涵浅俗，价值观上带有某种程度的狭隘，但总算是符合赞誉原则的新社交称谓外，其余从虚拟社区蔓延到现实社区的大量称谓词或者有称谓意义的词语都含有传统的禁忌字眼或者詈骂成分，如："×逼"（或谐音"×比""×B"）系列词语、"屌丝""绿茶婊""小婊砸""心机婊""叫兽""土豪""碧莲"等。由于称谓语是每次交际必不可少的，又用于交际的起始话轮，因此是使用频率最高的词语类型之一，社会称谓语尤其如此，因此这些极度脏俗化的词语充斥荧屏和现实语言生活，与汉语重礼貌、赞誉和美义的表达传统完全背道而驰。

2015 年人民网舆情监测室发布《网络低俗语言调查报告》[①]："尼玛"位居网络低俗词语排行榜第一位，我们上面提到的脏俗词语多半榜上有名，详单如下表：

表 7.36　　　　　　　　2015 年网络低俗词语排行榜

1 尼玛	2 屌丝	3 逗比	4 砖家/叫兽	5 艹
6 你妹	7 装逼	8 草泥马	9 我靠、我擦、我肏艸屮芔茻（mang 上声）	10 妈蛋
11 逼格	12 特么的	13 撕逼	14 滚粗	15 蛋疼
16 小婊砸	17 傻×	18 跪舔	19 绿茶婊/心机婊	20 碧莲
21 碧池	22 土肥圆	23 你 M 的	24 矮矬穷	25 坟蛋、焚蛋

表 7.36 中这些词语用各种方式变化不雅字眼，谐音、用字母代替等，

[①] 《人民网舆情监测室发布〈网络低俗语言调查报告〉》，见中共中央网络安全和信息化领导办公室网站，2015 年 6 月 2 日。网址：http：//www.cac.gov.cn/2015 - 06/02/c_1115491251. htm。

有明显的造词故意，因此其影响不止于这些词，更堪忧的是深层次的语用倾向和表达审美偏离。

出现这种爆发式的语言脏化表达现象，一方面与网络环境缺少监管、网民真实身份隐匿有关；另一方面就是因为本体规划规范和标准的运行失效，本体规划中语言净化缺位，对社区语言生活缺少管理和控制，因此探讨净化语言生活的机制和模式是本体规划的一个重点问题。

(三) 忽视对语言规范的规律性违反现象

本节尝试对本体规划微观现象的理论化分析，将常见问题作为一种现象提出，并进行理论概括与提升，以利于本体规划。

1. 对语言规范的规律性违反

"对语言规范的规律性违反"是指在语言生活中社区成员不以是否了解语言、文字成分正确的音、形、义为前提，习惯性地违反现代汉语语音、词汇、语法或文字标准、规范的现象。规律性违反是对本体规划的重要反馈信息，但是长期以来，受习惯认知定式的影响——认为管理语言生活就应该是自上而下，"我制定你遵守和执行"的模式，未能系统地研究这一现象，也因此未能深入开掘、上升到理论高度。因此，尽管有些规范经过修订，有的甚至是反复修订，对这种现象也未加以考虑，造成"标准是标准，习惯是习惯"的面貌，符合规范的形式只被社区成员用于测试或者比较正式的场合，使语言规范流于形式。

为了提高本体规划的效度和理论化程度，本节选择"对语言规范的规律性违反"中的一类进行调查，并尝试进行理论解释。

2. 现有同类研究的启示

除语言规范化的原则和方法外，尝试对语言规范化的个体对象进行理论化研究的也有先例，如赵守辉在《改革汉字：革命还是反革命》(2007) 中对"长"字问题和"国"字现象的理论化研究。首先提出了"长"字效应 (Chang Effect) 和"国"字现象 (Guo Phenomenon) 这两个概念，前者概括了当代本体规划汉字简化过程中出现的"个体简化，系统繁化"典型；后者以"国"字为典例，通过梳理"国"字结构及形体的演变，阐释汉字字形结构所包蕴的社会、历史和文化、审美等意义。作者创造这两个概念用以高度概括汉字简化和标准化过程中两种司空见惯的现象，有利于简化汉字研究，摆脱经验总结式的低水平重复。①

3. 异读词读音调查及理论分析

受已有研究的启发，本节选择了长期关注的异读音、异读词问题，进行规律性违反语言规范的现象考察。我们在长期的 PSC 操作、教学实践和言语交际中发现一个现象，一些经过《普通话异读词审音表》（以下简称《审音表》）审过的音，在讲普通话的前提下，在绝大多数场合中被读作审音时确定为不规范的音。据此，我们选择了"酵母、处女、潜力、矩形、血型"五个词在问卷网②进行了网络调查（online survey），调查词语中带下划线的字的读音，调查题目为"这些字你平常会读哪个音？"调查共收集了 398 份答卷，数据结果如下：

表 7.37　　　　　　　　异读词在生活中的读音调查

酵母		处女		潜力		矩形		血型	
答案选项	占比%	答案选项	占比%	答案选项	占比%	答案选项	占比%	答案选项	占比%
jiào	37.67	chǔ	42.71	qián	59.30	jǔ	46.23	xuè	58.29
xiào	62.33	chù	57.29	qiǎn	40.70	jù	53.77	xuě	41.71

注：表中第一行读音为《审音表》审定的规范读音，第二行为常读非标准音。

根据调查结果，可以得出如下结论：

总括而言，所调查的五个词语实际上属于 4 个类型，每个类型的成因各不相同，对语言规范的规律性违反程度有一定差异。

① "酵母"类。其特点是规范读音与常用读音有音段音位上的差异，即"有些词的读音不怎么通行，或者不如另一种读法容易接受"③。《审音表》中注为"统读"。同类的还有"机械"等。该类调查结果显示，62.33%的调查对象常读"xiào"，占绝大多数，笔者甚至还不止一次有被纠正标准音"jiào"音的经历，可见"酵母"的"xiào"音的"群众基础"。该类属于许多人知晓规范读音但仍沿用民间读音的一类。

② "处女"类。特点是规范读音与常用读音有超音段音位差异，即

---

① 刘海涛：《语言规划理论视域下的汉字改革——〈改革汉字：革命还是反革命〉评介》，《北华大学学报》2008 年第 6 期。

② 问卷网，网址：http://www.wenjuan.com/。

③ 张拱贵：《读〈普通话异读词三次审音总表初稿〉》，《文字改革》1963 年第 Z1 期。

声调不同，是"其读音在某些复词中有异读"的多音字（曹先擢，2002），《审音表》中按照语素或词的语法性质或语义，分别标注读音。同类的还有"处理"等。该类调查结果显示，不规范的"chù"音占57.26%，远超过规范读音。属于实际应用中如果读规范音会使听者有奇怪音感的一类。

③"潜力"类。特点是规范读音与常用读音有超音段音位差异，即声调不同。这类词语在《审音表》中标注为"统读"，但属于使用者常常会处于拿不准、模棱两可状态的一类。同类还有"惩罚、号召、矩形"等。调查结果显示"潜力"常用非规范音占"40.7%"，也是不小的比例；"矩形"的非规范音则占53.77%，除非在PSC等测评、考试中，据我们观察，几乎没有人会读规范读音"jǔ"，因为容易产生误解，听者难以在第一时间接收信息、理解这个词。

④"血型"类。特点是规范读音与常用读音有音段音位或超音段音位差异。这类在《审音表》中区分"语"（口语）"文"（书面）音标注，但更为复杂的是除了口语、书面读音的混淆外，还有声调不同的异读音。同类的还有"剥削"等。调查数据显示41.71%的调查对象习惯读"xuě"。

以上四类词语特点各不相同，但共同的是《审音表》所审定的规范读音多年来没有得到认同，非规范音因常被采读而形成了事实上的"对语言规范的规律性违反"。语言规范的目的是优化语言结构系统，提高语言生活的质量，因此应与语言生活共变，在不违背科学原则的前提下顺应言语社区的共同选择，才能得到更大的认同，从而取得好的规划效果。我们认为《审音表》的修订应考虑以上异读词的规律性违反规范现象，如刘凌也指出修订后的《审音表》要反映新的语言现象，解决新的语音分歧，举例也提到将"血"的两读"xuě""xiě"合为"xuě"的建议。

第八章　基于语言规划形成机制对本体规划发展的思考

本书借鉴并发展了 Spolsky 的语言规划理论，提出语言规划是在语言意识的影响下，基于言语社区的语言实践形成的，语言意识、语言实践和语言规划内容分别构成语言规划系统的理论板块、实践板块和政策—管理板块，三者互动构成语言规划形成的基本机制。但语言意识并非直接，而是通过语言规划观间接影响本体规划；语言舆情则集中反映语言实践。因而进行语言本体规划设计时首先需要充分了解语言实践整体特征，掌握主要的语言舆情背景。

在前言中我们详细分析了中国当代语言本体规划发展的社会整体、言语社区和学术研究背景。概括而言，"一带一路"倡议带来全球在地化趋势，高度信息化社会将变成智能化和物联网社区，世界经济全面向服务经济转型，因而语言日益成为国家实力的指标；语言问题被安全化，广泛涉及科技、信息、文化等非传统安全领域和国土、军事、主权等传统安全领域。语言的社会功能和语言规划的战略意义愈加凸显。同时在中国社区，受全球经济一体化和国家特色城市化等因素影响，言语社区加速复杂化，产生了深刻的语言认同困惑和母语能力下滑等问题。

更不同于前述三个本体规划阶段的舆情背景是公共话语环境的改变。公共话语形成的主要途径是媒体传播，由于媒介平台不断地开放、多样化，当代语言生活深受媒体传播的影响，进入自媒体时代后，全民"语言狂欢"造成了语言生活的种种乱象。

语言规划针对的是公共话语，我们思考、设计本体规划的未来发展框架首先需要了解公共话语特征，同时，其他背景因素前文多有探讨，本章只补述自媒体时代公共话语特征，重点将以本书建立的语言规划形成机制为理论基础，结合前文的主要研究结论，尝试提出对本体规划未来发展的初步设想与建议。

第一节　自媒体语境下的公共话语特征

所谓的自媒体语境是指自媒体构成了公共话语主要的形成和传播途径。

一　自媒体语境的形成

相对于传统媒体"点对面"的特征，"点对点"或"点对面"的自媒体（We Media）成为时代环境特征已得到普遍认同。"自媒体（We Media）又称'公民媒体'或'个人媒体'，是指私人化、平民化、普泛化、自主化的传播者，以现代化、电子化的手段，向不特定的大多数或者特定的单个人传递规范性及非规范性信息的新媒体的总称，如博客、微博、微信、论坛/BBS等网络社区。其专业性的定义是：普通大众经由数字科技强化、与全球知识体系相连之后一种开始理解普通大众如何提供与分享他们自身的事实、新闻的途径。自媒体是Web2.0时代产生的新型媒体，强调的是网民的参与。因此，网民自己成为传播的发源地和渠道是自媒体的核心特点。"[①] 美国新闻学会媒体中心于2003年7月发布了由谢因波曼与克里斯威理斯两位联合提出的"We Media"（自媒体）研究报告，里面对"We Media"下了一个十分严谨的定义："We Media是普通大众经由数字科技强化、与全球知识体系相连之后，一种开始理解普通大众如何提供与分享他们自身的事实、新闻的途径。"[②] 现时自媒体路径主要包括即时通信（如QQ、微信）、博客（blog）、播客、手机媒体（因短信被称为"第五媒体"）、微博等，一般将这些路径和经由这些路径经营的言论平台都称为"自媒体"。自媒体始自20世纪90年代末期，即时通信、博客和手机短信几乎在差不多的时段同时兴起，中国社区这几种平台在20世纪初均进入高速发展阶段，至微博和微信的普及化和抖音、快手等短视频平台的出现，自媒体从类型、传播效力和业态发展等方面来看都已

[①] 中公教育优就业研究院：《网络营销实战派 玩转新媒体营销》，世界图书出版公司2017年版，第8页。

[②] 转引自邓新民《自媒体：新媒体发展的最新阶段及其特点》，《探索》2006年第2期。

经成为足以和传统媒体抗衡的新媒介。

二 当代公共话语的主要特征

自媒体影响下的公共话语呈现出与其他时期不同的特征，最显著的如下：

（一）开放性

当代自媒体的原子化分布，使得公共话语空间好像农村实行过的"联产承包责任制"一样，被分割成无数小的话语空间，不再是主流媒体独辟出的、对外发布信息的独立平台。具有空前的开放性，表现在两个方面：

1. 话语源的无限可能

公共话语的形成原本是由具有某种身份特征的人群通过广播、电视、报纸等传统媒介传递、发布的信息构成的，语源有限，汇聚成公共话语后面向言语社区所有成员，是以有限语源（信源）向无限语宿（信宿）传递的模式。但是QQ、微信（朋友圈）等即时通信和博客等打破了传统媒体"点对面"的传播模式，每个社区成员都可以是一个向公共话语空间发布所见所闻、所思所论的信源，自媒体为公共话语的形成提供了无限可能性。但其间的言语表现水平参差不齐，对于公共话语的影响差异很大，表现出语言表达缺乏应有约束，难以建立和推行语言使用的规范与标准。

2. 准入资格筛选的消失

如前所述，原有的"公共话语"是完全与"私人话语"相对的，不仅表面意义相对，实际形成过程也完全不同：公共话语来自特定群体和特定平台，原有的公共话语信源与信宿，即信息传递者与接受者之间界限分明，进入公共话语空间具有准入资格和制度。自媒体打破了界限，人人均可以成为信传者，也是信受者，交际角色随时转换。如在博客刚兴起时即有研究者认为，在技术层面博客满足了"四零"（零技术、零成本、零编辑、零形式）条件，从而实现了"零进入门槛"[①]，使进入公共话语空间的准入资格筛选机制消失。这给公共话语带来的直接影响是泥沙俱下，造成语言乱象丛生，再难以从"源头"上控制语言使用规范。

---

① 邓新民：《自媒体：新媒体发展的最新阶段及其特点》，《探索》2006年第2期。

（二）交互性

自媒体不仅能点对面地传播还能点对点地交流，因此打破了公共话语空间的不平衡，具有显著的交互性。主要表现在两个方面：

1. 即时反馈

开放性和准入限制的取消，不仅是针对初始信息发布者而言的，信息反馈的通道也因此畅通无阻，真正做到了即时反馈。公共空间内，在信息发出后，第一时间就会获得反馈，接下来形成新的话语对接，无论对话题本身还是对话语表达都是一种推动。如果说博客还对登录工具有要求，因为篇幅和对网站的依附等原因需要借助台式或笔记本电脑等工具，等到微博、微信、抖音等自媒体兴起，主要以手机为登录工具，兼具有短制、速成的文体特征，即时性则更为明显。即时性缩短了信息传递路径，满足了高效率交际诉求，使语言简洁化、直观化（短视频），但同时带来巨大的负面表达效应，导致公共话语空间的语言缺少推敲和加工，表达上词汇庞杂、趋简、携带更多不健康成分；语法简化、结构残缺；语用追求简单粗暴、粗鄙化。

2. 互动频繁

自媒体使公共话语空间中传统媒介垄断话语权、自说自话的交流模式发生了根本性转变，言语社区内一部分人对另一部分人"单向输入式"交际被频繁的互动所取代。从博客的点击量到微博、微信的转发量，以及微博回复留言的量化和短视频平台的播放统计，实际上都反映了一种互动的增强和主观追求。频繁的互动便于第一时间发布或了解当下所发生的新闻事件和文化、思想动态，使社会事件更透明和真实地被公众所了解。同时互动也有利于言语社区的形成，互动社会语言学家 Gumperz（Gumperz, 1968）定义"言语社区"（speech community）即着眼于互动，认为"凭借共用的语言符号进行常规性互动的人类集合体，并且与其他类似集合体在语言使用上迥然相异的"就是一个"言语社区"[1]。"互动"后来被作为言语社区五要素之一。除此，在语言使用上高度互动导致词语和句子的模

---

[1] Gumperz, J. J., "The Speech Community", in D. L. Sills, ed. *International Encyclopedia of the Social Sciences*, New York: Macmillan, pp. 381-386, 转引自徐大明《约翰·甘柏兹的学术思想》，《语言教学与研究》2002年第4期。

因传播（transmission of meme），如"全民造句"现象和"咆哮体""淘宝体""甄嬛体"等网络文体的不间断产生。随时互动也使不规范、不健康的表达，因信息传播的速度和影响力不断增大而造成比以往任何时候都要大的危害。

(三) 个性化

追求个性化是自媒体对当代公共话语的另一个重要影响。强烈的个体色彩和差异化语言运用，一定程度上解构了传统媒体所营造的公共话语空间多年来形成的统一的表达范式和话语体系。可以从两个方面说明这种个性化：

1. 语言形式个性化

原有传统媒体所经营的公共话语甚至往往在同一类内容上都具有辨识度很高的相似用语和句式，但自媒体的自控性（相较其他媒体的他控性）、无规性（随意性）和原子化分布很大程度上改变了这一面貌——为了在无数自媒体平台中脱颖而出，引起受众注意，首先选择了在语言形式上强调语言的个性化，求新猎奇。一方面追风网络新奇用语和造句，另一方面在语言特点上追求个体风格、标新立异。其正向效应是推动汉语语用手段的发展，更多的则是负向影响，语言规划如果不制定有效政策和方案的话，将使公共话语逐渐失去树立语言标准、引导语言规范的效力和功能。

2. 表达内容个性化

方兴东（2002）在论述博客时指出：博客的繁荣，标志着以"信息共享"为特征的第一代门户，开始正式过渡到以"思想共享"为特征的第二代门户，开始真正凸现网络的知识价值，标志着互联网发展开始步入更高的阶段。① 而其后的自媒体平台更是以专题化的信息、个性化的思想或者独立不群的主题内容为目标，尤其是后台有团队支撑的"公司自媒体"，对个性化的追求更是不遗余力。这种追求，某种程度能够促使社会民主空气进一步增强，促进社会思想的纵深发展，丰富社会语言文化。但同时，一定程度上削弱了主流媒体集中报道事件的影响力，不利于整肃社会中不健康的思想和现象，也给国家安全带来了很大的隐患和不利因素，

---

① 方兴东：《博客：互联网第四块里程碑》，《电脑报》2002年10月7日A01版。

尤其是文化安全和政治安全。因此，需要语言规划从国家安全角度做更多的研究与设计。

第二节　明确新的语言规划观

本书在理论研究部分阐述了语言规划的形成机制，认为典型的语言规划是基于言语社区的语言实践，在渗透于语言实践中的语言意识的制约下形成的，语言规划化观是语言意识在语言规划系统中的具现。因此，语言本体规划发展首先需要确立明确的语言规划观，并随着社区语言生活的发展而动态更新。

一　确立母语规划观

所谓母语规划观，是指选择在母语视域下、以母语为核心进行语言规划设计的规划理念。

以往语言规划的主要方向是致力于语言使用的一致性和语言生活的相对纯化，语言多样性是内隐其中需要消除的问题；同时，语言规划更多地是从国家或民族整体层面进行考量，是一种自上而下的管理，对"语言"的区分度不够，所以"母语"一词不是语言规划内涵中的显性概念。

但母语自身的多功能和多相关性，以及在国家、民族及个人等各个层面均同时兼具的对内认同意义和对外的标记意义，为优化语言规划提供了新视角。综合考查当代语言本体规划的背景因素和发展目标，我们认为母语在语言规划理论建构、政策落实和具体语言问题解决中具有特殊的功能和价值。

（一）母语规划观有利于维护国家安全

语言规划与国家安全密切相关。20世纪末期以来，世界政治经济一体化进程、人口全球化流动、信息科技高速更新快进、族裔—民族主义借势复兴等国际形势变化对各国的非传统国家安全①造成负向影响，尤其是语言安全及文化安全的其他方面。

---

① 国家安全本身的构成要素包括国民安全、国土安全等11个方面，其中经济、文化、科技、生态、信息等几方面属于国家安全中的非传统安全领域。

1. 母语规划观有利于语言安全

世界范围内由于全球化等因素的影响，一定程度上出现了语言安全问题，包括语言结构规范和语言活力。首先英语作为世界强势语言尾随经济通道全球化传播，逐渐渗入各民族社区，打破了言语社区固有语言功能体系的内部平衡。其中对母语的影响最大，不同程度地削弱了母语的语言声望、打破了语言系统本身的规范体系，也间接导致社区成员母语能力的下降，一定程度上造成了母语危机。例如，据报道纳米比亚的年轻人不再以说母语为自豪。[1] 其次，全球化等因素导致弱势语言在语言转用中加速衰落，主要包括少数族群和土著语言，多数逐渐丧失生机与活力，甚至式微走向濒危。欧美等经济强国与发展中国家的语言形成了强弱对比之势；国家内部的少小民族使用的语言同时受到"世界通用语"和国家主要语言的影响，成为弱势语言，维持与生存的现状均堪忧，形成新的语言不平等现象。重视母语，在语言规划中强调母语的核心地位和价值，将有助于改善语言安全现状。

2. 母语规划观有利于文化安全

语言规划从功能上实际上包括工具性规划与文化性规划两种取向，由于社会、历史原因，当代语言规划主要为工具性规划，强调"民族共同语""国家通用语"在国家政治和社会经济发展中的意义与作用，对文化性规划有所忽略，一定程度上造成母语文化的失承，不利于文化安全，因此应明确母语规划观念，将工具性与文化性结合起来。

语言发展的态势逐渐使人们认识到世界语言生态保持的重要性，意识到语言多样性对于世界文化保存和国家、民族安全与长远发展的意义。各民族母语的自然存在即构成了世界语言的多样性，而语言的多样性又是文化多样性存在的前提。因此对母语的保护、发展与传播成为最基本的工作。联合国教科文组织除倡议从 2001 年起，每年的 2 月 21 日为"世界母语日"外，陆续通过《文化多样性宣言》《保护与促进文化表达多样性公约》及《普及网络空间使用多种语言的建议》等，推动各国政府采取相关措施保护语言多样性，目标是向全球宣传保护语言的重要性，促进母语

---

[1] 参见《纳米比亚：年轻人不再以说母语为自豪》，中国外语教育研究中心编辑《世界语言战略资讯》2010 年第 8 期。

传播，保护各国各民族独特的文化。我们统计发现在全世界各国 150 个对语言相关问题加以规定的宪法中，有俄罗斯、匈牙利、阿富汗等 28 个国家的宪法中出现了"母语"这个概念。这些举措都是出于维护文化安全的目的。

（二）母语规划观有助于统摄语言规划系统

语言规划是一个有机的系统，但地位、本体、习得和声望四种规划形态，如何将其统摄起来，形成合力，需要从语言意识层面达成一致，并具体化为统一的语言规划观。

目前从言语社区来看，全球化和全球在地化打破了原有的言语社区界限；从公共话语来看，打上了自媒体时代开放、个性化的烙印。因此，言语社区形成了复杂的语言生态，必须要明确指导本体规划的理念，并不断随势更新，才能提高规划效应。

1. 语言生态需要"母语"成为显性概念

目前言语社区语言生态呈现出多言多语的面貌，"基本形成了'多语多言'的语言生活"①。这里的"多言多语"不仅仅指自然分布，而是在此基础上，言语社区语言交际的现状，包括：（1）几十年"推普"后汉语社区的"双言"生活，目前能够使用普通话的人口已达到 70% 以上；（2）少数民族社区的"双语"生活，即社区成员同时使用两种少民语言或少民语言和普通话；（3）外语教育发展带来社区语言增加。据统计，截止到 2010 年，中国已有将近 4 亿民众学过或正在学习英语，据国家语委组织的全国 16 个城市的外文使用情况调查数据显示：全国外文平均使用率达 31%②；（4）虚拟社区语言交际增强了社区语言的多元化。虚拟社区对语言使用的影响，其一是新的网络语言变体逐渐形成；其二是虚拟社区交际因为随意且变异地使用普通话、方言、外语和少数民族语言等，加强了这些语言和变体的语码转换与融合，反馈到现实语境中，进一步强化了多言多语的语言变体分布样态。

多言多语生态环境产生社区成员的语言和身份认同问题，对语言生活

---

① 李宇明：《中国语言生活的时代特征》，《中国语文》2012 年第 4 期。
② "中国语言生活状况报告"课题组编：《中国语言生活状况报告 2009》，商务印书馆 2010 年版，第 29 页。

管理来讲,则需要的是更新规划理念。上述几种多语社区实际上分别关涉国家、民族、个人和自然母语(相对于计算机人工语言)问题,因此"母语"应成为显性概念,借此促使各种语言能力形成合力,无论对于国家还是个人都是极其重要的。

2. 语言规划系统需要"母语"成为核心概念

从本书第七章的本体规划调查可知:"语文教育调查"结果说明"对语文及语文教育的母语本质还缺乏明确的认识。""外语教育调查"则证明:外语教育远超过母语学习的用时与资源的高投入,与外语能力不足、水平不够形成了较大的反差;"语言规划效果调查"结果显示在注重能力的同时,语言规划对语言规范和标准使用者的态度有所忽视;"语言规划发展调查"的结论说明现行语言规划一定程度上脱离社区成员的语言生活,同时系统运行缺少声望规划的配合。

母语规划观的确立有助于上述问题的解决。按照母语规划观的阐释,地位、本体、习得和声望规划所涉及的普通话、方言、少数民族语言和外语的地位确立,国民语言权利与语言教育,语言规范标准与语文现代化,信息技术与网络语言,细细分析起来都是与母语规划有关的问题。只不过是不同层次上的母语问题:普通话和方言是族内母语问题;少数民族和外语是族际母语问题。从另一个角度看,前两者是个人层面的母语,后者是国家层面的母语。公民语言权利的核心是母语选择权和使用权;国民语言教育的发展和语言能力的提高首先是母语教育和母语能力问题;语言规范实际上就是保证固有语言,多数指母语变体的健康发展;最后,随着虚拟社区交际的发展,相对于网络语言,应该说又有了"自然母语"保护的问题。

(三) 母语规划观有助于"固本强体"

语言规划体系中,本体规划的基本功能是"固本强体",所谓的"本"即指语言本体,"体"则是语言应用。目前此"本"指向国家通用语言文字,民族共同语,由于通用语强调的是语言的工具性,社会整体意义,因此往往不能引发社区成员的自觉认同,而更多的是来自理性的被动认同。这是本体规划成果——语言规范和标准社会闻知度低的原因(见第七章)。

1. 母语规划观有益于培养语言情感

母语规划观主张以母语为基点进行语言规划,能够调动和培养社区成员的语言情感（language emotion）和语言忠诚（language loyalty），从而使之自觉维护和遵守语言规范，追求表达的语言美，自发产生语言保护意识，承担语言传承的职责。

"母语"有多个层面的含义，因而这种语言情感和忠诚既会生自个人母语，也会来自国家母语。从字面解释母语是多义项，从母语的拥有者来讲，既有国家、民族，也有个人，相应的就有国家母语、民族母语和个人母语；实际语境中也存在多层面所指：当在国家之外的语境下讨论母语问题，母语通常是指国家共同语，对于中国来讲，就是普通话，偏重于政治学意义上的解释；当在民族群体外讨论母语问题时，母语为民族共同语或民族语言，与民族学相关；社会个体角度的母语，更多是语言习得意义上的；相对于虚拟社区生活，母语又新指"自然语言母语"，每一种含义都包含着原初和本真的语言情感和语言忠诚。

因而强调母语意识，对语言规范、标准的形成和施行都是有利的，母语规划观可以从本质上体现本体规划"固本强体"的功能目标，人爱其本，社区成员自发、自觉的"护本"才能"固本""强体"。

2. 母语规划观有益于提高本体规划认同

提出母语规划观的最大意义在于使语言规划的视角从社会整体本位向社会成员个体本位转换，从而使语言规划与社会语言生活、社区成员直接连接。

传统语言规划是从国家、民族等大的社会组织单位视角进行的一种自上而下的管理。"社会整体本位"理念，即以社会整体层面为基点的语言规划思想，宏观视角，整体把握，是根据国家的发展需要设计的理想化语言规划体系。这种规划观的优势在于"以简驭繁"，操作施行步骤简单，凸显一定时期内集中要解决的问题与主要矛盾。其主要弊端在于：因社会成员个体不能直接感受到与自身的切身关系，不利于语言规范、标准的推行；不利于语言多样性的保持和语言与文化的对接。

母语规划观倡导社会成员"个体本位"的语言规划。即语言规划的目的和目标不变，但规划理念更新为以社会个体层面为基点。微观视角，从个体着眼再到社会整体，是以国家需要为背景，根据多数个体的语言生活和语言能力提高需要进行设计的、动态化的语言规划体系。这种规划观的优势在于"化零为整"，用"母语"这个核心概念提高对规划内容的认同度，从而提高本体规划效应。

二 进一步明确语言规划服务观

"母语规划观"着眼于对语言规划对象的认识，在各种语言变体中突出母语的价值；倡导"语言规划服务观"则是从语言规划功能的角度所做的思考：语言规划原有功能主要是调整社群之间的语言关系、规范语言，从而调整、约束和管理社区成员的语言使用。但施行效果和时代的变化决定了语言规划势必要转换或者至少加强"服务功能"。

（一）语言规划服务观的语境基础

如前文所述，当代语言规划思想中已萌发语言规划服务观，但因不完全来自主观语言意识，缺少理论阐发和实践政策，尚未真正成为包括本体规划在内的语言规划系统的主导观念，因此需要进一步明确服务理念，把"服务观"提升为主要的语言规划观。

1. 为社会发展提供基础服务

当代对语言的认识逐步升级，语言不仅是信息和文化的载体、交际的工具，更被视为无形的战略武器、巨大的资源宝库、新兴的科技引擎和治国的重要工具。[①] 语言规划的职能是为国家安全保障、经济发展、文化的传承和信息等科技进步提供与语言文字相关的基础性服务。

因此，为了适应各个领域的服务需求，本体规划除基础性语言文字规范、标准建设和完善外，还应更多致力于语言应用规范和标准、测评标准等方面；语言规范和标准的确定在遵循学理和习俗的同时，还应考虑如何适应行业要求，在等级划分上展开针对性的研究，真正实现国家的"标准战略"，即语言文字标准与很多工业产品的质量有关系，与很多产品的说明书、文字标示等更有关系，通过制定科学的语言文字标准来保护我们的市场，保护我们的产品、保护我们的公民利益，是当代语言文字工作的新任务。[②]

2. 契合自媒体时代语言服务发展

信息化社会，以及本章前面讨论的自媒体时代公共话语的特征，决定

[①] 赵世举：《语言与国家》，商务印书馆2015年版，封四。
[②] 李宇明：《信息时代的语言文字标准化工作》，《语言文字应用》2009年第3期。

本体规划的重心发生转移，本体规划理念也要相应地随之变化，其中一个转移即是规划原则从"从俗从理"向"从易处理"变化，以适应自媒体交际语码统一和升级换代的需求。同时，本体规划如果单纯从语言管理目的出发，难以被原子化分布的自媒体平台认同和接受，因此需要转换身份和角色，从服务视角出发，达到语言规划的目的。

21世纪以来，随着言语社区发展的复杂化、虚拟社区电商业的兴起以及奥运会等大型国际性事件的影响，社会语言服务诉求不断增长，语言消费和语言服务迅速发展。本书第七章调查显示：学生群体中93.6%、社会群体中89.6%的人认为在"在消费时语言服务"重要，明确表明在意语言服务的观点。语言服务是语言经济的重要组成部分，因此如何引导语言服务事关重大，需要本体规划的支撑。

（二）丰富语言规划服务观内涵

语言规划服务观主张从更好地为接受人群服务的目的出发进行语言规划设计。《国家中长期语言文字事业改革和发展规划纲要（2012—2020）》其中的一项总体目标为"语言文字社会管理服务能力全面提升，社会管理服务体系基本建成"（下划线为笔者所加）。把服务规划理念具体化为"语言文字社会管理服务能力"的提升和"社会管理服务体系"的建立。但作为一种语言规划观，其内涵应更为丰富：

1. 区分语言规划不同层面的服务功能

树立服务观应区分语言规划不同层面的服务功能：

宏观层面，语言规划服务于国家发展、经济建设和国家安全维护等方面；中观层面，语言规划应为社会各领域、各个行业的运行和发展提供语言文字规范支持；微观层面，语言规划主要服务于社区成员的语言使用、语言能力的培养与提高以及语言服务与语言消费。只有区分不同层面，才能丰富语言规划观的内涵，并将这个理念落到本体规划制定和实施的每个环节。

2. 发展"规范就是服务"理念

20世纪90年代初于根元借鉴管理学理论提出"规范就是服务"的观念[①]，影响较大，是语言规划服务观的雏形，语言规范化是语言本体规划

---

① 于根元：《应用语言学概论》，商务印书馆2003年版，第159页。

的内容，规范的服务意识自然显示了语言规划的"服务倾向"。

但是"规范就是服务"的理念反映的是传统语言规划以主观规定为主的从上到下的规划理念，被动地把静态不变的规范看作以一应百的"服务"，虽在当时是有积极意义的，但随着时间推移，这个理念已不能完全适应当代社会特征，在此基础上，应进一步延伸为"因服务调整规范"，以真正体现服务观。

（三）在本体规划实践中落实"服务观"

本书塑述了本体规划在语言规划系统中的核心地位，即处于地位、习得规划之间，作为二者的基础和工具；向习得规划输出规范和标准；同时是声望规划施行的有形依据。从内容和实践跨度来看，本体规划涵括了政策性规范和应用性规范，因此功能指向的服务观首先需在本体规划中落实。

1. 本体规划制订：动态更新内容

首先培养语言服务意识，根据社区语言生活的需要调整和修订本体规划内容，在保持规范系统稳定性的前提下，审旧纳新，动态更新规划内容；其次分板块确定服务功能：语言规范化、标准化与工业、市场接榫，提供相关质量保证服务；语言信息化满足信息处理科技发展需求；副语言规范与特殊教育、服务融合，提供语言文字特殊服务；领域语言规范化与社会领域及各行业服务规范相结合，提供语言服务所需政策和规范支持；培育规划板块提供语言净化、语言现代化和国际化所需的政策和路径支持，保证语言系统的健康和发展。

2. 本体规划施行：语言服务纳入语委工作日程

在本体规划环节，体现语言规划服务观最切实的手段是将为言语社区提供公共语言服务、进行语言服务监督纳入语言规划职能部门——国家和地方语委的工作日常。

随着语言生活的变化和语言规划观念的更新，职能部门的工作重心也应相应进行转变，在本体规划前两个阶段中，"推普"（包括"推广普通话宣传周"、PSC 等）和社会用字管理是各级语委常规工作，进入第三阶段，我们认为应把"语言服务"作为语委工作核心词语，一方面直接提供语言服务，包括政策咨询、测试、培训等；另一方面督促、监督言语社区内组织、单位和团体的语言服务行为，并给予指导。

第三节 优化本体规划系统

优化本体规划系统,我们从本体规划所应遵循的主要原则,本体规划内容的设计和组构,以及提高本体规划效应的方法与策略三个方面展开论述。

一 遵循科学的本体规划原则

除了语言规划领域的共性原则和通用规则外,本体规划在理论构设、政策出台和实施过程中还需遵守以下原则,才能提高规划效率:

(一) 系统规划原则:避免脱节和规划浪费

系统性作为20世纪的方法论已成为普遍原则,但此处的系统规划是特指,即指在语言规划系统整体中进行本体规划设计,而不能局限于自身体系或者限于与地位规划的简单对应。是针对目前存在的本体规划与其他规划脱节的缺弊而提出的。

1. 开拓独立的声望规划

声望规划是通过提高语言文字及其变体的声誉或形象,从而促进语言规划实施进程和效果的语言规划活动。如前文所讨论,声望规划具有伴随性,其成果往往是语言的"普及化""知识化""雅化"等变化,最终表现为语言文字变体的心理接受度和社会评价,难以评估和测量,因而一度被忽略。目前声望规划具有隐性化、不系统和多为负向等特征。声望规划的缺失,直接影响本体规划效果,已发布规范、标准的较低社会闻知度充分说明了这点。因此既要有与本体规划相配合的声望规划,同时更应开拓独立的声望规划体系。

作为语言规划系统的一个组成部分,声望规划首先应提高已确定为主要规划对象的语言、文字变体的声誉和社会地位,如母语的威望和社会形象;其次要配合本体规划内容、借助语言舆情通道,进行相关声望的塑造和提高。最早提出声望规划的Haarmann(1990)指出,对于本体规划而言,潜在的个体使用者要对所规划的语言结构和功能有正面的积极评价,所制定的标准才能赢得公众的诚心支持。

本体规划逐渐走向以柔性规范(软性规范)为主,相比强制性规范,柔性规范很大程度上失去了被贯彻、实施的行政和规约性保障手段（如教育和新闻、出版通道），使得如何实现这些柔性规范的"引导"功能成为本体规划发展的重点，因此对声望规划的配合要求越来越高。如同生产商品，只有通过提高规划"产品"的声誉和社会地位才能自然吸引言语社区中语言使用者对语言变体的选择。如《通用规范汉字表》（2013）已发布，围绕该表的"集大成"等特点应展开系列形象和社会声望规划，以使使用者了解其与其他汉字表相比的优势特征，实现其规范价值。

2. 协调本体规划与其他规划的关系

本体规划不是孤立构设的，而是处于与其他三类规划有机联系的整体中，其设计和施行都需遵守系统规划原则，以避免与其他规划脱节，造成"规划浪费"。

本书"本体规划调查"所得的各类数据充分证明了地位、本体、教育和声望规划的相关性——地位规划中因未对母语明确地位，导致习得规划范畴内的母语语文教育和外语教育关系长期零和化，同时也导致本体规划效果不够理想，社区成员语言判断和语言能力不一致，语言态度与语言能力亦不一致。

结合上述事实，我们提出"规划浪费"概念，意指因语言规划系统内外扞格不通而导致的无效和低效规划活动。倡导程序分明、分工明确、环环相扣的整体规划，以避免相互之间的脱节、功能抵消和因为各自为政而导致的事半功倍或重复工作。

其中，若与地位规划相协调，本体规划首先应针对《通用国家语言文字法》和《国家中长期语言文字事业改革和发展规划纲要（2012—2020年）》落实相关具体应用规范；弥补与习得规划的脱节，本体规划各类规范、标准的最新版本须尽早在基础教育和高等教育中实现更新。正如Kaplan 和 Baldauf 所言：关于语言政策，最理想的状况是，国家最高层制定国家语言政策，在国家语言政策的指导下制定语言教育政策，语言教育政策以落实国家语言政策为其主要目标。[1]

（二）区域规划原则：进行社区和分层规划

区域规划原则指在本体规划过程中，坚持按社区分区域、分层次设计

---

[1] ［美］罗伯特·卡普兰、［澳］小理查德·巴尔道夫：《太平洋地区的语言规划和语言教育规划》，梁道华译，顾利程审订，外语教学与研究出版社2014年版，第47页。

规划方案，相关规范根据社区设置等级标准。

1. 区域规划的必要性

语言实践及其存现的言语社区、语言意识形态和语言规划是语言规划形成机制的三个组成部分，本书概括为语言生活（集中体现于语言舆情）、语言规划观和具体的语言规划。语言生活是具体的言语社区中的语言实践，具有社区特征；语言规划观如母语规划观在各个言语社区的所指亦是各异。前者作为语言规划行为的下层基础和对象，后者作为语言规划的上层导引，均受限于言语社区，决定了本体规划也应符合区域规划原则。

同时，区域规划原则是根据现阶段的社会语境提出的。全球化、信息化和经济一体化日益成为世界的主要特征，人口流动成为常态，无论国际还是人际，寻求"合作"成为一种基本关系导向，超国家组织和机构的影响力越来越大等，这些社会特征的出现给语言及语言使用带来了巨大的改变，语言使用逐渐突破国家、民族界域，但"社区化"趋势日趋显著。

在中国，一些新型言语社区逐渐形成，更加复杂化的多语多言社区与日增多，言语社区之间差异程度增大。语言使用及其存现社区的变化进而促动语言规划系统的变化，"语言规划开始从单一的以语言代码为中心的理论过渡到综合考虑语言应用和各种社会和政治因素的关联问题了。语言政策和语言规划的对象也从过去的'语言'变为'语言社区'。"[1] 因此，顶层设计要考虑到不同领域和层面的语言生活，使语言规划具有可选择特征；也使不同梯级的言语社区都具备与本社区生活更相契合的语言规划内容。[2]

2. 本体规划社区划分与相关问题

本体规划的社区划分有几个角度：

①按照语言生活发生的空间分为"现实社区""虚拟社区"，两个社区的交际凭借、平台和交际方式都有较大差异；②按照交际互动所使用的主要语言变体分为"汉语社区"和"少语社区"（少数民族语言社区），

---

[1] 刘海涛：《语言规划和语言政策——从定义变迁看学科发展》，载教育部语用所社会语言学与媒体语言研究室编《语言规划的理论和实践》，语文出版社2006年版，第55—60页。

[2] 李海英：《语文和外语教育需要科学的语言规划》，《中国社会科学报》2014年9月15日第B01版。

两个言语社区语库不同,语言关系复杂程度有较大差异,少语社区更为复杂;③按照地域有"本土社区"和"境外(华人)社区"的区别,本土社区一般指中国大陆,境外社区包括港澳台、海外华人群体等,因为与中国大陆共同使用汉语或汉语与汉字构成了"全球华语社区"的境外部分。两类社区(境外华社不能简单划归一个社区,只能作为类别)最大的差异在于使用不同的"华语变体"①。

不同角度的归类相互有交叉。本书研究范围为华语"本土社区"中的"汉语社区",同时需要再区分现实社区与虚拟社区;不同层级的言语社区等。

本体规划领域目前与社区区分密切相关的问题包括:①虚拟社区的本体规划制定。虚拟社区的规范标准、方式和施行路径区别于现实社区,为了达到规范目的,虚拟社区可以结合网络管理,给予网络社区管理一定的"规划权";制定语言净化、语言现代化程度的分社区标准。②普通话读音标准的分级、繁体字使用和汉语拼音的运用。研究读音标准、汉字规范(包括汉字变体选择容许度)和汉语拼音规范的等级标准,在不同的语域做区别性要求。③国民语言应用能力的等级标准。在有标准分级的前提下,规划不同社区语言能力达标标准。

二 设计均衡的政策规划内容

政策规划为本体规划的主体,各部分理应均衡规划,但如前文所分析,这个方面目前存在较大问题,属于需要进行体系优化的一个方面。

(一)加强领域语言规范化

根据语言舆情和系统结构分析,领域语言规范应成为本体规划后续发展的重心,因为通用语言文字规范建立后,一方面施行成为这部分本体规划的重点,另一方面需要将领域语言规范化置于发展中心地位。

1. 理论依据

新加坡总理李光耀在自传中总结说:语言政策必须随着社会的演变与时俱进,并确保它符合文中(指通篇文章,笔者注)所说的前两个原则,那就是让语言政策推动政治经济的成功,成为实现国家利益目标和满足政

---

① 徐大明:《全球华语说略》,《吉林大学社会科学学报》2009年第2期。

府需要的重要治理工具。① 当代本体规划是国家战略性语言规划的底座，提供规范体系和标准体系，就要按社会发展需要动态调整规划结构和规划重心。

倡导加强领域语言规范化，原因还在于在传统划分的地位规划和本体规划之间，始终缺少将地位规划和本体规划落实的规划部分。Ricento 指出："尚未被充分讨论的是语言规划的实践，即发展、实施及特殊语言政策的评估。毫无疑问，这是语言规划研究可以理解的方面，是语言规划理论在该领域从最初至今的遗留问题。"② 为此，李宇明（2008）提出了功能规划，把语言使用分为八个功能域，把语言文字变体分为 5 个主要类型，并尝试进行组合匹配，形成了较为整齐的规划模型，但本章认为，这实际上仍是一种地位规划，即确定每一种语言变体的使用地位——语域，即便有功能规划，仍然缺少一种后续细化的、针对具体领域语言使用规则的具体规划。领域语言规范化建设可以弥补这个欠缺。

2. 实践策略

前文分析可见，政策规划中的领域规范化板块殊为薄弱。不仅未成体系，许多领域缺少权威性规范，且随机性较大，体育、公共译写等领域的语言文字相关规范都是因国际性大型事件"临时起意"，缺乏系统调查之上的系统规划，社会影响力不足。因此本文尝试提出领域规范化的实践策略：

首先，全面调查、分析领域语言规范化的规范缺位。即调查、统计与语言文字有较大相关性但尚未出台统一规范的领域。从本书历时研究可见，领域规范化的主体不限于国家语委，负责各领域的国家职能部门如国家工商行政管理局、卫生局等是主力，加以协调才能更令规范具有普适性。例如交通服务语言规范、医疗服务语言规范等领域亟须展开调查、出台权威性规范。

其次，更新现有领域语言规范。同为政策规划组成部分，语言规范化同项更新、修订见繁（详见本文 6.2.1.1），但领域语言规范很少重修，

---

① 李光耀：《李光耀回忆录——我一生的挑战：新加坡双语之路》，译林出版社 2013 年版，第 226 页。

② Ricento, T. *An Introduction to Language Policy: theory and method.* Blackwell Publishing Ltd, 2006, p. 18.

这与各自板块的特征和需求刚好相反。如对商品包装和商标的文字规定：1958年9月中央工商行政管理局、文改会发布《关于在商标图样和商品包装上加注汉语拼音字母的联合通知》，应当时推广《汉语拼音方案》的政策需要，规定商品商标和包装必须加注汉语拼音字母（不同情况有不同规定），仅仅为了："在商标和商品包装上加注汉语拼音字母可以使这套字母深入群众，家喻户晓。"① 显然其目的是本末倒置的；1977年11月商业部（77）管字第8号文件规定：商标和包装上，在使用汉语拼音的同时必须有相应汉字，并注意使用国务院公布简化字。又突出强调简化字的重要性；1987年4月国家语委、商业部等部门联合发布《关于企业、商店的牌匾、商品包装、广告等正确使用汉字和汉语拼音的若干规定》，同年9月国家语委、工商行政管理局发布《关于商标用字规范化若干问题的通知》，这两个文件对商标的规定基本一致，主要目的是规范汉字和汉语拼音的使用。且不论早期出台的规范目的意不在"规范"而在政策（推行汉语拼音或简化字）推广，即便这样，除了1996年11月国家工商局发布过《关于规范企业名称和商标、广告用字的通知》外，该项规范也再未更新②，至今已20多年，商标所使用的文字种类、设计布局均已发生了很大的变化，原有规范已不适应。应尽早予以修订。

最后，细化领域语言规范。现有领域规范往往不能尽括各种情况；措辞笼统，表意不清。如上述《关于企业、商店的牌匾、商品包装、广告等正确使用汉字和汉语拼音的若干规定》和《关于商标用字规范化若干问题的通知》对是否"必须"使用汉语拼音未加说明；对使用拼音只规定"拼写准确，字母书写正确，提倡分词连写"，实际没有要求拼写规则，并且也没有强调是否加声调，因此造成当下商标拼写的混乱，拼音与外语混淆使用。

另外，《通用规范汉字表》出台后，所有以原有各类字表为依据的领域规范是否都需要重新修订？这是一个系统问题，值得深入讨论。

---

① 见1958年9月中央工商行政管理局、文改会发布的《关于在商标图样和商品包装上加注汉语拼音字母的联合通知》原文。

② 《中华人民共和国商标法》根据2019年4月23日第十三届全国人民代表大会常务委员会第十次会议《关于修改〈中华人民共和国商标法〉的决定》第四次修正，其中第十条、第十一条与商标命名相关。

（二）拓展培育规划

平衡本体规划的内容结构，还应加强培育规划部分。如果说语言规划化、副语言规范化和领域语言规范化的规划目的是语言生活的稳定、和谐，培育规划的目的则在于语言及其应用的发展性，在于语言生活更深层次的、更长远的稳定、和谐。

1. 开拓国际化的规划视野

国际化部分除争取信息化编码的国际地位外，本体规划的规范和标准同样需要国际视野。全球化背景下，当代本体规划需要着眼于更大的言语社区——华语使用社区，普通话的读音规范和文字规范标准都应有新的定制，顶层设计以全球华语社区为域，通过区域化和分层实现不同社区的有效规划。

国际上不同国家为了文化交流，减少分歧，稳定社会秩序，常有跨境共同制定同一语言或文字规范的案例，如"二战"后的东南亚国家，马来西亚、印度尼西亚、新加坡和文莱4个国家，将近2亿人口，经过长期协商规划，共向采用以廖内—柔佛方言为基础的标准马来语为区域性的国际共同语。[①] 汉语目前在国际上形成了"大华语"，汉字自古就有"汉字圈"，因此国际化带有必然性。跨国界的语言规范常常是出于统一标准、缩小差异的目的，使同一种语言在地区、国内及国际层面上更加和谐，为使用者的交际提供便利。[②]

2. 形成语言净化、现代化的动态机制

语言净化和语言现代化是伴随语言生活的活动和规划的动态行为，既不能弃之不顾，任由社区语言生活按照所谓语言自身规律完全自然演进，也不可能一劳永逸，依托现有规范一次性完成，因此需要建立动态机制。

语言净化和语言现代化目前看来还有一个共性，即都成为迫切需要解决的问题，如前所述，已成为本体规划效应不力的主要表现之一，其中不健康的语言表达、新词语和文风在任何时期都是最易变化的部分，如何动态化地加以引导，需要结合基于语言实践调查，研究规律，纳入本体规划

---

① 冯志伟：《论语言文字的地位规划和本体规划》，《中国语文》2000年第4期。
② 赵守辉、尚国文：《全球语境下文字改革与规范化的经验：变与不变之间》，《中国文字研究》2014年第1期。

主体范畴。

(三) 重建词汇和语法规范

为促进语言本体规划内容的均衡发展，改变社区语言生活尤其是虚拟社区的语言乱象，我们提出加强建设词汇和语法规范。

1. 语言乱象与词汇、语法规范缺失相关

分析语言舆情可见[①]，目前社区语言生活中语言表达能力的下降趋势和语言使用的乱象纷生成为两个焦点问题。尤其是后者，因为呈现在语言生活的表象，人所共见，成为被持续讨论的问题。当下汉语使用常现无序状态，这种无序先是在虚拟社区恣肆，转而进入现实社区。

我们看到语言学家或其他社区成员所责难或不认同的混乱现象多半是打破语法规则的生造词和异化表达方式等。例如"莫名"缩略现象，如果说"普大喜奔"这样的缩略还勉强能够理解，"人艰不拆""不明觉厉""十动然拒""累觉不爱"这样的"缩略"就实在显出造词的随意性，到"然并卵"便更是莫名其妙。这种四字格在形式上虽仍遵循着汉语结构规律，但已完全失去了汉语成语蕴藉、言简义丰的特征和文雅的书面语风格，把这些临时拼凑的语言格式作为"语言成品"置入汉语词汇系统中，尽显草率和肤浅，对汉语的优美性是很大的破坏，但这种现象在虚拟交际中已比比皆是；还有无厘头谐音、合音的泛滥，如"你造吗"（你知道吗）、"表"（不要）、"酱紫"（这样子），等等。

表8.1　　　　　　　　网络词语词频统计

网络语、表达式	人民网搜索词频	最早出现时间	词义解释
普大喜奔	254	2013年8月21日	普天同庆、大快人心、喜闻乐见、奔走相告
十动然拒	968	2012年11月14日	十分动心然而拒绝
人艰不拆	1642	2013年7月12日	别人已经很艰难了，就不要拆穿了
不明觉厉	2203	2012年5月23日	不明白什么意思但是觉得很厉害的样子
累觉不爱	2249	2013年4月26日	很累，觉得不会再爱了
然并卵	260	2015年6月8日	然而并没有什么卵用
理都懂	4	2015年6月29日	道理都懂得

---

① 结合本书第七章"本体规划调查"和中国语言文字网"语言文字舆情聚合系统"。

续表

网络语、表达式	人民网搜索词频	最早出现时间	词义解释
你造吗	3307	2013年7月9日	"你知道吗"的合音

注：上表统计时间为2015年8月21日。

上表8.1是对8个典型的网络表达在人民网使用情况的搜索统计，从中可见，这些网络表达式即便在官网中也已经非常常用，产生时间很短但是频率很高。语言文字期刊《咬文嚼字》每年评选"年度十大语文差错"，主编郝铭鉴认为，当下汉语语言文字的应用，总体来说呈现"草率化、朦胧化、粗鄙化、游戏化"四大危机。[①] 上表可见一斑。

目前这种混乱现状显然与语言规划系统中缺少词汇和语法规划有关，没有标准参照便难以有规范意识。词汇方面，除去异形词等特殊词类的规范表外，《现代汉语常用词表》2008年作为软性规范发表，社会上少有人知；最常用的词汇的标准仍限于《现代汉语词典》，但作为一部中型语文辞书，收词有限、更新难以及时跟进；另有不定期出版的、频次上不具备持续性、内容体例上不具备连续性与体系性的新词语词典，读者群模糊，其作用基本限于学术研究。显然词汇规范从规范理论到实践都很薄弱，缺乏有效的手段，已有规范也缺乏约束力。

语法规范失去约束有几个原因：

(1) "普通话"定义中对语法标准的界定模糊；(2) 五六十年代视为标准的《语法修辞讲话》因语言使用的变化已失去其作为规范的原有地位；(3) 语文教育"淡化语法"的影响。从20世纪90年代开始，中国语文教育界受国际"淡化语法"思潮和教学法的影响，提出中学语文教学"淡化语法教学"的观点。在《全日制义务教育语文课程标准》(2001) 中，"语法修辞知识要点"仅仅是作为"附录"的最后一项内容，正文只有零星散论。《普通高中语文课程标准》(2003) 进一步"淡化"，鲜少提及。

基本词汇和语法构成了一个语言的基本面貌，因此词汇和语法规范不可忽视。

[①] 孙丽萍：《汉语呈现"四大危机"——我国语言文字使用混乱状况令人忧虑》，新浪网，2008年3月15日，网址：http://news.sina.com.cn/o/2008-03-15/040013575609s.shtml。

2. 更新词汇、语法规范模式

中国当代的历史、文化背景和所处的社会阶段，理论上是错后欧洲的，正如工业化和现代化的进程一样，因此相应的语言规划的阶段也在某些方面与当时的欧美相近，但是又一同经历了战争，尤其是一同进入了后现代的全球化时代。中国在短短的几十年内经历了西方国家一百多年的进程，在各个方面都是准备不足的，因此在语言规划领域，一方面会呈现出当时西方社会的特征，如像法兰西学院一样的规划目的；另一方面又必须加频、加密语言规划的步伐，以使得共同语及其记录工具汉字能及时满足社会进步的要求，达到信息化的标准，这是"语言规范化"独受重视，方案频出的原因。但是仍旧面临无法自圆其说的窘状，最典型的表现就是语法规范。在几十年的研究中，语法学家、语言规范研究者始终跟在语言发展的后面，对新生语言现象包括生活用语和科学用语（部分），陷入"否定规范—论证批评—被动承认接受—总结规律"的过程反复循环中，反映出语言本体规划的滞后性，缺乏前瞻意识，不能做到科学计划。大概这也是 Spolsky 诟病"语言规划"这个概念的原因——因为一厢情愿的规划事实上被证明并无太多实效，如非洲战后的语言规划（20 世纪五六十年代）——所以他认为"语言政策"或者"语言管理"更适合这个领域。

我们认为，问题不在于概念名词的改进和更换，而在于语言规划观的与时俱进和语言规划机制的建立。就语法的例子而言，包括词汇，实际上规划学家们无法规划每个词，规范每种用法或表达方式，而应转向建立科学合理的筛选、规范机制：（1）充分运用语言意识等理论，培养社区成员语法规范意识。这样，虽然语法具有生成性，其规则不能尽述，但语言使用者在语法规范意识约束下会自觉检视、判断语言应用中的语法问题，做到自律；（2）充分利用语言舆情和语言理论，建立基本的原则，建立语言系统各种要素进入规范、标准域的标准或指征体系，包括语言特征、语言使用特征等。即把本体规划从拘泥于个体词句、字符的讨论模式中解脱出来，转向对词语和表达式的"规范域""偏离容许度"等的研究和更新。

三 提高本体规划效应

语言规划效用的实现取决于各种影响因素，如语言规划最新的理论认为语言规划是对整个"语言生态系统"而言的，Kaplan 和 Baldauf（1997）还提出了一个基于此的语言规划模型。所以，这里对如何提高本体规划的效应，不进行全面讨论，而是重点结合本书所做的趋势研究和本体规划现存的具体缺弊，提出创新性观点和建议。

（一）对言语社区语言设施进行优势分析

为了提高规划效果，我们认为，语言规划的基本理念应基于言语社区语言设施的优势和劣势形成。徐大明在塑述言语社区（speech community）概念时，把语言、解决语言问题的途径和方法、有关的语言权威机构、语言典籍、成文标准、舆论压力等概括为言语社区的设施。[①] 因此，最为科学合理、经济高效的本体规划方向是发挥语言设施的优势、弥补劣势，即优化语言文字结构系统，把原有的语言和文字功能发挥到最佳，并不断挖掘新的应用可能性：一方面表现在结合习得规划和声望规划，于本土社区提高交际工具能力和文化传承能力，提高向本土社区以外社区传播的能力；另一方面充分调动地位规划的作用，通过功能设计和其他方式竭力规避语言文字结构系统的弊端，尝试改革规划模式。

（二）从规范"语言"转向规范"言语"

自媒体时代的语言舆情特点促使本体规划思路发生改变，为了提高规划效率逐渐从间接走向直接的方式。

传统语言规划的思路是以语言控制语言使用和语言生活。规划主体好像面对一张巨大纷纭的语言现象之网，无论如何都可以借助传统公共媒体和教育等平台，采取行政化手段，将这张网收束于对语言使用规范程度的评判与认定；语言规划面对的对象是语言，而不是言语，不是语言生活面貌。不断完善的语言（文字）结构系统好比是一个"公平秤"，语言现象"准确"与否，均需比对既有结构体系标态后再反馈到语言规划主体。因此，传统规划实际为一种间接调整和管理，也就难免会发生语言规范跟不上语言发展的迟滞现象。

社会发展到自媒体时代，公共媒体统一发声的功能尽失，从节奏和效果等各个方面来衡量，都难以再用静态统一的语言规范和标准一劳永逸地进行语言规划管理，因此必须从"以语言控制语言生活"，向"直接面向

[①] 徐大明：《言语社区理论》，《语言文字学》（人大报刊复印资料）2004 年第 8 期。

语言生活"转移,这是自媒体时代带来的第二个转变(第一个见前面,即语言形式的选择原则从"从俗从理"向"从易处理"的转移)。

直接规范言语对语言现代化和语言净化是最为有效的方式。语言现代化中的新词语规范,之所以称"新",即是指新词语与原有词语不同,因此无法完全比对原有的现代汉语词汇系统。但不等于全面接收、认同所有的新形式、新表达,正确的做法是及时收集、整理,按照表意系统的需要和词频、词语流通度等指标加以筛选,给出指导性取舍意见,先作为"软性规范"发布,在经过再次的应用检验后,进一步确认"新词语"身份。

语言净化若要速达目的,更宜采用直接的方式。一是因按内外、时段和健康标准来区分的语言净化问题,形式上都比较明显,用词、用语、用字或风格特征显著;二是这些现象往往并不违反语言规范化中的本体规范。因而,直接调查、分析语言粗鄙化等现象,根据净化目标确定语言净化的规范最为有效。新华社发布禁用词就是一个很好的范例:2014 年 7 月 29 日新华社发表了"新华社第一批禁用词",分 45 条规定了社会生活类,法律类,民族宗教类,涉及我领土、主权和港澳台类,以及国家关系类五个方面的"禁用词",非常全面、细致。如第 6 条(属于社会生活类词语)明确规定:"作为国家通讯社,新华社通稿中不应使用'哇噻''妈的'等俚语、脏话、黑话等。如果在引语中不能不使用这类词语,均应用括号加注,表明其内涵。近年来网络用语中对脏语进行缩略后新造的'SB''TMD''NB'等,也不得在报道中使用。"可以想见,有着如此明确规定的切实"规范",其效果一定是立竿见影的,不仅新华社发出的语言作品将杜绝粗鄙,规避禁用词,其形成的辐射和带动效应也会逐渐显露出来。

(三)尝试借用"信噪比"理论

语言本体规划中,如何科学、高效地确认和选择语言形式中的"规范变体",是一个涉及规划理论的深层次核心问题。解决这个问题有助于提高语言规范化的研制、出台效率,提高所拟规范、标准的信度和效度,从而最终提高规划效应。现有研究主要是在语言学内部进行理论探讨,少有创新,因此我们提出借用电声学领域中的"信噪比"概念,尝试进行语言规范化理论探索,以备研讨。

1. 信噪比的含义

信噪比(signal-to-noise ratio)原是电声学领域中的一个概念,是用来描述信号中有效成分与噪声成分的比例关系的参数。现已应用于多种自然科学和应用科学领域，不同的应用领域具体定义有差异。较常用的是"信号中有效成分的功率与噪声成分功率之比"①。Lidwell 等的《通用设计法则》中定义为"同一显示中，相关信息与不相关信息的比例，能达到最高信噪比的设计最为理想"②。综上可见，理解信噪比概念，噪声是一个关键词。在各种定义中，"噪声"被描述为"在处理信息过程中设备自行产生的信号"或不利于信息传递的阻碍因素、无用信息，等等。一般来讲，信噪比越高，越是正向的结果，例如，如果网页抓取的信噪比越高，就说明网页中有信息含量的文本内容部分越多，而生成这些文本而产生的 html 标签内容则越少。

2. 本体规划引入信噪比概念的设想

本体规划领域引入信噪比概念的设想，源于试图为语言形式标准项的确定找到可以量化、可以进行共同参照的统一模式。信噪比概念已广泛应用于诸多领域，尤其是在信息处理领域的有效应用和新闻传播领域的引介，给了我们很大启发：语言是信息的载体和传播工具，是否也可将信噪比理论类比运用于语言规范化程序？即以信噪比指标作为基本参数，来衡量语音形式、词汇或语法格式等语言变项是否够格被采信为规范或标准形式，而不是逐一寻根溯源、从主观出发人为做出见仁见智的判断和选择。如果这个理论构想成立，最终在语音、词汇、语法和术语等不同的语言层面将形成核心概念和通用判断依据，从而使规划主体对语言形式的选择不再完全以语言要素为理据，真正变成由语言使用者进行优选。

那么，如何计算信噪比？我们根据信噪比概念的内涵，于信噪比概念下设置了两个下位概念：其一，是语言形式的"可懂度"。可懂与否也是来自于语言使用者，即信噪比具体化为对语言项"懂得"和"不懂得"的使用者之间的比率，信噪比低的语言项淘汰；其二，是语言形式的"可接受度"。对语言项的可接受度可以通过语言态度调查和流通度统计来获得实证数据，以此为依据计算信噪比，信噪比高的语言项胜出。

信噪比会随着时间和语域而发生变化，按逻辑推理，信噪比也会因为

---

① 见百度百科信噪比词条。

② ［美］威廉·立德威尔、克里蒂娜·霍顿、吉尔·巴特勒:《通用设计法则》，朱占星、薛江译，中央编译出版社 2013 年版，第 224 页。

年龄等影响因子而发生变化，因此可以做相关分析和其他验证分析，以利于语言规范的精准。这方面的具体理论解释和分析程序有待后续研究。

  发展本体规划依赖于理论和实践创新，因此本文的观点是不仅要重视语言规划的形成机制，在语言规划系统整体中构建本体规划体系，同时还应致力于本体规划设计和施行的理论开拓，以利于规划目标的实现。

结　　语

　　21 世纪以来，世界语言生活和中国社区的语情都发生了深刻的变化。一方面从全球化到全球在地化（本地化），再到近期的"去全球化"的影响，世界范围内的言语社区都日益变得多语化、异质化，另一方面受经济一体化和高速现代化的驱动，外向的国际化和内部的城市化进程促使中国本土社区的语库更加丰富、多样，语言生态更加复杂、多变，带来各种亚文化人群的语言使用认同困惑和一定程度上母语能力下滑，兼及自媒体时代开启的全民"语言的狂欢"，使社会语言管理面临许多新课题和亟待解决的问题。

　　同时，社会信息化程度升级，智能化社会和物联网时代即将到来，世界经济全面向服务经济（service economy）转型，语言的属性、功能和地位被重新认知和阐释，语言因此成为国家实力的指标与组成部分，关涉国际话语、知识权利和文化传播等各个方面，语言问题被安全化，研究者更充分地认识到语言的社会功能和语言规划的战略意义。

　　在此种背景下，语言规划的主要功能从已解决社会语言问题、缓和语言矛盾和避免语言冲突为主，向更侧重于管理语言生活、维护语言生态和提升语言服务转移。功能目标的转变势必要求语言规划的理念、内容和策略的改变。在语言规划系统中，语言本体规划是基础和工具，首先需要实现这种转变。

　　Ricento 指出，在语言规划研究领域，"尚未被充分讨论的是语言规划的实践，即发展、实施以及特殊语言政策的评估"[①]，很有启发性。《国家中长期语言文字事业改革和发展规划纲要（2012—2020 年）》确立了至

---

① Ricento, T., *An Introduction to Language Policy: theory and method*. Blackwell Publishing Ltd, 2006, p. 18.

2020年"国家语言实力显著增强，国民语言能力明显提高，社会语言生活和谐发展"的发展目标，包含可量化的语言综合国力目标——发展语言能力，和非可量化的语言资源和语言生态管理目标——构建和谐的语言生活，是当前地位规划的具体化，同时需要科学设计、优化本体规划系统。

通过理论建构、历时与共时的结合的调查与研究，关于中国当代语言本体规划本书初步得出了一些结论：

（1）语言本体规划可以定义为：为优化语言（文字）结构系统和维护语言环境而进行的，对语言（文字）进行定型或规范化、修改或完善必须设定的内在语言目标等的语言规划活动。本体规划是语言规划体系的基础和核心，主要功能为"固本强体"，即维护语言结构系统的稳定、健康，同时促进其功能发展，满足语言使用。

（2）本体规划包括政策规划和培育规划两部分：政策规划又分为语言规范化、副语言规范化和领域语言规范化，规划内容均包括文字、语音、词汇和语法规范；培育规划主要有语言净化、语言现代化和语言国际化三个方向。其中语言净化分为三个标准，内外标准、时代标准和健康标准；语言现代化集中体现在词汇现代化、语体现代化和术语规划；词汇现代化以吸收、整理新词语为标志，语体现代化在当代致力于文风的改进。

（3）语言规划是在语言意识（形态）的影响下，基于言语社区的语言实践形成的，语言意识、语言实践和语言规划分别构成语言规划系统的理论板块、实践板块和政策—管理板块，三者互动构成语言规划形成的基本机制。但语言意识并非直接而是通过语言规划观间接影响本体规划；语言舆情事件则集中反映了语言实践。因此语言规划观、语言舆情和本体规划是从形成机制视角考查本体规划系统的三条主线。

（4）当代本体规划经过了语言规范化建设（1949—1985）、语言标准化与信息化建设（1986—2005）和柔性语言规范建设（2006年至今）三个阶段。

第一个阶段，本体规划结构体系雏成。依据语言规范化的进程有初建、停建和重建时期的区分。初建时期是舆情推动最为直接、显著的时期，本体规划应需形成了较为全面的基础规范框架，培育规划则只体现在语言净化和现代化方向上；停建时期语言规范化被迫停滞，但在国家领导人成为重要规划主体的前提下，信息化开始启动，语言国际化有所突破，中文成为联合国工作语文；重建时期本体规范观念重新树立，语言规范化进一步发展，普通话语音、词汇和语法都有了进一步明确的规范，领域规范化和培育规划（国际化）集中于对汉语拼音的应用。

第二个阶段本体规划成果规模化。这个阶段因两次"全国语言文字工作会议"自然分为前期和后期。前期本体规划功能范围进一步扩大，语言规范化受经济统一市场舆情影响提高到"标准化"，内容以汉字规范为主，形成汉字"四定"标准，语言信息化成果规模化，形成规范重点；领域语言规范化以文字应用规范为主；培育规划各个领域均有所发展，语言净化集中于对社会用字治理，ISO/IEC 10646.1《信息技术 通用多八位编码字符集》等出台，既是信息化也是国际化成果。后期全球化和信息化成为世界语境基本特征，国际化视野和虚拟社区（cyber community）出现成为语言新国情，语言权利、语言规划与国家安全关系等关键词出现在舆情中；文字规范以定序、定形为主，词汇规范践行新理念，语言信息化继续推进；领域范畴的规范扩大，规划主体多样；培育规划成果集中于语言现代化和语言净化，新词语研究有很大发展。

第三个阶段本体规划理念逐渐更新。舆情更多关注语言文字的系统外影响因素，重视语言文字的实际运用，主要舆情热点及其引发事件频出。规划理念发生变化，通过"绿皮书"发布了"软性"规范；汉字规范化达到新高度，《通用规范汉字表》（2013）发布，汉语拼音、词汇和语法出台或修订国家标准；多领域出台国家标准，重大社会事件促动领域规范发展。培育规划方面，内外标准类语言净化受到重视；语言现代化进程加快，开展新词语跟踪调查，并通过"绿皮书"发布年度媒体新词语；两次由国家最高层发出改进文风的要求；术语规划则从两条线索得到推进。

(5) 当代本体规划总体趋势是规划形式从单一向多元化发展，从统一的强制性标准向区分规范层级、强制性标准与柔性规范并立过渡。

当代语言规划经历了两次转向，第一次是从"问题观"到"资源观"，第二次是从"资源观"到"服务观"，语言规划观的转变对本体规划内容确定、标准把握和规划基础均产生了深刻的影响。

本体规划理论的创新除去对语言学理论的创新运用之外，最重要的是本体规划实践的新模型，即语言规范化三级体系的建立，这个模型包括三个层面：宏观层面上首创社区语言生活状况发布制度，定期报告社区语言生活状况；中观层面丰富语言规范系统的层次，提出新的语言规范类型"软性规范"；微观层面尝试"推荐性标准"，增加语言规范化的柔性。每个层面都是语言规范的一种形式，同时又构成连续统，从对受众的约束效力来看分属语言规范不同阶段，规范的正规性逐级递升：基于"中国语言生活状况报告"尝试提出"软性规范"，软性规范经公众检验，修订后有可能成为正式的语言规范（GF）或国家标准（GB）；在正式规范层面，创新性体现在"推荐性标准"的采用，其与强制性规范有可能的晋级关系；强制性规范可以进一步提升为国家标准。

（6）本体规划成果分布不均，各时期语言本体规范（包括规范化、标准化和信息化）总量变化呈抛物线曲线，以第二阶段最为丰富。

政策规划方面，按照规范频次，语言要素及文字规范的数量排序为文字>词汇>语法>语音，同时语言规范、标准同项更新或升级的比率较大；副语言规范集中于本体规划第一阶段，目前缺乏与地位规划"推广国家通用手语和通用盲文"相衔接和配套的本体规划；领域语言规范项自本体规划第二阶段开始整体呈上升趋势，与本体规范形成对比关系，所涉领域广泛，但尚未形成系统，不同时期各有侧重，体现出实用性和即时性。

培育规划的显性形式和隐性形式并存，显性规划逐渐增加，其规划内容与语言规范化多有交叠。语言净化贯穿本体规划始终，但具有即时特征，缺乏系统性，其中显性规划以"内外标准"类为主；语言现代化变化趋势线索清晰：词汇现代化过程中，新词语筛选、提取形成三级进阶模式，语体现代化形成了稳定的自上而下模式，术语规划则是科技名词审定和术语工作规范则两条线索并行；语言国际化有三个阶段：（1）确立中文在国际工作中的语言地位；（2）确立《汉语拼音方案》为中文罗马字国际拼写标准；（3）参与汉字信息技术编码国际标准建设。

（7）当代本体规划的主要缺环和问题包括在三方面：本体规划的内外缺环、本体规划内容的失衡和本体规划施行效果不足。

本体规划与地位规划的脱节主要表现在普通话"四用语"目标、《中华人民共和国国家通用语言文字法》和《国家中长期语言文字事业改革和发展规划纲要（2012—2020年）》，均缺少本体规划的接续；语言规划整体上与教育规划脱节导致适应习得规划目标的本体规划缺失，同时本体规划成果在习得规划中的实施明显滞后;目前声望规划隐性化、不系统并多具有负向特征,与本体规划配套的声望规划告缺。

本体规划内容失衡比较突出的方面,首先见于板块之间,培育规划与政策规划的发展失衡,培育规划的弱势不利于政策规划更新和落实,领域语言规范化薄弱,不能适应语言生活需求;其次是语言文字本体要素规划不均衡,语法规范从严苛到缺失,词汇规范覆盖不全;再次是语言净化规划不力。

本体规划施行效果不足的典型方面包括:规划成果社会闻知度低;对语言表达"脏俗化"缺少控制;忽视"对语言规范的规律性违反"等现象。通过异读词读音调查及理论分析可知,这类规律性违反现象有一定数量,且长期存在,但未能在规范修订中得到反馈。

(8) 基于当下语言舆情综合特征,本体规划的优化和发展应从明确新的语言规划观、优化本体规划系统和提高本体规划效应三方面入手。

新的语言规划观包括母语规划观和语言规划服务观。母语规划观有利于维护国家语言和文化安全;有助于统摄语言规划系统,表现在语言生态需要"母语"成为显性概念,语言规划系统需要"母语"成为核心概念;同时母语规划观有助于"固本强体",培养语言情感,提高本体规划认同。进一步明确语言规划服务观是基于为社会提供基础服务和契合语言服务发展的需要;强化服务观首先需要丰富服务观的内涵,区分语言规划不同层面的服务功能,发展"规范就是服务"理念;其次是在本体规划实践中落实服务观,动态更新规划重点,将"语言服务"管理纳入语委工作日程。

优化本体规划系统,前提是遵循科学的本体规划原则,重心则在于设计均衡的政策规划内容。系统规划原则对应于避免脱节和规划浪费,开拓独立的声望规划和协调本体规划与其他规划的关系;区域规划原则提供了适应言语社区复杂化、进行社区和分层规划的新思路。致力于保持政策规划的均衡,须加强领域语言规范化;拓展培育规划,重在开拓国际化规划视野,形成语言净化、现代化的动态机制;重建词汇和语法规范,更新词汇、语法规范模式,以减少语言乱象。

提高本体规划效应,是本书也应是语言规划研究的最终目的,因此"法无止境"。本书基于上述结论尝试提出新的观点和设想:①对言语社区语言设施进行优势分析；②从规范"语言"转向规范"言语"；③尝试借用"信噪比"理论。

观点①来自在研究过程中对本体规划的新认知，即最为科学合理、经济高效的本体规划方向是优化语言文字结构系统，把原有的语言文字功能发挥到最佳，并不断挖掘新的应用可能性；提出观点②是因为自媒体时代的语言舆情特点促使本体规划思路发生改变，为了提高规划效率逐渐从间接走向直接的方式，从"以语言控制语言生活"，向"直接面向语言生活"转移；观点③是出于理论创新的思考。本书认为，发展本体规划依赖于理论与实践创新，在掌握语言规划的形成机制的前提下，于语言规划整体中构建本体规划体系，同时致力于本体规划研制和施行的理论开拓，才能最终提高规划效应。

本书是从语言规划形成机制角度进行的当代语言本体规划基础研究，尝试建立了新的本体规划研究模型，获得了一些研究成果，但无疑仍有诸多需要精进、完善之处，限于笔者的研究能力和条件成为遗憾。同时，作为基础研究，该选题尚有许多方面值得深入探讨，作为后续研究的方向。

首先，由于本书主体为基于语言规划断代史的研究，时间跨度长，兼之语言舆情有信息分散不易收集、信息内容芜杂不易归类等特点，尽管从宏观、中观和微观三个层面进行了相对详尽的解析，本体规划早期舆情信息采信仍嫌不够充分具体，是需要在后续研究中持续加强的，重视语言舆情基础的作用，进行语言舆情监测，为语言本体规划的制定提供支持。

其次，囿于篇幅限制和研究视角，有些方面未能完全展开讨论。如本书将本体规划置于语言规划整体系统中进行考察，论述了本体规划在系统中的地位和主要功能，分析了本体规划与系统其他部分的现存关系状态，并提供了典型例证，但未能全面地就地位、本体、习得和声望四种规划的具体内容的关联性和关联度展开论述。希望在后续研究中，能将这方面单独提出来作为一个独立问题进行更全面、深入的探讨。

最后，为了提高研究的理论高度与深度、增强理论性，使本体规划研究不停留于简单的现象描述，实现真正的创新性探索，本书尝试在归纳总结的基础上将研究发现进行概念总结和理论提升，或将其升华为一种概念和规律，或塑述为新的模式。但同样由于内容结构等客观条件所限及笔者能力不逮的制约，没有完整地呈现出每个概念或模式的所有内容，也将在以后的研究中逐渐加以完善。如第七章提出的"对语言规范的规律性违反现象",只结合普通话异读字、词的调查进行了总结和论证,对文字、词汇和语法等方面的预期研究即寄望于后续的延伸探讨,这种研究有利于本体规划研究摆脱经验总结式的重复工作,所以值得倡导。再如"信噪比"理论的提出,都是值得深入讨论的问题。今后拟在本书的基础上,进一步拓宽视野,展开更全面、富于理论前瞻性的语言本体规划研究。

主要参考文献

中文著作

薄守生、赖慧玲：《当代中国语言规划研究——侧重于区域学的视角》，中国社会科学出版社2009年版。

陈新仁：《全球化语境下的外语教育与民族认同》，高等教育出版2008年版。

陈章太：《语言规划研究》，商务印书馆2005年版。

戴庆厦、成燕燕、傅爱兰、何俊芳：《中国少数民族语言文字应用研究》，云南民族出版社1999年版。

戴昭明：《规范语言学探索》，上海三联书店2003年版。

费锦昌主编：《中国语文现代化百年记事（1892—1995）》，语文出版社1997年版。

费锦昌主编：《新时期语言文字工作记事（1978—2003）》，语文出版社2005年版。

冯志伟：《现代语言学流派》（增订本），商务印书馆2013年版。

高天如：《中国现代语言计划的理论和实践》，复旦大学出版社1993年版。

郭龙生：《中国当代语言规划的理论与实践》，广东教育出版社2008年版。

胡明扬：《语言学习散论》，北京语言大学出版社2002年版。

教育部语言文字信息管理司组编：《中国语言生活状况报告2011》，商务印书馆2011年版。

教育部语言文字信息管理司组编：《中国语言生活状况报告2012》，商务印书馆2012年版。

教育部语言文字信息管理司组编：《中国语言生活状况报告2013》，商务印书馆2013年版。

教育部语言文字信息管理司组编：《中国语言生活状况报告2014》，商务印书馆2014年版。

教育部语言文字应用管理司组编：《新时期语言文字法规政策文件汇编》，语文出版社2005年版。

李光耀：《李光耀回忆录——我一生的挑战：新加坡双语之路》，译林出版社2013年版。

李海英：《普通话水平测试（PSC）的社会语言学阐释》，齐鲁书社2006年版。

李行健：《现代汉语规范字典》，语文出版社2004年版。

李宇明：2010a《中国语言规划论》，商务印书馆2010年版。

李宇明：2010b《中国语言规划续论》，商务印书馆2010年版。

苏培成：《当代中国的语文改革和语文规范》，商务印书馆2010年版。

王均：《当代中国文字改革》，当代中国出版社2010年版。

王来华：《舆情研究概论》，天津设计科学出版社2003年版。

吴玉章：《文字改革文集》，中国人民大学出版社1978年版。

徐大明主编：《语言变异与变化》，上海教育出版社2006年版。

徐大明、陶红印、谢天蔚：《当代社会语言学》，社会科学出版社1997年版。

徐杰：《语言规划与语言教育》，学林出版社2007年版。

姚亚平：《中国语言规划研究》，商务印书馆2006年版。

游汝杰、邹嘉彦：《社会语言学教程》（第2版），复旦大学出版社2009年版。

于根元：1999a《语言哲学对话》，语文出版社1999年版。

于根元主编：《应用语言学概论》，商务印书馆2003年版。

赵世举：《语言与国家》，商务印书馆2015年版。

中国社会科学院民族研究所、"少数民族语言政策比较研究"课题组和国家语言文字工作委员会政策法规室编：《国家、民族与语言——语言政策国别研究》，语文出版社2003年版。

中国语言文字使用情况调查领导小组：《中国语言文字使用情况调查资料》，语文出版社 2006 年版。

"中国语言生活状况报告" 课题组编：《中国语言生活状况报告 2005》（上编），商务印书馆 2006 年版。

"中国语言生活状况报告" 课题组编：《中国语言生活状况报告 2006》（上编），商务印书馆 2007 年版。

"中国语言生活状况报告" 课题组编：《中国语言生活状况报告 2007》（上编），商务印书馆 2008 年版。

"中国语言生活状况报告" 课题组编：《中国语言生活状况报告 2008》（上编），商务印书馆 2009 年版。

"中国语言生活状况报告" 课题组编：《中国语言生活状况报告 2009》（上编），商务印书馆 2010 年版。

周庆生：《国外语言政策与语言规划进程》，语文出版社 2001 年版。

周有光：《周有光语文论集》（1—4 卷），上海文化出版社 2002 年版。

周有光：《中国语文的时代演进》，人民文学出版社 2009 年版。

周玉忠：《美国语言政策研究》，外语教学与研究出版社 2011 年版。

周玉忠、王辉：《语言规划与语言政策：理论与国别研究》，中国社会科学出版社 2004 年版。

张治国：《中美语言教育政策比较研究——以全球化时代为背景》，北京大学出版社 2012 年版。

张西平、柳若梅：《世界主要国家语言推广政策概览》，外语教学与研究出版社 2008 年版。

中文论文

薄守生：《符号、信息传播与语言规划研究》，《江南大学学报》2008 年第 3 期。

蔡永良：《关于我语言战略问题的几点思考》，《外语界》2011 年第 1 期。

曹先擢：《普通话异读词审音》，《中国语文》2002 年第 1 期。

晁继周：《树立正确的语文规范观》，《中国语文》2004 年第 6 期。

陈原：《关于现代汉语正词法的若干理论问题》，《文字改革》1983年第8期。

陈章太：《论语言资源》，《语言文字应用》2008年第1期。

陈章太：《新中国的语言政策、语言立法与语言规划》，《国际汉语教育》2010年第3期。

陈章太：《〈语言文字规划纲要〉与国家语言生活》，《语言文字》2013年第1期。

代红：《ISO/IEC 10646的大文种编码问题》，《信息技术与标准化》2015年第Z1期。

戴曼纯：《国家语言能力、语言规划与国家安全》，《语言文字应用》2011年第4期。

戴曼纯：《语言政策与语言规划的学科性质》，《语言政策与规划研究》2014年第1期。

戴庆厦：2010a《语言关系与国家安全》，《云南师范大学学报》2010年第2期。

戴庆厦：2010b《中国的语言国情及民族语文政策》，《国际汉语教育》2010年第4期。

道布：《中国的语言政策和语言规划》，《民族研究》1988年第6期。

邓晓华：《多元文化社会中语言规划理论的研究》，《语言教学与研究》1997年第3期。

冯志伟：《论语言文字的地位规划和本体规划》，《中国语文》2000年第4期。

傅永和：《巩固整理和简化汉字工作的成果促进汉字使用的规范化》，《文字改革》1984年第1期。

傅永和：《关于异形词的规范问题》，《文字改革》1985年第1期。

葛丽媛：《新词语的研究述评》，《语文学刊》2015年第2期。

郭龙生：《略论中国当代语言规划的类型》，《语言教学与研究》2007年第6期。

郭熙：《当前我国语文生活的几个问题》，《中国语文》1998年第3期。

郭熙：《马来西亚：多语言多文化背景下官方语言的推行与华语的拼

争》,《暨南学报》2005 年第 3 期。

郭熙:《论华语视角下的中国语言规划》,《语言研究》2006 年第 1 期。

郭熙:《华语规划略论》,《语言文字应用》2009 年第 3 期。

郭熙:《语言规划的动因与效果——基于近百年中国语言规划实践的认识》,《新疆师范大学学报》2013 年第 1 期。

侯敏:《有关我国语言地位规划的一些思考》,《语言文字应用》2005 年第 4 期。

胡明扬:《语言规范化的重大社会意义》,《新闻战线》1981 年第 3 期。

胡明扬:《民族语言规范化是社会的需要和历史的必然》,《修辞学习》2005 年第 6 期。

胡壮麟:《语言规划》,《语言文字应用》1993 年第 2 期。

黄行:《我国新创与改进少数民族文字试验推行工作的成就与经验》,《民族语文》1996 年第 4 期。

靳光瑾:《语言文字信息化与国家安全》,《云南师范大学学报》2010 年第 3 期。

柯平:《语言规划(一)》,《语文建设》1991 年第 7 期。

柯平:《语言规划(二)》,《语文建设》1991 年第 8 期。

李海英等:《论母语与母语规划》,《云南师范大学学报》2013 年第 6 期。

李海英:《语文和外语教育需要科学的语言规划》,《中国社会科学报》,2014 年 9 月 15 日第 B01 版。

李建国:《〈现代汉语词典〉与词汇规范》,《辞书研究》1994 年第 6 期。

李现乐:《语言服务与服务语言——语言经济视角下的语言应用研究》,博士学位论文,南京大学,2011 年。

李英姿:《美国语言政策研究》,博士学位论文,南开大学,2009 年。

李宇明:《信息时代需要更高水平的语言文字规范》,《术语标准化与信息技术》2001 年第 5 期。

李宇明:《关于〈中国语言生活绿皮书〉》,《语言文字应用》2007 年第 1 期。

李宇明：2008a《语言功能规划刍议》，《语言文字应用》2008 年第 1 期。

李宇明：2008b《当今人类三大语言话题》，《云南师范大学学报》2008 年第 4 期。

李宇明：2009a《保护和开发语言资源——序〈中国语言生活状况报告 2008〉》，载《中国语言生活状况报告 2008》，商务印书馆 2009 年版。

李宇明：2009b《信息时代的语言文字标准化工作》，《语言文字应用》2009 年第 3 期。

李宇明：《中国外语规划的若干思考》，《外国语》2010 年第 1 期。

李宇明：2011a《提升国家语言能力的若干思考》，《南开语言学刊》2011 年第 1 期。

李宇明：2011b《语言也是"硬实力"》，《华中师范大学学报》2011 年第 5 期。

李宇明：2011c《关于中国语言生活的若干思考》，《北华大学学报》2011 年第 5 期。

李宇明：2012a《论语言生活的层级》，《语言教学与研究》2012 年第 5 期。

李宇明：2012b《中国语言生活的时代特征》，《中国语文》2012 年第 4 期。

李宇明：2013a《领域语言规划试论》，《华中师范大学学报》2013 年第 3 期。

李宇明：2013b《语文教育的七个维度》，《语文教学与研究》2013 年第 34 期。

李宇明：2014a《语言的文化职能的规划》，《民族翻译》2014 年第 3 期。

李宇明：2014b《语文生活与语言教育》，《语文建设》2014 年第 2 期。

李宇明：《语言规划学的学科构想》，《世界华文教育》2015 年第 1 期。

林炎志：《语言文字工作的旗帜》，《语文建设》1995 年第 8 期。

刘导生：《新时期语言文字工作报告》，载《新时期的语言文字工作——全国语言文字工作会议文件汇编》，语文出版社2007年版。

刘海涛：《语言规划和语言政策——从定义变迁看学科发展》，载教育部语用所社会语言学与媒体语言研究室编《语言规划的理论和实践》，语文出版社2006年版。

刘海涛：2007a《语言规划的动机分析》，《北华大学学报》2007年第4期。

刘海涛：2007b《语言规划的生态观——兼评〈语言规划：从实践到理论〉》，《北华大学学报》2007年第6期。

刘海涛：《语言规划理论视域下的汉字改革——〈改革汉字：革命还是反革命〉评介》，《北华大学学报》2008年第6期。

刘跃进：《论国家安全的基本含义及其产生和发展》，《华北电力大学学报》2001年第4期。

罗常培、吕叔湘：《现代汉语规范问题》，载现代汉语规范问题学术会议秘书处编《现代汉语规范问题学术会议文件汇编》，科学出版社1956年版。

吕冀平、戴昭明：《语文规范工作40年》，《语文建设》1990年第4期。

吕叔湘：《汉字改革问题》，《文字改革》1982年第2期。

吕叔湘：《大家来关心新词新义》，《辞书研究》1984年第1期。

马庆株：《抓住机遇，扎实推进语文改革——规范汉字及其拼写工具的完善》，《语言文字应用》2003年第3期。

马庆株：《谈中国的语言地位规划》，载教育部语用所社会语言学与媒体语言研究室编《语言规划的理论和实践》，语文出版社2006年版。

梅德明：《大数据时代语言生态研究》，《外语电化教学》2014年第1期。

欧阳俊鹏：《略论语言规范及其层次性》，《渤海大学学报》2004年第1期。

彭泽润：《标准不能有"柔性"》，《语文建设》1996年第5期。

邱质朴：《试论语言资源的开发——兼论汉语面向世界问题》，《语言教学与研究》1981年第3期。

尚国文、赵守辉：《华语规范化的标准与路向——以新加坡华语为例》，《语言教学与研究》2013年第3期。

沈怀兴：《汉语词汇规范化问题的思考》，《语言文字应用》1998年第2期。

施春宏：《现代汉语规范化的规则本位和语用本位》，《语文建设》1999年第1期。

施春宏：《语言规范化的基本原则及策略》，《汉语学报》2009年第2期。

苏金智：《语言规划理论研究的五个重要方面》，载教育部语用所社会语言学与媒体语言研究室编《语言规划的理论和实践》，语文出版社2006年版。

苏培成：《现代汉字的"四定"》，《逻辑与语言学习》1994年第2期。

孙宏开：《少数民族语言规划的新情况和新问题》，《语言文字应用》2005年第1期。

孙曼均：《当前语言文字舆情特点与走势分析》，《云南师范大学学报》2011年第1期。

汪家镠：《关于〈中华人民共和国国家通用语言文字法（草案）〉的说明》，载中国社会科学院语言研究所、《中国语言学年鉴》编委会编《中国语言学年鉴1999—2003》（上册），商务印书馆2006年版。

王翠叶：《汉语言文字标准化工作的回顾及思考》，《语言文字应用》2005年第1期。

王辉：《西方语言规划观的演变及启示》，《宁夏大学学报》2009年第6期。

王辉：《语言规划研究50年》，《北华大学学报》2013年第6期。

王建勤：《美国"关键语言"战略与我国国家安全语言战略》，《云南师范大学学报》2010年第4期。

王建勤：2011a《关于我国语言战略问题的几点思考》，《外语界》2011年第1期。

王建勤：2011b《语言问题安全化与国家安全对策研究》，《语言教学与研究》2011年第6期。

王均:《我国语言的功能分类和语言政策》,《语文研究》1988 年第 4 期。

王力:《词典和语言规范化》,《辞书研究》1982 年第 4 期。

王希杰:《汉语的规范化问题和语言的自我调节功能》,《语言文字应用》1995 年第 4 期。

王希杰:《语言的规范化和言语的得体性》,《语言教学与研究》1998 年第 1 期。

魏芳、马庆株:《语言教育规划视角中的外语教育》,《南开语言学刊》2010 年第 1 期。

邬美丽:《20 世纪 80 年代以来中国语言规划研究述评》,《北华大学学报》2008 年第 6 期。

邬美丽:《国外语言规划研究述评》,《天津外国语大学学报》2013 年第 2 期。

邬美丽:《对近时期汉语词汇规范化研究的梳理与思考》,《沈阳师范大学学报》2015 年第 1 期。

徐大明:《言语社区理论》,《语言文字学》(人大复印报刊资料) 2004 年第 8 期。

徐大明:《语言资源管理规划》,《郑州大学学报》2008 年第 1 期。

徐大明:《全球华语说略》,《吉林大学社会科学学报》2009 年第 2 期。

徐大明:《有关语言经济的七个问题》,《云南师范大学学报》2010 年第 5 期。

徐大明:《母语平等政策的政治经济效益》,《云南师范大学学报》2013 年第 6 期。

许嘉璐:《新时期说老话题:继续为祖国语言的纯洁健康而斗争》,《求是》1995 年第 18 期。

许寿椿:《汉语拼音电报薄命考——电脑时代重新审视汉语拼音(之四)》,《汉字文化》2011 年第 2 期。

杨荣华:《语言认同与方言濒危:以辰州话方言岛为例》,《语言科学》2010 年第 4 期。

姚喜双:《语言文字规划纲要与国民语言能力提高》,《世界教育信息》2014 年第 18 期。

于根元等:《整理汉语新词语的若干思考》,《语言文字应用》1993 年第 3 期。

袁钟瑞:《当前推普形势估计——写在推广普通话工作 50 周年》,载马庆株编《语文现代化论丛》(第七辑),中国广播电视大学出版社 2008 年版。

张拱贵:《读〈普通话异读词三次审音总表初稿〉》,《文字改革》1963 年第 Z1 期。

张日培:《治理理论视角下的语言规划——对"和谐语言生活"建设中政府作为的思考》,《语言文字应用》2009 年第 4 期。

张挺、刘靖文:《语言舆情视角下和谐语言生活构建策略研究》,《安徽大学学报》2012 年第 4 期。

张卫国:《语言政策与语言规划:经济学与语言学比较的视角》,《云南师范大学学报》2011 年第 5 期。

张奚若:《大力推广以北京语音为标准音的普通话》,载全国文字改革会议秘书处编《全国文字改革会议文件汇编》,文字改革出版社 1955 年版。

张治国:《全球化背景下中美语言教育政策的比较研究》,博士学位论文,华东师范大学,2009 年。

张治国:《关于语言政策和语言规划学科中四个术语的辨析》,《语言政策与规划研究》2014 年第 1 期。

赵春燕:《语言意识形态与中国汉语拼音运动》,博士学位论文,新加坡国立大学,2012 年。

赵守辉:《语言规划国际研究新进展——以非主流语言教学为例》,《当代语言学》2008 年第 2 期。

赵守辉、尚国文:《全球语境下文字改革与规范化的经验:变与不变之间》,《中国文字研究》2014 年第 1 期。

仲哲明:《关于语言规划理论研究的思考》,《语言文字应用》1994 年第 1 期。

周荐:《新词语研究和新词语词典编纂六十年》,《辞书研究》2015 年第 2 期。

周清海:《新加坡的语言教育与语言规划》,《中国语文》1996年第2期。

周庆生:《新疆的语言立法》,《语言文字应用》2005年第4期。

周庆生:《语言规划发展及微观语言规划》,《北华大学学报》2010年第6期。

邹玉华:《汉语外来词规范（草案）》,《术语标准化与信息技术》2009年第1期。

中译著作

[美] 詹姆斯·托尔夫森:《语言教育政策：关键问题（第二版）》,俞玮奇译,张治国审订,外语教学与研究出版社2014年版。

[美] 罗伯特·卡普兰、[澳] 小理查德·巴尔道夫:《太平洋地区的语言规划和语言教育规划》,梁道华译,顾利程审订,外语教学与研究出版社2014年版。

[以] 博纳德·斯波斯基:《语言政策——社会语言学中的重要论题》,张治国译,赵守辉审订,商务印书馆2011年版。

[英] 丹尼斯·埃杰:《语言规划与语言政策的驱动过程》,吴志杰译,姚小平审订,外语教学与研究出版社2012年版。

[英] 苏·赖特:《语言政策与语言规划——从民族主义到全球化》,陈新仁译,商务印书馆2012年版。

[英] 戴维·克里斯特尔:《现代语言学词典》,沈家煊译,商务印书馆2004年版。

中译论文

[加] 海因茨·克洛斯:《语言规划的十种类型》,载周庆生主编《国外语言政策与语言规划进程》,语文出版社2001年版。

[加] 洛恩·加福热:《语言教学与语言规划》,载周庆生主编《国外语言政策与语言规划进程》,语文出版社2001年版。

[美] E. Haugen:《语言学与语言规划》,林书武译,《国外语言学》1984年第3期。

[尼日利亚] Bamgboselbadan:《论语言规范》,戴昭铭译,《解放军

外语学院学报》1995 年第 1 期。

外文著作

Ager, D.E., *Language Policy in Britain and France: The processes of policy*, London/ New York: Cassell, 1996.

Ager, D.E., *Motivation in Language Planning and Language Policy*, Multilingual Masters Ltd, 2001.

Baldauf Jr, R.B.& Luke, A., *Language Planning and Education in Australasia and the South Pacific*, Clevedon: Multilingual Matters, 1990.

Cobarrubias, J. & Fishman, J.A., *Progress in Language Planning: international perspectives*, The Hague: Mouton, 1983.

Cooper, R.L., *Language Planning and Social Change*, Cambridge: Cambridge University Press, 1989.

Coulmas, F., *Language and Economy*, Oxford: Blackwell Publishers Ltd, 1992.

Fairclough, N., *Language and Globalization*, London / New York: Routledge, 2006.

Fishman, J.A., Ferguson, C. & Gupta, J.D., *Language Problems of Developing Nations*, London: John Wiley, 1968.

Fishman, J.A., *Advances in Language Planning*, The Hague: Mouton, 1974.

Fishman, J.A., *Can Threatened Languages be saved?*, Clevedon: Multilingual Matters, 2001.

Haugen, E., *Language Conflict and Language Planning: The case of modern Norwegian*, Cambridge/ MA: Harvard University Press, 1966.

Haugen, E., *Ecology of Language*, Stanford: Stanford University Press, 1972.

Haugen, E., *Blessings of Babel: Bilingualism and Language Planning*, Berlin/ New York: Mouton de Gruyter, 1987.

Herriman, Michael & Burnaby, B., *Language Policies in English-Dominant Countries: Six Case Studies*, Clevedon. UK. Philadelphia. US: Multilingual Matters Ltd, 1996.

Hornberger, N.H., *Continua of Biliteracy: An Ecological Framework for Educational Policy, Research, and Practice in Multilingual Settings*, Clevedon: Multilingual Matters, 2003.

Huebner, Thom & Davis, A., *Sociopolitical Perspectives on Language Policy and Planning in the USA*, Amsterdam/ Philadelphia: John Benjamin's publishing Company, 1999.

Jernudd, B.H., *Lectures on Language Problems*, Bahri Publications, 1991.

Kaplan, R.B.& Baldauf Jr, R.B., *Language Planning from Practice to Theory*, Clevedon: Multilingual Matters Ltd, 1997.

Kaplan, R.B.& Baldauf Jr, R.B., *Language and Language – in Education Planning in the Pacific Basin*, Netherlands: Springer, 2003.

Kaplan, R.B.and Baldauf Jr, R.B., *Language Planning and Policy in Europe: Finland, Hungary and Sweden*. Clevedon: Multilingual Matters, 2005.

Kloss, H., *Research Possibilities on Group Bilingualism*, Quebec: International Center for Research on Bilingualism, 1969.

Kroskrity, P.V., Schieffelin, B.B.and Woolard, K.A., *Regimes of Language: Ideologies, Politics, and Identities*, Santa Fe/ New Mexico: School of American Research Press, 2000.

Mowbray, J., *Linguistic Justice: International Law and Language Policy*, Oxford: Oxford University Press, 2012.

Mühlhäusler, Pr., *Language of Environment – Environment of Language: A course in Ecolinguistics*, London: Battlebridge, 2003.

Phillipson, R., *Linguistic Imperialism*, Oxford: Oxford University Press, 1992.

Ricento, T., *An Introduction to Language Policy: Theory and Method*, Oxford, UK: Blackwell Publishing Ltd, 2006.

Rubin, J., Jernudd, B.H., Gupta, J.D., et al. *Language Planning Processes*, The Hague: Mouton, 1977.

Rubin, J. & Jernudd, B. H., *Can Language Be Planned? Sociolinguistic Theory and Practice for Developing Nations*, Honolulu: The University Press of Hawaii, 1971.

Schieffelin, B. B., WOOLARD, K A., KROSKRITY, PV, *Language*

Ideologies Practice and Theory, New York: Oxford University Press, 1998.

Schiffman, H. F., *Linguistic Culture and Language Policy*, London: Routledge, 1996.

Spolsky, B., *Language Policy*, Cambridge: Cambridge University press, 2004.

Spolsky, B., *Sociolinguistics*, Shanghai: Shanghai Foreign Language Education Press, 2000

Spolsky, B., *Language Management*, Cambridge: Cambridge University Press, 2009.

Spolsky, B., *the Cambridge Handbook of Language Policy*, Cambridge: Cambridge University Press, 2012.

Thomas, G., *Linguistic Purism*, London / New York: Longman, 1991.

Tollefson, J. W. *Planning Language, Planning Inequality*. London: Longman, 1991.

Zhao, Shouhui & Richard, B. Jr. Baldauf, *Planning Chinese Characters: Reaction, Evolution or Revolution?* Dordrecht: Springer, 2008.

Zhou, Minglang, *Multilingualism in China: the Politics of Writing Reforms for Minority Languages* 1949—2002, New York: Mouton de Gruyter, 2003.

Zhou, Minglang, *Language Policy in the People's Republic of China: Theory and Practice since* 1949, Boston/Dordrecht/New York/London: Kluwer Academic Publishers, 2004.

外文论文

Ager, D. E., "Prestige and image planning", in E. Hinkle ed. *Handbook of Research in Second Language Teaching and Learning*, Mahwah: Lawrence Erlbaum Associates, 2005, pp. 1035-1054.

Baldauf Jr, R. B. "Language Planning: Corpus Planning" *Annual Review of Applied Linguistics*, Vol. 10, 1989, pp. 3-12.

Barnes, D. "Language planning in mainland China: standardization", in Fishman, J. A. ed. *Advances in Language Planning*, The Hague: Mouton, 1974, pp. 457-477.

Barnes, D., *Language planning in Mainland China: A sociolinguistic study of Putong-hua and Pin-Yin*. Unpublished doctoral dissertation. Graduate School, Georgetown University, 1974.

Barnes, D. "A implementation of language planning in china", in Covarrubias, J. and Fishman, J. A. eds. *Progress in Language planning: International Perspectives*. The Hague: Mouton, 1983.

Dada, A., "Review of Cobarrubias and Fishman, J. A. (1983) *Progress in Language Planning: International Perspectives*", *Language in Societ*, Vol.15, No.3, 1986, p.414.

Davies, A., "Review of Kaplan, R. B. and Baldauf, R. B. (1997) *Language Planning from Practice to Theory*", *Australian Reviewof Applied Linguistics*, Vol.1, 1999.

Fishman, J. A., "Sociolinguistics and the language problems of developing countries", in Fishman, J. A., Ferguson, C. and J. Das Gupta, eds *Language Problems of Developing Nations*. London: John Wiley, 1968, pp.3-16.

Genevieve Y. Leung and Conan Wang, "Planning Chinese characters: reaction, evolution or revolution?" *Current issues in language planning*, Vol.10, No.1, February, 2009, pp.159-161.

Grin, F., "Economics of language: Survey, assessment, and prospects", *International Journal of the Sociology of Language*, Vol.121, 1996, pp.17-44.

Haarmann, H., "Language planning in the light of a general theory of language: A methodological framework", *International Journal of the Sociology of Language*, Vol.86, 1990, pp.103-126.

Halliday, M.A.K., "New Ways of Meaning: the challenge to applied linguistics", in Alwin Fill and Peter Mühlhäusler, eds. *The Ecolinguistics Reader*. Continuum. 2001, p.177.

Haugen, E., "Planning for a standard language in Norway", *Anthropological Linguistics*, Vol.1, No.3, 1959, pp.8-21.

Haugen, E., "Linguistics and language planning", in Bright, W. ed. *Sociolinguistics: Proceedings of the UCLA Sociolinguistics Conference*, 1964, The Hague: Mouton, 1966a, pp.50-71.

Haugen, E., "Dialect, language and nation" *American Anthropologist*, Vol. 68, No.4, 1966b, pp.41-61.

Haugen, E., "The implementation of corpus planning: theory and practice", in Cobarrubias, J and Fishman, J.A., eds. *Progress in Language Planning: International Perspectives*. Berlin: Mouton. 1983, pp.269-289.

Jernudd, B.H. and Gupta, J.D., "Towards a theory of language planning", in J. Ruben and Jernudd, B., eds. *Can Language be Planned?* Honolulu: East-West Center Press, 1971, pp.195-215.

Jernudd, B.H. and Nekvapil, J, "History of the field a Sketch", in Spolsky, B., ed. *the Cambridge Handbook of Language Policy*. Cambridge: Cambridge University Press, 2012, pp.16-36.

Jernudd, B.H. and Neustupný, J.V., "Language Planning: for whom?" Comments presented at the International Colloquium on Language Planning in Ottowa (Canada), 1986.

Liu, Haitao, "Review for Zhao, Shouhui, Baldauf Jr, R. B. 2008. Planning Chinese Characters: Reaction, Evolution or Revolution?" *Language Problems & Language Planning*, Vol.34, No.3, 2010, pp.282-284.

Neustupný, J.V and Nekvapil, J., "Language management in Czech. Republic" *Current Issues in Language Planning*, Vol.3-4, 2003, pp.181-366.

Neustupný, J. V., "towards a paradigm for language planning" *Language Planning Newsletter*, Vol.9, No.4, July 1983, pp.1-4.

Paulston, C.B., "Language policies and language rights" *Annual Review of Anthropology*. Vol.26, 1997, pp.73-85.

Phillipson, R., "Realities and myths of linguistic imperialism" *Journal of Multilingual and Multicultural Development*, Vol.18, No.3, 1997, pp.238-247.

Rubin, J., "Evaluating status planning: what has the past decade accomplished?", in Juan Cobarrubias and Fishman, J.A., eds. *Progress in Language Planning: International Perspectives*, Berlin: Mouton, 1983, pp.329-343.

Ruíz, R., "Orientations in language planning", *NABE Journal*, Vol.8, No.2, 1984, pp.15-34.

Thorburn, T., "Cost-benefit analysis in language planning", in Rubin, J.

and Jernudd, B., eds. *Can Language Be Planned? Sociolinguistic Theory and Practice for Developing Nations*, Honolulu, East-West Center: Hawaii University Press,1971,pp.283-305.

VINCENT Palozzi, J., "Assessing voter attitude toward language policy issues in the United States" *Language Policy*, Vol.5, 2006, pp.15-39.

Zhou, Qingsheng, "A selected bibliograpy of Chinese ethno sociolinguistics 1890-1990" *International Journal of the Sociology of Language*, Vol.97, 1992a, pp.97-118.

Zhou, Qingsheng, "Aspects of Chinese ethno sociolinguistic studies: A report on the literature", *International Journal of the Sociology of Language*, Vol. 97,1992b,pp.59-73.

附录　本体规划调查问卷［卷一/卷二］

a. 调查对象基本信息（请您在符合您的选项前打"√"或填写）

a1. 您的性别：

1. 男　　　　　　　　2. 女

a2. 您的年龄：

1. 20 岁及以下　　　　2. 21—30 岁

3. 31—40 岁　　　　　4. 41—50 岁

5. 51—60 岁

a3. 您的学历：

1. 中专及以下　　　　2. 大专

3. 本科　　　　　　　4. 硕士

5. 博士

a4. 您所在【长期生活地】的省市：（　　　）省；（　　　）市［请填写］

a5. 您曾就读的中学：

1. 城市中学　　　　　　2. 乡镇中学

a6. 卷一：您所学的专业（　　　　）［请填写］/卷二：您的职业（　　　）［请填写］

b. 语言规划焦点问题（一）：关于语文教育（请您在符合您的选项前打"√"）

b1. 您认为"语文"的含义是：

1. 语言和文学　　　　2. 语言和文字

3. 语言和文章

b2. 认为语文语育的性质是：

1. 语言教育　　　　　2. 文章教育

3. 文学教育　　　　　　　　4. 语言和文学教育

b3. 您知道哪天是"世界母语日"吗？

1. 不知道

2. 知道，是＿＿月＿＿日（请填写）［注：填写内容仅作参考］

b4. 您是否曾意识到语文教学是母语教学？

1. 是　　　　　　　　2. 否

b5. 您认为语文课最重要的一项内容是：

1. 语言文字知识　　2. 文学常识　　3. 写作方法　　4. 交际技巧

b6. 您认为语文课最主要应该培养学生什么能力？

1. 口头表达能力　　2. 写作能力　　3. 理解能力　　4. 阅读能力

b7. 您认为学生语文成绩的高低等同于语言能力吗？

1. 是　　　　　　　　2. 否

b8. 您认为对于中学教育，下列科目最重要的是哪一科？

1. 语文　　　　　　2. 数学　　　　　　3. 英语

b9. 您认为学好语文对其他学科的影响如何？

1. 影响很大　　　　2. 有一些影响　　3. 没有影响

b10. 您认为语文课能否全部通过自学完成？

1. 能　　　　　　　　2. 不能

c. 语言规划焦点问题（二）：关于外语教育（请您在符合您的选项前打"√"）

c1. 您熟悉哪（几）种外语？

1. 英语　　　　　　2. 韩语　　　　　　3. 法语　　　　　　4. 其他

c2. 您在提高汉语和学习外语上的时间分配哪个多？

1. 汉语多　　　　　2. 外语多

c3. 您在汉语学习和外语学习上的消费哪个高？

1. 汉语高　　　　　2. 外语高

c4. 您认为目前中学英语教学效率如何？

1. 很高　　　　　　2. 比较高　　　　　3. 比较低　　　　　4. 很低

c5. 您赞成高考改革英语降分吗？

1. 赞同　　　　　　2. 不赞同　　　　　3. 无所谓

c6. 您认为英语在生活的用处大吗？

1. 很有用　　　　2. 比较有用　　3. 有一点用　　4. 没什么用

c7. 您在学习、工作和生活中使用外语的频率如何？

1. 经常使用　　　2. 有时使用　　3. 偶尔使用　　4. 从来不用

c8. 您的外语水平如何？

1. 很熟练　　　　2. 比较熟练　　3. 不熟练　　　4. 很不熟练

c9. 您认为外语能否主要通过自学完成？

1. 能　　　　　　2. 不能

c10. 您有学习第二外语的打算吗？

1. 有　　　　　　2. 看情况　　　3. 暂时没有　　4. 不会学

d. 语言规划效果：关于语言规划的"三大任务"（请您在符合您的选项前打"√"）

d1. 您在家庭环境里主要讲什么话？

1. 普通话　　　　2. 方言　　　　3. 方言和普通话

d2. 您在课堂上（问卷一）或工作环境（问卷二）主要讲什么话？

1. 普通话　　　　2. 方言　　　　3. 方言和普通话

d3. 您在公众场合主要讲什么话？

1. 普通话　　　　2. 方言　　　　3. 方言和普通话

d4. 您的普通话怎么样？

1. 很标准　　　　　　　　　　　2. 比较标准

3. 一般　　　　　　　　　　　　4. 不太标准

5. 很不标准

d5. 您的方言讲得怎么样？

1. 很标准　　　　　　　　　　　2. 比较标准

3. 一般　　　　　　　　　　　　4. 不太标准

5. 很不标准

d6. 您在生活中会把汉语拼音和英语搞混吗？

1. 经常搞混　　　2. 偶尔会搞混　3. 不会搞混

d7. 您能识别繁体字吗？

1. 基本都认识　　　　　　　　　2. 部分认识

3. 认识很少　　　　　　　　　　4. 基本不认识

5. 完全不认识

d8. 您是否赞成"识繁写简"?【认识繁体字、写简体字】

1. 赞成　　　　　2. 不赞成　　　3. 无所谓

d9. 您认为电脑对汉字使用会不会造成不好的影响?

1. 影响很大　　　　　　　　2. 有一些影响

3. 没有什么影响　　　　　　4. 有助于提高汉字水平

d10. 您觉得汉语拼音在学习和生活中的用处大吗?

1. 用处很大　　2. 有一些用处　3. 用处不大　　4. 没什么用处

e. 语言规划的发展：关于当前的语言政策（请您在符合您的选项前打"√"）

e1. 您知道"推广普通话宣传周"吗?

1. 知道　　　　　2. 不知道

e2. 您了解《中华人民共和国国家通用语言文字法》吗?

1. 很了解　　　　2. 了解一点儿　3. 没听说过

e3. 您认为一个家庭有必要做语言规划吗?

1. 很有必要　　　2. 有时候需要

3. 没有必要　　　4. 无所谓

e4. 您觉得在消费时语言服务重要吗?

1. 很重要　　　　2. 比较重要　　3. 不太重要　　4. 无所谓

e5. 您认为语言服务做得最好的是哪个行业?

1. 餐馆、咖啡厅　　　　　　2. 宾馆、酒店

3. 商场、超市　　　　　　　4. 银行

5. 电信业

6. 其他（请指出_____）

e6. 您在消费时愿意为得到好的语言服务多付一定费用吗?

1. 很愿意　　　　　　　2. 少付一些可以考虑

3. 不愿意

e7. 您认为方言需要保护吗?

1. 很有必要　　　2. 有的方言需要　3. 没有必要

e8. 您认为需要保护濒危语言吗?

1. 很有必要　　　2. 适当保护　　3. 不需要

e9. 您认为语言文字与国家安全有关系吗?

1. 有很大关系　　　2. 有一些关系　　3. 没什么关系

e10. 您认为我国现行外语政策合理吗？

1. 很合理　　　　2. 比较合理　　　3. 不合理　　　　4. 不了解情况

（本调查仅用于学术研究。感谢配合，祝您愉快！）

后　　记

　　2020年特殊的这个上半年,学界各类学术交流活动多有延迟、耽搁,但同时很多人也因此得以停下不断奔赴的脚步,沉淀下来,研究、撰写各自关注的课题。在这段相对程序简单的日子里,我也幸得有比较集中的时间对几年前开始的这项研究进行了重新梳理、完善和修改。

　　这个课题的研究缘起于南大读博刚开始时,彼时正值语言舆情高涨时期,与推普、字母词和外语高考改革等相关的几个焦点舆情事件同时在被热议,导师徐大明先生敏锐地提出希望我能结合语言舆情做一个当代语言规划的综合研究。这自然是一项值得尝试、富于开创性的研究工作,加之当时身处教育部与南京大学共建"中国语言战略研究中心",持续关注国家语言政策和语言规范问题,一方面兴趣日浓,另一方面觉得作为中心成员,承担这样的研究课题也是职责之选,于是我欣然同意了这个提议。在其后的学习过程中,随着理论、材料和思考的积累,与老师不断探讨具体的研究思路和方法,逐渐切近理想的研究目标和框架,但仍觉得题目和研究范围较大而自己学养、能力不够,不免信心不足。后来于扬州"语言经济学论坛"上遇到了上海海事大学张治国教授,交流后受到启发,从而进一步明确了研究对象。其后,在导师的精心指导和一众师友的帮助下顺利完成了论文、通过答辩。

　　毕业后在语言规划研究方向陆续申请了山东省社科和教育部人文社科项目,获得了经费支持,始终保持着对该领域的高度关注,并于今年上半年完成了本书的修改。全书在保持原有内容框架的基础上,加强了理论建构和研究的系统性,前者如对尝试发展Spolsky语言规划理论的部分进行了充分阐释,完整论述了本体规划的基本理论范畴,并进一步突出了当代语言本体规划的理论创新;后者如更着重阐述语言规划形成机制的制约作用,不仅用于分析不同阶段本体规划的成果和特点,同时在本体规划总体发展趋势分析、研判和提出未来发展建议的部分均以此为切入点。

时隔几年才成书出版，就涉及材料时间性的问题。首先本书是基于语言规划断代史的本体规划发展研究，其基本属性即是分时段的；其次，最近几年虽然有新的本体规划成果产生，但总体上不影响本书研究所得的主要结论。因此，本书对本体规划主要成果的统计仍截至2013年，即基本保持最初划定的研究时间域，同时通过不同的方式对2013年至今新增的重要成果在书中适当的地方进行了说明。

中国当代语言规划在几十年的时间里取得了巨大成就，其实践历程和理论创建是需要学者们进行多学科、多角度、多层次研究的大课题。本书尝试对其中的语言本体规划进行了探索性基础研究，由于学养和能力所限，浅陋和不足之处在所难免，恳请各位专家、同道多多批评，不吝赐教，以便后续更正、提高。

每一项成果都离不开师友、领导、同道和家人的帮助。在此书即将付梓之际，再次隆谢导师的培养，老师在我毕业返岗后仍给予我许多支持与鼓励。诚挚感谢治国老师，感谢参加我论文答辩会、提出宝贵修改建议的各位专家老师，感谢鲁东大学文学院各位领导和同仁。

深深感谢关爱、支持我的家人。一段时间以来，一边陪在重病在身的爱人身边照顾他，一边努力修改书稿，每日在厨房和书房之间频繁切换，内心的天平不时失衡，自责和无助常萦不散，除了尽力陪伴和换口味做吃的似乎再无能为力。无法救助自己的亲人。年初元旦，把微信头像换成了北大西汉竹简"凶事尽除 吉事顺成"，是我内心最虔诚的祷词。同事今慧说这荆决是卜筮文献，自有魔力，那就把这作为我最深切的祈祷吧，祈愿我自己的小家和我们的国家都能阴霾尽散，光明永在。

此书献给我们这个正历磨难、风雨飘摇的家。

作者　李海英
2020年7月18日于烟台芝罘